완역 한서 ❶ 본기本紀

완역 ①

한서 漢書 本紀 본기

漢書

반고 지음 • 이한우 옮김

21세기북스

〖 옮긴이의 말 〗

우선 중국 한(漢)나라의 역사서인 반고(班固)의 『한서(漢書)』를 우리말로 옮겨 세상에 내놓는다.

편년체(編年體)와는 구별되는 기전체(紀傳體)로 사마천(司馬遷)의 『사기(史記)』는 이미 여러 사람들에 의해 국내에 번역이 돼 있는데 아직 어떤 번역본도 대표 번역의 지위를 얻지 못하고 있다. 아마도 번역상의 문제 때문일 것이다.

고대에서부터 한나라 무제(武帝)까지를 범위로 하는 『사기』와 달리 『한서』는 오직 한나라만을 대상 범위로 하고 있어 흔히 단대사(斷代史)의 효시로 불리기도 한다. 서(書)란 곧 사(史)다. 『서경(書經)』도 그렇지만 적어도 『한서(漢書)』와 『당서(唐書)』의 이름에서 보듯이 중국의 오래된 역사서 서술 방식인 기전체라는 것은 본기와 열전(列傳)으로 돼 있다는 뜻인데, 그밖에도 표(表)와 지(志)가 포함돼 있다. 서(書)란 곧 사(史)였다.

『당서』 편찬에 참여했던 당(唐)나라 역사학자 유지기(劉知幾)는 중국 역사학의 전통을 체계적으로 정리한 『사통(史通)』에서 옛날부터 그가 살았던 당나라 때까지의 역사서를 여섯 유파로 분류했다.

첫째가 상서가(尙書家)다.『상서(尙書)』란 바로 육경(六經)의 하나인『서경(書經)』을 가리킨다.

둘째는 춘추가(春秋家)다. 공자가 지은『춘추(春秋)』를 가리킨다. 편년체 역사의 원조다.

셋째는 좌전가(左傳家)다. 좌구명(左丘明)이『춘추』를 기반으로 해서 역사적 사실을 보충한 것이다.

넷째는 국어가(國語家)다.『국어(國語)』는 좌구명이『좌씨전(左氏傳)』을 쓰기 위해 각국의 역사를 모아 찬술(撰述)한 것으로, 주어(周語) 3권, 노어(魯語) 2권, 제어(齊語) 1권, 진어(晉語) 9권, 정어(鄭語) 1권, 초어(楚語) 2권, 오어(吳語) 1권, 월어(越語) 2권으로 돼 있다. 주로 노(魯)나라에 대해 기술한『좌씨전』을 '내전(內傳)'이라 하는 데 비해 이를 '외전(外傳)'이라고 한다. 사마천이 좌구명을 무식꾼으로 몰았다 하여 '맹사(盲史)'라고도 한다. 또 당나라 유종원(柳宗元)이『비국어(非國語)』를 지어 이 책을 비난하자 송(宋)나라의 강단례(江端禮)가『비비국어(非非國語)』를 지어 이를 반박하는 등, 그후로도 학자들의 논쟁이 끊이지 않았다.

다섯째는 사기가(史記家)다. 사마천의 『사기』를 가리킨다. 이 책은 기전체(紀傳體)의 효시로 불린다. 그러나 지나치게 문장의 꾸밈에 치중하고 사실의 비중을 낮췄다는 비판이 줄곧 제기됐다.

여섯째는 한서가(漢書家)다. 반고의 단대사 『한서』를 말한다.

그런데 유지기는 책의 결론에서 "상서가 등 4가의 체례는 이미 오래전에 폐기되었다. 본받아 따를 만한 것으로는 단지 『좌전』과 『한서』 2가만 있을 뿐이다"라고 단정 지었다. 즉, 편년체는 『좌씨전』, 기전체는 『한서』만이 표준이 될 만하다는 것이다. 그후에 사마광(司馬光)은 『좌씨전』의 전통에서 『자치통감(資治通鑑)』을 편찬했고, 나머지 중국의 대표적 역사서들은 한결같이 『한서』를 모범으로 삼아 단대기전(斷代紀傳)의 전통을 따랐다. 참고로 사마천의 『사기』는 통고기전(通古紀傳)이라고 한다.

그후에도 중국 역사학계에서는 편년체와 기전체 중에 어느 것이 좋은 역사 서술이냐를 놓고서 지속적인 논쟁이 이어졌고, 동시에 사마천과 반고 중 누가 더 뛰어난 역사가인지를 두고서도 지속적인 논쟁이 이어졌다. 편년체와 기전체의 우열 논쟁은 조선 세종 때 고려의 역사를 정리하는 문제를 두고도 치열하게 진행됐다. 결국 세종은 어느 한쪽의 손을 들어주지 않은 채 기전체 『고려사(高麗史)』와 편년체 『고려사절요(高麗史節要)』를 다 편찬하도록 했다. 그만큼 쉽지 않은 문제인 것이다.

그러면 중국에서 『한서』와 『사기』의 우열 논쟁은 어떻게 진행돼왔는가? 이에 대해서는 옮긴이의 생각보다는 『반고평전(班固評傳)』(진기태·조영춘 지음, 정명기 옮김, 다른생각)에 있는 내용을 간략히 정리하는 것으로 대신하고자 한다. 그에 앞서 『논어(論語)』 「옹야(雍也)」 편에 나온 공자의 말을 읽어둘 필요가 있다.

"바탕이 꾸밈을 이기면 거칠고 꾸밈이 바탕을 이기면 번지레하니, 바탕과 꾸밈이 잘 어우러진 뒤에야 군자답다[質勝文則野 文勝質則史 文質彬彬 君子]."
_{질승문즉야 문승질즉사 문질빈빈 군자}

『후한서(後漢書)』를 지은 범엽(范曄)은 이미 사마천과 반고를 비교해 이렇게 말한 바 있다.

"사마천의 글은 직설적이어서 역사적 사실들이 숨김없이 드러나며, 반고의 글은 풍부한 내용을 담고 있어서 역사적 사실들을 상세하게 서술하고 있다."

송나라 작가 양만리(楊萬里)는 또 더욱 운치 있는 말을 남겼다.
"이백(李白)의 시는 신선과 검객들의 말이며, 두보(杜甫)의 시는 전아(典雅)한 선비와 문사(文士)의 말이라고 할 수 있다. 이들을 문장에 비유하자면 이백은 곧 『사기』이며, 두보는 곧 『한서』다."

『반고평전』은 『한서』가 후한 초에 발간된 이래 지식인들의 필독서가 된 과정을 이렇게 요약한다.
"『한서』는 동한 시기에 조정 당국과 학자들 사이에서 매우 높은 지위를 차지했다. 이후 반고를 추종하고 『한서』에 주석을 다는 사람들이 끊임없이 증가하여 『한서』의 지위가 계속 높아지자 전문적으로 『한서』를 가르치고 배우는 데까지 이르렀으며, 마침내 오경(五經)에 버금하게 됐다."

남북조(南北朝)시대를 거쳐 당나라에 이르면 『한서』에 주석을 단 저작들이 20여 종에 이른다. 당나라 안사고(顔師古)는 '한서서례(漢書敍例)'라는 글에서 3국, 양진(兩晉), 남북조시대까지 『한서』를 주석한 사람들로 복건(服虔), 응소(應劭), 진작(晉灼), 신찬(臣瓚) 등 23명의 학자들을 열거하고 있다. 이는 곧 이때에 이미 『한서』가 『사기』에 비해 훨씬 더 중시되고 있었음을 보여준다. 물론 여기에는 『한서』의 경우 고문자(古文字)를 많이 사용한 데 반해 『사기』는 고문자를 별로 사용하지 않고, 그나마 인용된 고문자조차 당시에 사용하던 문자로 번역했기 때문에 많은 주석이 필요치 않은 이유노 작용했다.

그리고 안사고가 주석을 단 이후에 『한서』는 비로소 더 이상 배우기 어려운 책이 아닌 것으로 인식됐고 주석도 거의 사라졌다.

당나라 때 『사기』를 연구해 『사기색은(史記索隱)』을 지은 사마정(司馬貞)은 "『사기』는 반고의 『한서』에 비해 예스럽고 질박한 느낌이 적기 때문에 한나라와 진(晉)나라의 명현(名賢)들은 『사기』를 중시하지 않았다"고 말했다. 이런 흐름은 명(明)나라 때까지 이어져 학자 호응린(胡應麟)은 "두 저작에 대한 논의가 분분해 정설은 없었지만, 반고를 높게 평가하는 사람이 대략 열에 일곱은 됐다"고 말했다.

물론 사마천의 손을 들어주는 학자도 있었다. 진(晉)나라의 장보(張輔)는 이렇게 말했다. "세상 사람들은 대부분 반고가 뛰어나다고 말한다. 하지만 나는 이것이 잘못이라고 본다. 사마천의 저술은 말을 아껴 역사적 사실들을 거론해 3,000년 동안에 있었던 일을 서술하면서 단지 50만 자로 표현해냈다. 그러나 반고는 200년 동안에 있었던 일을 80만 자로 서술했으니, 말의 번거로움과 간략함이 같지 않다."

　이런 흐름 속에서 반고의 편을 드는 갑반을마(甲班乙馬)라는 말도 생겨났고, 열고우천(劣固優遷)이라는 말도 생겨났다.

　그러나 우리의 입장에서는 굳이 이런 우열 논쟁에 깊이 관여할 이유는 없다. 장단점을 보고서 취할 것은 취하고 버릴 것은 버리면 그만이다. 송나라 때의 학자 범조우(范祖禹)는 사마광의 『자치통감』 편찬에도 조수로 참여한 인물이었는데, 그의 말이 우리의 척도라 할 만하다.

　"사마천과 반고는 뛰어난 역사가의 인재로서 박학다식하고 사건 서술에 능하여 근거 없이 찬미하거나 나쁜 점을 감추지 않았다. 그러므로 그들의 저서는 1,000년 이상을 전해오면서 사라지지 않았다."

『한서』 번역은 그저 개인의 취향 때문에 고른 작업이 아니다. 그것은 지금 우리가 처해 있는 상황과 깊은 관련이 있다.

첫째, 중국의 눈부신 성장이다. 그것은 곧 우리에게 위험과 기회를 동시에 가져다준다는 점에서 말 그대로 위기(危機)이다. 기회로 만드는 길은 분명하다. 중국을 정확히 알고서 그에 맞게 대처해가는 것이다. 중국을 정확히 아는 작업은 크게 두 가지 방향에서 이뤄질 수밖에 없다. 지금 당장 일어나고 있는 중국의 정치, 경제, 문화, 사회의 변동을 깊고 넓게 파악하는 것이다. 이것은 어느 한 사람의 노력으로 될 일이 아니며, 우리 사회의 전반적인 정보 및 지식의 종합 대응력을 높이는 데 달려 있다. 또 하나는 중국의 역사를 깊이 들어가서 정확하게 아는 일이다. 옮긴이의 이 작업은 바로 그 방향으로 나아가기 위한 첫걸음이라 여긴다.

둘째, 우리의 역사적 안목과 현실을 보는 시야를 깊고 넓게 하는 데 『한서』가 크게 기여한다고 보았기 때문이다. 그것이 중국의 역사라는 점과는 별개로, 오래전에 이와 같은 치밀하고 수준 높은 역사를 저술할 능력을 갖췄던 반고의 식견은 지금도 여전히 우리에게 절실히 필요한 안목이다. 역사에서 중요한 것은 무엇을 취하고 무엇을 버리느냐에 달려 있는데, 그런 점에서 반고는 여전히 우리의 스승이 될 수 있다.

 셋째, 우리에게 필요한 고전의 목록에 반드시 『한서』를 포함시키고 싶은 욕심이 있었다. 서양의 역사 고전은 읽으면서 우리가 속한 동양의 고전을 소홀히 여겨서는 안 된다. 사실 그렇게 된 이유 중의 하나는 이 분야에 대한 제대로 된 번역서가 없기 때문이기도 하다. 그래서 우리 다음 세대들은 중국에 대한 단편적인 지식보다는 이 같은 정사(正史), 특히 저들의 제국 건설의 역사를 깊이 파고듦으로써 중국 혹은 중국인을 그 깊은 속내에서 읽어내주기를 바라는 바람으로 이 작업에 혼신의 힘을 다했다.

 넷째, 다소 부차적인 이유가 되겠지만, 일본에는 『한서』가 완역돼 있는데 우리는 열전의 일부만이 편집된 채 번역된 것이 전부라는 지적 현실에 대한 부끄러움이 이 작업을 서두르게 한 원동력의 하나가 됐다는 점을 말하고 싶다.

 이 책이 나오게 되기까지 많은 분들의 도움과 성원이 있었다. 21세기북스 김영곤 대표의 결단이 없었다면 이 책은 세상에 나오지 못했을 것이다. 이 자리를 빌려 깊이 감사드린다. 그리고 함께 공부하는 즐거움을 누리고 있는 우리 논어등반학교 대원들에게 진심으로 고맙다는 말을 전하고 싶다.

22년 동안 재직한 조선일보의 방상훈 사장님을 비롯해 선후배님들에게도 깊은 고마움을 전한다. 또 2016년 조선일보를 그만두고 강의와 저술에 뛰어든 이래로 물심양면의 지원을 아끼지 않으시는 LS그룹 구자열 회장님께 진심으로 감사드린다.

아마도 이 책의 출간을 가장 기뻐해주셨을 분은 돌아가신 아버님과 장인어른, 그리고 고 김충렬 선생님이신데 아쉽다. 하늘나라에서나마 축하해 주시리라 믿는다. 학문적 기초를 닦게 해주신 이기상 교수님께도 감사드린다. 그리고 내 글쓰기의 든든한 원동력인 가족에게 고마움을 전한다.

2020년 4월 상도동 보심서실(普心書室)에서

탄주(灘舟) 이한우(李翰雨) 삼가 쓰다

차례

옮긴이의 말 · · · · · · · · · · · · · 4

권1 고제기(高帝紀) (상) · · · · · · · · · · · 17

권1 고제기(高帝紀) (하) · · · · · · · · · · · 89

권2 혜제기(惠帝紀) · · · · · · · · · · · 141

권3 고후기(高后紀) · · · · · · · · · · · 153

권4 문제기(文帝紀) · · · · · · · · · · · 169

권5 경제기(景帝紀) · · · · · · · · · · · 211

권6 무제기(武帝紀) · · · · · · · · · · · 235

권7	소제기(昭帝紀) · · · · · · · · · · · · · 301
권8	선제기(宣帝紀) · · · · · · · · · · · · · 323
권9	원제기(元帝紀) · · · · · · · · · · · · · 377
권10	성제기(成帝紀) · · · · · · · · · · · · · 405
권11	애제기(哀帝紀) · · · · · · · · · · · · · 441
권12	평제기(平帝紀) · · · · · · · · · · · · · 459

| 일러두기 |

1. 『한서(漢書)』에는 안사고(顏師古)를 비롯한 많은 학자들의 원주가 붙어 있다. 아주 사소하거나 지금의 맥락에서 중요성이 떨어지는 것 외에는 가능한 한 원주를 다 옮겼다(원주는 해당 본문에 회색 글자로 〔○ 〕처리해 넣었다). 그리고 인물과 역사적 배경이 중요하기 때문에 문맥에서 필요한 범위 내에서 충실하게 역주(譯註)를 달았다.

2. 간혹 역사적 흐름에 대한 설명이 필요한 경우 간략한 내용을 주로 달았다. 그러나 독자들의 해석과 평가에 영향을 미치지 않도록 최소한의 범위에서만 언급했다. 단어 수준의 풀이가 필요한 경우에는 별도의 역주로 처리하지 않고 괄호 안에 짧게 언급했다.

3. 『논어(論語)』를 비롯해 동양의 고전들을 인용한 경우가 많은데, 기존의 번역에서는 출전을 거의 밝히지 않았다. 그러나 『한서(漢書)』의 경우 특히 열전(列傳)에서 인물들을 평가할 때 『논어』를 비롯한 유가의 경전들을 빈번하게 인용하기 때문에 그 속에 중국 고전들이 얼마나 자연스럽게 녹아 있는지를 살피는 것이 중요하다. 그래서 확인 가능한 고전 인용의 경우 주를 통해 그 전거를 밝혔다.

4. 분량이 워낙 방대하기 때문에 설사 앞서 주를 통해 언급한 바 있더라도 다시 찾아보는 번거로움을 덜기 위해 중복이 되더라도 다시 주를 단 경우가 있음을 밝혀둔다.

5. 한자는 대부분 우리말로 풀어쓰고 대괄호([ ]) 안에 독음과 함께 한자를 표기했다. 그래서 '천명(天命)'이라고 표기한 경우도 있지만 대부분 '하늘의 명[天命]'이라는 방식으로 표기했다. 또한 한자 단어의 경우 독음을 붙여쓰기로 표기하여 한문 문장을 이해하는 데 도움이 되도록 했다.

권
◆
1

고제기
高帝紀

《상》

- 사고(師古)가 말했다. "기(紀)란 원리로 꿰는 것[理]이니 (지난 시기에 일어난) 많은 일들을 계통을 잡아 이치로 꿰어[統理] 그것을 연월(年月)과 연계시키는 것이다."

고조(高祖)〔○ 순열(荀悅)이 말했다. "이름[諱]은 방(邦)이고 자(字)는 계(季)다. 방(邦)이라는 글자는 나라[國]를 뜻한다." 장안(張晏)이 말했다. "시호법[諡法]에 고(高)는 없는데 (한나라 건국에서) 공(功)이 가장 높고 한나라의 태조(太祖)이기 때문에 특별히 그 명칭을 쓴 것이다."〕는 패(沛) 풍읍(豐邑) 중양리(中陽里) 사람이다〔○ 응소(應邵)가 말했다. "패(沛)는 현(縣)이고 풍(豐)은 향(鄕)이다." 맹강(孟康)이 말했다. "뒤에 패(沛)는 군(郡), 풍(豐)은 현(縣)이 됐다." 사고(師古)가 말했다. "패(沛)라는 곳은 본래 진(秦)나라 사수군(泗水郡)에 속한 현이고, 풍(豐)이라는 곳은 패현에 있던 취읍(聚邑)[1]일 뿐이다. 즉, 고조가 태어난 곳이기 때문에 그냥 원래의 이름을 들어서 칭해 풀이한 것이다"〕. 성(姓)은 유씨(劉氏)〔○ 사고(師古)가 말했다.

---

1 공식 행정단위가 아니라는 뜻이다.

"(유씨는) 본래 유루(劉累)[2]에서 나왔는데, (그밖에) 범씨(范氏)도 진나라에 있으면서 또한 유씨로 바꿔 하나의 성씨가 됐다."]인데, 어머니 온(媼)〔○ 문영(文穎)이 말했다. "유주(幽州)와 한중(漢中)에서는 다 할머니[老媼노구]를 온(媼)이라고 한다." 맹강(孟康)이 말했다. "온(媼)은 어머니의 별칭이다." 사고(師古)가 말했다. "온(媼)은 여자들 중에서 늙은 사람을 칭한다. 사가(史家-반고)가 고조의 어머니의 성씨를 상세하게 알지 못해 그것을 기록할 수가 없었다. 그래서 당시에 서로 부르던 호칭을 취해서 이렇게 말한 것이다. 이하에 나오는 왕온(王媼)도 다 같은 뜻이다. (서진(西晉) 사람) 황보밀(皇甫謐, 215~282년) 같은 자들에 이르러 망령되게 도참서[讖記참기]를 끌어들이고 기이한 주장을 좋아해 근거도 없이 마구 떠들어대면서 억지로 고조의 부모의 이름을 지어 불렀으나, 이것들은 다 정사(正史)가 이야기한 것은 아니기 때문에 대부분 취하지 않았다."]이 일찍이 큰 연못의 방죽[陂피=蓄水축수]에서 쉬고 있다가〔○ 사고(師古)가 말했다. "이는 대개 큰 연못의 방죽 위에서 쉬다가 잠이 들었다는 말이다."〕 꿈에서 신령[神신]을 만났다[遇우=會회]〔○ 사고(師古)가 말했다. "기대하지 않고 있다가 만나게 되는 것을 우(遇)라 한다."〕. 이때 천둥 번개가 치고 날이 어두컴컴해져[晦冥회명=昧冥매명]〔○ 사고(師古)가 말했다. "회(晦)와 명(冥)은 둘 다 어둡다[暗암]는 뜻이다. 큰 천둥 번개가 치고 운무(雲霧)가 끼는 바람에 낮임에도 어두웠다는 말이다."〕, 아버지 태공(太公)이 길을 가다가 보니 하늘 위에서 용들이 서로 어울리는[交龍교룡] 광경이 눈에 들어왔는데, (어머니 온은) 얼마 후에 임신을 했고[娠신]

---

2   하나라 사람으로 요임금의 후예다.

〔○ 응소(應劭)가 말했다. "신(娠)은 회임을 했다는 뜻이다. 『춘추좌씨전(春秋左氏傳)』에 이르기를 '읍강(邑姜)이 바야흐로 임신했다[娠]'고 했다." 맹강(孟康)이 말했다. "娠은 발음이 신(身)이다. 한사(漢史)에서 신(身)은 대부분 娠(신)을 뜻하는 옛 글자다." 사고(師古)가 말했다. "맹씨의 설이 옳다. 『한서(漢書)』에서는 모두 娠(신)으로 임신(任身)했다는 뜻을 의미했다."〕 드디어 고조를 낳았다.

고조의 생김새는 코가 높고[隆=高], 양 뺨이 평평해 용(龍)의 얼굴을 했으며, 수염(鬚髯=須髯)이 멋있고〔○ 사고(師古)가 말했다. "아래 턱[頤]에 난 털을 수(須)라 하고, 양쪽 뺨 옆에 난 구레나룻을 염(髯)이라 한다."〕, 왼쪽 팔뚝에 72개의 검은 점[黑子]이 있었다. (성품은) 너그럽고 어질어[寬仁] 사람을 아꼈고[愛人] 뜻은 크게 열려 있었다. 늘 큰 포부[大度]를 품고 있어 집안의 생계 일에 관심을 두지 않았고, 장성해서는 임시 관리[試吏]로 사상(泗上)³의 정장(亭長)이 됐지만〔○ 사고(師古)가 말했다. "진(秦)나라 법에 10리가 1정(亭)이다. 정장이란 정(亭)을 책임지는 관리다. 정이란 장기간 머물거나 여행 중에 잠깐 들러 숙식을 하는 객사(客舍)[館]를 말한다."〕, 군(郡)이나 현(縣)의 관리들 중에 (그에게) 업신여김이나 모욕을 당하지 않은 자들이 없었고, 술과 여색을 좋아했으며, 늘 왕씨 할멈[王媼]과 무씨 어멈[武負]〔○ 여순(如淳)이 말했다. "무(武)는 성(姓)이다. 속어로 나이 많은 할머니를 아부(阿負)라고 한다." 사고(師古)가 말했다. "유향(劉向)의 『열녀전(列女傳)』에 이르기를 '위(魏)나라 곡옥(曲沃-지명)의 노모[負]란 위나라 대

---

3   패현(沛縣)의 동쪽에 있는 지명으로, 사수(泗水) 변에 있었다.

부 여이(如耳)의 어머니[母]다라고 했다. 이를 보면 고어에서는 노모를 부(負)라고 했을 뿐이다. (따라서) 왕온(王媼)은 왕씨 집안의 할멈이고, 무부(武負)는 무씨 집안의 어머니다."}을 따라다니며 외상술을 먹었고[貰酒=賒酒], 때로는 술을 마시다가 그 자리에서 취해 누워서 잠들면 무씨 할멈이나 왕씨 할멈은 그의 몸에 늘 이상한 것[怪]이 있는 것을 보았는데, 고조가 매번 술을 마시러 와서 머물고 있으면 술이 평소보다 몇 배나 팔렸다[讎=售]. 이런 이상한 일을 보게 되자 한 해가 끝나갈 무렵이 되면 이 두 집은 항상 외상 장부를 꺾어버리고 빚 장부도 내다 버렸다[折券棄責]〔○ 사고(師古)가 말했다. "간독(簡牘-대나무 책자)으로 외상 장부를 만들었는데 이미 받을 수 없게 됐으니 그것을 꺾어 부순 것이고, 빚진 것도 다 탕감해버렸다."〕.

고조는 평소 함양(咸陽)〔○ 사고(師古)가 말했다. "함양은 진(秦)나라 도읍이다."〕으로 요역하러[繇=役] 다니다가 진(秦)나라 황제를 가까이에서[縱] 볼 기회가 있었는데〔○ 사고(師古)가 말했다. "종(縱)은 풀어놓다[放]는 뜻이다. 천자가 행차를 하게 되면 (일반적으로는 구경하는 것이 금지돼 있었는데 이때만은) 사람들을 풀어놓아 구경을 하게 했다."〕, 휴우 하며[喟然] 크게 탄식하고 이렇게 말했다.

"오호라! 대장부란 마땅히 저와 같아야 하는 법인데!"

선보(單父)〔○ 맹강(孟康)이 말했다. "單은 발음이 (단이 아니라) 선(善)이고, 父는 발음이 (부가 아니라) 보(甫)다." 사고(師古)가 말했다. "(『한서(漢書)』) 「지리지(地理志)」에 따르면 산양현(山陽縣)이다."〕 사람 여공(呂公)은 패현(沛縣) 현령[沛令]과 사이가 좋아 원수[仇=讎]를 피해서 빈객으로 있다가 그것이 계기가 돼 가정을 꾸리고 눌러살게 됐다[○ 사고(師古)가 말했다. "패현의 현령과 서로 사이가 좋아 원수를 피하려고 도망쳐 숨어 지냈는데, 처음에는 빈객[客]으로 있다가 뒤에 드디어 패현에서 가정을 꾸렸다는 말이다."]. 패현의 호걸과 관리들은 현령이 아주 소중한 손님[重客]을 모시고 있다는 말을 듣고서 모두 가서 축하해주었다[賀][○ 사고(師古)가 말했다. "예물을 갖고 가서 경하하는 것을 하(賀-하례하다)라고 한다."]. (이때) 소하(蕭何, ?~기원전 193년)[4]는 주리(主吏)[○ 맹강(孟康)이 말했다. "현(縣)의 공조(功曹)를 말한다."]로 있으면서 진상하는 일[進]을 담당하고 있었기 때문에 여러 대부들에게 영을 내려 "진상품이 1,000전(錢)이 되지 않는 자는 당(堂) 아래에 앉도록 하라"고 했다. 고조는 정장이고 평소 여러 관리들을 가볍게 여겼기[易=輕] 때문에 마침내 거짓으로[紿=欺] '축하금 1만 전'이라고 써냈지만[爲謁][○ 사고(師古)가 말했다. "위알(爲謁)이란 자기의 말을 글로 새겨 관리에게 내는 것인데, 신분이 높은 사람은 이름만 석어 냈다. 대개 그 당시에는 자신의 성과 이름을 적고서 그와 나란히

---

4 전한 시대 사수(泗水) 패현(沛縣) 사람으로 처음에 패의 주리연(主吏掾)이 됐다. 유방(劉邦)을 따라 입관(入關)해 혼자 진상부(秦相府)의 율령과 도서를 수장해 천하의 요충지와 지세, 군현(郡縣)의 호구(戶口)를 소상하게 알게 됐다. 유방이 한중(漢中)에서 왕이 되자 승상에 올랐다. 또 한신(韓信)을 천거해 대장으로 삼았다. 초한(楚漢)이 서로 대치할 때 관중(關中)을 지키면서 양식과 군병의 보급을 확보해 군수품이 부족하지 않도록 했다. 유방이 황제가 된 뒤 논공행상에서 으뜸가는 공신이라 해 찬후(酇侯)로 봉해져 식읍 7,000호를 하사받았고, 일족 수십 명도 각각 식읍(食邑)을 받았다. 나중에 율령제도를 정하고 고조와 함께 진희(陳豨)와 한신, 경포(黥布) 등을 제거한 뒤 상국(相國)에 봉해졌다. 고조가 죽자 혜제(惠帝)를 섬겼고, 병이 들어 죽을 때 조참(曹參)을 재상으로 천거했다. 재상 시절 진나라의 법률을 정리해 『구장률(九章律)』을 편찬했다.

축하금의 액수도 썼다."〕 실은 1전도 가진 게 없었는데, 써낸 명부가 들어가자 여공은 크게 놀라 일어서서 문 앞까지 나와 고조를 맞이했다〔○ 사고(師古)가 말했다. "고조가 써낸 액수가 많았기 때문에 특별히 예를 갖춘 것이다."〕. 여공이라는 사람은 다른 사람의 관상(觀相)을 보는 것[相示상인]을 좋아해 고조의 모습과 얼굴을 보고 나서는 그를 더욱 정중하게 받들면서[重敬중경] 안으로 데리고 들어가 윗자리[上坐상좌=尊處존처]에 앉도록 했다. 소하가 말하기를 "유계(劉季)⁵는 참으로 큰소리를 자주 하지만 실제로 일을 성사시키는 적은 별로 없다"라고 했지만, 고조는 (축하 인사를 온) 여러 손님들을 가벼이 여겨 깔보면서[狎侮압모] 드디어 윗자리에 가서 앉았는데 조금도 굽히는 바[所詘소굴=所屈소굴=所曲懾소곡섭]가 없었다. 술자리가 슬슬 끝나가자[闌난]〔○ 사고(師古)가 말했다. "난(闌)이란 듬성듬성해지다[希희]와 같은 말로, 술 마시는 사람이 반이고 자리를 떠난 사람이 반이라는 뜻이다."〕 여공은 고조에게서 눈을 떼지 않았고, 술자리가 끝나자 여공이 말했다.

"신(臣)〔○ 장안(張晏)이 말했다. "옛날 사람들은 다른 사람들과 이야기를 할 때 자주 스스로를 칭해 신(臣)이라고 했으니 이는 스스로를 아래로 낮추는 도리인데, 지금은 다른 사람들과 이야기를 할 때 스스로를 칭하려면 저[僕복]라고 한다."〕이 관상 보기를 조금 좋아해 많은 사람들의 관상을 보았는데 계(季)와 같은 관상은 없었으니, 바라건대 계는 스스로를 아껴야 할 것[自愛자애]입니다. 신에게 친딸[息女식녀=實女실녀]〔○ 사고(師古)가 말했다. "식(息)은 낳았다[生생]는 뜻이다. 자기가 낳은 딸이라는 말이다."〕이 있으니 바라건

---

5 고조 유방의 자(字)가 계(季)다.

대 쓰레받기를 들고 청소나 하는 첩으로 삼아주겠습니까?"

술자리가 끝났을 때 여온(呂媼)은 여공에게 화를 내며 말했다.

"당신은 애초에 늘 이 딸을 기이하게[奇=異] 여겨 귀인에게 주고 싶어 해[○ 사고(師古)가 말했다. "뛰어나고 기이하게 여겨 귀인에게 시집을 보내려 했다는 말이다."] 패현 현령이 당신과 친해 구혼을 해왔는데도 허락지 않더니 어찌 스스로 허망하게도 유계 (같은 사람)에게는 허락한단 말입니까?"

여공은 "이런 일은 아녀자가 알 바가 아니오"라고 말하고서 끝내[卒=終] 고조에게 주었다. 여공의 딸이 곧 여후(呂后)이며, 효혜제(孝惠帝)와 노원공주(魯元公主)[○ 복건(服虔)이 말했다. "원(元)은 장(長)이다. 노(魯)나라 땅을 식읍으로 받았다." 위소(韋昭)가 말했다. "원(元)은 시호[謚]다." 사고(師古)가 말했다. "공주는 혜제의 누나[姉]로 제일 맏이이기 때문에 칭호[號]를 원(元-으뜸)이라 한 것이다. 여후는 고제에게 말하기를 '장왕(張王)은 노원(魯元) 때문에 모의를 한 것은 아닐 것'이라고 했고, '제(齊)나라 도혜왕(悼惠王)[6]은 노원(魯元)공주를 높여 태후로 삼았다'라고 했으니, 당시에 이미 이처럼 나란히 원(元)이라고 부르는 것을 볼 때 그것은 (죽은 다음에 붙이는) 시호가 될 수 없다. 위소의 설은 이 점을 놓친 것이다."][7]를 낳았다.

---

6   고조 유방의 서장자(庶長子) 유비(劉肥)다.

7   공주(公主)란 말은 주나라 선왕(宣王) 때 처음 쓰였다. 선왕은 딸을 시집보내면서 이 혼례를 같은 성(희성(姬姓))의 제후인 공(公)에게 맡겼는데, 이때에는 혼례를 주관한 사람을 가리켰다. 곧 공이 받들어 모신 주인이라는 뜻이다. 진나라와 한나라 이후에는 삼공에게 주관을 맡겼다. 나중에는 시집을 가는 왕이나 황제의 딸을 가리키게 됐고, 그것도 왕후 사이에 났느냐, 비빈 사

고조가 일찍이 휴가를 내고[告][○ 이비(李斐)가 말했다. "휴가를 낼 때 명칭이 있었는데, 좋은 일일 때는 고(告)라 하고 안 좋은 일일 때는 영(寧)이라 했다." 맹강(孟康)이 말했다. "옛날에는 관리가 휴가 가는 것을 고(告)라고 했다. 한나라 법률에 따르면 2,000석 관리들에게는 여고(予告)와 사고(賜告)가 있었다. 여고란 관리가 최고의 고과성적을 낼 경우 법에 따라 마땅히 가는 휴가다. 사고란 병에 걸려 만 석 달 동안 치유가 되지 않으면 천자가 휴가를 주는데, 이때는 관대와 인끈[印綬-관직 증명]을 그대로 유지한 채 관리가 고향 집으로 돌아가 병을 치료했다. (한나라) 성제(成帝) 때 이르러 군국(郡國)의 2,000석 관리들은 고향 집으로 돌아갈 수 없게 했고, (후한의) 화제(和帝) 때에는 여고와 사고 둘 다 폐지했다." 사고(師古)가 말했다. "고(告)란 청했다[請謁]는 말로 휴가를 청했다는 뜻일 뿐이다. 어떤 사람들은 그것을 사(謝)라고 하는데, 사(謝-물러나다)도 역시 고(告)다. 『춘추좌씨전(春秋左氏傳)』(양공(襄公) 7년(기원전 566년))에 이르기를 '(진(晉)나라) 한헌자(韓獻子)가 늙었다고 아뢰고서[告老]'라고 했고, 『예기(禮記)』(「곡례(曲禮)」에 이르기를 '(대부가 70세가 되면 은퇴해야 하는데) 만약에 물러날 수 없을 경우[若不得謝]'라고 했다. 『한서(漢書)』에 나오는 '병으로 물러나다[謝病]'는 다 같은 뜻이다."] 고향으로 돌아간 적이 있었다. 여후가 두 아이와 함께 밭일을 하고 있는데, 한 노인네[老父]가 지나가다가 마실 것을 청하자 여후는 아예 먹을 것까지 주었다[餔][○ 사고(師古)가 말했다.

이에 낳느냐를 구분해 공주와 옹주로 나누었다. 그러므로 옹주(翁主)는 후궁이 낳은 딸이라는 뜻이다.

"포(餔)는 음식을 먹다는 뜻이 있는데, 굴원(屈原)이 「어부사(漁父辭)」에서) '그 지게미를 먹다[餔]'라고 한 것이 그것이다. 또 다른 사람을 먹인다는 뜻이 있는데 『국어(國語)』(월나라 이야기[越語])에서 '나라 안의 어린아이들까지 먹여주지[餔] 않은 사람이 없었다'라고 한 것과 『여씨춘추(呂氏春秋)』(「개립(介立)」)에서 '국과 마른 식량을 주어 먹게 했다[餔]'라고 한 것이 그것이다. 노인네가 마실 것을 청하자 후는 그참에 아예 먹을 것까지 내주었기 때문에 포(餔)라고 한 것이다."). 노인네는 후의 상을 보고서 "부인은 천하의 귀인(貴人)이 될 것"이라고 했다. (후가) 두 아이의 관상을 봐달라고 하자 효혜제를 보면서 말하기를 "부인이 귀하게 되는 까닭은 바로 이 남자아이 때문입니다[○ 사고(師古)가 말했다. "이 남자아이가 있기 때문에 크게 귀하게 될 것[大貴]이라는 말이다."}"라고 했다. 노원공주의 상을 보고서도 또한 모두 귀한 상이라고 했다. 노인네가 이미 떠나고 나서 마침 고조가 방사(旁舍-본채 곁에 딸린 작은 집)에서 나오자 여후는 어떤 손님이 지나가다가 우리 아이들과 나의 상을 보더니 모두 크게, 귀하게 될 것이라고 했다고 갖춰 말했고[具言], 고조가 물으니 (여후가) 답하기를 "멀리는 못 갔을 것"이라고 하자 곧장 뒤쫓아가서 노인네에게 (자신의 상을) 물었다. 노인네가 말했다.

"조금 전에[鄕者=嚮者] 부인과 아이들을 보았는데 다 당신을 닮았군요[以].[8] 당신의 상은 그 귀함을 말로 할 수가 없습니다."

---

8 지금 당신을 보니 조금 전 부인과 아이들의 상이 귀한 까닭을 알겠다는 의미다. 이(以)는 사(似)를 잘못 쓴 것으로 보기도 한다.

고조는 이에 감사하며[謝] "정말로[誠=實] 어르신[父]의 말씀대로 된다면 결코 그 은덕을 잊지 않겠습니다"라고 말했다. 고조가 (훗날) 귀하게 되고 나서 (그를 찾아보았지만) 끝내 노인네의 행방을 알아내지 못했다.

고조가 정장으로 있을 때 마침 죽순 껍질[竹皮=筍皮]로 만든 관(冠)을 쓰고 싶어서 구도(求盜)를 설현(薛縣)으로 가도록[之=往] 해 그것을 만들게 하여〔○ 응소(應劭)가 말했다. "대나무가 막 자라기 시작했을 때의 껍질로 관을 만들었는데 오늘날의 까치꼬리관[鵲尾冠]이 그것(을 본떠 만든 것)이다. 구도(求盜)란 정(亭)의 말단 관리다. 옛날에 정에는 두 명의 말단 관리[卒]가 있었는데, 하나는 정보(亭父)라고 해서 문을 열고 닫는 일과 청소를 담당했고, 또 하나는 구도라고 해서 도둑 잡는 일을 담당했다. 설(薛)은 노나라의 현(縣)인데 관을 만드는 장인[冠師]이 있었기 때문에 그곳에 가서 만들게 한 것이다." 문영(文穎)이 말했다. "고제는 가난하게 살았지만 뜻이 커서 늘 검소하고 절약했기에 다른 사람들과는 차이가 있었다."〕 늘[時時] 그것을 쓰고 다녔고, 귀하게 되고서도 항상 그것을 썼으니, 이른바 유씨의 관(冠)이 바로 이것이다〔○ 사고(師古)가 말했다. "훗날 마침내 '유씨의 관'이라는 칭호를 얻게 된 것이 바로 이 관이다. 또한 훗날 조서(詔書)에 '벼슬이 공승(公乘)⁹ 이상이 아닌 자는 유씨의 관을 써서는 안 된다'고 했을 때의 그 관도 바로 이것이다."〕.

고조는 정장으로서 현을 위해 여산(驪山)으로 인부들을 보내는 일을 맡았는데〔○ 응소(應劭)가 말했다. "진시황을 여산에 장례 지냈기 때문에

---

9 진나라와 한나라 때는 20등급의 벼슬 품계가 있었는데, 공승은 밑에서 8등급이다.

군과 국에서는 인부들을 보냈다." 문영(文穎)이 말했다. "(여산은) 신풍현(新豐縣)의 남쪽에 있었다." 항씨(項氏)가 말했다. "여란 융(戎)의 나라다."], 인부들 중의 많은 이들이 가던 도중에 도망쳤다. (이에 고조는) 스스로 헤아리기를 (역산에) 도착할 때쯤이면 모두 다 도망칠 것이라 여겨 풍읍의 서쪽 늪지에 도달했을 때 행군을 멈추고 술을 마시게 했는데, 밤에 인솔하던 인부들을 모두 풀어주면서[縱=放] "여러분들은 모두 도망치시오. 나도 역시 여러분을 따라서 갈 것이오[逝=往]"라고 하자 인부들 중에서 장사들로서 (고조를) 따르겠다고 청한 이들이 모두 10여 명이었다. 고조는 술을 더 마시게 하고[被酒=加酒]〔○ 사고(師古)가 말했다. "피주(被酒)란 술이 더 해졌다는 말이다."], 밤에 늪지의 좁은 지름길[徑=小道]을 지나가면서 한 사람을 시켜 앞을 살펴보게 했다. 앞에 가던 자가 돌아와서 보고하기를 "저 앞에 큰 뱀이 지름길을 막고 있으니 바라건대 돌아서 가시죠"라고 하자, 고조는 술에 취해 말하기를 "장사(壯士)가 길을 가는데 무엇이 두려우리오!"라며 마침내 앞으로 나아가 칼을 뽑아 뱀을 쳐서 죽였다. 뱀은 두 동강이가 났고 길은 열렸다. 다시 몇 리를 가다가 (고조는) 술에 취해 누웠다. 뒤따라오던 사람이 뱀이 죽은 곳에 이르렀을 때 한 노파[老嫗]가 한 밤중에 곡을 하고 있으니, 그 사람이 노파에게 어찌하여 우는지를 묻자 "어떤 사람이 내 아들을 죽였소!"라고 말했다. 그가 "당신 아들은 어찌하여 살해됐나요?"라고 묻자 노파는 말하기를 "내 아들은 백제(白帝)의 아들입니다. 몸을 바꿔[化] 뱀[蛇]이 돼 길을 막고 있었는데 조금 전 적제(赤帝)의 아들이 내 아들을 베어버려〔○ 응소(應劭)가 말했다. "진(秦)나라 양공(襄公)은 스스로 서쪽에 자리 잡고 있다고 여겨 소호(少昊)의 신을 주인으로 모시고 서치(西畤-제사터)를 짓고 백제(白帝)에게 제사를 지냈다. 헌공(獻公) 때에 이르러 역양(櫟陽)에 쇠[金]가 비처럼 내리자 이를 상서롭게 여겨 다시 휴치(畦畤)를 짓고 백제에게 제사를 지냈다. 소호는 금덕(金德)을 갖고 있다. 적제(赤帝)는 요(堯)임금의 후손으로 한나라를 가리킨다. 백제를 죽였다는 것은 한나라가 마땅히 진나라를 멸망시킬 것이라는 것을 보여주는 것이다."] 곡을 하고 있는 것입니다"라고 했다. 그 사람은 이에 노파가 진실하지 못하다[不誠]고 여겨 혼내주려[苦] 했는데[○ 사고(師古)가 말했다. "오늘날 고(苦)는 간혹 때리다[笞]와 같이 사용되기도 한다. 태(笞)는 때리다, 치다[擊]는 뜻이다."] 노파가 갑자기 사라졌다. 뒤따라오던 그 사람이 도착했을 때 고조는 깨어나[覺] 있었는데[○ 사고(師古)가 말했다. "깨어났다[覺]는 것은 잠을 자다가 일어났다는 말이다."] 고조에게 그 이야기를 하자 고조는 내심 홀로 기뻐하면서 스스로 자랑스러워했고[自負=自恃], 그를 따르던 사람들은 날이 갈수록 그를 더 경외하게 됐다.

진시황제가 일찍이 말하기를 "동남쪽에 천자의 기운이 있다"라고 하고서, 이에 동쪽으로 순수(巡狩)해[游] 그 기운을 막아버리려[厭=塞] 했다. 고조는 망산(芒山)과 탕산(碭山) 사이의 늪지대 사이에 숨었는데[○ 응소(應劭)가 말했다. "망산은 패국(沛國)에 속하고 탕산은 양국(梁國)에 속하는데, 두 현의 경계에 험준한 산과 깊은 늪지대가 있어 그 사이에 숨었다는 말이다." 사고(師古)가 말했다. "(응소가) 패국에 속하고 양국에 속한다고 말한 것은 다 주석하는 사람(-응소)이 현재의 명칭을 근거로 삼은 것이지 반드시 당시의 경계 칭호를 가리키는 것은 아니다. 그밖의 것들도 다 이와 같다."], 여후가 사람들을 데리고 찾아나설 때마다 늘 고조를 찾아내니, 고조가 기이하게 여겨 묻자 여후가 답해 말했다.

"계(季)께서 머무는 곳 위에는 항상 구름의 기운[雲氣]이 떠 있었기에 그것을 따라가 보면 늘 계를 찾을 수 있었습니다."

고조는 더욱 기뻐했고, 패현의 젊은이들 중에서 간혹 이를 들은 자들은 대부분 고조에게 기대고[附] 싶어 했다.

진나라 2세〔○ 응소(應劭)가 말했다. "시황은 자신이 1세로서 만 세까지 이어지기를 바랐기 때문에 황제마다 시호나 묘호를 정하지 못하게 했다. 시(始)가 곧 1이기 때문에 그다음은 2세다."〕 원년(元年)(기원전 209년) 가을 7월에 진섭(陳涉, ?~기원전 208년)[10]이 기현(蘄縣)〔○ 소림(蘇林)이 말했다. "기현은 패국(沛國)에 속한다."〕에서 일어나 진현(陳縣)에 이르러 자신을 세워 초왕(楚王)이 됐고〔○ 이기(李奇)가 말했다. "진나라가 초나라를 멸했으니 초나라 사람들은 진나라에 원한을 품었기 때문에 섭은 이런 백성들의 원망을 이용하기 위해 스스로를 초왕이라 부르면서 백성들의 기대에

---

10 이름은 진승(陳勝)이고 섭(涉)은 자(字)다. 원래 신분이 비천해 남에게 고용돼 농사에 종사했다. 진시황제가 죽은 뒤 2세 황제 원년(기원전 209년) 7월 어양(漁陽)으로 수(戍)자리를 갔을 때 둔장(屯長)이 됐다. 기현(蘄縣) 대택향(大澤鄕)에 이르렀을 때 폭우를 만나 정해진 기한까지 도착할 수 없을 것이 분명해져 참수형을 당할 신세가 되자 동료 오광(吳廣)과 함께 수졸(戍卒) 900명을 설득해 반란을 일으켜 지휘자를 살해하고 스스로 장군이 됐다. 진나라의 학정에 시달리던 여러 군현들이 모두 호응했다. 진(陳) 땅에 주둔하면서 왕을 칭하고 장초(張楚)라 불렀다. 얼마 뒤 군대를 보내 조위(趙魏)의 땅을 차지하고 주문(周文)에게 주력군을 이끌고 서쪽으로 진(秦)나라를 공격하게 했다. 병사는 점점 늘어나 수십만에 이르렀다. 나중에 주문이 패하고 진나라의 장군 장한(章邯)이 진(陳)을 포위하자 성보(城父)로 퇴각했다가 어자(御者) 장가(莊賈)에게 살해당했다. 왕으로 6개월 있었다.

부응하려 했다."), 무신(武臣, ?~기원전 208년)[11], 장이(張耳, ?~기원전 202년)[12] 진여(陳餘, ?~기원전 205년)[13]를 보내 조(趙) 땅을 차지했다[略]〔○사고(師古)가 말했다. "대개 땅을 차지하다[略地]라고 하는 말은 모두 행군해 그것을 차지하되 거기에 들어간 공력이 적음을 뜻한다."〕. 8월에 무신이 자신을 세워 조왕(趙王)이 됐다. 군과 현에서는 대부분 지방장관[長吏]을 죽여 섭(涉)에게 호응했다. 9월에 패현 현령이 패현을 갖고서 섭에게 호응하려고 하자 주리(主吏-아전)인 소하와 연(掾-하급 옥리)인 조참(曹參, ?~기원전 190년)[14]은 (현령에게) 이렇게 말했다.

---

11 진승이 왕을 칭한 뒤 장군에 임명되자 장이(張耳)와 진여(陳餘)를 좌우 교위(校尉)로 삼고 병사 3,000을 이끌고 북쪽으로 가 조(趙) 땅을 공략한 뒤 한단(邯鄲)으로 진격해 스스로 조왕(趙王)이 됐다. 진승이 주문(周文)을 도와 서쪽으로 진(秦)나라를 공격하라는 명령을 거역하고 북쪽으로 연(燕)과 대(代) 땅을 공격해 남쪽으로는 하내(河內)를 차지했는데, 나중에 부장(部將) 이량(李良)에게 살해당했다.

12 위(魏)나라 공자(公子) 신릉군(信陵君)의 식객이 되고 일찍이 외황령(外黃令)이 됐다. 진여(陳餘)와 함께 병사를 일으켜 문경지교(刎頸之交)를 맺었다. 진나라 말에 진섭(陳涉)이 반란을 일으키자 진여와 함께 교위(校尉)가 돼 무신(武臣)을 따라 조(趙) 땅을 정벌했다. 무신이 조왕(趙王)이 되자 우승상(右丞相)에 올랐고 진여는 대장군(大將軍)이 됐다. 항우(項羽)를 따라 입관(入關)해 항우가 분봉할 때 상산왕(常山王)에 봉해졌다. 나중에 진여와 사이가 벌어져 진여가 공격하자 고조 유방(劉邦)에게 투항했다. 한신(韓信)과 함께 조(趙)나라 군대를 격파하고 지수(泜水)에서 진여를 죽여 조왕(趙王)에 봉해졌다.

13 초한전쟁기 조(趙)나라의 대신이다. 성안군(成安君)이라고도 한다. 장이와 함께 조나라를 재건하고 조왕 헐(歇)을 옹립했으나 항우의 18제후왕 분봉에서 조왕 헐이 대왕으로 밀려나고 장이가 상산왕에 봉해지자 반발해 장이를 쫓아내고 조왕 헐을 도로 조나라 왕으로 세웠다. 한나라의 장수 한신의 공격을 받아 패사했다.

14 사수(泗水) 패현(沛縣) 사람으로 원래 진(秦)나라의 옥리(獄吏)였지만 소하(蕭何)가 주리(主吏)로 삼았다. 진나라 말 소하와 함께 유방(劉邦)을 따라 병사를 일으켜 한신(韓信)과 더불어 주로

"나리[君]께서는 진나라의 관리인데 지금 배반할 마음을 품고서 패현의 젊은이들을 거느리고 있으니 그들이 (장차) 명을 듣지 않게 될까 두렵습니다. 바라건대 나리께서 예전에 도망쳐 다른 곳에 가 있는 주민들을 불러들이신다면[○ 사고(師古)가 말했다. "당시 진나라의 학정이 극심했고 부역도 심하게 많았기 때문에 도망친 사람들이 많았다."] 수백 명은 될 터이니, 그들을 동원해 젊은 무리들을 위협한다면[劫=威脅] 그들은 감히 명을 따르지 않을 수 없을 것입니다."

이에 번쾌(樊噲, ?~기원전 189년)[15]에게 명해 고조를 불러오도록 했다. (이때) 고조를 따르는 무리는 이미 수백 명이었다.

이에 번쾌가 고조를 따라서 돌아오자 패현 현령은 후회하며 그가 변

군사 면에서 활약했다. 몸에 70여 군데의 상처가 있으면서도 진군(秦軍)을 공략해 한나라의 통일 대업에 이바지한 공으로 건국 후인 고조 6년(기원전 201년) 평양후(平陽侯)에 책봉되고 진희(陳豨)와 경포(黥布, 영포(英布))의 반란을 평정했다. 제(齊)나라의 상(相=재상)으로 있을 때 개공(蓋公)이 말한 황로지술(黃老之術)을 써서 청정무위(淸淨無爲)한 자세로 백성들과 함께 휴식을 취했다. 고조가 죽은 뒤 소하의 추천으로 상국(相國)이 돼 혜제(惠帝)를 보필했다. 소하가 만든 정책을 그가 충실히 따라 '소규조수(蕭規曹隨)'라는 말이 나왔다.

15 패현(沛縣) 사람으로 여수지(呂嬃之-여후의 동생)의 남편이고 시호는 무후(武侯)다. 젊어서는 도살업으로 생활했다. 유방(劉邦)을 섬겨 병사를 일으켜 진(秦)나라를 공격해 여러 차례 전공을 올렸다. 함양(咸陽)에 들어갔을 때 홍문(鴻門)의 잔치에서 유방을 위기에서 구해 탈출하게 했다. 낭중(郎中)이 되고 임무후(臨武侯)에 봉해졌다. 기장(騎將)과 장군(將軍)을 역임했다. 유방이 즉위한 뒤 장도(臧荼)와 진희(陳豨), 한신(韓信)을 공격했고 좌승상(左丞相)과 상국(相國)이 됐다. 그 뒤 여러 반란을 평정해 무양후(舞陽侯)에 봉해졌다. 항우(項羽)가 유방을 홍문(鴻門)에서 맞아 잔치할 때 범증(范增)이 유방을 모살(謀殺)하고자 하니 번쾌가 노해 머리카락이 뻗어 위로 올라가고 눈자위가 다 찢어질 듯 부릅뜨며 항우를 노려보았다고 한다. 이 일로 유방은 위기에서 벗어날 수 있었다.

란을 일으킬까 두려워해 마침내 성문을 닫고 성을 지키면서 소하와 조참[蕭曹]을 주살하려고 하니, 소하와 조참은 두려워서 성을 뛰어넘어 고조에게 몸을 맡겼다[保]. 고조는 이에 비단에 글을 써서 (화살에 달아) 성 위로 쏘아 패현의 어르신들[父老]에게 이렇게 전했다.

'천하가 모두 진나라에 고통을 받아온 지 오래됐습니다. 지금 어르신들께서는 비록 패현 현령을 위해 지키고 있지만 제후들이 나란히 일어나면 이제 패현을 도륙할[屠]〔○ 사고(師古)가 말했다. "도(屠)란 성과 고을을 깨뜨리고 빼앗으며 사람들을 마치 여섯 가축[六畜]을 죽이듯이 주살한다는 말이다."〕 것입니다. 패현은 지금이라도 사람들이 함께 현령을 주살하고, (우두머리로) 세울 만한 사람[可立]을 골라 그를 세움으로써 제후들에게 호응한다면 곧 집안과 재산을 온전히 할 수 있을 것입니다[完=全]. 그렇게 하지 않으면 아버지와 자식이 함께 도륙돼도 어찌할 수가 없을 것입니다.'

어르신들은 이에 젊은이들을 거느리고 가서 함께 패현 현령을 죽이고 성문을 열어 고조를 맞아들이고서 그를 패현 현령으로 삼고자 하니 고조가 말했다.

"천하가 바야흐로 어지러워[擾=亂] 제후들이 나란히 일어나고 있으니 (나처럼) 무능한 자[不善=無能]를 장수로 두면 한 번 패배로 땅에 떨어질 것입니다[一敗塗地]〔○ 사고(師古)가 말했다. "일단 한 번 패배를 당하게 되면 간과 뇌가 땅바닥에 떨어진다는 말이다."〕. 내가 감히 내 목숨을 아껴서[自愛]가 아니라 능력이 모자라[能薄]〔○ 사고(師古)가 말했다. "능(能)은 재주[材]를 말한다. 능(能)은 본래 짐승의 이름인데, 모양은 곰과 비슷하고 다리는 사람을 닮아 몸체가 굳세면서도 힘이 셌기 때문에 사람들 중에서 뛰어난 재주를 가진 자를 모두 일러 능(能)이라고 했다."〕 여러 어르신과 젊은이들을 온전히 할 수 없기 때문입니다. 이는 큰일이니 바라건대 적임자[可者]를 고르십시오."

 소하와 조참 등은 모두 문리(文吏)들이라 자신들의 목숨을 아꼈고, 일이 뜻대로 되지 않을 경우 뒤에 진나라로부터 멸족의 화를 당할까 두려워 모두 고조에게 그 자리를 양보했다. 여러 어르신들이 모두 말하기를 "평소에 우리가 듣기에 유계(劉季)는 기이하고 특출나[奇怪] 마땅히 귀하게 될 것이라 했고, 또 점을 쳐보니 유계만큼 최고로 길한 사람도 없었습니다"라고 했으나 고조는 여러 차례 사양했다. (하지만) 무리들 중에 아무도 기꺼이[肯] 맡으려는 사람이 없자 고조는 마침내 세워져 패공(沛公)이 됐다〔○ 사고(師古)가 말했다. "초나라는 옛날부터 왕(王)을 참칭했고,[16] 현(縣)의 수장을 공(公)이라 불렀다. 진섭(陳涉)이 초나라 왕이 되자 패공(沛公)이 일어나 섭(涉)에게 호응했기 때문에 초나라 제도를 따라서 공(公)이라 칭한 것이다."〕. 패현 관아[沛廷]에서 황제(黃帝)에게 제사 지내고[祠] (또) 치우(蚩尤)에게 제사 지내고서[祭]〔○ 응소(應劭)가 말했다. "황제는 판천(阪泉)에서 싸워 천하를 평정했다. 치우도 옛날의 천자였는데, 병사[五兵]를 좋아했기 때문에 그에게 제사를 지내 복과 상서로움을 구한 것이다." 신찬(臣瓚)이 말했다. "공자께서 3대[三朝]를 기록하면서 말하기를 '치우는 서인

---

16 주나라 천자만 왕이라 했는데, 초나라는 작위가 아주 낮은 자(子)임에도 불구하고 스스로 왕이라 불렀다는 뜻이다.

(庶人) 중에서 탐욕스러운 자일 뿐'[17]이라 했으니 천자가 아니다. 관중(管仲)은 말하기를 '여산(廬山)을 기점으로 해서 물이 나오는데 쇠가 그것을 따라 나오니 치우가 그것을 받아 칼과 창[劍戟]을 만들었다'고 했다." 사고(師古)가 말했다. "찬(瓚)이 인용한 바는 『대대예기(大戴禮記)』「용병(用兵)」 편에 나오는 것이지 3대의 기록에 있는 것은 아니다. 그 나머지는 응소의 설이 맞다."] 북에 짐승의 피를 발랐고[釁鼓][○ 사고(師古)가 말했다. "옛날 사람들은 종이나 쇠솥을 새롭게 만들고 나서 거기에 피를 발랐다."], (군대의) 각종 깃발[旗幟]은 모두 붉은색으로 했는데, 이는 예전에 죽였던 뱀이 백제(白帝)의 아들이고, 그 뱀을 죽인 자가 적제(赤帝)의 아들이었기 때문이다. 이리하여 소하, 조참, 번쾌 등과 같은 젊고 걸출한 관리[豪吏]들이 함께 패현의 젊은이들을 불러모아 3,000명을 얻었다.

이달에 항량(項梁, ?~기원전 208년)[18]과 그의 형의 아들 우(羽)가 오(吳) 땅에서 일어났다. 전담(田儋)과 그의 사촌동생 영(榮)과 횡(橫, ?~기원전 202년)[19]은 제(齊) 땅에서 일어나 스스로를 세워 제나라 왕이 됐다. 한광

---

17 『대대예기(大戴禮記)』에 실려 있다.

18 진(秦)나라 말기 하상(下相) 사람으로 초(楚)나라 장수인 항연(項燕)의 아들이며 항우(項羽)의 숙부다. 진승과 오광이 농민 봉기를 일으켰을 때 조카 항우와 함께 오(吳)에서 회계군수(會稽郡守) 은통(殷通)을 죽이고 거병했다. 군사는 8,000명이었다. 장초정권(張楚政權) 상주국(上柱國)이 됐다. 군사를 이끌고 장강(長江)을 건너 서진해 진영(陳嬰)과 경포(黥布), 포장군(蒲將軍) 등을 수하에 넣었다. 진승이 죽자 초나라 회왕(懷王)의 손자 심(心)을 왕으로 세우고 자신은 무신군(武信君)이 돼 여러 차례 진나라 군대를 격파했다. 나중에 적을 가볍게 보고 싸우다가 정도(定陶)에서 진나라 장수 장한(章邯)의 습격을 받아 죽었다.

19 진(秦)나라 말기 적(狄) 사람으로, 제나라 임금에 오른 전영(田榮)의 동생이다. 진나라 말 전담

(韓廣, ?~기원전 206년)[20]은 스스로를 세워 연(燕)나라 왕이 됐다. 위구(魏咎, ?~기원전 208년)[21]는 스스로를 세워 위(魏)나라 왕이 됐다. 진섭의 장수 주장(周章, ?~기원전 208년)[22]은 서쪽으로 (함곡)관(關)에 들어가 희(戱) 〔○ 응소(應劭)가 말했다. "홍농호현(弘農湖縣) 서쪽 경계다." 맹강(孟康)이 말했다. "강 이름이다." 소림(蘇林)이 말했다. "신풍(新豐) 동남쪽 30리 지점이다." 사고(師古)가 말했다. "희(戱)는 신풍(현) 동쪽에 있으며 지금은 희수역(戱水驛)이 있다. 그 강은 본래 남전(藍田)에서 나와 북쪽으로 횡령(橫領)

(田儋)을 따라 병사를 일으켜 진나라에 반기를 들었다. 전담과 전영이 죽자 제나라의 흩어진 병사를 수습해 회복하고, 전영의 아들 전광(田廣)을 제나라 임금으로 삼고 자신은 상(相)이 됐다. 나중에 한신(韓信)이 전광을 사로잡아 죽이자 자립(自立)해 임금이 됐다. 얼마 뒤 한나라 군대에 패했다. 고제(高帝)가 즉위하자 부하 500여 명과 함께 섬으로 피해 살았다. 나중에 고조의 부름에 응해 이객(二客)과 함께 낙양(洛陽)까지 왔다가 도중에 자살했다. 고조가 왕례(王禮)로 장사 지내주었다. 섬에 남아 있던 500여 명의 부하들도 소식을 듣고는 모두 순사(殉死)했다.

20 원래는 상곡군(上谷郡)의 하급 관리였다. 진승과 오광이 진나라에 저항해 봉기하고 이른바 장초(張楚)를 세운 다음 무신을 파견해 옛 조나라 땅을 공격하게 했다. 무신은 옛 조나라의 영역을 평정하고 장초에서 독립해 조나라 왕이 된 후 한광을 장수로 삼아 옛 연나라 땅을 거두게 했다. 한광은 옛 연나라의 귀족들과 유력 인사들에게 추대돼 연나라 왕으로 자립했다.

21 위나라의 여러 공자들 중 한 명으로 영릉군(寧陵君)의 작호가 있었다. 진나라가 위나라를 멸망시킨 후에는 가인(家人)으로 격하됐다. 진승이 장초의 왕이라 일컫자 진승을 따랐다. 진승은 옛 위나라 사람인 주불을 보내 옛 위나라 땅을 평정하게 했고, 주불이 위나라 땅을 얻자 위구를 진에서 모셔와 왕으로 세웠다.

22 진(陳)나라 사람으로 자(字)가 문(文)이다. 전국시대 말에 일찍이 초(楚)나라 장수 항연(項燕)의 군중(軍中)에 있었다. 스스로 병사(兵事)에 익숙하다고 말했다. 진승이 장초(張楚) 정권을 세우자 장군을 맡았고, 주력부대를 이끌고 서쪽으로 진나라를 공격했다. 희(戱) 땅에 이르러 함양(咸陽)까지 거리가 100여 리에 불과했는데, 고립된 군대로 깊이 들어가 병참 지원이 끊기자 진나라의 장수 장한(章邯)에게 패했고, 스스로 목을 찔러 자살했다.

과 경계를 이루고, 이곳에 이르러 북쪽으로 위수(渭水)로 흘러들어간다. 맹씨와 소씨의 설이 옳다. 옹씨의 설은 크게 틀렸다."〕에 이르렀지만 진나라 장수 장한(章邯)이 그를 깨뜨렸다.

진나라 2세 2년(기원전 208년)〔○ 문영(文穎)이 말했다. "10월은 진나라 정월이다. 주(周)나라는 불의 다움[火德]이었는데, 오행의 법칙에 따르면 불을 이기는 것은 물이라 진(秦)나라 문공(文公)이 흑룡(黑龍)을 얻었으니 이는 물의 다움[水德]의 상서로움이라, 이에 이름을 바꿔 황하(黃河)를 덕수(德秀)라 하고 10월을 정월로 삼고서 이름해 건해지월(建亥之月-10월)의 물이 제자리를 얻었다 해서 한 해의 첫머리[歲首]로 삼았다."〕 패공은 호릉(胡陵)〔○ 등전(鄧展)이 말했다. "산양(山陽)에 속하는데, (동한) 장제(章帝) 원화(元和) 연간에 호릉으로 바꿨다."〕과 방여(方與)〔○ 정씨(鄭氏)가 말했다. "산양군에 속한다."〕를 치고 돌아와서 풍(豐)을 지켰다. 진나라 사천(泗川)의 감(監) 평(平)이 장차 군대를 이끌고서 풍을 둘러쌌다〔○ 문영(文穎)이 말했다. "사천(泗川)은 지금의 패군(沛郡)인데 고조가 이름을 패로 바꿨다. 진나라 때 어사가 군을 다스렸는데 지금의 자사(刺史)와 같다. 평(平)은 그의 이름이다." 사고(師古)가 말했다. "사천군의 천(川)은 혹 강[水]이니, 그것은 사실상 같은 것이다."〕. 이틀 후에 나아가 전투를 벌여 그것을 깨뜨렸다. 옹치(雍齒, ?~기원전 192년)로 하여금 풍을 지키게 했다.[23] 11월 패공은

---

23 유방이 거병해 풍읍과 패현을 기반으로 삼고 이듬해 옹치에게 풍읍을 맡겼다. 그러나 옹치는 위나라 임금 위구(魏咎)에게 풍읍을 바치고 항복하는 바람에 유방이 거병한 초기에 고생을 하게 된다.

군사를 이끌고 설현(薛縣)으로 갔다. 진나라 사천(泗川)의 수(守-군수) 장(壯)〔○ 여순(如淳)이 말했다. "진나라가 천하를 삼킨 후에 천하를 36개 현으로 나누고 수(守), 위(尉), 감(監)을 두었다. 이 사천에는 감과 수가 있었다. 장(壯)은 그것을 맡은 사람의 이름이다."〕의 병사들은 설현에서 패하자 달아나 척현(戚縣)에 이르렀으나 패공의 좌사마(左司馬)가 그를 잡아[得=獲] 죽였다. 패공은 항보(亢父)〔○ 정씨(鄭氏)가 말했다. "임성군(任城郡)에 속하는 지역이다."〕로 군사를 돌려 방예에 이르렀다. 조나라 왕 무신(武臣)이 자신의 장수에게 살해됐다. 12월에 초나라 왕 진섭(陳涉)은 그의 말을 끄는 사람[御=御者] 장가(莊賈)에게 살해됐다. 위(魏)나라 사람 주불(周市)이 풍과 패의 땅을 공략하고서 사람을 시켜 옹치에게 이렇게 말하게 했다.

"풍은 옛날에 양(梁)이 옮겨왔던 곳이며, 지금은 위(魏)나라의 땅으로 이미 평정돼 수십 개의 성이 있다. 옹치가 지금은 위나라에 복종하고 있어 위나라는 옹치를 후(侯)로 삼아 풍읍을 지킬 것이다. 항복하지 않으면 장차 풍읍을 도륙할 것이다."

옹치는 평소[雅=素] 패공에게 속하게 되기를 바라지 않았기 때문에 위나라가 그를 부르자 즉각 배반해 위나라를 위해 풍읍을 지켰다. 패공은 풍읍을 쳤지만 차지할 수가 없었다. 패공은 패현으로 돌아와 옹치가 풍읍의 젊은이들과 더불어 자신에게 반란을 일으킨 것[畔=叛]을 원망했다.

정월에 장이(張耳) 등이 조(趙)나라 왕실의 후손인 조헐(趙歇)을 세워 조나라 임금으로 삼았다. 동양(東陽)의 영군(甯君)과 진가(秦嘉)가 경구(景

駒)를 세워 초나라 임금으로 삼고 유현(留縣)²⁴에 머물렀다. 패공은 이들을 따라가다가 도중에 장량(張良, ?~기원전 186년)²⁵을 얻었고, 드디어 장량과 함께 경구를 알현하고 병력을 내줄 것을 청해 풍읍을 쳤다. 이때 장한은 진섭을 추격해 쳤고[從=追討], 장한의 별장(別將) 사마이(司馬尼)는 군사를 이끌고 북쪽으로 가서 초나라 땅을 평정하고 상현(相縣)을 도륙한 다음 탕현(碭縣)에 이르렀다. 동양의 영군과 패공은 군사를 이끌고 서쪽으로 가서 소현(蕭縣) 서쪽에서 (사마이의 군대와) 싸웠는데, 전세가 불리해지자 돌아와서 병사들을 수습해 유현(留縣)에 집결했다.

2월에 탕현을 공격해 사흘 만에 그곳을 뽑아버렸다[拔][○사고(師古)가 말했다. "발(拔)이라는 것은 성과 읍을 깨뜨려 다 차지했다는 것으로 마치 나무를 뽑듯이 그 뿌리까지 싹 얻었다는 뜻이다."]. 탕현의 병사들을 거둬 6,000명을 얻어 이전의 병사와 합쳐 모두 9,000명이 됐는데, 3월에는 하읍현(下邑縣)을 쳐서 그곳을 뽑아버렸다. 군사를 돌려 풍읍을 쳤으나 떨어뜨리지 못했다[不下=不降]. 4월에 항량이 경구와 진가를 쳐서 죽였고 설현에 머물렀기에[止] 패공이 가서 그를 만나보았다. 항량은 패공에게 군졸 5,000

---

24 패현의 동남쪽이다.
25 패군(沛郡) 성보(城父) 사람으로 자(字)는 자방(子房)이다. 할아버지와 아버지가 연이어 한(韓)나라 재상을 지냈다. 진(秦)나라가 조국 한나라를 멸망시키자 자객을 시켜 박랑사(博浪沙)에서 진시황을 암살하려 했지만 실패했다. 그후 성명을 고치고 하비(下邳) 땅으로 달아나 살았는데, 흙다리 위에서 황석공(黃石公)이란 노인을 만나 태공망(太公望)의 병서(兵書)『태공병법(太公兵法)』을 전수받았다고 한다. 진 2세(秦二世) 원년(기원전 209년) 무리를 모아 진승의 반란에 호응했다. 이때 유방(劉邦)을 만나 평생 그의 모신(謀臣)이 됐다. 고조(高祖) 6년(기원전 201년) 유후(留侯)에 봉해졌다. 뜻을 이룬 뒤 속세를 벗어나 신선술을 익히며 여생을 보냈다고 한다.

명과 오대부(五大夫)[○ 소림(蘇林)이 말했다. "오대부는 제9등급 작위명이다."]급 장수 10명을 더해주었다. 패공은 돌아와 군사를 이끌고 풍읍을 공격해 그곳을 뽑아버리니 옹치는 위(魏)나라로 달아났다.

5월에 항우는 양성(襄城)을 뽑아버리고 돌아왔다. 항량은 별장들을 (설현으로) 모두 불렀다[○ 사고(師古)가 말했다. "별장은 아래급 장수[小將]로, 독자적으로 타지에 나가 있는 자들을 이른다."]. 6월에 패공은 설현으로 가서[如=往] 항량과 함께 초나라 회왕(懷王)의 손자 심(心)[26]을 세워 초나라 회왕으로 삼았다[○ 응소(應劭)가 말했다. "6국이 진(秦)나라에게 다 먹혔지만 초나라가 가장 잘못이 없었기 때문에 (초나라) 백성들 사이에 초나라를 그리워하는 마음이 있었다. 그래서 그 후손을 구해 그를 세워 초나라 회왕으로 삼고서 조부의 시호를 그대로 왕의 칭호로 삼아 백성들의 기대에 부응한 것이다."]. 장한은 위나라 임금 구(咎)와 제나라 임금 전담(田儋)을 임제(臨濟)에서 깨뜨리고 죽여버렸다[破殺]. 7월에 큰 장맛비[大霖雨][○ 사고(師古)가 말했다. "비가 사흘 이상 내리는 것을 임(霖)이라 한다."]가 내렸다. 패공은 항보(亢父)를 쳤다. 장한은 동아(東阿)에서 전영(田榮)을 에워쌌다. 패공과 항량은 공동으로 전영을 구원해 동아에서 장한을 크게 깨뜨렸다. 전영이 (제나라로) 돌아가자 패공과 항우는 패주하는 적군[北=敗走]을 뒤쫓아 성양(城陽)에 이르러 그 성을 공격해 도륙했다

---

26 초나라 회왕 웅괴(熊槐)의 손자 웅심(熊心)이다. 기원전 299년 진나라 소왕(昭王)에게 속아서 진나라에 잡혀간 회왕은 그곳에서 죽었다. 그후 항량이 봉기하자 초나라 사람들은 민간에서 그의 손자 웅심을 찾아낸 것이다.

[攻屠]. 복양(濮陽) 동쪽에 진을 쳐[軍] 다시 장한과 싸워 또 깨뜨렸다. 장한이 다시 군사를 정돈해[振=整] 복양을 지키면서 물로 빙 둘렀다.[27] 패공과 항우는 그것을 제거하고 정도(定陶)를 쳤다. 8월에 전영이 전담의 아들 시(市)를 세워 제나라 임금으로 삼았다. 정도가 아직 함락되지 않았는데 패공과 항우는 서쪽 땅을 공략하고 옹구(雍丘)에 이르러 진나라 군대와 싸웠으나 크게 패해 삼천군(三川郡) 수(守) 이유(李由)〔○응소(應劭)가 말했다. "삼천은 지금의 하남군이다. 유는 이사(李斯)의 아들이다." 위소(韋昭)가 말했다. "하수(河水), 낙수(洛水), 이수(伊水)가 있어 삼천(三川)이라고 한다."〕의 목을 벴다. (서쪽으로부터) 돌아와서 외황(外黃)을 쳤으나 미처 함락시키지 못했다.

항량은 다시 진나라 군대를 크게 깨뜨리자 교만한 빛[驕色]을 나타냈다. 송의(宋義)가 간언을 했으나 듣지 않았고, 진나라는 장한의 병력을 더해주었다. 9월에 장한은 밤에 병사들의 입에 재갈처럼 나무 막대를 물리고서[銜枚] 항량이 있던 정도를 쳐서 크게 깨뜨리고 항량을 죽였다. 이 무렵 비가 7월부터 9월까지 계속 내렸다. 패공과 항우는 마침 진류(陳留)를 공격 중이었는데, 량(梁)이 죽었다는 소식이 들려오자 사졸들이 두려워했기 때문에 마침내 장군 여신(呂臣)과 함께 병사들을 이끌고 동쪽으로 가서 회왕을 우대(盱台)에서 팽성(彭城)으로 옮겨놓았다. 여신의 군대는 팽성의 동쪽, 항우의 군대는 팽성의 서쪽에 진을 쳤고 패공의 군대는 탕현에 있었다. 위구(魏咎)의 동생 표(豹)가 스스로를 세워 위나라 임금이 됐

---

27 물을 끌어들여 해자처럼 만들었다는 뜻이다.

다. 후(後) 9월에〔○ 문영(文穎)이 말했다. "윤(閏) 9월이다. 이때 율력(律曆)이 폐기된 상태였기 때문에 윤달을 알 수가 없어 후(後) 9월이라고 한 것이다." 여순(如淳)이 말했다. "이때 진나라 역법에 따르면 10월이 정월[歲首]이기 때문에 9월이 되면 한 해가 끝나게 된다. 후 9월은 곧 윤달이다." 사고(師古)가 말했다. "문씨(文氏)의 설이 틀렸다. 만약에 율력이 폐기돼 윤달이라는 것을 몰랐다고 한다면 마땅히 10월이라고 하면 되지 굳이 후 9월이라고 할 필요가 없다. 대개 진나라 역법은 윤달을 총괄해서 연말에 두었다. 『한서(漢書)』와 『사기(史記)』를 보면 진나라 역법을 아직 고치지 않아 고후와 문제에 이르기까지 여러 차례에 걸쳐 후 9월이라고 쓰고 있는 것을 통해서도 이 점을 알 수 있다. 따라서 진나라 역법이 폐기된 것은 아니다."〕 회왕은 여신과 항우의 군대를 병합해 자신이 직접 통솔했다. 패공을 탕군(碭郡)의 장(長)으로〔○ 소림(蘇林)이 말했다. "장은 군수(郡守)와 같다." 위소(韋昭)가 말했다. "진나라에서는 수(守)라 했는데, 이때 고쳐서 장(長)이라 했다."〕 삼아 무안군(武安君)에 봉하고 탕군의 군사를 지휘토록 했다. 우(羽)는 노공(魯公)으로 삼아 장안후(長安侯)에 봉했고, 여신은 사도(司徒)로 삼았으며, 그의 아버지 여청(呂青)은 영윤(令尹)으로 삼았다〔○ 응소(應劭)가 말했다. "천자를 일러 사윤(師尹)이라 했고 제후를 일러 영윤(令尹)이라 했다. 이때는 6국이 없어지고 얼마 안 됐기에 영윤을 둔 것이다." 신찬(臣瓚)이 말했다. "(영윤이란) 제후의 경(卿)이며, 유일하게 초나라만 그것을 영윤이라 불렀고 나머지 나라들은 상(相-재상)이라 했다. 이때는 초나라가 (다시) 세워진 후이기 때문에 관직을 둔 것이 초나라의 옛 제도와 같아 그렇게 한 것이다." 사고(師古)가 말했다. "찬의 설이 옳다."〕.

장한은 이미 항량을 깨뜨렸기 때문에 초나라 땅에 있는 병사들은 걱정할 필요가 없다고 여기고서 마침내 황하를 건너 북쪽으로 가서 조나라 임금 헐(歇)을 쳐서 크게 깨뜨렸다. 헐이 거록성(鉅鹿城)을 지키자 진나라 장수 왕리(王離)가 그 성을 포위했다. 조나라가 여러 차례 구원을 청하자 회왕은 이에 송의를 상장군(上將軍), 항우를 차장군(次將軍), 범증(范增, 기원전 277~204년)[28]을 말장군(末將軍)으로 삼아 북쪽으로 가서 조나라를 구원하게 했다.

애초에 회왕은 여러 장수들과 말로 약조하기를[約=要=言契], 관중(關中)〔○ 사고(師古)가 말했다. "함곡관(函谷關)부터 서쪽 지역을 총괄해서 부르는 명칭이다."〕에 가장 먼저 들어가는 자를 그곳의 왕(王)으로 삼겠다고 했다. 이때 진나라 군대는 강해 늘 승세를 타고서 패주[北]하는 적을 뒤쫓으니, 여러 장수들 중에서 누구도 가장 먼저 관중에 들어가는 것을 이롭게 여기지 않았다〔○ 사고(師古)가 말했다. "들어가지 않는 것이 이롭다는 것이니 진나라를 두려워했다는 말이다."〕. 우(羽) 홀로 진나라가 항량을 깨뜨린 것을 원통해하고 격분하면서[奮勢=憤激] 패공과 함께 서쪽으로 관중에 들어가고자 했다. 회왕이 여러 나이 든 장수들 모두에게 말했다.

---

28 항우를 위해 일한 모사(謀士)다. 진(秦)나라 말기 농민군이 일어났을 때 항량에게 초나라 귀족의 후예를 세워 널리 호소하라고 권했다. 항량이 죽자 항우의 휘하에 들어가 훌륭한 계책을 많이 제안해 항우로부터 아보(亞父-아버지에 버금간다는 뜻)라는 칭호를 받으면서 존중됐다. 여러 번 유방(劉邦)을 죽이라고 충고했지만 끝내 받아들여지지 않았고, 오히려 유방의 반간계(反間計)로 항우의 의심을 사 직책을 잃고 권한을 빼앗기자 울분을 못 이겨 떠났다가 등창이 도져 도중에 병사했다.

"항우는 사람됨이 급하고[慓=疾] 사나우며[悍=勇] 남을 잘 해치니[禍賊], 일찍이 양성(襄城)을 공략했을 때 양성에는 살아남은 이가 없었는데 이는 너무도 잔혹하게 다 죽여버린 때문이오. 게다가 초나라가 여러 차례 진격을 시도했으나 이전의 진왕(陳王)과 항량 모두 패했으니 (이번에는) 다시 덕망이 높은 사람[長者]을 보내 의로움을 베풀며 서쪽으로 나아가 진나라의 부형(父兄)들을 잘 일깨워주는 게 나을 것이오[不如]. 진나라의 부형들은 그 임금에게 오랫동안 고통받았기 때문에 지금 정말로 덕망이 높은 사람을 얻어 그가 가서 다시는 난폭한 정치가 없을 것이라고 설득하면 마땅히 항복할 것이오. 항우는 보낼 수 없고 오직 패공만이 평소 너그럽고 그릇이 커서[寬大] 덕망이 높으니 보낼 수 있을 것이오."

결국 우를 불허하고 패공을 서쪽으로 보내 진왕과 항량의 흩어진 병사들을 거둬들였다. 마침내 탕현을 지나[道] 성양(城陽)과 강리(杠里)²⁹에 이르러 진(秦)나라 군대의 성벽을 공격해 그중 두 부대를 깨뜨렸다.

진나라 3년 10월 제나라 장군 전도(田都)가 전영에게 반란을 일으켜 병사들을 이끌고 항우를 도와 조나라를 구원했다. 패공은 성무(成武)에서 동군(東郡)의 위(尉)〔○ 맹강(孟康)이 말했다. "위(尉)는 군(郡)의 도위(都尉)다." 사고(師古)가 말했다. "본래는 군위(郡尉)를 일컫는데, 경제(景帝) 때 이르러 마침내 고쳐서 도위(都尉)라고 했다."〕를 공격해 깨뜨렸다. 11월에 항우가 송의를 죽이고 그의 군사를 병합해 황하를 건넌 다음 스스로를 세

---

29 성양현의 서쪽에 있는 현이다.

위 상장군(上將軍)이라 하고, 여러 장수들과 경포(黥布, ?~기원전 195년)[30] 등이 모두 그 밑에 들어갔다. 12월에 패공이 군사를 이끌고 (패군의) 율현(栗縣)에 이르러 무강후(武剛侯)[31]와 마주치자 그의 군사 4,000여 명을 빼앗아 병합하고서 위나라 장수 황흔(皇欣)과 무만(武滿)의 군대와 합동으로 진나라 군대를 공격해 깨뜨렸다. 그래서 제(齊)나라 임금 건(建)〔○ 사고(師古)가 말했다. "건(建)은 제나라 양왕(襄王)의 아들인데, 즉위한 지 44년 될 때 진(秦)나라 군대에 공격을 당해 군대를 거느리고 진나라에 항복했다. 진나라는 그를 포로로 삼아 하내(河內)에 옮겨두었고 드디어 제나라를 멸망시켰다."〕의 손자 전안(田安)이 제북(濟北)을 함락시키고서 항우를 따라 조나라를 구원했다. 우(羽)가 진나라 군대를 거록(鉅鹿)의 성 아래에서 크게 깨뜨리고 왕리(王離)를 포로로 잡았으며 장한은 패주했다.

2월에 패공은 탕현에서 북쪽으로 창읍(昌邑)을 공격할 때 팽월(彭越, ?~기원전 196년)[32]과 만났다. 월(越)이 (패공을) 도와 창읍을 쳤으나 함락시

---

30 영포(英布)라고도 한다. 법을 어겨 경형(黥刑)을 당해 경포로 불렸다. 유방(劉邦)을 도와 전한을 세운 장군이다. 진(秦)나라 말 무리를 이끌고 파군(番君)에 붙었다가 나중에 항량(項梁)에게 의탁했다. 항량이 죽자 항우(項羽)에게 속했다. 전투 때마다 항상 적은 병력으로 많은 적군을 물리쳤다. 항우를 따라 입관(入關)한 뒤 구강왕(九江王)에 봉해졌다. 일찍이 항우의 명령에 따라 형산왕(衡山王) 오예(吳芮)와 함께 의제(義帝)를 죽였다. 초한(楚漢)전쟁 중에 한나라가 수하(隨何)를 보내 그를 설득하자 한나라로 귀순했다. 회남왕(淮南王)에 봉해졌고, 유방을 따라 해하(垓下) 전투에서 항우를 격파했다. 한나라가 세워진 뒤 한신(韓信)과 팽월(彭越) 등 개국공신들이 하나하나 피살되자 반란을 일으켰다가 실패하고 강남(江南)으로 달아났다가 장사왕(長沙王)에게 유인돼 주살(誅殺)당했다.

31 일설에는 강무후(剛武侯) 진무(陳武)라고도 한다.

32 진(秦)나라 말에 진승과 항우가 병사를 일으키자 산동 지역 거야(鉅野)에서 거병했다. 초한(楚

키지 못했다. 패공이 서쪽으로 고양(高陽)³³을 지날 때 역이기(酈食其, ?~기원전 204년)³⁴가 (동료인) 마을의 성문지기[監門=門卒]에게 말하기를 "많은 장수들이 이곳을 지나갔지만 내가 보니 패공이 도량이 크다[大度]"라고 하고서 곧장 패공을 만나러 갔다. 패공은 마침[方] 평상[床]에 걸터앉아[踞] 두 여자에게 발을 씻게 하고 있었다. 역생(酈生-역이기)은 절도 올리지 않고 두 손을 잡아 높이 들었다가 최대한 내리고서[長揖] 말했다.

"족하(足下)께서 반드시 무도한 진나라를 주벌코자 하신다면 마땅히 (저와 같은) 장자(長者)를 걸터앉은 채로 만나봐서는 안 됩니다."

이에 패공은 일어나 옷깃을 여미며[攝衣] 사과를 하고서 윗자리에 가

漢)전쟁 때 병사 3만여 명을 이끌고 한나라에 귀순해 유방을 도왔다. 위(魏) 상국(相國)이 돼 양(梁) 땅을 공략, 평정했다. 한나라를 도와 초나라를 공격해 여러 차례 초나라의 식량 보급로를 끊었다. 병사를 인솔해 해하(垓下)에서 항우(項羽)를 격멸하고 양왕(梁王)에 봉해졌다. 진희(陳豨)가 반란을 일으키자 고조(高祖)가 직접 정벌에 나섰는데, 한단(邯鄲)에 이르러 양나라 병사를 징발하니 그가 병을 이유로 장령(將領)을 대신 한단으로 보냈다. 양나라 장수 호첩(扈輒)이 반란을 권유했지만 따르지 않았다. 양(梁) 태복(太僕)이 고발하자 고조가 사람을 보내 체포하고 서인(庶人)으로 강등시켰다. 촉(蜀)으로 옮겨졌다가 여후(呂后)의 말을 들은 고조가 삼족(三族)을 멸해버렸다.

33 진류에 속한 읍의 이름으로, 지금의 하남성 기현(杞縣) 서남쪽이다.

34 한나라 초기 진류(陳留) 고양(高陽) 사람으로, 책 읽기를 좋아했는데 집안이 가난해 감문(監門)이 됐다. 유방을 위해 계책을 내 진류를 함락시킨 뒤 광야군(廣野君)으로 불렸다. 유방의 세객(說客)이 돼 제후(諸侯)들에게 사신으로 갔다. 초한(楚漢)전쟁 중에 한고조(漢高祖)를 위해 제(齊)나라에 가서 유세해 70여 성의 항복을 받아내고 제나라 임금 전광(田廣)을 설득해 한나라에 귀순하도록 했는데, 한신(韓信)의 군사가 바로 제나라를 공략하자 대노한 전광에게 팽형(烹刑)을 당했다. 한나라에서 그의 아들 역개(酈疥)를 고량후(高梁侯)에 봉했다. 복건(服虔)이 말하기를 발음은 역이기(歷異基)라고 했다.

서 앉도록 했다. 이기(食其)는 패공에게 유세해 진류(陳留)를 습격하라[襲]
〔○ 신찬(臣瓚)이 말했다. "종과 북을 치지 않고서 가볍게 가서 치는 것을
습(襲)이라고 한다."〕고 했다. 패공은 그를 광야군(廣野君)으로 삼고 그의
동생 상(商)을 장수로 삼아 진류의 병사들을 거느리게 했다. 3월에 개봉현
(開封縣)[35]을 공격했으나 미처 뽑지 못했다. 서쪽으로 가서 진나라 장수 양
웅(楊熊)과 (동군(東郡)의) 백마현(白馬縣)에서 마주쳐 전투를 벌였고, 다시
곡우(曲遇) 동쪽에서 싸워 크게 깨뜨렸다. 양웅이 달아나 형양으로 가자
[之]〔○ 사고(師古)가 말했다. "서쪽으로 달려간 것이다."〕 2세 황제는 사자
를 시켜 그의 목을 베어 사람들에게 보이게 했다[徇]〔○ 사고(師古)가 말했
다. "순(徇)은 보여주는 것[行示]이다. 『사마법(司馬法)』에 이르기를 '목을 베
어 드러내 보인다'라고 했으니, 사람들로 하여금 두루 보게 해 많은 병사
들에게 경계로 삼게 하는 것을 말한다."〕. 4월에 남쪽으로 영천(潁川)을 공
격해 도륙했다. 장량(張良)의 도움으로[因] 드디어 한(韓)나라 땅을 공략했
다〔○ 문영(文穎)이 말했다. "하남의 신정(新鄭) 남쪽에서 영천까지 남북이
다 한나라 땅이다. 량(良)은 여러 대에 걸쳐 한나라의 고위직에 있었기 때
문에 그의 도움을 입었다[因之]고 한 것이다."〕.

이때 조나라 별장 사마앙(司馬卬)이 마침 황하를 건너 관중(關中-함곡
관)에 진입하려 하자 패공은 북쪽으로 평음현(平陰縣)〔○ 맹강(孟康)이 말
했다. "하남에 속한다. 위(魏)나라 문제(文帝)가 이름을 바꿔 하음(河陰)이
라고 불렀다."〕을 공격해 황하의 나루를 곧장 건넜다[絶]〔○ 사고(師古)가

---

35 형양(滎陽)에 속한다.

말했다. "곧장 건너는 것[直渡]을 절(絶)이라 한다."]. 남쪽으로 가서 낙양(雒陽) 동쪽에서 (진나라와) 교전했는데 전세가 불리해 환원(轘轅)[○ 신찬(臣瓚)이 말했다. "험한 길의 이름인데 구씨(緱氏-지금의 언사현(偃師縣))의 동남쪽이다."]을 따라 양성(陽城)에 이르러 군중의 말과 기병을 거두어 정비했다[收=整]. 6월에 주현(犨縣) 동쪽에서 남양(南陽)의 수(守-군수) 의(齮-여의(呂齮))와 싸워 크게 깨뜨렸다. 남양군을 점령하자 수는 달아나 완(宛)[○ 사고(師古)가 말했다. "완은 남양의 현(縣)이다."]의 성을 지키며 버텼다. 패공은 군사를 이끌고 완을 (뽑지 않은 채) 지나쳐 서쪽으로 나아가니 장량이 간언했다.

"패공께서는 서둘러 관(關)에 들어가려 하시지만, 진나라 병사가 아직 많은 데다가 험지(險地)를 끼고 방어하고 있습니다. 지금 완을 함락시키지 않는다면 완은 뒤에서 따라오며 우리를 칠 것이고, 강한 진나라가 앞에 있게 되니 이는 위험한 방법입니다."

이에 패공은 마침내 밤에 군사를 이끌고 다른 길을 따라서 돌아와 깃발들을 눕히고서[偃=伏] 동트기 전까지 완성을 세 겹으로 둘러쌌다. 남양의 수가 스스로 목을 찌르려 하자[自剄][○ 정씨(鄭氏)가 말했다. "칼로 목을 찌르는 것을 경(剄)이라 한다."] 그의 사인(舍人-비서실장격이다) 진회(陳恢)가 "조금 있다가 죽어도 아직 늦지 않을 것입니다"라고 말하고서 마침내 성을 넘어가 패공을 만나 이렇게 말했다.

"신이 듣건대 족하께서는 (회왕과의) 약속을 통해 가장 먼저 함곡관에 들어가는 자가 왕이 되기로 돼 있습니다. 지금 족하께서는 완에 머물러 그것을 지키고 계십니다. 완은 군현(郡縣-군의 도읍이 되는 현)이어서 수십 개의 성이 연달아 이어져 있고, 그 관리와 백성들은 항복할 경우 스스로 반드시 죽게 될 것이라고 여겨 모두 다 성 위에 올라가[乘=登] 굳게 지키고 있습니다. 이제 족하께서 하루종일 이곳에 머물러 (성을) 공략하시게 되면 죽거나 다치는 병사들이 반드시 많을 것이며, (그렇게 도륙하고서) 군사를 이끌고 완을 떠나면 완 사람들은 반드시 족하의 뒤를 추격할 것입니다. 족하께서 전자를 택하면 함양에서의 약속을 잃게 될 것이요, 후자를 택해도 또한 강력한 완 사람들이 추격하는 우환이 있을 것입니다. 족하를 위해 계책을 올리건대, (그것은) 투항을 약속해 그 수를 (벼슬자리에) 봉하고 그로 하여금 이곳에 남아 성을 지키도록 하고, 그중에 무장병[甲卒]들을 데리고 그들과 함께 서쪽으로 가는 것이 낫습니다. (그렇게 하면) 아직 함락되지 않은 여러 성들도 그 소식을 듣고 다투어 성문을 열고 기다릴 것이니 족하께서 나아가시는 데 방해가 되는 곳이 없을 것입니다."

패공은 "좋다"고 말했다. 7월에 남양의 수 의가 항복하자 그를 봉해 은후(殷侯)로 삼았고, 진회에게는 1,000호를 식읍으로 내려주었다. 군사를 이끌고 서쪽으로 나아가니 함락되지 않는 곳이 없었다. 단수(丹水)에 이르자 고무후(高武侯) 새(鰓)[36]와 양후(襄侯) 왕릉(王陵)이 항복했다. 돌아와서 호양(胡陽)을 공격했고 파군(番君)[37]의 별장 매현(梅鋗)을 만나 그와 함께 석현(析縣)과 역현(酈縣)을 쳐서 둘 다 항복시켰고, (패공의 군대가) 지나가

---

36 진작(晉灼)은 "공신표(功臣表)」에 나오는 척새(戚鰓)"라고 했지만 주석자들 사이에 의견이 일치하지 않는다.

37 오예(吳芮, ?~기원전 202년)를 가리킨다. 진나라 때 파현의 현령을 지냈으나 한나라 초기에 장사왕(長沙王)에 봉해졌다.

는 곳에서는 약탈[掠=略奪]이 없도록 했기[毋]〔○ 사고(師古)가 말했다. "무(毋)란 금지시켰다는 말이다."〕 때문에 진나라 백성들이 기뻐했다. 위(魏)나라 사람 영창(甯昌)을 진나라에 사신으로 보냈다. 이달에 장한이 군사를 이끌고 항우에게 투항하니 우는 그를 옹왕(雍王)으로 삼았다. 하구현(瑕丘縣)의 신양(申陽)이 하남을 함락시켰다.

8월에 패공은 무관(武關)〔○ 응소(應劭)가 말했다. "무관은 진나라 남쪽의 관문으로 남양(南陽)과 통한다." 문영(文穎)이 말했다. "무관은 기현(杞縣)의 서쪽 170리에 있다."〕을 공격해 진나라로 진입했다. 진나라 재상 조고(趙高, ?~기원전 207년)[38]는 두려워해 마침내 2세 황제를 죽이고[殺],[39] 사람을 보내와 땅을 나눠 자신을 관중의 왕으로 삼아줄 것을 약속받고 싶어 했으나〔○ 사고(師古)가 말했다. "자신과 패공이 관중의 땅을 나누자고 한 것이다."〕 패공은 허락하지 않았다. 9월에 조고가 2세 황제의 형의 아들 자영(子嬰)을 진나라 임금으로 삼았다. 자영은 조고를 주살하고 요산의 관

---

38 선조는 조(趙)나라 귀족이었는데, 부모가 죄를 져서 진나라 궁궐에 들어와 환관이 됐다. 옥법(獄法)을 잘 알았다. 중거부령(中車府令)이 돼 부새령(符璽令) 일도 겸했다. 시황제를 따라 여행하던 중 시황제가 평대(平臺, 하북성 거록현(鉅鹿縣))에서 병사하자 승상 이사(李斯)와 짜고 조서(詔書)를 거짓으로 꾸며 시황제의 맏아들 부소(扶蘇)와 장군 몽념(蒙恬)을 자결하게 만들었다. 그리고 막내아들 호해(胡亥)를 2세 황제로 삼아 마음대로 조종했다. 낭중령(郎中令)에 임명돼 정권을 잡고는 진나라 종실과 대신들을 마음대로 주륙했다. 진승과 오광의 반란이 일어난 뒤 이사를 무고해 살해했다. 중승상(中丞相)이 되고 무안후(武安侯)에 봉해졌다. 자기의 뜻대로 움직이지 않는 사람을 골라내 제거하려고 꾸민 지록위마(指鹿爲馬) 이야기가 유명하다. 3년(기원전 207년) 유방의 군대가 관중(關中)을 넘어서자 2세 황제마저 살해하고 부소의 아들 자영(子嬰)을 옹립해 진왕(秦王)이라 부르게 했지만 곧 자영에게 살해됐다.

39 시해했다[弑]고 표현하지 않았다.

문[嶢關]을 방어했다[距=拒]. 패공이 이곳을 치려 하자 장량이 말했다.

"진나라 병력이 아직도 강하니 가벼이 보아서는 안 됩니다. 바라건대 먼저 사람들을 보내 산 위에 깃발들을 길게 늘어놓으면 마치 병사들처럼 보일 것이니, 그다음에 역이기와 육가(陸賈)[40]를 보내 진나라 장수를 설득하면 훨씬 유리한 입장에서 유인할 수 있습니다[啗=欺]."

진나라 장수는 과연 서로 화합해 연합할 것을 바라자 패공이 허락하려 하니 장량이 말했다.

"이는 단순히 장수 혼자 반란을 일으키려 하는 것이니 그 병졸들이 따르지 않을까 두렵습니다. 그러니 그들이 해이해진 틈을 타서 치는 것이 더 좋을 것입니다."

패공은 병력을 이끌고서 요산의 관문을 빙 둘러서[繞] 괴산(蕢山)을 뛰어넘어 진나라 군대를 쳐서 남전(藍田)의 남쪽에서 크게 깨뜨렸고, 드디어 남전에 이르러 다시 그 북쪽에서 싸워 진나라 군대를 대패시켰다.

원년(元年) 겨울 10월에[○ 여순(如淳)이 말했다. "장창전(張蒼傳)에 이르

---

40 원래는 초(楚)나라 사람으로 변설에 능했다. 유방을 좇아 천하를 통일하는 데 크게 공헌했다. 사신으로 남월(南越)에 가서 남월왕 조타(趙佗)로 하여금 칭신(稱臣)하도록 했다. 돌아와 태중대부(太中大夫)에 임명됐다. 때로 고조에게 『시경(詩經)』과 『서경(書經)』에 대해 말하면 고조가 "말 위에서 천하를 얻었는데 어느 겨를에 『시경』이나 『서경』 따위를 보겠는가?"라고 대꾸했다. 이에 "말 위에서 천하를 얻을 수는 있지만, 말 위에서 어찌 천하를 다스리겠습니까[居馬上得之寧可以馬上治之]?"라고 대답했다. 고조가 진(秦)나라가 멸망한 까닭에 대해 묻자 『신어(新語)』를 지어 올렸다. 혜제(惠帝) 때 여후(呂后)가 여씨들을 제후에 앉히려고 하자 병을 핑계로 사직했다. 나중에 진평(陳平)을 위해 일을 도모해 주발(周勃)을 끌어들여 여씨 일족을 주살했다. 문제(文帝) 때 다시 남월에 가서 조타를 효유(曉喩)했다. 시서(詩書)를 좋아하고 문무병용(文武竝用) 정치의 필요성을 역설했다.

기를 고조가 10월에 패상(霸上)에 이르렀고, 진나라는 10월을 세수(歲首)로 삼았다."〕 다섯 별[五星]이 동정(東井)에 모였다〔○ 응소(應劭)가 말했다. "동정은 진(秦)나라에 해당하는 (하늘의) 분야다. 다섯 별은 각각 그에 해당하는 빼어난 이[聖]를 갖고 있어 각각 마땅함[義]에 따라 천하를 취한다. 이 점은 「천문지(天文志)」에 보인다."〕. 패공이 (다른 제후들보다 먼저) 패상(霸上)〔○ 응소(應劭)가 말했다. "패상은 지명인데 장안에서 동쪽으로 30리에 있으며 옛날에는 자수(滋水)라 했다. 진나라 목공이 이름을 패(霸)라 바꿨다." 사고(師古)가 말했다. "패수 변[上]에 있다고 해서 패상이라 한다. 즉, 지금 말하는 패두(霸頭)다."〕에 이르렀다. 진나라 임금 자영이 흰 수레에 흰 말을 타고서 목에는 줄을 맨 채 인끈을 늘어뜨리고[係頸以組]〔○ 응소(應劭)가 말했다. "자영은 감히 제(帝)의 칭호를 계승하지 못하고 다만 왕(王)이라 칭했을 뿐이다. 흰 수레에 흰 말은 상을 당한 사람의 복장이다. 조(組)란 천자의 폐슬의 끈[紱-인끈]이다. 목에 줄을 맸다[係頸]는 것은 자살하려고 했다는 말이다." 사고(師古)가 말했다. "폐슬의 끈[組]은 인끈[綬]으로, 옥새를 걸기 위함이다."〕 황제의 옥새와 부절(符節)을 함에 봉한 채〔○ 응소(應劭)가 말했다. "새(璽-도장)는 신표[信]로, 옛날에는 신분의 고하를 막론하고 그것을 갖고 있었다. 『춘추좌씨전(春秋左氏傳)』 '양공(襄公) 29년(기원전 544년)'에 보면, 양공이 초나라에 있을 때 "계무자(季武子)가 공야(公冶)를 시켜 (양공에게) 문후를 묻게 하고, (공야가 출발하자 계무자는) 한 통의 편지를 써서 봉인하고[璽=印] 뒤쫓아가서 그에게 전해주게 했다"는 구절이 나온다. 진나라와 한나라에서는 높은 사람들이 그것으로 신표로 삼았고, 여러 아래 사람들은 마침내 그것을 피하게 됐다."〕 지도정(枳

道亭〔○ 소림(蘇林)이 말했다. "장안에서 동쪽으로 13리 떨어진 곳에 있었다."〕곁에서 항복했다. 여러 장수들 중에 어떤 이가 진나라 임금을 주살해야 한다고 말하자 패공이 말하기를, "애초에 회왕이 나를 보낸 것은 진정으로 내가 관용을 베풀 수 있을 것으로 여겼기 때문인데, 게다가 저 사람이 이미 항복을 해왔는데 그를 죽이는 것은 좋은 일이 아니오[不祥]"라고 했다. 그러고서 진나라 임금을 관리에게 맡겼다[屬=委]. 드디어 서쪽으로 가서 함양(咸陽)에 들어가 궁궐에 머물며 쉬려고 했으나[休舍=休息],[41] 번쾌와 장량이 간언하자 마침내 진나라의 귀중한 보화와 재물 창고를 봉쇄한 후에 패상으로 군대를 돌렸다. 소하는 진나라 승상부(丞相府)의 책과 문서들을 남김없이 거둬들였다. 11월에 (패공은) 여러 현의 호걸들을 불러 모아놓고 이렇게 말했다.

"어르신들[父老]께서는 진나라의 가혹한 법에 오랫동안 고생하시어 (조정을) 비방하는 자는 멸족을 당했고, 모여서 이야기를 나눈 자는 기시(棄市-저잣거리에서의 사형)를 당했습니다. 나는 제후들과 약속하기를, 관중에 가장 먼저 들어가는 사람이 왕이 되기로 했으니 내가 마땅히 관중의 왕입니다. 어르신들과 약속하는 바는 법삼장(法三章)뿐입니다. 사람을 죽인 자는 사형에 처하고, 남을 다치게 하거나 도둑질한 자는 죄에 맞게[抵=至=當]〔○ 복건(服虔)이 말했다. "그 사안의 경중(輕重)에 따라 법을 적용한다는 것이다." 이기(李奇)가 말했다. "남을 다치게 하는 데는 곡직(曲直)이 있고, 도둑질에도 많고 적음이 있어 죄명을 미리 정할 수 없었기 때문에

---

41 일설에는 사(舍)를 쉴 수 있는 공간[居舍]으로 보기도 한다.

총괄해서 죄에 맞춘다고 한 것이고, 어떤 죄에 맞출지는 아직 알 수 없다." 사고(師古)가 말했다. "복씨(服氏)와 이씨(李氏)의 설은 둘 다 나름의 의미가 있고, 그밖에 다른 사람들의 설들은 모두 해석이 허황해서 취하지 않았다."] 처벌할 것입니다. 그 나머지 진나라 법령은 모두 없앨 것이니 관리와 백성들은 모두 다 예전(-진나라 이전)처럼 안도해도 됩니다. 무릇 내가 이곳에 온 까닭은 어르신들을 위해 해악을 없애고자 해서이지 침략해 포악한 짓을 하려는 것이 아니니 절대 두려워 마십시오. 또 내가 패상에 주둔한 까닭은 단지 제후들이 오기를 기다려 약속[要=約]을 정하기 위함일 뿐입니다."

이에 사람을 보내 진나라 관리와 더불어 모든 현과 향과 읍을 다니며 이를 알려 일깨워주도록[告諭] 했다. 진나라 백성들은 크게 기뻐하며 앞다투어 소와 양고기 그리고 술과 음식을 가지고 와서 군인들에게 바쳤다. 패공은 사양하고서 받지 않으며 말하기를 "창고에 곡식이 많아 백성들에게 폐를 끼치고 싶지 않습니다"라고 하자 백성들은 더욱더 기뻐하며 오직 패공이 진나라 임금이 되지 않을까봐만 걱정했다. 어떤 사람이 패공에게 유세해 말했다.

"진나라의 부는 천하의 10배이고 지형은 강고합니다. 지금 듣건대 장한이 항우에게 항복하니, 우가 칭호를 내려 옹왕(雍王)이라 하고 관중의 왕으로 삼았다고 합니다.[42] 지금 당장 항우가 이곳에 온다면 패공께서는 여기를 차지하지 못할까 걱정스럽습니다. 가능한 한 빨리 함곡관(函谷關)

---

42 옹(雍)은 관중의 옛 이름이므로 이미 관중의 왕으로 삼은 것이다.

〔○ 문영(文穎)이 말했다. "이때 관(關)은 홍농현(弘農縣) 형령(衡嶺)에 있었는데 지금은 동쪽으로 옮겨 하남 곡성현(穀城縣)에 있다." 사고(師古)가 말했다. "지금의 도림현(桃林縣) 남쪽에 크게 모여 흐르는 간수(澗水)가 있는데, 이 일대를 옛날에 함곡(函谷)이라 불렀다. 그 강은 북쪽으로 흘러 황하로 들어가며, 황하의 강변에는 예전부터 오래된 관의 유적들이 있었다. 곡성은 곧 신안(新安)이다."〕을 지키게 해 제후의 군대들이 절대 못 들어오게 하고서 조금씩 관중의 병사들을 불러내 병사들을 늘려 저들을 막으십시오."

패공은 그 계책이 옳다[然]고 여겨 따랐다. 12월에 항우가 과연 제후의 군대들을 거느리고 서쪽으로 와서 관으로 들어오려 하자 관문을 막았다. 패공이 이미 관중을 평정했다는 소식을 듣고 우는 크게 화가 나서 경포 등을 시켜 함곡관을 공격해 깨뜨리게 하니 드디어 희수(戱水-지명)에 이르렀다. 패공의 좌사마 조무상(曹毋傷)은 우가 화가 났다는 말을 듣고서 패공을 공격하고자 사람을 시켜 우에게 "패공이 관중의 왕이 되고자 해 자영을 승상으로 삼고 진귀한 보물과 보배들을 다 차지하려 한다"라는 말을 전하게 했다. 항우에게 봉작을 받으려 했던 것이다. 아보(亞父) 범증(范增)이 우에게 유세해 말했다.

"패공이 산동(山東)[43]에 있을 때는 재물을 탐하고 여색을 좋아했으나 지금 듣건대 그가 관중에 들어가서는 진귀한 보물들을 전혀 취하지 않고 부녀자들도 가까이하지 않는다고 하니 이는 그의 뜻이 작지 않다는 것입

---

43 여기서는 산동 지방이 아니라 함곡관의 동쪽, 특히 효산(殽山)의 동쪽을 뜻한다.

니다. 제가 사람을 시켜 그의 기운을 살펴본 결과 모두 용과 같고 오색을 갖췄으니 이는 천자의 기운입니다. 당장 쳐서 결코 기회를 잃어서는 안 될 것입니다."

이에 병사들에게 음식을 먹이고[饗=飮食] 다음 날 아침[旦日=明旦] 교전하려고 했다[合戰]. 이때 우의 병사는 40만인데 100만 병사라 불렸고, 패공의 병사는 10만인데 20만 병사라 불렸으니 힘으로는 적수가 될 수 없었다[不敵]. 때마침 우의 작은아버지[季父]인 좌윤(左尹) 항백(項伯, ?~기원전 192년)[44]이 평소 장량과 잘 지냈기 때문에 밤에 말을 내달려 장량을 만나 실상을 다 갖춰 말하고 함께 달아나자고 하면서, 그렇지 않으면 다 개죽음을 당할 뿐이라고 설득했다. 량(良)이 말했다.

"신은 한왕(韓王)을 위해 패공에게 온 것이니[45] 이 일을 아뢰지 않을 수가 없소. 함께 도망을 친다면 그것은 의리가 아니오."

마침내 항백을 데리고 패공을 만나니, 패공은 백(伯)에게 통혼(通婚)을 약속하고 이렇게 말했다.

"내가 관중에 들어와 추호도 감히 취한 바가 없고, 관리와 백성의 명부를 잘 정리했으며, 창고를 봉쇄한 채 장군을 기다리고 있었소. 관문을 지켰던 것은 다른 도적떼에 대비하기 위함이었소. 하룻밤만 기다리면[夜望] 장군께서 오실 터인데 어찌 감히 반란을 하겠소. 바라건대 백께서 제가

---

44 항우의 숙부로, 일찍이 죄를 졌는데 장량이 구해주었다. 항우를 따라 병사를 일으켜 진나라를 공격하고 좌영윤(左令尹)이 됐다.

45 이때 장량은 한나라 사도(司徒)였다.

감히 배신하려 하지 않는다는 점을 분명히 말씀드려주시오."

항백은 허락하고서 그날 밤에 돌아갔는데, 가기 전에 패공에게 당부하기를 "내일 아침에 가능한 한 빨리 와서 사과를 하시오"라고 했다. 항백이 돌아가서 패공이 했던 말을 갖춰 우(羽)에게 아뢰어 말했다.

"패공이 관중의 병력을 먼저 깨뜨리지 않았는데 공께서 어찌[巨=詎]
거 거
관중에 들어갈 수 있겠습니까? 또 다른 사람이 큰 공을 세웠는데 그를 치는 것은 상서롭지 못하니 그를 칭찬하느니만 못합니다."

우는 그리하라고 했다. 패공은 다음 날 아침 100여 기병을 데리고 홍문(鴻門)[○ 맹강(孟康)이 말했다. "신풍(新豊)의 동쪽 17리 지점에 있다."]에서 우를 만나 사죄하며 말했다.

"신은 장군과 힘을 합쳐[戮力=協力=幷力] 진나라를 공격해 장군은 하
육력 협력 병력
북(河北)에서 싸우고 신은 하남(河南)에서 싸우기로 해 본의 아니게[不
부
自意] 관중에 먼저 들어와 진나라를 깨뜨릴 수 있었기에 (이렇게) 장군과
자의
다시 서로 만나볼 수 있게 됐습니다. 지금 소인배들이 말을 내는 바람에 장군과 저 사이에 틈[隙=間隙=乖離]이 생겨났습니다."
극 간극 괴리

우가 말했다.

"이는 패공의 좌사마 조무상이 말한 것인데, 그렇지 않았다면 적(籍)이 어찌 이렇게 했겠습니까?"

그리하여 우는 패공을 머물게 하고서 술을 마셨다. 범증은 여러 차례 눈짓으로[目] 우에게 패공을 쳐야 한다고 했으나 우는 응하지 않았다. 범
목
증은 일어나 나가면서 항장(項莊)에게 말했다.

"군왕의 사람됨이 모질지 못하니[不忍] 그대가 들어가서 칼춤[劍舞]을
불인 검무

추다가 기회를 살펴 패공을 쳐서 죽이라. 그렇지 않으면[不者] 그대도 장차 저들의 포로가 될 것이다."

　장(莊)이 (연회장으로) 들어가 축수(祝壽)[○ 사고(師古)가 말했다. "높은 사람을 위해 잔을 들어 만수무강의 인사를 올리는 것이다."]를 했다. 축수를 마치고서 말하기를 "군중에는 음악이 없으니 청컨대 칼춤을 추도록 해 주시옵소서"라고 하고서 칼을 뽑아 춤을 쳤다. 항백도 일어나 춤을 추는데 계속해서 자신의 몸으로 패공을 보호하며 가렸다[翼蔽]. 번쾌는 사태가 급박하게 돌아가고 있다는 소식을 듣고서 곧장 들어가 크게 화를 냈다. 우는 그 기개를 장하게 여겨 술을 내려주었다. 쾌(噲)는 술잔을 물리치며 우에게 유감을 전했다. 잠시 후에[有頃] 패공은 화장실에 간다며 일어섰고, 번쾌를 불러 나오게 해 수레를 관속(官屬)에 그냥 두고서[置=留] 홀로 말에 올랐고, 번쾌, 근강(靳彊), 승공(勝公), 기성(紀成)⁴⁶은 걸어서 간도(間道-샛길)를 따라서 군영으로 향하게 했고, 장량에게는 남아서 우에게 사과하도록 했다. 우가 "패공은 어디[安=何] 계신가?"라고 묻자 (장량은) 답하기를 "장군께서 자신을 문책하려는 뜻이 있다는 말을 듣고서 몸을 피해 간도를 따라 군영으로 돌아갔습니다. 그래서 신에게 옥[璧]을 (장군께) 바치라고 하셨습니다"라고 했다. 우는 그것을 받았다. 또 옥두(玉斗)⁴⁷를 범증에게 바치니 증은 화를 내며 그 두(斗)를 내동댕이치고 일어서면서 "우리들은 이제 모두 패공의 포로가 될 것이다"라고 말했다.

46　기통(紀通)의 아버지다.

47　옥으로 만든 큰 술잔이다.

패공이 돌아와 며칠이 지나자 우는 군대를 이끌고 서쪽으로 가 함양을 도륙하고, 진나라의 항복한 왕 자영을 죽이고서 진나라의 궁실을 불질렀다. 그가 지나간 곳에는 아무것도 남지 않고 파멸됐다. 진나라 백성들은 크게 실망했다. 우가 사람을 보내 돌아가서 회왕에게 보고케 하자 회왕은 "약속대로 하라〔○ 사고(師古)가 말했다. "패공을 관중의 왕으로 삼으라는 말이다."〕"고 말했다. 우는 회왕이 자신을 패공과 함께 서쪽으로 가서 관중으로 들어가게 하지 않고 북쪽으로 조나라를 구원하도록 함으로써 천하와의 약속에서 자신이 뒤처지게 됐음[後]을 원망하고, 이에 말하기를 "회왕이란 자는 우리 집안에서 세웠을 뿐이지 아무런 공로도 없는데 어찌 이런 약속을 주관할 수 있으랴! 본래 천하를 평정한 것은 여러 장수들과 이 적(籍)이다"라고 했다. 봄 3월[48]에 겉으로는[陽=表] 회왕을 의제(義帝)로 삼았지만 실제로는[實] 그의 명령을 따르지 않았다[不用].

(2월에) 우(羽)는 스스로를 세워 서초패왕(西楚覇王)으로 삼고, 양(梁)과 초(楚)의 땅에 있는 9군(郡)의 왕이 돼 팽성(彭城)을 도읍으로 삼았다. 약속을 어기고 다시 패공을 세워 한왕으로 삼고, 파(巴)와 촉(蜀)과 한중(漢中)에 있는 41개 현의 왕이 돼 남정(南鄭)〔○ 사고(師古)가 말했다. "이는 곧 지금의 양주(梁州-섬서성) 남정현(南鄭縣)이다."〕을 도읍으로 삼게 했다. (항우는 또) 관중을 셋으로 나눠 진나라의 세 장수를 세웠는데, 장한은 옹왕으로 삼아 폐군현(廢丘縣)〔○ 위소(韋昭)가 말했다. "이곳은 주나라 때 견구(犬丘)였고, 의왕(懿王)이 도읍으로 했던 곳이며, 진(秦)나라는 그것을

---

48 이것이 진짜 정월이다.

폐기하고자 해 이름을 바꿔 폐구(廢丘)라 했다."]에 도읍했고, 사마흔(司馬欣, ?~기원전 204년)[49]은 새왕(塞王)으로 삼아 역양(櫟陽)[○ 사고(師古)가 말했다. "지금의 역양현이다."]에 도읍했으며, 동예(董翳, ?~기원전 203년)는 적왕(翟王)으로 삼아 고노(高奴)[○ 사고(師古)가 말했다. "지금의 부주(鄜州) 경계 지역이다."]에 도읍했다. 초나라 장수인 하구(瑕丘) 출신의 신양(申陽)[50]은 하남왕으로 삼아 낙양(洛陽)에 도읍했고, 조나라 장수인 사마앙(司馬卬)은 은왕(殷王)으로 삼아 조가현(朝歌縣)에 도읍했다. 당양군(當陽君) 영포(英布-경포)는 구강왕(九江王)으로 삼아 육현(六縣)[○ 사고(師古)가 말했다. "원래는 옛날의 나라로, 고요(皐陶)의 후손들의 나라였다."]에 도읍했다. 회왕의 주국(柱國) 공오(共敖)는 임강왕(臨江王)으로 삼아 강릉(江陵)에 도읍했다[○ 응소(應劭)가 말했다. "주국은 상경(上卿)의 관직으로 상국(相國-재상)과 같다." 맹강(孟康)이 말했다. "원래는 남군(南郡)이었

---

49 진(秦)나라 장수 장한을 따라 각지를 전전했다. 장한이 항우에게 수차 패하자 2세 황제는 장한을 여러 번 꾸짖었고, 장한은 두려워서 사마흔을 함양으로 보내 원병을 청했으나, 사마흔은 승상 조고를 만나지 못하고 두려워해 달아나 조고의 추격을 뿌리쳐 장한에게 돌아가 항우에게 항복하라고 권했다. 항우는 장한을 옹왕에 봉하고 사마흔은 진군의 상장군으로 삼았다. 항우가 항복한 진군을 몰살할 때 장한, 동예와 함께 살아남았다. 옛날에 항량을 살려줬고 장한을 항복하게 권한 사정이 항우에게 공적으로 인정돼 항우가 제후들을 분봉할 때 관중 지방을 장한, 동예와 함께 나누어 받아 새왕으로 봉해졌다. 새 나라의 봉토는 옛 진의 함양 이동에서 황하까지 미쳤다.

50 진(秦)나라 말 하구(瑕丘) 사람으로 본래 장이(張耳)의 폐신(嬖臣)이었다. 진나라 말에 하남(河南)에서 군사를 일으켜 하상(河上)에서 초(楚)나라 군대를 맞이했다. 진나라가 망하자 하남왕이 됐다. 유방(劉邦) 2년 한나라가 동쪽 땅을 공략하니 항복했고, 이때부터 그 지역은 하남군(河南郡)이 됐다.

는데 임강국으로 고쳤다." 사고(師古)가 말했다. "강릉은 지금의 형주(荊州) 강릉현(江陵縣)이다."]. 파군(番君)[○ 소림(蘇林)이 말했다. "番은 발음이 (번이 아니라) 파(婆)다."] 오예(吳芮)는 형산왕(衡山王)으로 삼아 주현(邾縣)[○ 문영(文穎)이 말했다. "강하(江夏)에 속한다."]에 도읍했다. 옛[故] 제(齊)나라 임금 건(建)의 손자 전안(田安)은 제북왕(濟北王)으로 삼았다. 위(魏)나라 임금 표(豹)를 옮겨 서위왕(西魏王)으로 삼아 평양(平陽)에 도읍했다. 연(燕)나라 임금 한광(韓廣)을 옮겨 요동왕(遼東王)으로 삼았다. 연나라 장수 장도(臧荼)를 연왕(燕王)으로 삼아 계(薊)[○ 사고(師古)가 말했다. "유주(幽州) 계현(薊縣)이다."]에 도읍했다. 제나라 장수 전도(田都)를 제왕(齊王)으로 삼아 임치(臨菑)[○ 사고(師古)가 말했다. "지금의 청주(靑州)다."]에 도읍했다. 조(趙)나라 임금 헐(歇)을 옮겨 대왕(代王)으로 삼았다. 조나라 상(相-재상) 장이(張耳)를 상산왕(常山王)으로 삼았다. 한왕(漢王)이 우의 약속 위반에 원한을 품고 그를 공격하려 하니 승상[○ 복건(服虔)이 말했다. "승상이라고 칭한 것은 일을 기록하는 자가 훗날 미루어 헤아려 그렇게 한 것이다."] 소하가 간언을 올려 마침내 그쳤다.

여름 4월에 제후들은 대장군(항우)의 기치 아래[戲下] 해산해 각자 자신들의 나라(-봉국)로 나아갔다[○ 사고(師古)가 말했다. "희(戲)는 군대를 지휘하는 대장기[旌麾]다. 이에 앞서 제후들 중에 항우를 따라 관중에 들어온 자들은 각각 자신의 군대를 통솔하며 우(羽)에게 명령을 들었는데, 지금은 이미 봉작(封爵)을 받았기 때문에 각자의 나라로 나아가니, 총괄해서 대장군의 기치 아래 해산했다고 말한 것이다. 일설에는 항우를 따라 간 곳이 희수(戲水)의 강가였기 때문에 희(戲) 아래에서 해산했다고 하는

데, 이 설은 틀렸다. 항우는 홍문(鴻門)에서 고조를 만났기 때문에 이미 희(戱)는 지나갔다. 게다가 진나라에 들어가 궁실을 불태웠기 때문에 다시 희에 있을 수가 없다."). 우가 병졸 3만 명으로 하여금 한왕을 따르게 하니 초나라와 다른 제후국의 사람들 중에서 그를 흠모해 따르는 자가 수만 명이었는데, 두현(杜縣)에서 남쪽으로 식(蝕)〔○ 여순(如淳)이 말했다. "식은 한중(漢中)으로 들어가는 길에 있는 계곡의 이름이다."〕에 들어갔다. 장량이 이별하고 한(韓)나라로 돌아가니 한왕(-패공)은 포중(褒中)〔○ 사고(師古)가 말했다. "지금의 양주(梁州)의 포현(褒縣)이다. 옛날에 포중(褒中)이라 한 이유는 포곡(褒谷)의 한가운데 있었기 때문이다. 수나라 황실에서는 충(忠)을 피휘했기 때문에 (중도 그와 비슷하다 해) 포내(褒內)로 고치기도 했다."〕까지 전송했는데, 그 도중에 (장량은) 한왕에게 유세해 잔도(棧道)〔○ 사고(師古)가 말했다. "잔(棧)은 각(閣)이다. 그래서 지금은 각도(閣道)라 한다."〕를 불태워 끊어버림으로써 제후들의 기습부대[盜兵]에 대비하는 한편 항우에게는 동쪽으로 되돌아갈 뜻이 없음을 보여주라고 했다.

한왕이 이미 남정(南鄭)에 이르자 여러 장수들과 병졸들은 모두 제나라의 노래(-망향가)를 부르며 동쪽으로 돌아가고 싶어 해 벌써 도중에 도망치는 자들이 많았다〔○ 사고(師古)가 말했다. "남정에 도착하기도 전에 길에서 돌아간 자들이 있었다는 말이다."〕. 한신(韓信)이 치속도위(治粟都尉)[51]가 됐는데 역시 도망가버리자 소하가 쫓아가 데리고 와서 그 참에 한

---

51 이때는 식량과 말먹이를 관장하는 군관이었는데 뒤에는 농업과 염철(鹽鐵)의 일을 관리하는 중요한 관직이 됐다.

왕에게 천거해 말하기를 "반드시 천하의 패권을 쥐고자 하신다면 신(信)이 없이는 함께 일을 꾸밀[計事]계사 자가 없습니다"라고 하니, 이에 한왕은 재계하고서 단장(壇場)[○ 사고(師古)가 말했다. "흙을 쌓아 높인 것을 단(壇)이라 하고, 땅을 평평하게 한 것을 장(場)이라 한다."]을 설치해 신을 제배해 대장군으로 삼고서 계책을 묻자 신이 대답했다.

"항우는 약속을 어기고 군왕을 남정에서 왕노릇 하게 했으니 이는 유배를 보낸 것[遷]천입니다[○ 여순(如淳)이 말했다. "진(秦)나라 법에 따르면 죄가 있는 자는 촉한(蜀漢)으로 유배를 보냈다[遷徙]천사."]. 장교와 병사들은 모두 산동 사람들이어서 밤낮없이 (동쪽으로 가려고) 발을 들어 안달하고 있으니[企]기 그들을 예봉으로 삼아 쓰신다면 큰 공을 세울 수 있을 것입니다. 천하가 평정돼 백성들이 모두 스스로 평안해지면[寧=安]영안 다시 쓸 수가 없습니다. 계책을 결단하시고 동쪽으로 가는 것이 더 나을 것입니다."

이어서 우를 도모해[圖]도[○ 사고(師古)가 말했다. "계책을 세워 사로잡는다는 말이다."] 삼진(三秦)[○ 응소(應劭)가 말했다. "장한이 옹왕, 사마흔이 새왕, 동예가 적왕이 돼 진나라 땅을 나눠 왕이 됐기 때문에 삼진이라 한 것이다."]을 쉽게 삼킬 수 있는 계책을 진술했다. 한왕은 크게 기뻐하며[說=悅]열 마침내 신의 계책을 따라서 여러 장수들에게 제각기 역할을 맡겼다[部署=分任]부서 분임. 소하는 (남정에) 그대로 남도록 해 파와 촉의 조세를 거둬 군량미를 공급하게 했다.

5월에 한왕(漢王)은 병사들을 이끌고 고도(故道)[○ 맹강(孟康)이 말했다. "현(縣)의 이름인데 무도(武都)에 속한다."]⁵²를 타고 나와서 옹(雍)을 습격했다. 옹왕 한(邯)은 한의 병사와 진창(陳倉)에서 맞붙어 싸웠지만 [迎擊] 옹의 군대는 패해 도망쳐 달아났고, 호치(好畤)[○ 맹강(孟康)이 말했다. "현(縣)의 이름인데 우부풍(右扶風)에 속한다."]에서 싸워 다시 크게 패해 폐구로 달아났다. 한왕은 드디어 옹 땅을 평정했다. 동쪽의 함양으로 가서 병사들을 이끌고 옹왕을 폐구에서 포위하고 여러 장수들을 보내 그 땅을 공략하게 했다.

전영(田榮)은 우가 제(齊)나라 임금 시(市)를 교동(膠東)으로 옮기고 전도(田都)를 세워 제나라 임금으로 삼았다는 것을 듣고서 크게 화가 나 제나라 병사를 이끌고 도(都)와 맞붙어 싸웠다. 도는 달아나 초나라에 투항했다. 6월에 전영은 전시를 죽이고 스스로를 세워 제나라 임금이 됐다. 이때 팽월(彭越)이 거야현(鉅野縣)[○ 사고(師古)가 말했다. "거야는 큰 못의 이름인데 그것으로 현의 이름을 삼았으며 지금은 운주(鄆州)에 속한다."]에 있었는데 그 무리가 1만여 명이었고 아무 데도 속한 바가 없었다. 영(榮)은 월(越)에게 장군의 인장을 주고 양(梁) 땅에서 반란을 일으키게 했다. 월이 제북왕 안(安)을 쳐서 죽이니 영은 드디어 삼제(三齊)[○ 복건(服虔)이 말했다. "제(齊)와 제북과 교동을 말한다."]의 땅을 다 차지했다. 연왕(燕王) 한광(韓廣)도 요동으로 옮겨가기를 기꺼워하지 않았다. 가을 8월에 장도(臧荼)가 한광을 죽이고 그의 땅을 다 차지했다. 새왕 흔과 적왕 예는

---

52 한중(漢中)에서 관중(關中)으로 가는 옛길인데, 잔도(棧道)를 새 길이라 해서 옛길[故道]이라 부른 것이다.

둘 다 한나라에 투항했다.

애초에 항량은 한(韓)의 후예인 공자 성(成)을 세워 한왕(韓王)으로 삼았고, 장량은 한나라의 사도(司徒)가 됐다. 우는 량이 한왕(漢王)을 따라 종군하고 한왕 성이 아무런 공로를 세우지 못했기 때문에 성을 자기 나라에 보내주지 않고 함께 팽성(彭城)에 가도록 한 다음에 그를 죽였다. 한왕(漢王)이 관중을 병합하고 제나라와 양나라도 반란을 일으키자 우는 크게 화가 나서 마침내 예전 오현(吳縣)의 현령 정창(鄭昌)[53]을 한왕(韓王)으로 삼아 한(漢)에 맞서도록 했다. 소공(蕭公)〔○ 맹강(孟康)이 말했다. "소현의 현령이다. 이때는 현령을 다 공(公)이라 불렀다."〕 각(角)에게는 팽월을 치게 했는데, 월이 각의 군사를 깨부쉈다. 이때 장량은 한(韓)의 땅을 점령하고서 [徇=略] 우에게 편지를 보내 '한(漢)은 관중의 땅을 얻으려 하니 약
         순   약
속대로 즉시 멈추고 감히 더이상 동쪽으로 행군하지 마십시오'라고 했다. 우는 그 때문에 서쪽으로 향하려 하지 않고 북쪽으로 가서 제(齊)를 쳤다.

9월에 한왕(漢王)은 장군 설오(薛歐)〔○ 사고(師古)가 말했다. "歐의 발음은 (구가 아니라) 오(烏)다."〕와 왕흡(王吸)을 보내 무관(武關)에서 나아가 (남양(南陽)에 있는) 왕릉(王陵)의 병사와 함께〔○ 여순(如淳)이 말했다. "왕릉도 자신의 무리 수천 명을 거느리고 남양에 머물고 있었다."〕 태공(太公)과 여후(呂后)를 남양에서 패(沛-패현)로 맞아오도록 했다. 우는 이를 듣고서 군대를 출동시켜 양가(陽夏)〔○ 정씨(鄭氏)가 말했다. "夏는 발음이 (하가 아니라) 가차(假借)라고 할 때의 가(假)다."〕에서 막도록 했으나 앞으로

---

53 항우의 부장이다.

나아갈 수가 없었다.

2년(기원전 205년) 겨울 10월에 항우는 구강왕 포(布)를 시켜 의제(義帝)를 침현(郴縣)에서 죽였다〔○ 사고(師古)가 말했다. "해설자들 중에 어떤 사람은 『사기(史記)』 「본기(本紀-고조본기)」와 『한주(漢注)』에 '형산왕과 임강왕이 강중(江中-장강 일대)에서 죽였다'고 돼 있는 것을 근거로 『한서(漢書)』에서 '경포가 그를 죽였다'고 한 것은 착오라고 했다. 그러나 지금 『사기(史記)』 「경포열전(黥布列傳)」을 근거로 하면 4월에 몰래 구강왕 등에게 가서 의제를 치도록 명했고, 그 해 8월에는 포가 장수들을 시켜 침현에서 의제를 쫓아가 죽이게 했다. 그리고 『한서(漢書)』의 「항우전(項羽傳)」과 「영포전(英布傳)」이 서로 부합하는데, 곧 형산, 임강이 포와 함께 우의 명령을 받았고 그중에서 의제를 죽인 자는 포다. (따라서) 반씨(班氏-반고)의 착오가 아니다."〕. 진여(陳餘)도 우가 자신만 왕으로 삼아주지 않은 데 원한을 품고 전영에게 붙어 원병(援兵)[助兵]을 빌려[藉=借] 상산왕 장이(張耳)를 쳤다. 이(耳)가 패해 달아나 한(漢)에 투항하니 한왕은 그를 두텁게 대우했다. 진여는 대왕(代王) 헐(歇)을 맞이해 조나라로 돌아갔고, 헐은 여를 세워 대왕으로 삼았다. 장량은 한(韓)에서 달아나 잠행해[間行] 한(漢)에 의탁하니 한왕은 그를 성신후(成信侯)로 삼았다.

한왕(漢王)은 섬(陝)〔○ 사고(師古)가 말했다. "지금의 섬주(陝州) 섬현(陝縣)이다."〕으로 가서 관(關) 밖의 어르신들[父老]을 진정시키고[鎭=安] 어루만져주었다[撫=慰]. 하남왕(河南王) 신양(申陽)이 항복하자 하남군(河南郡)을 두었다. 한(韓)나라의 태위 한신을 시켜 한(韓)나라를 치게 하니 한왕 정창(鄭昌)이 항복했다. 11월에 한의 태위 신을 세워 한왕으로 삼았다.

한왕(漢王)은 돌아와 역양(櫟陽)에 도읍하고서 여러 장수들에게 각지를 공략토록 해 농서(隴西)를 뽑았다. 1만 명 혹은[若] 1개 군을 이끌고 투항하는 자에게는 1만 호(의 후(侯))를 봉해주었다. 하상(河上)[54]의 요새〔○ 진작(晉灼)이 말했다. "(『한서(漢書)』) 「조조전(晁錯傳)」에 따르면 진나라가 오랑캐를 패퇴시키고서 쌓은 요새다."〕를 손봐 보강했다[繕治]. 옛 진나라의 동물원[苑]이나 식물원[園]이나 연못 등에 대해서는 명을 내려 백성들이 농사를 지을 수 있도록 했다.

봄 정월에 우가 성양(城陽)에서 전영(田榮)을 치니 영이 패해 평원(平原)[55]으로 달아났는데, 평원의 백성들이 그를 죽였다. 제(齊) 땅은 모두 초에 항복했는데, 초가 그 성곽을 불태우자 제 땅 사람들은 다시 초에 반란을 일으켰다. (한(漢)의) 여러 장수들은 북지(北地)[56]를 뽑아버렸고 옹왕(雍王)의 동생 장평(章平)을 포로로 잡았다. 죄수들을 사면했다.

2월 계미일(癸未日)에 백성들에게 명해 진나라의 사직(社稷)을 없애고 한(漢)의 사직을 세웠다. 은덕을 베풀고 백성들에게 작위를 내려주었다〔○ 신찬(臣瓚)이 말했다. "백성들에게 작위를 내려주었다는 말은 죄가 있는 백성들에게 죄질을 낮춰주었다는 말이다."〕. 촉(蜀)과 한(漢)의 백성들은 군대에 물품을 대느라 노고가 많았기에 2년간 부역과 조세를 면제했다[復=免除]. 관중의 사졸들 중에서 종군한 자에게는 1년간 면제해주었

---

54 북쪽 경계로 흉노와 접하는 곳이다.

55 산동(山東) 지역이다.

56 감숙성(甘肅省) 영현(寧縣)의 서북쪽이다.

다. 백성들 중에서 50세 이상인 자로 뛰어난 행실[修行]이 있어 사람들을 이끌어 좋은 쪽으로 향하게 할 수 있는 자들을 골라 삼로(三老)로 삼고 1개 마을마다 한 사람씩을 두었다.[57] 마을의 삼로들 중에서 한 사람을 골라 현(縣)의 삼로로 삼아 현령 및 승위(丞尉)[58]와 함께 백성들의 교화 업무에 종사토록 하고서 부역과 변경 수자리를 면제해주었다. 10월에 술과 고기를 내려주었다.

3월에 한왕이 임진(臨晉)〔○ 사고(師古)가 말했다. "옛 현의 이름이며, 그 땅은 황하의 서쪽 끝에 있는데 동쪽으로 진(晉)과 경계를 맞대고 있었다. 본래는 춘추시대 때 진(秦)나라에서 지은 이름인데 곧 지금의 동주(同州) 조읍현(朝邑縣)의 경계 지역이다."〕에서 황하를 건너자 위왕(魏王) 표(豹)가 항복해 병졸들을 이끌고 한왕을 따랐다. 하내(河內)[59]를 내려와 은왕(殷王) 앙(卬-사마앙)을 사로잡고 하내군을 두었다. 수무(脩武)에 이르러 진평(陳平)이 초나라를 도망쳐와서 항복했다. 한왕이 다른 사람들과 함께 이야기하다가 이를 기뻐해 수레에 배승하도록[參乘=驂乘] 하고 여러 장수들을 감독하게 했다. 남쪽으로 평음진(平陰津)을 건너 낙양에 이르자 신성(新城)[60]의 삼로(三老)[61]인 동공(董公)이 길을 막고서 한왕에게 유세해 말

---

57 일설에는 세 사람씩을 두었다고도 한다.
58 승과 위는 현에 속한 관리로, 승은 현령을 보좌하고 위는 옥사를 관장했다.
59 하남성의 황하 이북 지역이다.
60 낙양의 남쪽에 있는 마을 이름이다.
61 당시 행정체계는 10리마다 1정(亭)이 있었는데, 정에는 정장을 두었고 10정을 1향(鄕)으로 하고 향에는 삼로를 두었다. 백성들의 교화를 담당했다.

했다.

 "신이 듣건대 '다움에 고분고분한 자[順德者]는 번창하고 다움을 거스르는 자[逆德者]는 망한다', '군대를 출동하면서 대의명분[名]〔○ 소림(蘇林)이 말했다. "명분이란 죄 있는 사람을 정벌한다는 것이다."〕이 없으면 일은 그 때문에 이뤄지지 않는다'라고 했습니다. 그래서 이르기를 '적에게 이를 분명히 하게 되면 상대는 마침내 복종하게 된다'라고 했습니다. 항우가 무도한 짓을 해 자신의 임금을 마음대로 시해했으니[殺=弑] 온 천하의 공적[賊=公敵]입니다. 무릇 어짊[仁]이 있으면 용맹[勇]을 쓰지 않고, 의로움[義]이 있으면 힘[力]을 쓰지 않는다〔○ 이기(李奇)가 말했다. "저쪽에 어짊이 있으면 우리는 (저들을) 용맹으로 굴복시킬 수 없고, 저쪽에 의로움이 있으면 우리는 (저들을) 힘으로 굴복시킬 수가 없다." 문영(文穎)이 말했다. "나에게 어짊이 있으면 천하가 다 나에게 귀의하니 용맹을 쓰지 않아도 천하가 스스로 복종하고, 나에게 의로움이 있으면 천하가 다 나를 받드니 힘을 쓰지 않아도 천하는 저절로 평정된다." 사고(師古)가 말했다. "의제(義帝)를 위해 상(喪)을 치르자는 것이니, 이는 어짊과 의로움을 행하자는 것이지 용맹과 힘을 쓰자는 것이 아니므로 문씨(文氏)의 설이 옳다."〕고 했으니, (한왕의) 삼군의 무리들이 모두 상복[素服]을 입고서 의제의 죽음을 제후들에게 고해 이를 명분으로 동쪽으로 정벌하신다면 온 나라 안에 그 다움을 우러러보지 않는 자가 없을 것입니다. 이는 삼왕(三王)의 거사[擧][62]와 같은 것입니다."

---

62 우왕·탕왕·무왕이 새 나라를 세웠던 일을 가리킨다.

한왕이 말했다.

"좋도다, 선생[夫子]이 아니었다면 나는 그런 말을 듣지 못했을 것이다."

이에 한왕은 의제(義帝)를 위해 상(喪)을 치렀는데, 왼쪽 소매를 걷어올리고[袒] 크게 통곡하니 여러 신하들도 모두 슬퍼하며 3일을 보냈다. 그리고 제후들에게 알리라며 말했다.

"천하가 함께 의제를 세우고서 그의 신하가 돼[北面][63] 그를 섬겼다. (그런데) 지금 항우(項羽)가 의제를 강남(江南)[64]으로 내쫓아 죽였으니[放殺] 대역무도(大逆無道)하도다. 과인은 몸소 그의 상을 치를 것이니 제후들은 모두 흰 상복[縞素=素服]을 입어야 할 것이다. 또 관중(關中)의 모든 병마를 일으키고 하남, 하동, 하내[65]의 사졸들을 소집해 양자강과 한수(漢水)에 배를 띄워 남하하라. 바라건대 제후와 왕을 따라[從諸侯王]〔○ 복건(服虔)이 말했다. "한나라 왕을 제후왕이라 한 것이다." 사고(師古)가 말했다. "복씨(服氏)의 설은 틀렸다. 당시에 한나라에는 아직 이런 칭호가 없었고, 말 그대로 제후와 왕일 뿐이다. 스스로 자신을 낮춰 제후를 먼저 말하고 왕을 뒤에 말한 것이다."〕 초나라의 의제를 죽인 자를 치고자 한다."

여름 4월에 전영의 동생 횡(橫)이 수만 명을 거둬 모으고 영의 아들 광(廣)을 세워 제왕(齊王)으로 삼았다. 우(羽)는 한군(漢軍)이 동쪽으로 가고

---

63 임금이 되는 것을 남면(南面)이라고 한다. 천자나 임금은 남쪽을 향해 앉거나 서기 때문이다. 반대로 신하는 북쪽을 향하게 되기 때문에 북면(北面)은 곧 신하가 된다는 말이다.

64 양자강 혹은 장강의 남쪽이다.

65 이를 삼하(三河)라고 하는데, 황하를 기준으로 남쪽과 동쪽이 나뉘고, 하내(河內)라는 것은 하남성(河南省) 황하(黃河) 이북(以北) 땅의 총칭(總稱)이다.

있다는 것을 들었지만 이미 제나라를 치니, 이는 드디어 제를 깨뜨린 다음에 한나라를 치려고 한 것이었다. 그 때문에 한왕(漢王)은 다섯 제후〔○ 응소(應劭)가 말했다. "옹(雍)·적(翟)·새(塞)·은(殷)·한(韓)이다." 여순(如淳)이 말했다. "새(塞)·적(翟)·위(魏)·은(殷)·하남(河南)이다." 위소(韋昭)가 말했다. "새(塞)·적(翟)·한(韓)·은(殷)·위(魏)다." 사고(師古)가 말했다. "이들의 설은 다 틀렸다. 장량이 우(羽)에게 보낸 편지에 '한나라는 관중(關中)을 얻고자 하니, 그리되면 약속대로 즉각 멈추고서 감히 다시 동쪽으로 가지는 않을 것입니다'라고 했다. 동쪽이란 관을 나가서 동쪽을 말한다. 지금 우가 한군이 동쪽으로 가고 있다는 것을 들은 때에 한나라는 이미 확고하게 삼진(三秦-옹··새·적 세 나라다)을 얻었다. 다섯 제후란 상산(常山)·하남(河南)·한(韓)·위(魏)·은(殷)을 이른다."〕의 병사들을 겁박할 수 있었고, 동쪽으로 초나라를 쳤다. 외황(外黃)[66]에 이르렀을 때 팽월(彭越)이 3만 명을 이끌고 한나라에 귀부했다. 한왕은 월(越)을 제배해 위(魏)의 상국(相國-재상)으로 삼고 양(梁)[67] 땅을 평정토록 명했다. 한왕은 드디어 팽성(彭城)에 들어가 우의 미인과 재물들을 거둬들였고 주연을 베풀어 성대한 회식을 했다. 우는 이를 듣고서 장수에게 명해 제나라를 치게 하고 동시에 몸소 정예병 3만 명을 이끌고 노(魯)에서 호릉(胡陵)으로 출발했다. 소(蕭)에 이르러 새벽에 한나라 군대를 쳐서 팽성과 영벽(靈壁)의 동쪽 그리고 수수(睢水)〔○ 사고(師古)가 말했다. "睢는 발음이 (휴가 아니라) 수(雖)다."〕

---

66 하남 기현(杞縣)의 동북쪽이다.

67 위(魏)와 같다.

변에서 큰 싸움을 벌였고 한나라 군대를 크게 깨뜨리니 병사들을 엄청나게 많이 죽여 (시신이 너무 쌓이는 바람에) 수수가 제대로 흐르지 못했다. 한왕을 세 겹으로 포위했으나 큰 바람이 서북쪽에서 불어와 나무가 꺾이고 집이 뽑히며 모래와 돌이 날려 낮인데도 캄캄해[晦=暗] 초나라 군대가 회 암
큰 혼란에 빠지자, 한왕은 그 틈을 타서 수십의 기병과 함께 피해 달아날 수 있었다. 패(沛)를 지날 때 사람을 시켜 자신의 가족들[室家]을 찾아보게 실가
했으나, 가족들도 이미 달아나 서로 만나볼 수가 없었다. 한왕은 길에서 효혜(孝惠-혜제)와 노원공주(魯元公主)를 만나 수레에 싣고 갔다. 초나라 기병이 한왕을 쫓아오자 한왕은 마음이 급한 나머지 두 자식을 수레에서 밀어 떨어뜨렸다. 등공(滕公)〔○ 정씨(鄭氏)가 말했다. "하후(夏侯) 영(嬰)이다."〕이 내려서 거두어 싣고서야 드디어 벗어날 수 있었다. 심이기(審食其, ?~기원전 177년)[68]는 태공과 여후를 따라 몰래 길을 나섰다가[間行] 도리 간행
어 초나라 군대와 마주쳐 붙잡히니, 우는 늘 그들을 군중에 두고서 인질[質]로 삼았다. 제후들은 한나라가 패하는 것을 보고서 모두 달아났다. 새 질
왕 흔과 적왕 예는 초나라에 항복했고 은왕 앙은 죽었다.

여후의 오빠 주려후(周呂侯)[69]〔○ 소림(蘇林)이 말했다. "성(姓)으로 후의 이름을 삼았다." 진작(晉灼)이 말했다. 「외척표(外戚表)」에 따르면 주려(周呂) 영무후(令武侯) 택(澤)이다. 여(呂)는 현의 이름으로, 여(呂)에 봉하고 그

---

68 패(沛) 사람이다. 개국공신으로 벽양후(辟陽侯)에 봉해졌다.

69 여택(呂澤, ?~기원전 199년)을 가리킨다. 유방(劉邦)을 따라 한(漢)에 들어와 삼진(三秦)을 평정하고 병사를 이끌고 탕(碭)을 함락했다. 유방이 팽성(彭城)에서 패했을 때 달려가 보좌하면서 천하를 평정하는 일을 도왔다.

곳을 그의 나라로 삼았다." 사고(師古)가 말했다. "주려(周呂)는 봉해준 이름이고 영무(令武)는 시호다. 소씨가 말한 '성으로 후의 이름을 삼았다'는 주장은 틀렸다.")는 병사를 이끌고 하읍현(下邑縣)에 머물렀고 한왕(漢王)은 가서 그와 합류했다. 점차 병졸들을 거둬들여 탕(碭)에 군진을 쳤다. 한왕은 서쪽으로 양(梁) 땅을 지나 우(虞)〔○ 사고(師古)가 말했다. "곧 지금의 송주(宋州) 우성현(虞城縣)이다."〕에 이르자 알자(謁者)인 수하(隨何)에게 말했다.

"그대[公]가 구강왕 포(布)를 설득해 병사를 일으켜[擧兵] 초나라에 반란을 일으키게 할 수만 있다면 항왕은 반드시 그곳에 머물러 포를 칠 것이다. 몇 달만 묶어둘 수 있다면[留] 내가 천하를 차지하는 것은 두말할 필요도 없다."

수하가 가서 포에게 유세하자 과연[果] 초에 반란을 일으켰다.

5월에 한왕은 형양(滎陽)에 주둔했고, 소하는 관중의 노약자들 중에서 요역(徭役) 명부에 등록되지 않는 자들을 징발해[70] 모두 군대에 집어넣었다[詣=赴]. 한신도 병졸들을 거둬 한왕과 합류하니 한왕의 군대는 다시 크게 떨쳤다. 초나라 군대와 형양의 남쪽인 경현(京縣)과 색성(索城) 사이에서 싸워 초군을 깨뜨렸다. 용도(甬道)를 쌓아〔○ 응소(應劭)가 말했다. "적군이 군수부대[輜重]를 노략질할[鈔=略] 것을 우려해 가항(街巷)처럼 길 양옆에 담을 쌓은 것이다."〕 황하와 연결함으로써[屬=連] 오창(敖

---

70 당시에는 23세부터 요역의 부담을 졌고 56세가 되면 면제됐다. 여기서는 56세가 넘은 사람을 노(老)라 했고 23세 미만을 약(弱)이라 했다.

倉)〔○ 맹강(孟康)이 말했다. "오(敖)는 지명인데 형양의 서북쪽에 있으며, 산 위에 황하를 바라보며 큰 창고가 있었다."]의 식량을 차지했다. 위왕 표(豹)가 어머니의 병을 돌보러 귀향하기를 청했다[謁=請]. 그러고는 황하의 나루를 끊어버리고 반란을 일으켜 초나라 편에 섰다.

6월에 한왕은 역양(櫟陽)으로 돌아왔다. 임오일(壬午日)에 태자를 세우고 죄인들을 사면했다. 제후의 자식들 중에서 관중에 있는 자들은 모두 역양에 모이도록 해 호위를 맡도록 했다. 물을 끌어들여 폐구(廢丘)에 물을 대자[灌]⁷¹ 폐구는 항복했고 장한은 자살했다. 옹(雍) 땅을 평정해 그곳 80여 개 현에 하상(河上)·위남(渭南)·중지(中地)·농서(隴西)·상군(上郡)의 5개 군(郡)을 두었다. 사관(祠官)을 시켜 하늘과 땅, 사방, 상제(上帝), 산천(山川)에 제사를 지내게 하고 계절[時]마다 제사를 올렸다. 관중의 병졸들을 징발해[興=發·徵發] 변방 요새를 지키게 했다[乘]〔○ 이기(李奇)가 말했다. "승(乘)은 지키다[守]는 뜻이다." 사고(師古)가 말했다. "승(乘)은 오르다[登]는 뜻이다. 올라가서 지킨다는 말이니 그 뜻은 성으로 올라간다는 뜻과 같다."]. 관중에 큰 기근이 들어 쌀 1곡(斛=10말)의 값이 1만 전이나 하는 바람에 사람들이 서로 잡아먹었다. 백성들에게 촉과 한의 곡식을 먹게 해주었다.

가을 8월에 한왕은 형양으로 가서 역이기에게 일러 말했다.

"가서 천천히 비유를 들어[緩頰] 위왕 표를 설득해 그를 항복시킬 수 있다면 위 땅 1만 호를 선생[生]〔○ 사고(師古)가 말했다. "생(生)은 선생(先

---

71 수공(水攻)을 했다는 뜻이다.

生)이다. 다른 데도 다 이와 같다.")에게 봉지로 주겠소."

이기가 갔으나 표는 들어주지 않았다. 한왕은 한신을 좌승상으로 삼아 조참, 관영과 함께 위를 치게 했다. 한왕이 "위의 대장은 누구이던가?"라고 묻자 이기는 답하기를 "백직(柏直)입니다"라고 답했다. 왕이 "그 자는 입에서 아직도 젖냄새가 나니[口尙乳臭] 한신을 당해내지 못할 것이다. 기병대장은 누구이던가?"라고 하자 "풍경(馮敬)입니다"라고 했다. 왕이 "그자는 진(秦)나라 장군 풍무택(馮無擇)의 아들로 뛰어나기는 하나 관영을 당해내지 못할 것이다. 보졸대장은 누구이던가?"라고 하자 "항타(項它)〔○ 사고(師古)가 말했다. "타(它)는 타(他)와 같은 글자다."〕입니다"라고 했다. 이에 왕은 "그자는 조참을 당해낼 수 없다. 나는 아무 걱정 하지 않는다"라고 했다. 9월에 신 등이 표를 사로잡아 역마를 통해[傳] 형양으로 호송했다. 위 땅이 평정되자 하동(河東)·태원(太原)·상당(上黨) 3개 군을 두었다. 신이 사람을 시켜 병력 3만 명을 청하면서 북쪽으로는 연(燕)과 조(趙)를 들어내고[擧], 동쪽으로는 제(齊)를 치고[擊], 남쪽으로는 초나라의 식량 수송길[糧道]을 끊어버리려[絶] 한다고 했다. 한왕은 병력을 주었다.

3년 겨울 10월에 한신, 장이는 동쪽으로 정형(井陘)〔○ 복건(服虔)이 말했다. "정형은 산의 이름인데 상산(常山)에 있었으며 지금은 현(縣)이 됐다."〕을 떨어뜨리고, 조(趙)를 쳐서 진여(陳餘)의 목을 베고, 조왕 헐(歇)을 사로잡았다. 상산군(常山郡)과 대군(代郡)을 두었다. 갑술일(甲戌日) 그믐날에 해가 먹히는 일이 있었다[日食=日蝕]. 11월 계묘일(癸卯日) 그믐날에 해가 먹히는 일이 있었다.

수하가 이미 경포를 설득하니 포는 병사를 일으켜 초(楚)를 공격했다.

초가 항성(項聲-항우의 부장)과 용저(龍且)[72]로 하여금 포를 공격하게 하니, 포는 이들과 싸웠지만 이기지 못했다. 12월에 포와 수하는 지름길을 이용해 한(漢)에 돌아왔다. 한왕은 이들에게 병사를 나눠주고 함께 병사들을 수습한 다음 성고(成皐)에 이르렀다.

항우가 한의 용도(甬道)를 여러 차례 침탈하는 바람에 한나라 군대의 식량이 모자라게 되자 (한왕은) 역이기와 함께 초의 세력[權=勢]을 꺾을[橈=弱=折] 계책을 세웠다. 이기가 6국의 후손들을 세워 우군의 나라를 심으려 하니[樹黨] 한왕은 그 왕들에게 줄 도장을 새기고서 장차 이기를 보내 그들을 세워주게 했다. 그리고 그것을 장량에게 묻자 량은 여덟 가지 어려움[八難]을 제기했다. 한왕은 식사를 멈추고[輟=止] 입 안의 음식물을 내뱉은 뒤[吐哺] "철딱서니 없는 서생[豎儒][73]〔○ 사고(師古)가 말했다. "수(豎)란 천하고 열등하며 지혜가 없다는 뜻이다."〕이 거의 나라의 큰일을 망칠 뻔했구나!"라고 하고서 명을 내려 당장 도장을 녹여버리라고 했다. 또 진평에게 물으니, 이에 장량의 계책을 따라야 한다고 하자 평에게 황금 4만 근을 주고서 그것으로 초나라의 임금과 신하 사이를 이간질해 서로 소원하게 만들도록[間疏] 했다.

여름 4월에 항우가 한의 형양을 포위하자 한왕은 화해를 청하고 형양을 나눠 서쪽만 한이 갖겠다고 제안했다. 아보(亞父-범증)가 항우에게 서둘러 형양을 공격할 것을 권유하니 한왕은 이를 걱정했다. (그런데) 진평

---

72 且는 발음이 (차가 아니라) 저다.

73 역이기를 가리킨다.

의 반간계(反間計)가 이미 행해지자 우는 과연 아보를 의심했다. 아보는 크게 화가 나서 떠났는데 병이 나서 죽었다.

5월에 장군 기신(紀信, ?~기원전 204년)[74]이 말했다.

"일이 급박하게 됐습니다. 신이 초를 기만할[誑=誆] 수 있게 해주기를 청하오니 (왕께서는) 그 틈을 타서 탈출할 수 있을 것입니다[間出]〔○사고(師古)가 말했다. "간출(間出)은 틈을 이용해 몰래 탈출하는 것이다. 만약에 간행(間行)이라 했다면 그것은 그냥 미행(微行)일 뿐이다. 기신이 거짓으로 한왕이 돼 왕은 서문으로 도망치게 하려는 것이니, 이는 은밀한 탈출[私出]이다."〕."

이에 진평이 밤에 성의 동문을 통해 여자 2,000여 명을 내보내자 초는 곧장 사방에서 이들을 쳤다. 기신은 수레 덮개에 황색 비단을 사용하고 수레 왼쪽에 큰 깃털을 장식한 왕의 수레에 올라타고서 말했다.

"식량이 다 떨어졌으니 한왕은 초에 항복한다."

초나라 군사들이 모두 만세를 외치며 성동(城東)의 관(觀) 쪽으로 몰려가니, 그 틈에 한왕은 수십여 기와 함께 서문으로 달아날[遁] 수 있었다. 그리고 어사대부 주가(周苛, ?~기원전 204년),[75] 위표(魏豹), 종공(樅公)

---

74 초한(楚漢)전쟁 때 한고조(漢高祖) 유방(劉邦)을 섬겼다. 고조가 형양(滎陽)에서 항우(項羽)의 군사에게 포위됐을 때 자청해 고조로 가장하고 수레를 타고 잡힘으로써 유방을 탈출시켰다. 분노한 항우가 불태워 죽였다.

75 사수(泗水) 패현(沛縣) 사람으로, 유방(劉邦)을 따라 내사(內史)가 되고 어사대부(御史大夫)로 옮겼다. 초한전쟁 때 위표(魏豹), 종공(樅公)과 함께 형양(滎陽)을 지켰다. 초나라가 형양을 포위하자 위표가 일찍이 한나라에 배반했다면서 먼저 그를 살해했다. 나중에 항우(項羽)가 형양을 함락하자 포로로 잡혔다. 항우가 항복을 권하면서 상장군(上將軍)으로 임명하겠다고 제안했

〔○응소(應劭)가 말했다. "종공은 이름을 알 수가 없다. 그래서 그냥 공(公)이라 했다."〕에게 명해 형양성을 지키도록 했다. 우는 기신을 만나보고 묻기를 "한왕은 어디에 있는가?"라고 하자 답하기를 "이미 탈출해 달아났다"라고 했다. 우는 신을 불태워 죽였다. 한편 주가와 종공은 서로에게 말하기를 "나라를 배반한 왕〔○사고(師古)가 말했다. "표는 앞서 이미 한나라를 배반한 적이 있다."〕과 함께 성을 지키기는 어렵다"라고 한 뒤에 위표를 죽였다.

한왕은 형양을 나와 성고에 이르렀다. 성고에서 관으로 들어가 병사들을 거둬 다시 동쪽으로 가려고 했다. 원생(轅生)〔○문영(文穎)이 말했다. "원(轅)은 성이고 생(生)은 유생[諸生]을 가리킨다."〕이 한왕에게 유세해 말했다.

"한이 형양에서 초나라와 대치하는 여러 해 동안 한은 늘 곤란에 처했습니다. 바라건대 군왕께서 무관(武關)을 통해 나아가시면 항왕은 반드시 군사를 이끌고 남쪽으로 달려갈 터이니, 왕께서는 성벽을 깊게 지키면서 군사들을 형양과 성고 사이에서 쉬도록 하십시오. 한신 등으로 하여금 황하의 북쪽 조(趙) 땅을 수습해 안정시키고[輯=集=和合] 연(燕) 및 제(齊)와 연합하도록 하고서 군왕께서는 마침내 다시 형양으로 달려가십시오. 이렇게 되면 초는 대비해야 할 것이 많아져 힘이 나뉠 것인 데 반해 한의 군사는 휴식을 취하고서 다시 그들과 싸우게 되니 그들을 깨뜨리는 것은 분명합니다."

다. 그러나 항복하지 않다가 팽사(烹死)됐다.

한왕은 그의 계책을 따라 군대를 완현(宛縣)과 섭현(葉縣) 사이로 나아가게 해 경포와 함께 행군하면서 병사들을 거둬들였다.

우는 한왕이 완현에 있다는 소식을 듣자 과연 군사를 이끌고 남쪽으로 내려오니, 한왕은 누벽(壘壁)을 굳게 지키고서 상대해 싸우지는 않았다. 이 달에 팽월은 수수(睢水)를 건너[渡=過] 항성(項聲), 설공(薛公)[76]과 함께 하비(下邳)에서 싸워 설공을 깨뜨리고 그를 죽였다. 우는 종공(終公)을 시켜 성고를 방어하게 하고서 자신은 동쪽으로 팽월을 쳤다. 한왕은 병사를 이끌고 북쪽으로 가 종공을 쳐서 깨뜨리고 다시 성고에 주둔했다. 6월에 우가 팽월을 깨뜨려 달아나게 만든 다음에 한이 다시 성고에 주둔했다는 소식을 듣고서, 이에 병사를 이끌고 서쪽으로 가서 형양성을 뽑아버리고 주가(周苛)를 산 채로 잡았다. 우가 가(苛)에게 "나의 장군이 돼준다면 그대를 상장군으로 삼아 3만 호를 봉해주겠다"라고 하자 가는 욕을 하며 "네[若=汝]가 당장 한나라에 항복하지 않으면 곧 포로가 될 것이다. 너는 한왕의 적수가 되지 못한다"라고 했다. 우는 주가를 삶아 죽였고[亨][○ 사고(師古)가 말했다. "형(亨)은 삶아서[煮=烹] 죽이는 것이다."] 아울러 종공(樅公)도 죽이고 한왕(韓王) 신(信)을 포로로 잡고 드디어 성고를 포위했다. 한왕(漢王)은 혼자 도망쳐[跳=逃走][77] 단지 등공(滕公-하후영)만 데리고서 함께 수레에 올라 성고의 옥문(玉門-성고의 북문)을 나와 북쪽으로 황하를 건너 소수무(小修武)[○ 진작(晉灼)이 말했다. "대수무성(大修武城)

---

76 초나라의 영윤으로 훗날 유방에게 귀의해 1,000호 후에 봉해졌다.

77 이끌던 군사들을 내버리고 도망쳤다는 뜻이다.

동쪽에 있다."〕에서 밤을 보냈다. 스스로를 사자(使者)라 칭하고서 다음 날 새벽 말을 몰아 장이와 한신의 요새로 달려들어가 그들의 군대를 차지했다[奪]. 그리고 장이를 북쪽으로 가게 해 조(趙) 땅의 병사들을 거두도록 했다.

가을 7월에 패성[孛]〔○ 이기(李奇)가 말했다. "패성이란 혜성의 한 종류로 이를 요성(妖星)이라 하는데, 낡은 것을 제거하고 새로운 것을 펼쳐주기 때문이다."〕이 대각성(大角星)[78]에 있었다. 한왕은 한신의 군대를 얻고 나서 다시 크게 떨쳤다. 8월에 황하에 접근해 남쪽을 향하면서 소수무에 주둔한 다음 다시 싸우고자 했다. 낭중 정충(鄭忠)이 유세해 한왕을 말리면서[止] 누벽을 높이 하고 참호를 깊게 한 채 (아직) 싸움을 걸지 말자고 했다. 한왕이 그의 계책을 따라 노관(盧綰)[79]과 유가(劉賈)[80]로 하여금 병사 2만 명과 기병 수백 명을 거느리고 백마진(白馬津)을 건너 초 땅으로 들어가게 하니, 그들은 팽월을 도와 초가 쌓아놓은 식량을 불태우고, 다시 연현(燕縣)의 성곽 서쪽에서 초군을 쳐서 깨뜨렸으며, 수양(睢陽)·외황(外黃) 등 17개 성을 공격해 떨어뜨렸다. 9월에 우는 해춘후(海春侯) 대사마 조구(曹咎)[81]에게 말했다.

---

78 28수의 기준 별자리인 각수(角宿)를 찾아가는 길잡이 역할을 하는 별이어서 하늘의 용마루로 인식했다. 흔히 북쪽 하늘의 표준 역할을 하는 별자리로 불린다.

79 유방의 고향 친구로, 유방을 따라 병사를 일으켰다. 한나라 초에 장안후에 봉해졌다가 후에 연왕(燕王)에 봉해졌다.

80 유방의 사촌형으로, 한나라 초에 형왕(荊王)에 봉해졌다가 뒤에 경포에게 피살됐다.

81 항우의 숙부 항량이 역양에 잡혀 있을 때 조구의 도움으로 풀려난 적이 있다. 그후 조구는 항

"최선을 다해 성고를 지키도록 하라. 만약 한왕이 싸움을 걸어와도 신중한 태도로 싸움에 응하지 말라. 다만 저들이 동쪽으로 나아가지 못하게만 하라. 나는 15일 안에 반드시 양(梁) 땅을 평정하고서 다시 장군과 합류할[從=就] 것이다."

우는 병력을 이끌고 동쪽으로 가서 팽월을 쳤다. 한왕은 역이기를 시켜 제(齊)나라 왕 전광(田廣)을 설득해 수비병을 해산하고 한(漢)과 화친을 맺도록 했다.

4년 겨울 10월에 한신은 괴통(蒯通)의 계책을 써서 제나라를 습격해 깨뜨렸다[襲破]. 제나라 임금은 역생(酈生-역이기)을 삶아 죽이고[亨=烹] 동쪽의 고밀(高密)로 달아났다. 항우는 한신이 제나라를 깨뜨렸다는 소식을 듣고 장차 초나라를 칠 것으로 보고서 용저(龍且)로 하여금 제나라를 구원케 했다.

한나라가 과연 여러 차례 성고에서 싸움을 걸었지만 초나라 군대가 나오지 않으니 병사들을 시켜 며칠 동안 계속 욕을 해대자 대사마 구(咎-조구)가 화가 나서 병사들에게 사수(汜水)〔○ 장안(張晏)이 말했다. "사수(汜水)는 제음(濟陰)의 경계에 있다." 여순(如淳)이 말했다. "汜의 음은 사(祀)다. 『춘추좌씨전(春秋左氏傳)』('희공(僖公) 24년(기원전 636년)')에 이르기를 '(천자가) 도성을 떠나[鄙=野] 정나라의 사(汜)에 머물러 있다'고 했다." 신찬(臣瓚)이 말했다. "고조가 성구에서 조구(曹咎)를 공격하자 구는 사수를 건너 싸웠다고 하니, 지금의 성고성 동쪽에 사수(汜水)가 있었다." 사고

우를 따라 해춘후에 봉해졌다. 대사마는 군사를 관장하는 고위직이다.

(師古)가 말했다. "찬의 설이 옳으니, 사수는 제음에 있지 않다. '(천자가) 도성을 떠나[鄙=野] 정나라의 사(汜)에 머물러 있다'는 대목과 관련해 풀이하는 자들은 또 양성(襄城)에 있었다고 하는데 이는 틀렸다. 이 강을 옛날에는 범(凡)이라고 읽었는데 지금은 그곳 사람들의 발음에 따라 사(汜)라고 하는 것이다."]를 건너게 했다. 사졸들이 반쯤 건넜을 때 한이 그들을 쳐 초나라 군대를 크게 깨뜨렸고, 초나라의 금옥과 각종 재물들을 남김없이 차지했다. 대사마 구와 장사(長史) 흔(欣-사마흔)은 둘 다 사수 변에서 스스로 목을 찔렀다[自剄]. 한왕은 병사들을 이끌고 황하를 건너 다시 성고를 점령하고 광무(廣武)〔○ 맹강(孟康)이 말했다. "형양에 축조된 두 개의 성으로 서로 마주 보고 있는데, 이름은 광무성이고 오창(敖倉)의 서쪽 삼실산(三室山) 위에 있다."]에 군영을 설치한 뒤 오창의 식량을 차지했다.

우는 양(梁) 땅의 10여 개 성을 떨어뜨렸는데, 해춘후(-대사마 조구)가 깨셨다는 소식을 듣자 곧장 군사를 이끌고 돌아왔다. 한군(漢軍)은 그때 종리매(鍾離昧)[82]를 형양의 동쪽에서 포위하고 있었으나 우가 온다는 소식을 듣자마자 험준한 지역[險阻]으로 달아났다. 우도 광무산에 군영을 설치하고서 한과 서로 대치했다[相守]. 장정[丁壯]들은 군려(軍旅-군대)에서 고통을 겪었고, 노약자들은 군량[餉=饋]을 실어나르느라[轉=運] 파김치가 됐다[罷=疲]. 한왕과 우는 서로 광무산을 사이에 두고 마주 보며 이야기를 했다. 우는 한왕과 단둘이서 붙어보자고 했지만 한왕은 여러 차례 꾸

---

82 용저, 영포, 계포, 우자기와 더불어 항우의 5대장 중 한 명이다. 성이 종리, 이름이 매다.

짖으며[數][○ 사고(師古)가 말했다. "수(數)란 곧 항우의 죄를 질책했다는 뜻이다."] 우에게 이렇게 말했다.

"나는 애초에 우와 함께 회왕(懷王)의 명을 받고서 먼저 관중을 평정하는 자가 왕이 되기로 했다. 우는 약속을 어기고[負=違] 나를 촉한의 왕으로 삼았으니 첫 번째 죄다. 우는 왕명을 핑계로[矯] 경자관군(卿子冠軍)[83]을 죽이고 스스로를 높였으니 두 번째 죄다[○ 여순(如淳)이 말했다. "경(卿)이란 경대부(卿大夫)의 칭호다. 자(子)는 자남(子男)의 작위다. 관군(冠軍)은 장교들 중에서 우두머리다." 문영(文穎)이 말했다. "경자(卿子)란 당시 사람들이 서로를 기리고 높이는 말이니 공자(公子)와 같다. 당시 그가 상장군이었기 때문에 관군(冠軍)이라 한 것이다." 사고(師古)가 말했다. "교(矯)는 기대다[託]는 뜻이니 회왕의 명에 기대어 그를 죽인 것이다. 경자관군은 문의 설이 옳다."]. 우는 마땅히 조나라를 구원하고서 그것을 보고해야[報] 하는데[○ 이기(李奇)가 말했다. "예전에 회왕에게 명을 받고서 가서 조나라를 구원했으니 마땅히 돌아와서는 회왕에게 보고해야 한다."] 마음대로[擅=顓] 제후의 군대를 겁박해 관중에 들어갔으니 세 번째 죄다. 회왕께서 약속하시기를 진나라에 들어가서는 폭력과 노략질을 하지 말라고 하셨는데, 우는 진나라 궁실을 불태우고, 시황제의 무덤[冢]을 파헤쳤으며, 진의 재물들을 사사로이 차지했으니 네 번째 죄다. 또 진나라의 항복한 왕 자영(子嬰)을 강압적으로 죽였으니 다섯 번째 죄다. 속임수를 써서 진나라의 자제 20만 명을 신안(新安)에서 생매장하고 그것을 수행한 장수들을 왕

---

83 송의(宋義)를 가리킨다. 회왕이 신하이던 송의를 높여 이렇게 불렀다.

으로 삼았으니〔○ 이기(李奇)가 말했다. "장한(章邯) 등은 왕이 됐다."〕여섯 번째 죄다. 여러 장수들을 죄다 좋은 땅의 왕으로 삼고 옛 왕들은 다른 곳으로 옮기게 해 내쫓는 바람에 그들의 신하들이 다투어 반역을 일으키게 만들었으니 일곱 번째 죄다. 의제(義帝)를 팽성으로 쫓아내고 스스로 그곳에 도읍하고서 한왕(韓王)의 땅을 빼앗고 양(梁)과 초(楚)를 겸병해 왕으로 자처하며 자신의 영토를 넓혔으니 여덟 번째 죄다. 사람을 보내 의제를 강남에서 몰래 죽였으니[陰殺=暗殺] 아홉 번째 죄다. 무릇 신하 된 자로서 자신의 임금을 죽이고, 이미 항복한 자들을 죽였으며, 정사가 공평하지 않고 임금과의 약속을 지키지 않은 것은 천하에 용납되지 못할 대역무도(大逆無道)이니 열 번째 죄다. 나는 의로운 군대[義兵]를 거느리고 제후들과 함께 잔악한 도적[殘賊=항우]을 주벌하는 중이니, 형벌을 받은 죄인들로 하여금 그대[公]를 치게 하면 그만인데〔○ 사고(師古)가 말했다. "항우를 가볍고 천하게 여긴다는 말이다."〕어찌 수고스럽게 그대와 싸울 필요가 있겠는가?"

우는 크게 화가 나 복병으로 하여금 쇠뇌를 쏘게 해 한왕을 명중시켰다. 한왕은 가슴에 상처를 입고서도 발을 쓰다듬으며[捫=摸]〔○ 사고(師古)가 말했다. "가슴에 부상을 당했는데 발을 쓰다듬었다는 것은 군사의 무리들을 안심시킨 것이다."〕"호로자식[虜]이 내 발가락을 맞혔구나!"라고 했다. 한왕이 상처[創] 때문에 병이 나 눕게 되자 장량은 한왕이 일어날 것을 억지로 청해 일어나게 한 다음 군사들에게로 가서 그들을 위로해 안심시키게 하니, 이는 초나라가 이 틈을 타서 이길 수 없도록 하기 위함이었다. 한왕이 나가서 군대를 순시했는데 병세가 심해지자 성고로 말을 달려 서둘러 돌아왔다.

11월에 한신은 관영과 함께 초군을 쳐서 깨뜨려 초나라 장군 용저를 죽이고 성양(城陽)까지 추격해 제나라 왕 광(廣)을 사로잡았다. 제나라 재상 전횡(田橫)은 스스로를 세워 제나라 임금이 돼 팽월에게로 달아났다. 한나라는 장이(張耳)를 세워 조나라 임금으로 삼았다.

한왕의 질병이 낫자[瘉=愈=差] 서쪽으로 관중에 들어가 역양에 이르러 어르신들의 안부를 묻고 위로하며 술자리를 베풀었다[置酒]. 원래의 새 왕(塞王) 흔(欣-사마흔)의 머리를 역양 저잣거리에 매달았다[梟]〔○ 사고(師古)가 말했다. "효(梟)는 나무 끝에 머리를 매다는 것[懸首]이다."〕. 나흘을 머물고서 다시 군대로 돌아와[加=歸] 광무산(廣武山)에 군영을 설치했다. 관중의 병사들은 더욱 늘어났고, 팽월과 전횡은 양(梁) 땅에 머물면서 오고가며 초나라 군대를 괴롭혀 그들의 군량길을 끊어버렸다.

한신은 이미 제(齊)를 깨뜨리고 나서 사람을 시켜 (한왕에게) 말하기를 "제는 초와 국경을 접하고[邊] 있는데 저의 권위가 가벼우니, 내가 임시 왕[假王]이 되지 않고서는 제를 안정시키지 못할까 두렵습니다"라고 했다. 한왕이 화가 나서 그를 공격하려 하니 장량이 말했다.

"이번 기회에 그를 세워 스스로 그곳을 지키도록 하는 것이 낫습니다."

봄 2월에 장량으로 하여금 도장을 갖고 가서[操=持] 한신을 세워 제왕(齊王)으로 삼도록 했다. 가을 7월에 경포를 세워 회남왕(淮南王)으로 삼았다. 8월에 처음으로 인두세[算賦][84]를 매겼다. 북맥(北貉)〔○ 사고(師古)가 말

---

84 인두세(人頭稅)로서의 구산(口算)과 구부(口賦)가 있고, 재산세로서의 자산(貲算)이 있었다. 인

했다. "북맥은 동북쪽에 있으며, 삼한(三韓)의 무리들은 다 맥족[貉類]이다."]과 연(燕)나라에서 용맹스러운 기병[梟騎]을 보내주어 한(漢)을 도왔다. 한왕이 명령[令=敎命]을 내려, 군사가 불행하게 죽었을 때 장교는 시신을 옷가지와 이불로 싸서 관에 넣어 그의 집에까지 보내주도록 했다. 사방의 백성들이 한왕에게로 마음을 기울였다[○ 사고(師古)가 말했다. "백성을 아끼고 사랑했기 때문이다."].

항우는 자기편이 후원은 적고 식량은 다 떨어져가고 있다는 것을 몸소 알고 있었고, 게다가 한신이 군사를 앞세워 초나라를 치니 우는 이를 걱정했다. 한은 육가(陸賈)를 보내 우에게 유세해 태공(太公)을 넘겨줄 것을 청했지만 우는 들어주지 않았다. 한은 다시 (변설에 능한) 후공(侯公)을 보내 우에게 유세하니, 우는 마침내 한과 약속을 하고서 천하를 둘로 나눠[中分] 홍구(鴻溝)⁸⁵를 기준으로 서쪽은 한나라로 하고 동쪽은 초나라로 했다. 9월에 태공과 여후를 돌려보내니 한의 군중에서는 모두 만세를 불렀다. 이에 후공을 봉해 평국군(平國君)[○ 사고(師古)가 말했다. "유세를 잘해 능히 나라를 평화롭게 했다는 뜻이다."]으로 삼았다. 우는 군대를 철수해 동쪽으로 돌아갔다. 한왕은 서쪽으로 가려 했으나 장량과 진평이 간언하

두세는 매년 8월에 시행되는 호구조사에 따라 15~56세의 성년 남녀에게 1산(算), 즉 120전(錢)을 부과하고, 상인과 노비에게는 그 배액인 2산, 즉 240전을 부과해 국가 재정 담당관인 대사농(大司農)에게 바치게 한 것이다. 그밖에 7~14세의 미성년 남녀에게 23전을 부과하는 것이 구부(口賦)인데, 이것은 구전(口錢)이라고도 했으며 제실 재정(帝室財政)에 속했다. 자산은 재산평가액 1만 전에 대해 1산, 즉 120전을 과하는 것이었는데, 상공업자에 대한 자산은 특히 산민(算緡)이라 해 무거운 부과를 했고 주거(舟車)에 대하여도 중세(重稅)를 부과했다.

85 황하와 회수를 연결하는 운하로 대구(大溝)라고도 한다. 형양의 동남쪽 20리에 있다.

기를 "지금 한나라는 천하의 태반(太半)〔○ 위소(韋昭)가 말했다. "대개 3분의 2를 차지한 것을 태반이라 하고, 3분의 1을 차지한 것을 소반(少半)이라 한다."〕을 차지했고 제후들이 모두 와서 붙은 반면 초나라 군사들은 지치고[罷=疲] 식량마저 다 떨어졌으니, 지금이야말로 하늘이 저들을 망하게 하려는 때이므로, 만일 이 기회를 잡아 드디어 저들을 차지하지 않는다면 그것은 이른바 호랑이를 길러주어 스스로 우환을 남겨두는 것입니다"라고 하니 한왕은 이들의 말을 따랐다.

권
◆
1

고제기
高帝紀

〖하〗

5년 겨울 10월에 한왕은 항우를 추격해 양가(陽夏) 남쪽에 이르러 군대를 멈추게 하고서 제왕(齊王) 신(信) 및 위(魏)나라 상국(相國-재상) 월(越-팽월)과 만날 날을 정해 함께 초나라를 치기로 하고서 고릉(固陵)〔○ 진작(晉灼)이 말했다. "즉, 고시(固始)다." 사고(師古)가 말했다. "훗날 고쳐서 고시가 된 것일 뿐이다. (『한서(漢書)』)「지리지(地理志)」에 따르면 고시는 회양(淮陽)에 속한다."〕에 도착했으나 둘을 만나지 못했다.[1] 초나라가 한나라 군대를 쳐서 크게 깨뜨렸다. 한왕은 다시 누벽으로 들어와 참호를 깊이 파고 수비를 했다. 장량에게 "제후들이 약속을 지키지 않은 것은 어째서인가?"라고 하자 량이 대답했다.

"초의 병사들이 얼마 안 가서 깨질 것인데 (그 둘에게는) 아직 땅을 나눠주지 않았으니〔○ 이기(李奇)가 말했다. "신과 월 등은 아직 추가로 땅을

---

[1] 둘은 일부러 나오지 않았다. 그 이유는 바로 다음에 나오는 장량의 말을 통해 알 수 있다.

배분받지 못했다."] 그들이 오지 않은 것은 참으로 당연합니다[○ 사고(師古)가 말했다. "이치상으로 마땅히 그러하다는 말이다."]. 군왕께서는 능히 제후들과 천하의 땅을 공유할 수 있는 것이기에 그들을 세워줄 수 있는 것입니다[○ 사고(師古)가 말했다. "천하의 땅을 함께 소유하는 것이기에 그것을 떼내어 봉해줄 수 있다는 말이다."]. 제왕 신(信)이 (왕으로) 서게 된 것은 군왕의 뜻이 아니었기에 신(信)도 스스로 마음이 굳건하지 않습니다[○ 사고(師古)가 말했다. "당시 신은 스스로 임시 왕이 되기를 청해서 겨우 왕으로 섰을 뿐이기 때문에 군왕의 뜻이 아니라고 한 것이다."]. 팽월은 원래 양 땅을 평정했지만, 애초에 군왕께서는 그곳은 위표의 것이라 여겨 월을 제배해 상국으로 삼았습니다. 지금 표가 죽자 월은 또 왕이 되기를 바랐는데도 군왕께서는 일찍 정해주시지 않았습니다. 지금은 수양(睢陽)에서부터 북쪽으로 곡성(穀城)에 이르기까지 모두 팽월을 왕으로 삼았고, 진(陳)에서부터 동쪽으로 바다에 이르기까지를[傅=附] 제왕 신에게 주었는데 신의 집은 초나라에 있으니, 그의 뜻은 옛 읍을 되찾으려는 데 있을 것입니다. 군왕께서 이 땅을 내버려[捐=棄] 두 사람에게 내어주신다면 두 사람은 각각 스스로 열심히 싸울 것이니, 이리 되면 초를 쉽게 패배시킬 수 있을 것입니다."

이에 한왕이 사자를 한신과 팽월에게 보내 오도록 하니 두 사람 모두 병력을 이끌고 왔다.

11월에 유가(劉賈)가 초 땅에 들어가 수춘(壽春)[2]을 포위했다. 한군도 사

---

2 지금의 안휘성(安徽省) 수현(壽縣)이다.

람을 보내 초의 대사마 주은(周殷)을 유인했다. 은(殷)이 초나라에 반기를 들어 서(舒)로써 육(六)을 도륙했고〔○ 여순(如淳)이 말했다. "서(舒)의 군중으로 6개 현을 깨뜨리고 도륙했다는 말이다." 사고(師古)가 말했다. "육(六)이란 그 자체가 현의 이름으로, 곧 위에서 말했던 구강왕(九江王)의 도읍이 육이고 뒤에 여강군(廬江郡)에 속하게 됐다."〕, 구강(九江)의 병력을 들어 경포를 맞이했으며, 둘이서 나란히 나아가 성보현(城父縣)을 도륙하고 유가를 따라 모두 모였다.

12월에 해하(垓下)³〔○ 이기(李奇)가 말했다. "패효현(沛洨縣)의 취읍의 이름이다."〕에서 우를 포위했다. 우는 밤에 한나라 군대가 사방 모두에서 초나라 노래를 불러대는 것[四面楚歌]을 듣고 초의 땅이 모두 점령당했다는 것을 알고서 수백여 기병과 함께 달아나니, 이로써 (초의) 군대는 크게 패했다. 관영이 뒤쫓아가 동성(東城)〔○ 진작(晉灼)이 말했다. "구강현이다."〕에서 우의 목을 벴다. 초나라 땅은 모두 평정됐고 오직 노(魯)나라만이 떨어지지 않았다. 한왕은 천하의 병사들을 이끌고 가서 도륙을 내고 싶었지만 절의를 지키고 예의를 중히 여기는 나라였기 때문에⁴ 이에 우의 머리를 들고 가서 그곳의 어르신들에게 보이니 노나라는 마침내 항복했다. 애초에 회왕은 우를 봉해 노공(魯公)으로 삼았었기 때문에 이에 우가 죽게 되자 노나라는 다시 우를 위해 버텼던 것이고, 그 때문에 노공의 자격으로 우를 곡성(穀城)〔○ 사고(師古)가 말했다. "제북(濟北)의 곡성을 말한다."〕에

---

3 지금의 안휘성(安徽省) 영벽현(靈壁縣) 동남쪽에 있다.
4 노나라는 공자가 살았던 나라였기 때문에 이 같은 전통이 계속 이어지고 있었다.

서 장례 지냈다. 한왕은 장례를 거행하고 그의 영구 앞에서 곡을 한 다음에 떠났다. 항백(項伯) 등 4인[○ 사고(師古)가 말했다. "모두 항우의 친족인데, 그에 앞서 한나라에 공을 세웠던 자들이다."]을 봉해 열후(列侯)로 삼고 유씨(劉氏)의 성을 내려주었다. 여러 백성들 중에서 납치당해 초나라에 와 있던 자들을 모두 자기 나라로 돌려보냈다. 한왕은 정도(定陶)로 돌아와 제왕 신의 누벽으로 달려가 그의 군대를 빼앗았다. 애초에 항우가 세워준 임강왕(臨江王) 공오(共敖)는 그 전에 죽었기 때문에 그의 아들 위(尉)가 그 자리를 이어 임금이 됐는데 항복하지 않고 있었다. 노관과 유가를 보내 위를 쳐서 사로잡았다.

봄 정월에 형 백(伯)을 추존해 시호를 무애후(武哀侯)라 했다[○ 응소(應劭)가 말했다. "형 백이 일찍 죽었기 때문에 그를 추존해 시호를 내린 것이다."]. 영을 내려 말했다.

"초 땅은 이미 평정됐으나 의제에게는 후사가 없으니 초의 군중들을 위로하기 위해 그들의 임금을 정하고자 한다. 제왕(齊王) 신(信)은 초의 풍습에 익숙하니 고쳐[更=改] 세워 초왕으로 삼아 회북(淮北)의 왕이 되게 하고[5] 하비(下邳)를 도읍으로 삼는다. 위(魏)나라 상국인 건성후 팽월은 위나라 백성들을 부지런히 위무하고 병졸들을 보호해주었으며 늘 소수의 병력으로 다수의 적을 쳐서 여러 차례 초의 군대를 깨뜨렸으니, 그를 위의 옛 땅에서 왕이 되게 하고 호칭은 양왕(梁王)이라 하며 정도(定陶)를 도읍으로 삼는다."

---

5 형식적으로 초왕일 뿐이고 회북에서 왕 노릇을 하라는 뜻이다.

또 말했다.

"병사들은 8년 동안 쉴 수가 없었기에 만백성과 더불어 큰 고통을 받았는데, 이제 천하의 일이 끝났으므로 참수형에 해당하는 자[殊死]를 제외한 그 아래 죄수들을 사면토록 하라."

이에 제후들이 소(疏)[6]를 올려 말했다.

'초왕 한신, 한왕(韓王) 신, 회남왕 영포, 양왕 팽월, 옛[故] 형산왕 오예(吳芮)〔○ 장안(張晏)이 말했다. "한나라 원년, 항우가 예를 세워 형산왕으로 삼았는데 뒤에 다시 그 땅을 빼앗고 파군(番君)이라 불렀으니 이 때문에 '옛'이라고 한 것이다."〕, 조왕 장오(張敖), 연왕 장도(臧茶)는 죽음을 무릅쓰고[昧死]〔○ 장안(張晏)이 말했다. "진(秦)나라에서는 신하가 글을 올릴 때[上書] 마땅히 '일에 어두워[昧] 죽을 죄를 범하고서 말씀드립니다'라고 했는데, 한나라도 결국 그것을 따라 했다."〕 두 번 절해 대왕 폐하(陛下)〔○ 응소(應劭)가 말했다. "폐(陛)란 당에 오르는[升堂] 섬돌계단[陛]이다. 왕은 군대를 사열할 때 반드시 섬돌계단 위에 있어 여러 신하들이 지존과 말을 할 때는 감히 가까이에서 손짓을 해가며[指斥] 말할 수가 없다. 그래서 섬돌계단 아래[陛下]에 있으면서 소리쳐 아뢰야 하는데 이는 지존을 높

---

6 소(疏)라는 글자에는 '통하게 하다'라는 뜻이 있다. 이 말이 문체의 이름으로 쓰인 것은 한(漢)나라 때부터다. 한나라 이전에도 임금에게 올리는 글이 있었다. 『서경(書經)』의 「이훈(伊訓)」이나 「무일(無逸)」과 같은 편은 신하가 임금에게 충심으로 경계의 말을 아뢰는 내용으로 돼 있다. 전국시대(戰國時代) 이전에는 임금에게 올리는 글을 상서(上書)라고 했다. 진나라 때에는 주(奏)라고 했다. 한나라에 와서 상소(上疏)라고 했다. 후세에 그 말이 점차로 신하가 임금에게 올리는 글의 통칭으로 쓰이게 됐다.

이는 뜻을 담고 있는 것이다. 오늘날 전하(殿下)니 시자(侍者)니 집사(執事)니 하는 것들도 다 이렇게 해서 생긴 말들이다.")께 말씀드립니다. 앞서 진나라가 도리를 잃는 짓을 해 천하가 저들을 주벌했습니다. 대왕께서는 먼저 진왕(秦王)을 붙잡고 관중을 평정하셨으니 천하에서 공로가 가장 많습니다. 멸망을 막아내고 위태로움을 안정시켰으며, 또 패퇴를 구원하고 끊어진 것을 이어줌으로써[繼絶]7 만백성을 편안케 하셨으니 공로[功]는 성대하고 다움[德]은 두텁다고 하겠습니다. 또 제후들에게 은혜를 더해주시어 공로가 있는 자는 왕으로 삼아 (독자적인) 사직(社稷)을 세울 수 있게 해주셨습니다. 땅을 나눠 이미 정해주셨지만 지위의 호칭은 그렇지가 못해 위아래의 분별이 없으니〔○사고(師古)가 말했다. "대왕이나 신하들을 다 같이 왕(王)이라 칭해 다 비슷비슷해지는 바람에 높고 낮음[尊卑]의 차이가 없다는 것을 말한다."〕 대왕의 두드러진 공로와 다움[功德]을 후세에 널리 펼 수가 없습니다〔○사고(師古)가 말했다. "지위와 칭호[位號]가 구별되지 않으면 공로와 다움이 현저하게 밝은 자를 따로 후세에 제대로 전할 수 없다는 말이다."〕. 죽음을 무릅쓰고 두 번 절해 황제(皇帝)의 존호를 올리옵니다.'

한왕이 말했다.

"과인(寡人)이 듣건대 제(帝)란 뛰어난 자[賢者]가 갖는 것이라 했다. 내용은 없이 헛된 말뿐인 이름은 취할 수가 없다. 지금 제후왕들은 모두 과인을 받들어 높이려 하는데 장차 어쩌려고 그러는 것인가?"

---

7 끊어진 왕실을 이어주었다는 뜻이다.

제후왕들이 모두 말했다.

"대왕께서는 미천한 신분[細微]에서 일어나시어 어지러운 진나라[亂秦]를 멸하셨고, 그 위엄은 온 나라 안[海內]을 움직이셨습니다. 또 아주 외진 곳을 근거지로 삼아 한중(漢中)에서부터 위엄과 다움[威德]을 행하셨고, 의롭지 못한 자들을 주벌하고 큰 공을 세워 온 나라 안을 평정하시어 공신들 모두 식읍(食邑)을 받은 것이니, 이는 (공신들 개인의) 사사로운 땅이 아닙니다. 대왕께서 다움을 사해(四海)에 베푸신 바에 대해 저희 제후왕들은 말로 다 표현할 수가 없는 정도이니, 황제의 자리에 오르심은 실로 너무나도 마땅합니다. 바라건대 대왕께서 그리 해주신다면 천하가 다행일 것입니다."

한왕이 말했다.

"제후왕들이 그렇게 하는 것이 천하의 백성들에게 편리하다고 하니, 그렇다면 그리 하리다[可]."

이에 제후왕 및 태위 장안후(長安侯) 신(臣) 관(綰-노관) 등 300명과 박사 직사군(稷嗣君)[○ 맹강(孟康)이 말했다. "직사는 읍의 이름이다."] 숙손통(叔孫通)[8]이 삼가 길일을 골라 2월 갑오일(甲午日)에 존호를 올렸다. 한왕

---

8 노(魯)나라 설(薛) 땅 사람으로 처음에는 진(秦)나라 2세 황제를 섬겨 박사를 지내다가 위태로움을 알고는 고향에 돌아와 항량(項梁)과 항우(項羽)를 섬겼다. 나중에 다시 유방(劉邦)을 따라 박사가 되고 직사군(稷嗣君)으로 불렸다. 유방이 천하를 차지한 뒤에 "수성(守成)은 선비와 해야 할 것"이라고 말하고는 노나라의 제생(諸生-유생)들을 불러 나라의 예법을 다시 만들 것을 설득해 한나라의 예악과 조의(朝儀)를 새롭게 제정했다. 고조(高祖) 7년(기원전 200년) 장락궁(長樂宮)이 완공되자 제후와 신하들이 예법에 맞게 조회를 하니 엄숙하고 경건하지 않은 것이 없었다. 태상(太常)에 임명됐다. 9년(기원전 198년) 태자태부(太子太傅)가 되고 유방에게 태자를 바꾸지 말 것

은 범수(氾水)의 북쪽[陽]에서 황제의 자리에 나아갔다.[9] 왕후를 높여 황후라 했고, 태자를 높여 황태자라 했으며, 돌아가신 온(媼)을 추존해 소령부인(昭靈夫人)이라 했다. 조(詔)하여〔○ 여순(如淳)이 말했다. "조(詔)하다는 곧 고(告)하는 것이다. 진나라와 한나라 이래로 오직 천자만이 이를 칭할 수 있었다."〕 말했다.

"옛 형산왕 오예(吳芮)는 아들 두 명, 형의 아들 한 명과 함께 백월(百粵)〔○ 복건(服虔)이 말했다. "한 가지 종류가 아니고 마침 오늘날 백만(百蠻-온갖 남쪽 오랑캐)과 같다."〕의 병사들을 거느리고서 제후들을 도와 사나운 진나라[暴秦]를 주벌해 큰 공을 세우니, 제후들이 그를 세워 왕으로 삼았다. 항우는 그 땅을 습격해 빼앗아 그를 파군(番君)이라 불렀다. 이제 장사(長沙), 예장(豫章), 상군(象郡), 계림(桂林)〔○ 문영(文穎)이 말했다. "계림은 지금의 울림(鬱林)이다." 사고(師古)가 말했다. "계림은 지금의 계주(桂州) 변경에 있으며, 좌우가 모두 여기서 말하는 땅들과 일치하므로 울림은 아니다."〕, 남해(南海)를 봉지로 해 파군 예(芮)를 세워 장사왕으로 삼는다."

또 말했다.

을 간언했다. 혜제(惠帝) 때 다시 태상(太常)으로 종묘의법(宗廟儀法)을 제정했다.

9 범수는 산동과 조현(曹縣)의 북쪽, 정도(定陶)와 맞닿는 지점에 있다. 양(陽)은 산일 경우에는 남쪽, 강일 경우에는 북쪽이다. 우리의 한양(漢陽)도 한강의 북쪽이라는 뜻이다.

"옛 월왕(粵王) 무제(亡諸)¹⁰는 대대로 월의 제사¹¹를 받들어왔는데, 진나라가 그 땅을 습격해 빼앗아 월의 사직은 제사 음식[血食](○ 사고(師古)가 말했다. "제(祭)란 피비린내 나는 희생[血腥]을 올리는 것이었기에 제사 음식을 혈식(血食)이라고 불렀다.")을 먹지 못했다. 제후들이 진나라를 정벌할 때 무제는 몸소 민중(閩中)의 병사들을 이끌고 진나라를 주멸하는 것을 도왔음에도 항우가 그를 폐해 세워주지 않았다. 이제 그를 민월왕(閩粵王)으로 삼아 민중의 땅에서 왕이 되게 하니 본분[職]을 잃지 않도록 하라."

제(帝)는 마침내 서쪽으로 가서 낙양(洛陽)을 도읍으로 삼았다. 여름 5월에 군대를 해산해 모두 집으로 돌아갔다. 조하여 말했다.

"제후의 자식들 중에서 관중(關中)에 있는 자에게는 12년간 부역과 조세를 면제해주고[復=免], 자신의 봉국으로 돌아가는 자에게는 그 반(-6년)을 면제해주도록 하라. 백성들 중에 전에 혹시 끼리끼리 모여 살며 산택에 피난하느라[保=守] 호적[名數=戶籍]에 이름을 올리지 못한 자들이 있는데 지금은 천하가 이미 평정됐으니 영을 내려 각자 자신의 현으로 돌아가게 하고, 예전의 작위와 전택(田宅)을 되찾게 해주며[復=還], 관리들은 법률[文法]로 백성들을 일깨우고 일의 마땅함에 따라 판결하되 매를 쳐서 모욕을 주는 일은 결코 하지 말라. 백성들 중에 굶주림으로 인해 스스로를 팔아 다른 사람의 노비가 된 자는 모두 면해 서인(庶人)으로 삼으라. 군

---

10 무제(無諸)라고도 한다.

11 월나라 왕실의 제사다.

대의 장교나 사졸들 중에 죄가 있는 자는 그 죄를 사면해주고, 죄가 없고 작(爵)도 없이 대부에 이르지 못한 자들에게는 모두 작위를 내려 대부(大夫)[○ 사고(師古)가 말했다. "대부는 제5등이다."]로 삼으라. 전(前) 대부 이상인 자에게는 작(爵) 1급을 내려주고, 7대부 이상인 자에게는 모두 식읍을 주며, 7대부를 제외한 그 아래에게는 다 그 개인이나 한 집의 부역과 조세를 면제해 부역을 시키지 말라[勿事][○ 신찬(臣瓚)이 말했다. "진(秦)나라 제도에서 열후(列侯)는 식읍을 받았고, 지금은 7대부 이상이 다 식읍을 받았다. 이는 임금이 총애한다는 뜻이다." 사고(師古)가 말했다. "7대부는 공대부(公大夫)로 작(爵)이 7등급이기 때문에 7대부라고 한다."]."

또 말했다.

"7대부와 공승(公乘)[○ 사고(師古)가 말했다. "공승은 제8작(爵)이다."] 이상은 모두 높은 작위[高爵]다. 제후의 자식과 종군했다가 돌아온 자들 중에는 높은 작위가 너무 많아 나는 여러 차례 관리들에게 조(詔)하여 그들에게 먼저 전택을 주도록 했고, 또 관리에게 마땅히 요구할 자격이 있는 자들에게도 서둘러[亟=急] 주도록 했다. 작위가 높은 자나 나라의 읍을 소유한 자들은 상(上-천자)이 예로써 높인 자들이니 관리가 오랫동안 (그들의 소송이나 진정을) 결단하지 않고 내버려두는 것은 참으로 일의 마땅함을 크게 잃은 처사다[亡謂].¹² 예전에[異日=往日] 진나라의 작위법에서는 공대부(公大夫)를 영(令)이나 승(丞)과 대등하게 예우했다[抗禮]. (그런데) 지금 나는 작위를 가볍게 여기지 않으니 관리만 홀로 어찌 이런 법을

---

12 사고(師古)의 풀이에 따라 풀어서 옮겼다.

취하라! 또 법에 따라 공로가 있는 자에게 전택을 주고 있는데[行=付與],
지금 낮은 관리들[小吏]은 종군도 하지 않고서 전택을 차지해 자기 배를
채우는 자들이 많다 보니 공로가 있는 자가 도리어[顧=反] 전택을 얻지
못해 공(公)을 어기고 사(私)를 세우는 꼴이어서, 이는 군수(郡守)·군위(郡
尉)·장리(長吏)〔○ 사고(師古)가 말했다. "현(縣)의 영장(令長)이다."〕들의 가
르치고 일깨우는 바[敎訓]가 크게 잘못된 때문이다. 이에 영을 내려, 여러
관리들은 높은 작위를 가진 자[高爵]들을 잘 대우하도록 하고 그것이 나
의 뜻임을 덧붙이도록 하라. 그리고 잘 살펴서[廉問=察問] 내 조(詔)대로
하지 않는 자들에 대해서는 중벌(重罰)로 논죄하라."

　제(帝)는 낙양의 남궁(南宮)에 술자리를 베풀었다[置=催]. 상(上)〔○ 여
순(如淳)이 말했다. "채옹(蔡邕)이 말하기를 '상(上)은 귀한 지위가 가장 위
에 있다는 것이다'고 했는데, (그것보다는) 그냥 상(上)이라고 한 것은 감
히 존호(尊號)를 입에 담을 수 없기 때문이다."〕이 말했다.

　"통후(通侯)〔○ 응소(應劭)가 말했다. "예전의 철후(徹侯)를 말하는데 (한
나라) 무제의 이름[諱](인 철(徹))을 피해 통후(通侯)라 한 것이다. 통(通)
또한 통하다[徹]는 뜻이다. 통하다[通]라는 것은 그의 공로와 다움이 왕
실과 통한다는 말이다." 장안(張晏)이 말했다. "뒤에 열후(列侯)로 개칭됐
다. 열(列)이라 서열을 드러낸다는 뜻이다."〕와 여러 장수들은 감히 짐(朕)
〔○ 여순(如淳)이 말했다. "짐(朕)은 나[我]다. 채옹(蔡邕)이 말하기를 '옛날
에는 위아래가 서로를 받들었다'고 했다. 제(帝) 순(舜)이 스스로 짐(朕)이
라 했고, 굴원(屈原)은 '나[朕]의 황고(皇考-돌아가신 아버지)'라는 말을 썼
으며, 진(秦)나라에 이르러서야 존칭이 됐는데, 한나라는 드디어 그것을 이

어받으며 뜻을 바꾸지 않았다."])에게 숨기는 것이 있어서는 안 되니 모두 그 속내[情=眞情=實情]를 말하도록 하라. 내가 천하를 갖게 된 까닭은 무엇인가? 항씨(項氏-항우)가 천하를 잃게 된 까닭은 무엇인가?"

고기(高起)와 왕릉(王陵)이 대답했다〔○ 장안(張晏)이 말했다. "조(詔)하여 고관(高官)을 먼저 일어나게[起] 하니, 그래서 릉(陵)이 먼저 대답한 것이다." 맹강(孟康)이 말했다. "성이 고(高)이고 이름이 기(起)다." 신찬(臣瓚)이 말했다. "한나라 고제 때 신평후(信平侯) 신(臣) 릉(陵)과 도무후(都武侯) 신(臣) 기(起)가 있었다." 사고(師古)가 말했다. "장씨(張氏)의 설은 틀렸다. 만약에 고관을 일어나게 한 것이라면 승상 소하, 태위 노관과 장량, 진평 등이 당시에 모두 릉보다 윗자리에 있었으니 릉이 먼저 대답할 수 없었을 것이다."〕.

"폐하께서는 (개인 성품이) 오만해 다른 사람을 깔보시는데[嫚而侮人] 항우는 어질어 다른 사람을 공경했습니다[仁而敬人]. 그러나 폐하께서는 사람들을 시켜 성을 공격하고 땅을 공략해 점령하게 된 곳을 그 사람들에게 나누어줌으로써 천하와 이익을 함께 했습니다. 항우는 뛰어난 이를 투기하고 능력이 있는 자를 질시해[妒賢(妬賢)嫉能] 공로가 있는 자를 해치고 뛰어난 이를 의심해 싸움에서 이기더라도 다른 사람의 공로를 인정하지 않았고[不與], 다른 사람들이 땅을 획득해도 그들의 이익을 인정하지 않았으니, 이것이 항우가 천하를 잃게 된 까닭입니다."

상이 말했다.

"그대들은 하나만 알고 둘은 알지 못한다. 무릇 군막[帷幄=軍幕] 안에서 계책을 세워[運籌] 천리 밖에서의 승리를 결정짓는 일에 있어서 나는

자방(子房-장량)만 못하며, 나라를 안정시키고[塡=鎭=安] 백성들을 어루
만져주며 식량을 공급하고 군량 공급로를 끊어지지 않게 하는 일에 있어
서 나는 소하만 못하고, 또 100만 대군을 이끌고서 싸우면 반드시 이기고
공격하면 반드시 적을 패퇴시키는 일에 있어서 나는 한신만 못하다. 이 세
사람은 모두 인걸(人傑)로서 나는 그들을 능히 썼으니, 이것이 내가 천하
를 차지할 수 있었던 까닭이다. 항우는 단지 범증(范增) 한 사람뿐이었는
데도 제대로 쓰지를 못했으니, 이것이 그가 나에게 붙잡힌 까닭이다."

여러 신하들은 기뻐하며[說=悅] 감복했다. 애초에 전횡(田橫-제왕 전영
의 동생)은 팽월에게 귀부했다.[13] 항우가 이미 멸망하자 횡은 (팽월이 한나
라의 봉작을 받아 양왕이 됐기 때문에) 주멸될 것을 두려워해 빈객들과
함께 도망쳐 바다(의 섬)로 들어갔다. 상은 그가 두고두고 난을 일으키게
될까 두려워 사자를 보내 횡을 사면하고 말했다.

"횡이여, 오라! 우두머리는 왕으로 삼고 아랫사람들은 후(侯)로 삼을 것
이다[○ 사고(師古)가 말했다. "우두머리[大者]란 횡 자신이고 아랫사람들
[小者]이란 그의 부하들이다."]. 오지 않는다면 장차 출병해 주벌할 것이다."

횡은 두려워해 역전의 마차를 타고[乘傳][○ 사고(師古)가 말했다. "전
(傳)은 지금의 역(驛)과 같다. 옛날에는 수레[車]를 전거(傳車)라 했는데 그
후에는 한 마리 말만 두었기 때문에 역기(驛騎)라 했다."] 낙양을 향했는
데 3,000리를 앞둔 곳에서 자살했다. 상은 그의 절의를 장하게 여겨 그를
위해 눈물을 흘리고서 병사 2,000명을 뽑아 왕(王)의 의례에 따라 장례를

---

13 한과 초 사이에서 중립을 지켰다는 뜻이다.

치러주었다. 수자리 병졸[戍卒]인 누경(婁敬)이라는 자가 뵙기를 청한 다음 상에게 유세해 말했다.[14]

"폐하께서 천하를 차지하신 것은 주나라와 다르오니 낙양을 도읍으로 정한 것은 편안한 계책이 아니며, 관(關)으로 들어가시어 진나라의 견고함을 근거로 삼는 것만 못합니다."

상이 이를 장량에게 물으니 량은 찬성하는 의견을 상에게 권했다. 이날 거가(車駕)가 서쪽으로 행차해 장안(長安)을 도읍으로 정했다〔○ 사고(師古)가 말했다. "일반적으로 거가란 천자가 타는 수레와 가마를 가리키는데 감히 누구의 것이라고 지칭해서는 안 된다. 이날이라고 한 것은 누경이 유세한 바로 그날을 말한다. 이날을 드러내어 말한 것은 그만큼 좋은 의견일 경우 따르는 속도가 빨랐다는 것을 보여주기 위함이다. 장안(長安)은 원래 진나라의 시골 이름이었는데, 고조가 그곳을 도읍으로 삼았다."〕. 누경을 제배해 봉춘군(奉春君)으로 삼고〔○ 장안(張晏)이 말했다. "봄[春]은 한 해의 시작인데, 지금 누경이 도읍을 정하는 일의 시작을 마련해주었기 때문에 (시작을 받든다는 의미에서) 호를 봉춘군(奉春君)이라 한 것이다."〕 유씨(劉氏) 성을 내려주었다. 6월 임진일(壬辰日)에 천하를 크게 사면했다.

가을 7월에 연왕(燕王) 장도(臧荼)가 반란을 일으키자 상이 몸소 군사

---

14 한(漢)나라 고제 5년(기원전 202년) 제(齊) 땅 출신인 누경(婁敬)이 농서(隴西-감숙성)에서 수(戍)자리를 서게 돼 낙양(雒陽)을 지나가다가 거기에 한나라 고제가 있다는 것을 알고서 수레의 가로지른 막대를 벗겨놓고 같은 제 땅 출신인 우장군(虞將軍)을 통해 상을 뵙고 싶다고 청했다. 이에 우장군이 들어가 아뢰니, 고제가 그를 불러서 보고 음식을 내린 뒤에 질문을 하니 누경이 유세해 말했다.

들을 이끌고 그를 정벌했다. 9월에 도(荼)를 사로잡았다[虜]. 제후왕들에게 조하여 공로가 큰 사람을 잘 살펴서[視] 그를 세워 연왕으로 삼겠다고 했다. 형왕(荊王) 신(臣) 신(信)[15] 등 10명이 모두 말했다.

"태위 장안후 노관의 공이 가장 많으니 그를 세워 연왕으로 삼을 것을 청하옵니다."

(이리하여 노관이 연왕에 세워졌다.) 승상 쾌(噲)〔○ 송기(宋祁)가 말했다. "쾌는 이때 아직 승상이 아니었고, 또 「백관표(百官表)」에 따르면 쾌는 일찍이 상(相)이 된 적이 없다."〕를 시켜 군대를 이끌고 가서 대(代) 땅을 평정케 했다.

이기(利幾)가 반란을 일으키자 상이 몸소 그들을 쳐서 깨뜨렸다. 이기란 자는 항우의 장수였다. 항우가 패했을 때 이기는 (항우를 따르지 않고) 진현(陳縣-하남 회양)의 영(令)으로 있다가 한나라에 항복하니 상이 그를 영천군(潁川郡)의 후(侯)로 삼았다. 상이 낙양에 이르러 일거에 통후의 명단을 갖고서 모두 불러모으니 이기는 두려워서 반란을 일으켰던 것이다〔○ 사고(師古)가 말했다. "통후들을 모두 소집하자 이기는 자신이 항우의 장수였기 때문에 (뭔가 다른 이유가 있어서일 것이라 여기고서) 절로 두려움을 느끼고서 반란을 일으켰다."〕.

그후 9월에 제후의 자식들을 관중으로 옮겼다. 장락궁(長樂宮)을 완성했다[治].

6년 겨울 10월에 천하의 현(縣)과 읍(邑)에 영을 내려 성을 짓도록 했다

---

15 초왕(楚王) 한신을 가리킨다.

〔○ 장안(張晏)이 말했다. "황후와 공주가 먹을 것을 대는 곳을 일러 읍이라 한다. 각각에 영을 내려 스스로 자신들의 성을 축조하도록 한 것이다." 사고(師古)가 말했다. "현에 속한 모든 읍들에 영을 내려 성을 축조하도록 한 것이다."〕.

어떤 사람이 초왕 신(信)이 반란을 꾀했다[謀反]고 아뢰자, 상이 좌우에 물으니 좌우 신하들은 다투어 그를 쳐야 한다고 했다. 진평(陳平)의 계책을 써서 마침내 거짓으로[僞] 운몽택(雲夢澤)¹⁶으로 놀러 갔다. 12월에 진현에서 제후들과 회동했는데, 초왕 신이 맞이하러 나와 알현할 때[迎謁]를 이용해 그를 붙잡았다. 조하여 말했다.

"천하는 이미 안정됐고, 호걸들 중에 공로가 있는 자들을 후(侯)에 봉해주었으며, 새로이 서게 돼[新立] 아직 그들의 공로에 대한 포상조치가 다 이뤄지지 못했다. 사람들 중에 군대에 9년 동안 있다 보니 혹 법령을 제대로 익히지 못했고, 혹 그로 인해 법을 어겨〔○ 위소(韋昭)가 말했다. "이는 법령을 익혀 알지 못하고 그것을 어긴 자들에 대해 유사(有司-관련 관청)에서는 옛날에 법을 어긴 사항을 갖고서 처벌했기 때문에 제(帝)가 가슴 아프게 여긴 것을 말한다." 사고(師古)가 말했다. "이 설은 틀렸다. 이는 법령을 제대로 익히지 못했기 때문에 죄를 피하는 법을 알지 못해 결국 죄를 짓게 되니, 제가 원래의 실상을 생각해 그들에 대해 가슴 아프게 여긴 것을 말한다."〕 사안이 큰 경우에는 사형을 당하게 되니, 나는 이를 심히 가슴 아프게 여긴다. 천하에 사면령을 내리도록 하라."

---

16 여러 의견이 분분해 어디인지 확실치 않다.

전긍(田肯)[17]이 하례하고서 말했다.

"참으로 잘하셨습니다. 폐하께서는 한신을 사로잡고 또 진중(秦中)을 다스리셨습니다〔○ 사고(師古)가 말했다. "다스렸다[治]는 것은 도읍을 정한 것을 말한다. 진중(秦中)이란 관중(關中)으로, 이곳은 옛 진나라 땅이었다."〕. 진(秦)은 형세의 나라[形勢之國][18]로, 강이 띠를 이루고 산이 가로막고 있어 제후의 나라들과 1,000리나 떨어져 있으니, 제후들이 100만 대군을 갖고 있어도 진나라는 2만 명[百二][19]이면 막아낼 수 있습니다. 땅의 형세가 유리하면 제후들에게 병사를 쓰는 일은 비유컨대 마치 높은 건물 위에서 기와 고랑[瓴=瓶]에 물을 쏟는 것과 같습니다. 저 제(齊) 땅은 동쪽으로 낭야(琅邪)와 즉묵(卽墨)이 있어 물산이 풍부하고〔○ 사고(師古)가 말했다. "이 두 현은 바다와 가까워 물산이 풍부했다."〕, 남쪽으로는 태산(泰山)의 견고함이 있으며, 서쪽으로는 탁한 황하의 가로막음이 있고, 북쪽으로는 발해(渤海)의 이로움이 있습니다.[20] 땅은 사방 2,000리이고 100만 대군을 갖고 있으며 제후국들과 1,000리나 떨어져 있으니, 제후들이 100만 대군을 갖고 있어도 제나라는 20만 명[十二]이면 막아낼 수 있습니다. 이 둘은 그래서 동진(東秦-제나라)과 서진(西秦)이라 할 수 있으니, 친자식이나 친동생이 아니면 제왕(齊王)을 삼아서는 안 될 것입니다."

---

17 대부라는 것 말고는 알려진 것이 없고, 성이 전씨임을 감안할 때 제나라 왕족으로 보인다.

18 지세가 험해 승리를 얻기에 유리한 위치에 있는 나라라는 말이다.

19 100분의 2다.

20 발해의 이익이란 곧 물고기와 소금을 얻는 해변 지역의 이익을 가리킨다.

상은 "좋다"라고 말하고서 황금 500근을 내려주었다. 상은 낙양으로 돌아와 한신을 사면하고 그를 봉해 회음후(淮陰侯)로 삼았다.

(12월) 갑신일(甲申日)에 처음으로 부절(符節)을 쪼개[剖=破] 공신 조참(曹參) 등을 봉해주고 통후로 삼았다. 조하여 말했다.

"제(齊)는 옛날에 세워진 나라인데 지금은 군현(郡縣)이 됐으니 그것을 다시 제후의 나라로 삼는다〔○ 사고(師古)가 말했다. "나라로 삼아 제후왕을 봉해준다는 말이다."〕. 장군 유가(劉賈)는 여러 차례 공을 세웠고, 또 성품이 너그럽고 은혜를 베풀 줄 알며 품행을 닦아 깨끗하므로 제(齊)나라 왕으로 삼아 형(荊) 땅을 다스리게 하라."

봄 정월 병오일(丙午日)에 한왕(韓王) 신(信) 등이 청을 올려 옛 동양군(東陽郡)·장군(鄣郡)·오군(吳郡)의 53개 현에 유가를 세워 형왕(荊王)으로 삼고 탕군(碭郡)·설군(薛郡)·담군(郯郡)〔○ 문영(文穎)이 말했다. "설군은 지금의 노나라이다. 담군은 지금의 동해군이다."〕의 36개 현에 (고제의) 동생 문신군(文信君) 교(交)를 세워 초왕(楚王)으로 삼았다. 임자일(壬子日)에 운중(雲中-군) 안문(鴈門-군) 대군(代郡)의 53개 현에 (고제의) 형 의신후(宜信侯) 희(喜)를 세워 대왕(代王)으로 삼았고, 교동(膠東)·교서(膠西)·임치(臨淄)·제북(濟北)·박양(博陽)·성양군(城陽郡)의 73개 현에 (고제의) 아들 비(肥)를 세워 제왕(齊王)으로 삼았으며, 태원군(太原郡) 31개 현을 한국(韓國)이라 해 한왕 신을 옮겨 진양(晉陽)을 도읍으로 삼게 했다.

상은 이미 공이 큰 신하 30여 명(혹은 20여 명)은 봉했으나, 그 나머지는 공로를 다퉜지만 아직 봉작을 행하지 못했다. 상은 남궁(南宮)에 거처했는데, 복도(復道-위아래로 길이 있어 복도(復道)라고 했다.)의 위에서 여러 장수들이 여기저기 짝을 지어 이야기를 하고 있는 것을 보고서 장량에게 물으니 량이 답했다.

"폐하께서는 이 무리들과 함께 천하를 차지하시어 지금 이미 천자가 되셨지만, 봉작을 받들 이들은 모두 옛날부터 알거나 아끼는 자들인 데 반해 주살당한 이들은 모두 평생의 원수들입니다. 지금 군리(軍吏)가 공적을 따져볼 때 천하의 땅으로도 그들에게 골고루 봉읍을 내려주는 것은 부족하니[○ 사고(師古)가 말했다. "공을 세운 사람은 많고 땅은 적다는 말이다."], 자신들의 과실을 이유로 주살될까 두려워 저렇게 모여 모반을 하고 있는 것일 뿐입니다."

상이 "어찌하면 좋겠는가?"라고 하니 량은 "상께서 평소 싫어하시는 자를 고르시되 여러 신하들도 다 알고 있는, 가장 싫어하는 자 한 명을 고르시어 그를 먼저 봉하는 것을 여러 신하들에게 다 보여주십시오"라고 했다. 3월에 상은 술자리를 베풀어 옹치(雍齒)를 후로 봉하고, 이어 서둘러 공훈을 정하고 봉작을 행하도록 승상에게 다그쳤다[趣=促]. 술자리가 파하자 여러 신하들은 모두 기뻐하며 말했다.

"옹치가 장차 후(侯)가 되게 생겼으니 우리들은 걱정할 것이 없겠네!"

상은 역양에 돌아와 닷새에 한 번씩 태공(太公)의 안부를 살폈다[朝]. 태공의 가령(家令-가신)이 태공을 설득해 말했다.

"하늘에 두 개의 태양이 없고 땅에는 두 명의 임금이 없습니다. 황제께서 비록 자식이라고 하지만 다른 사람의 임금[人主]이시고, 태공께서는 비록 아버지라고 하지만 다른 사람의 신하[人臣]입니다. 어찌 임금으로 하여금 신하를 배알하게 하십니까? 이렇게 하시면 (임금의) 위엄과 엄중함

[威重]이 제대로 시행될 수 없습니다."

뒤에 상이 안부를 살피러 가자 태공은 빗자루를 들고서 문전에서 맞이하며 뒤로 물러서니[却=退而行] 상은 크게 놀라 태공을 밑에서 떠받쳤다. 태공이 말했다.

"제(帝)는 임금이신데 어찌하여 나로 인해 천하의 법을 어지럽히는 것입니까!"

이에 상은 진심으로 가령의 말을 좋게 여겨 황금 500근을 내려주었다. 여름 5월 병오일(丙午日)에 조하여 말했다.

"사람들 사이에서 가장 제 몸처럼 여겨야 할 것[至親] 중에 아버지와 자식보다 제 몸처럼 여겨야 할 것은 없다. 그래서 아버지가 천하를 소유하게 되면 그것은 아들에게로 돌아가고, 아들이 천하를 소유하게 되면 존귀함[尊]이 아버지에게 돌아간다. 이것은 사람이 지켜야 할 도리 중에서도 가장 높은 것[人道之極]이다. 그동안 천하에 큰 어지러움이 있어 전쟁이 동시 다발로 일어나는 바람에 모든 백성들이 말할 수 없는 고통과 재앙에 시달려야 했다. 짐(朕)도 친히 이런 어려움을 겪어〔○ 사고(師古)가 말했다. "갑옷을 입고 칼을 잡았다는 말이다."〕 몸소 사졸들을 거느리고 위험과 어려움에 맞서 싸우며 폭란(暴亂)을 평정해 제후들을 세워 병사를 누이고 백성들을 쉬게 해[偃兵息民] 천하는 크게 안정됐다. 이것은 다 태공께서 가르치시고 일깨워주신 바다. 여러 왕들과 통후(通侯),[21] 장군 그리고 여러

---

21 20급(二十級) 철후(徹侯)와 같은데, 한(漢)나라 때는 주로 열후(列侯)라고 했다. 한나라는 진나라의 작위제도를 계승했으나 무제(武帝)의 이름이 유철(劉徹)이기 때문에 이를 피해서 철후를

경대부들은 이미 다 귀하게 됐고 짐도 황제가 됐지만 태공(太公)은 아무런 칭호도 갖고 있지 못하다. 이제 태공을 높여 태상황이라고 부르도록 하라〔○ 사고(師古)가 말했다. "태상이란 극존칭이다. 천자의 아버지이기 때문에 칭호를 (태상)황(皇)이라고 한 것이고, 나라의 정사에 참여하지 않기 때문에 (태상)제(帝)라고는 하지 않았다."〕."

가을 9월에 흉노가 한왕(韓王) 신을 마읍(馬邑)[22]에서 포위하자 신은 흉노에 항복했다.

7년 겨울 10월에 상은 몸소 군대를 이끌고 한왕 신을 동제현(銅鞮縣)에서 쳐서 그의 장수를 목 벴다. 신은 흉노로 도망쳐 달아났고, 그의 장수 만구신(曼丘臣)〔○ 사고(師古)가 말했다. "성은 만구(曼丘)이고 이름은 신(臣)이다. 만구와 모구(母丘)는 본래 하나의 성인데 발음상의 완급이 다를 뿐이다."〕과 왕황(王黃)은 함께 옛 조(趙)〔○ 사고(師古)가 말했다. "옛 조란 6국 시대의 조나라를 말한다."〕의 후예인 조리(趙利)를 세워 왕으로 삼아 신의 흩어진 병사들[散兵]을 거두어 흉노와 함께 한나라에 맞섰다[距]. 상은 진양(晉陽)을 따라 싸움을 이어갔고 승기를 잡아 도망치는 적군을 쫓아 누번(樓煩)[23]에 이르러 큰 추위를 만나 사졸들 중에서 (동상으로 인해) 손가락이 떨어져나간 병사가 열 중에 두셋이었다. 드디어 평성(平城)

통후(通侯) 또는 열후(列侯)라고 불렀다.

22 성(城)의 이름이며 산서성(山西省) 삭현(朔縣) 동북쪽에 있다. 이때 한왕의 도읍이었다. 『사기(史記)』에는 한신이 이를 기화로 모반을 했다고 서술하고 있다.

23 북쪽 오랑캐[北狄]의 나라 이름이다. 산서성(山西省)의 영무(寧武), 신지(神池), 오채(五寨) 가람(岢嵐) 지방이다.

에 이르렀으나 흉노에게 포위돼 7일 동안 지내다가 진평(陳平)의 비밀 계책[秘計]을 써서 벗어날 수 있었다〔○ 응소(應劭)가 말했다. "진평은 화공을 시켜 아름다운 여인을 그리게 한 다음 몰래 사람을 시켜 그 그림을 연지(閼氏)에게 보내, 한나라에는 이처럼 미인들이 많은데 지금 황제가 곤경에 처해 이 미인들을 (묵돌선우에게) 바치고 싶어 한다고 했다. 연지는 그렇게 되면 자신에 대한 묵돌의 총애를 빼앗기게 될까 두려워해 선우에게 말하기를 '한나라 천자는 참으로 신령스러우니 그 땅을 얻는다 하더라도 앞으로 유지하기는 어려울 것입니다'라고 하니, 이에 흉노가 한쪽 축을 터주어 (고제는) 그쪽으로 달아날 수 있었다." 정씨(鄭氏)가 말했다. "이 계책은 비루하다 해 비밀[秘]로 삼고 그 상세한 내용은 전해지지 않았다." 사고(師古)가 말했다. "응씨의 설은 환담(桓譚)의 『신론(新論)』에 나오는 것인데 대개 담이 추측한 내용으로, 사리로 볼 때 마땅할 뿐이기 때문에 사서[紀傳]에는 상세하게 설명하지 않은 것이다."〕. 번쾌에게 명해 계속 남아서 대(代) 땅을 평정케 했다.

12월에 상은 돌아오던 길에 조나라를 지나오면서 조왕(趙王)에게 예를 갖추지 않았다[不禮=缺禮]. 이달에 흉노가 대(代)나라를 공격하자 대왕(代王) 희(喜)는 나라를 버리고 스스로 낙양으로 도망쳐왔는데, 그의 죄를 사면하고 합양후(合陽侯)로 삼았다. 신묘일(辛卯日)에 아들 여의(如意)를 세워 대왕(代王)으로 삼았다.

봄에 낭중(郎中)에게 수염을 깎는 가벼운 죄[耐=耏] 이상이 있는 경우에는 우선 청을 올리도록 했다. 백성이 자식을 낳았을 경우 2년 동안 부역을 시키지 말도록[勿事=不役] 했다.

2월에 장안에 도착했다. 소하(蕭何)가 미앙궁(未央宮)을 지어 동궐(東闕)·북궐(北闕)·전전(前殿)·무고(武庫)·태창(太倉)을 세웠다〔○ 사고(師古)가 말했다. "미앙전은 비록 남향이었으나 글을 올리거나[上書] 일을 아뢰거나[奏事] 알현하는 무리들은 모두 북궐로 왔고 공거사마(公車司馬)[24]도 북쪽에 있었다. 이는 곧 북궐을 정문(正門)으로 삼았다는 뜻이며, 또 동문과 동궐이 있었다. 서쪽과 남쪽 두 곳에는 문과 궐이 없었다. 이는 대개 소하가 처음 미앙궁을 세울 때 염승술(厭勝術-비보진압의 풍수설)에 입각했으니 이치상으로 그럴 수밖에 없지 않았겠는가?"〕. 상이 그 웅장함과 화려함을 보고서 크게 화가 나 하(何)에게 말하기를 "천하가 흉흉(匈匈)하고 전란으로 인한 노고가 여러 해임에도 성공할지 실패할지 아직 알 수가 없는데 이 어찌 궁실을 도에 넘치게 지을 수 있단 말인가!"라고 하자 하(何)가 "천하가 아직 안정되지 않았기 때문에 이렇게 지은[就=成] 것입니다. 또 무릇 천자는 사해(四海)를 집으로 삼고 있으니 웅장하고 화려하지 않으면 무거운 위엄[重威]을 보여줄 수가 없습니다. 그러하오니 후세에는 이보다 더 웅장하고 화려한 궁전을 지을 수 없게 하십시오"라고 답하니 상은 기뻐했다. 역양에서 옮겨 장안을 수도로 삼았다. 종정(宗正)의 관직을 두어 구족(九族)의 차례를 세우도록 했다. 여름 4월에 행차해 낙양에 갔다[如=往].

8년 겨울에 상은 동쪽으로 가서 한신의 잔당[餘寇=殘黨]을 동원(東

---

24 궁궐의 경호 책임자인 위위(衛尉)의 속관으로 황제에게 올라가는 상주문의 출납을 담당했다. 봉록은 600석이다.

垣)²⁵에서 쳤다. 돌아오면서 조나라를 지나오는데, 조의 재상 관고(貫高, ?~기원전 198년)²⁶ 등은 상이 자신들의 임금에게 예를 갖추지 않는 것에 치욕을 느껴 몰래 모의해[陰謀] 상을 시해하려고[弒] 했다. 상이 이곳에서 묵으려고 했는데 마음이 불안해[心動] "이 현의 이름이 뭔가?"라고 하자 (옆에서) "백인(柏人)입니다"라고 답하니 상이 말했다.

"백인(柏人)이란 사람을 핍박한다[迫於人=迫人]는 뜻이다."

그곳을 떠나 거기서 묵지 않았다.

11월에 영을 내려 사졸들 중에서 종군했다가 죽은 자에게는 작은 관[椟=櫝]을 내려주어 자신들의 현으로 돌려보내고, 현에서는 옷과 이불과 관을 대주고 장례용품들을 갖춰서 소뢰(小牢)²⁷로 제사를 지내고 장리(長吏)들에게 장례식을 지켜보도록 했다. 12월에 길을 나서 동원으로부터 (경사로) 돌아왔다.

봄 3월에 행차해 낙양에 갔다. 영을 내려 이졸(吏卒)들 중에서 종군해 평성(平城)에 갔던 자와 평성 부근의 성읍들을 수비한 자에게는 모두 평생 부역과 조세를 면제해주도록 했다. 작위가 공승(公乘) 이상인 자가 아

---

25 하북성(河北省) 정정(正定)이다. 맹강(孟康)은 진정(眞正)이라 했다.
26 조왕(趙王) 장오(張敖)의 재상을 지냈다. 본래 전한의 조왕 장이(張耳)의 빈객으로, 장이가 죽은 후 그의 아들 장오를 섬겼다. 장오는 부인이 노원공주였기에 고제의 사위였는데 고제가 방문하자 몸소 음식을 올리는 등 사위로서의 예를 갖추었다. 그러나 고제는 오만하게 다리를 상 위로 뻗고 앉아 장오를 몹시 업신여겼다. 조나라의 재상 관고와 조오(趙午) 등은 본래 기개를 소중히 여기던 자였는데 이 광경을 보고 분개해 고제를 죽이려 했다.
27 양과 돼지를 희생으로 제사를 지내는 것이다. 대뢰(大牢)에는 소가 추가된다.

니면 유씨의 관(冠)[○ 문영(文穎)이 말했다. "대나무 껍질로 만든 관이다."]을 쓸 수 없도록 했다. (행상과 구별되는) 좌상(坐商)[賈시은 비단 수를 놓은 옷[錦繡]이나 비단 장식 옷[綺縠], 고운 갈포 옷[絺=細葛], 모시 옷[紵], 융단[罽]을 입고 무기를 들고 다니며[操=持] 수레가 연결된 말을 타는 것을 금하도록 했다. 가을 8월에 관리들 중에 죄가 있는데도 아직 발각되지 않은 자들을 사면해주었다. 9월에 길을 나서 낙양으로부터 장안에 이르렀는데 회남왕, 양왕, 조왕, 초왕이 모두 따랐다.

9년 겨울 10월에 회남왕, 양왕, 조왕, 초왕이 미앙궁에 조현하니 전전(前殿)에 술자리를 베풀었다. 상은 옥으로 된 술잔[玉卮=玉巵][○ 사고(師古)가 말했다. "치(巵)는 술을 마시는 동그란 잔인데 지금도 그것을 쓴다."]을 받들어 태상황을 위해 축수를 하며 말했다.

"애초에 대인께서는 신을 믿지 못하시어[亡賴=無賴] 가업을 맡기지 않으시면서 둘째 형님[仲]의 부지런함[力=勤力]에 미치지 못한다고 여기셨습니다. (그런데) 지금 제[某]가 이룬[就=成] 업적과 둘째 형님을 비교하면 누가 더 큽니까?"

전(殿) 위에 있던 신하들은 모두 만세를 부르고 크게 웃으며 즐겼다.

11월에 제와 초의 큰 집안[大族]인 소씨(昭氏), 굴씨(屈氏), 경씨(景氏), 회씨(懷氏), 전씨(田氏)의 다섯 성씨를 관중으로 옮기고 그들에게 좋은[利=好] 땅과 집을 주었다. 12월에 행차해 낙양에 갔다.

관고(貫高) 등이 반역을 모의하다 발각돼 고(高) 등을 모두 붙잡고 더불어 조왕 오(敖)도 붙잡아 감옥에 넣었다. 조하여 조왕을 감히 따랐던 자들은 삼족(三族)[○ 장안(張晏)이 말했다. "부모·형제·처자식을 말한다." 여순(如淳)이 말했다. "아버지의 친족, 어머니의 친족, 처의 친족을 말한다." 사고(師古)가 말했다. "여(如)의 설이 옳다."]을 멸했다. 낭중 전숙(田叔)과 맹서(孟舒) 등 10명은 머리를 깎고 목에 쇠로 만든 형구를 한 채[鉗]겸 왕실[王家]왕가의 노비가 되거나 왕을 따라 감옥에 갔다. 봄 정월에 조왕 오를 폐해 선평후(宣平侯)로 삼았다. 대왕(代王) 여의(如意)를 옮겨 조왕으로 삼아 조나라의 왕이 되게 했다. 병인일(丙寅日)에 전에 죄를 지은 사람들 중에 참수형에 해당하는 자[殊死]수사를 제외한 그 아래 죄수들을 모두 사면해주었다.

2월에 행차해 낙양으로부터 (장안에) 왔다. 조나라 신하 전숙과 맹서 등 10명은 뛰어나다고 여겨[賢]현 이들을 불러 함께 이야기를 나눴는데, 한나라 조정 신하들 중에 능력이 이들보다 뛰어난 자가 없었기 때문이다[不出右者]불출우자[○ 사고(師古)가 말했다. "옛날에는 우(右)가 높이다, 숭상하다[尊]존는 뜻이었기 때문에 한나라 신하들이 재주나 능력 면에서 이들을 능가하지 못했다는 말이다. 그래서 不出右者불출우자라 한 것이다."]. 상은 기뻐하며 이들 모두를 제배해 군수(郡守)나 제후들의 재상[相]상으로 삼았다.

여름 6월 을미일(乙未日)에 낮인데도 어두워지더니 일식이 있었다.

10년 겨울 10월에 회남왕, 연왕, 형왕, 양왕, 초왕, 제왕, 장사왕이 와서 조현했다[來朝]내조.

여름 5월에 태상황후가 붕(崩)했다[○ 여순(如淳)이 말했다. "(한왕(-유방)이 팽성 서쪽에서 패하는 바람에) 초가 태상황과 여후를 인질로 삼았다. 또 항우는 태공과 여후는 돌려보내주었지만 온(媼)은 돌아오지 못했다. 게다가 상(上) 5년에 어머니 온을 추존해 소령부인(昭靈夫人)으로 삼았고, 고후(高后) 때는 다시 추존해 소령후(昭靈后)로 삼았다. 『한의주(漢儀注)』에 따르면 고제의 어머니는 그가 군사를 일으킬 무렵 소황(小黃)의 북쪽에서 돌아가시어 뒤에 소황에 능과 사당[陵廟]을 세웠다고 한다. 이 두 가지를 통해 미루어 헤아려보건대 태상황후가 돌아가셨다는 것은 있을 수가 없다.” 이기(李奇)가 말했다. “고제의 계모[後母]를 가리킨다.” 진작(晉灼)이 말했다. “5년에 돌아가신 온을 추존해 소령부인이라 했다고 했는데, 추존이라고 말한 것을 보면 그가 이미 죽은 것은 명백하다. (사마천의)『사기(史記)』를 보면 봄과 여름에 아무 일이 없고 7월에 태상황이 돌아가시어 역양궁에서 장례를 치렀다고 하니 '여름 5월에 태상황후가 돌아가셨다'는 말은 잘못이다. 또 『한의주(漢儀注)』에 따르면 온은 이미 진류(陳留)의 소황에 안장했다고 돼 있다.” 사고(師古)가 말했다. “여씨와 진씨의 두 설은 다 옳다. 여기서 말하는 태상황후란 근거가 없다. 이와 관련된 여러 사람들의 설들이 있지만 번잡하기만 해 취할 필요성을 못 느낀다.”). 가을 7월 계묘일(癸卯日)에 태상황이 돌아가시어 만년(萬年)에 안장했다〔○사고가 말했다. “『삼보황도(三輔黃圖)』에 이르기를 '고조는 애초에 역양(櫟陽)에 살았기 때문에 그래서 태상황이 역양에 있었던 것이다'라고 했다. 10년에 태상황이 돌아가시자 그 북쪽에 안장하고서 그곳을 만년읍(萬年邑)이라 해 신설하고 그곳의 장으로 승(丞)을 두었다.”). 역양(櫟陽)의 죄수들 중에서 사죄(死罪) 이하를 사면했다〔○신찬(臣瓚)이 말했다. “만년의 능이 역양현의 경계에 있었기 때문에 특별히 이 지역에만 사면령을 내린 것이다.”). 8월에 제후왕들에게 영을 내려 각 나라의 도읍에 태상황 사당[廟]을 세우도록 했다.

9월에 대(代)나라 상국(相國-재상) 진희(陳豨, ?~기원전 196년)〔○등전

(鄧展)이 말했다. "동해(東海) 사람으로 이름은 저(豬-멧돼지)인데 희(豨-멧돼지)라고도 한다.")가 반란을 일으켰다. 상이 말했다.

"희(豨)는 일찍이 나의 사자(使者)였고 아주 신뢰했었다. 대 땅은 대단히 중요한 곳이라 희를 봉해 열후로 삼고 상국으로서 대를 지키게 했던 것인데 지금 마침내 왕황(王黃) 등과 함께 대 땅을 겁박해 빼앗았다. 관리와 백성들은 아무런 죄가 없으니 스스로 희나 황을 떠나[去=棄離] 우리를 찾아 돌아오는 자들은 모두 사면해주도록 하라."

상은 직접 동쪽으로 가서 한단(邯鄲)에 이르렀다. 상은 기뻐하며 말했다.

"희는 남쪽으로 한단을 근거지로 삼지도 않았고 장수(漳水)의 험한 지형을 활용하지도 않았으니 내 그가 아무런 능력도 없음[亡能=無能]을 알겠다."

조(趙)나라의 상국 주창(周昌)이 아뢰기를 상산군(常山郡)은 25개 성 중에서 20개를 빼앗겼으니 그곳의 군수와 군위[守尉]를 주살해야 한다고 청했다. 상이 말했다.

"군수와 군위도 반란을 했는가?"

주창이 "아닙니다"라고 하자 상은 "이는 힘이 부족했던 것이지 죄는 아니다"라고 말했다. 상이 주창에게 영을 내려 조나라의 장사(壯士) 중에 장수를 맡길 만한 자들을 뽑으라고 하니 네 명을 뽑아 알현시켰다. 상은 추잡하게[嫚=漫汙] 욕을 하며 "이런 더벅머리 애숭이 같은 이들이 장수를 맡을 수 있겠는가?"라고 하니 이들 네 사람은 어찌할 바를 몰라[慙] 모두 바닥에 엎드렸다. 상이 이들 각각에게 1,000호의 봉읍을 주고서 장수로 삼았다. 좌우의 근신들이 간언해 말했다.

"(폐하를) 종군해 촉(蜀)과 한(漢)에 들어가 초나라를 정벌한 자들도 아직 상을 받지 못하고 있는데 지금 이들에게 봉읍을 내려주시니 이들은 무슨 공이 있는 것입니까?"

상이 말했다.

"너희들이 알 바가 아니다. 진희가 반란을 했으니 조와 대 땅은 이미 모두 희가 차지했을 것이다. 나는 우격(羽檄-긴급 통지)을 날려보내 천하의 병사들을 불렀건만[徵] 아직 아무도 오지 않고 있다. 지금 헤아려보니 오직 한단 안에 있는 군사들뿐이다. 내 어찌 4,000호를 아끼느라 조나라의 자제들을 위로하지 않을 수 있겠는가?"

모두 말했다.

"좋습니다."

주상은 또 "악의(樂毅)〔○ 사고(師古)가 말했다. "전국시대 때 연(燕)나라 장수다."〕의 후손이 있는가?"라고 물어 그의 후손 숙(叔)을 찾아내 악향(樂鄕)에 봉하고 화성군(華成君)의 칭호를 내려주었다. 희가 거느린 장수들에 대해 물으니 모두 예전의 장사꾼[賈人]들이었다. 상은 "내가 그들을 어떻게 다뤄야 하는지[與=如之何]를 알겠구나"라고 말하고서 마침내 큰 액수의 금으로 희의 장수들을 매수하니[購]〔○ 사고(師古)가 말했다. "상을 준다 해 불러모은 것이다."〕 그들 다수가 투항했다.

11년 겨울에 상은 한단에 있었다. 희의 장수 후창(侯敞)이 1만여 명을 이끌고 유격전을 수행했고[游行], 왕황은 1,000여 기병을 이끌고 곡역(曲逆-하북성 완현(完縣)의 동남쪽)에 군영을 설치했으며, 장춘(張春)은 병졸 1만여 명을 이끌고 황하를 건너 요성(聊城-산동지방)을 공격했다. 한나라 장군 곽몽(郭蒙)은 제(齊)의 장수들과 함께 이들을 쳐서 크게 깨뜨렸다. 태위 주발은 태원(太原)으로 가는 길을 통해 대 땅에 들어가 이곳을 평정하고 서 마읍에 이르렀는데, 마읍이 떨어지지 않자[不下] 이곳을 공격해 잔혹한 살육을 행했다[殘=殺戮]. 희의 장수 조리(趙利)가 동원(東垣)을 방어했는데, 고조가 이를 쳤으나 떨어뜨리지 못했다. 조리의 병사들이 욕을 해대자 상은 화를 냈다. 성이 무너졌을 때 병사들 중에 욕을 했던 자들은 다 목을 벴다. 여러 현들 중에서 성을 굳게 지키며 반란군에게 항복하지 않는 곳에는 3년 동안 부역과 조세를 면해주었다[復].

봄 정월에 회음후 한신이 장안에서 반역을 모의하다가 삼족이 주멸당했다[夷=滅]. 장군 시무(柴武)가 한왕(韓王) 신을 삼합(參合)〔○ 사고(師古)가 말했다. "대(代)의 현(縣) 이름이다."〕에서 목 벴다. 상이 낙양으로 돌아왔다. 조하여 말했다.

"대 땅은 상산(常山)의 북쪽에 자리하고 있어 오랑캐[夷狄]와 경계를 접하고 있는데, 이에 조나라가 상산의 남쪽에 있어 대와 멀다 보니 오랑캐[胡]의 침략을 당해 나라를 유지하기가 어렵다. 상산 남쪽 태원(太原)의 땅을 제법[頗] 떼어내 대에 더해주고 대의 북쪽 변방 서쪽의 땅을 운중군(雲中郡)으로 하면 대는 변경의 침략을 덜 받게 될 것이다. 왕과 상국, 통후와 2,000석 관리 등은 세워서[立] 대왕(代王)으로 삼을 만한 자를 가려내도록 하라."

연왕 관(綰), 상국 하(何) 등 33명이 한결같이 말했다.

"아드님 항(恒)이 뛰어나고 사리를 알며 온화하고 훌륭하니[賢知溫良],

청컨대 세워서 대왕으로 삼으시고 진양(晉陽)²⁸을 도읍으로 하옵소서."

천하를 크게 사면했다. 2월에 조하여 말했다.

"부세를 줄여줘야겠다는 생각이 심절하다. 지금 나라에 바치는 헌비(獻費)²⁹에 일정한 법도[程=法度]가 없어 관리들이 때로는 조세를 많이 걷어 바치는데도 제후와 왕들은 더 많이 거둬들일 것을 바라니 백성들이 그것을 미워한다. 제후와 왕 그리고 통후(通侯)에게 명해 해마다 10월에 입조해 헌비를 바치도록 하고, 각 군은 인구수에 따라 사람들을 셈하고, 백성들은 해마다 63전(錢)을 헌비로 내도록 하게 하라."

또 말했다.

"대개 듣건대 임금다운 임금[王者]으로서 주나라 문왕(文王)보다 높은 임금이 없고, 패자다운 패자[伯者=覇者]로서 제나라 환공(桓公)보다 높은 패자가 없다고 했으니, 두 사람 다 뛰어난 이를 기다려 명성을 이루었다. 지금 천하의 뛰어난 이들도 지혜와 능력[智能]이 어찌 단지[特=獨] 옛사람들만 할 뿐이겠는가? 근심은 임금이 이들과 서로 교유하지 않기 때문이지 어찌[奚=何] 선비들이 나오지 않기 때문이랴! 지금 나는 하늘의 신령의 도움으로 뛰어난 선비와 대부들과 함께 천하를 평정해 천하를 한 집안[一家]으로 만들었으니, 이제 이 나라가 장구하게 대대손손 이어져 종묘를 받들어 끊어지지 않게 하고 싶다. 뛰어난 이들이 이미 나와 함께 천하를 평정해놓고서도 나와 함께 안녕과 이익[安利]을 함께하려 하지 않는 것

---

28 전국시대 때 조(趙)나라의 도읍이었다.
29 부역을 대신해 돈을 내도록 한 것인데, 주로 황제의 개인 필요에 사용된다.

은 어째서인가? 뛰어난 선비와 대부들이 기꺼이 나와 함께 나아가고자 한다면 나는 그들을 높여 두드러지게[尊顯]〈존현〉 해줄 수가 있다. 천하에 이를 널리 알려[布告]〈포고〉 짐의 뜻을 분명하게 알게 하라. 어사대부 창(昌)〔○ 신찬(臣瓚)이 말했다. "주창(周昌)은 이미 조나라 상국이었기 때문에 어사대부는 조요(趙堯)가 맞다."〕은 제국의 상국에게, 상국 찬후(酇侯-소하)[30]는 제후와 왕들에게, 어사의 중집법(中執法-中丞)은 군수들에게 단계단계 내려가며 알리도록 하고, 칭송할 만한 뜻을 품은 자와 밝은 다움[明德]〈명덕〉을 갖춘 자는 반드시 직접 가서 격려해주고 수레에 태워 경사로 데리고 와 상국부(相國府)에 이르게 해 행실과 의로움, 나이 등을 등록하게 하라. 해당자가 있는데도 위에 아뢰지 않는 군수가 있어 발각될 경우 면직하라. 나이가 많아 노쇠했거나 병든 사람[癃病]〈융병〉은 올려보내지 말라."

3월에 양왕 팽월이 반란을 모의해 삼족을 멸했다[夷=平=滅]〈이 평 멸〉〔○ 사고(師古)가 말했다. "이(夷)는 다 죽여 없애버린다는 말이다."〕. 조하여 말했다.

"양왕과 회양왕으로 세울 만한 사람을 고르도록 하라."

연왕 관과 상국 하 등은 고제의 아들 회(恢)를 세워 양왕으로, 우(友)를 세워 회양왕으로 삼을 것을 청했다. 동군(東郡)의 일부를 떼내어 양(梁)에 조금[頗]〈파〉 더해주었고, 영천군(潁川郡)의 일부를 떼내어 회양(淮陽)에 조금 더해주었다.

여름 4월에 행차해 낙양으로부터 경사로 돌아왔다. 영을 내려 풍읍(豐

---

30 찬현(酇縣)의 소재지를 두고 논란이 있었는데, 사고(師古)는 당시의 지리지 등을 참조해 패군(沛郡)이 아니라 남양군(南陽郡)에 있었다고 단정한다.

邑) 사람들 중에서 관중(의 신풍)으로 옮긴 자들은 모두 종신토록 부역과 조세를 면제해주었다[復]〔○ 응소(應劭)가 말했다. "태상황은 (살아 있을 때) 늘 (상을) 그리워해 풍으로 돌아가고 싶어 했기에, 이에 고조가 (관중 안에) 풍현과 같도록 성과 마을, 시장을 다시 지어 이름을 신풍(新豐)이라 하고서 풍읍 사람들을 그리로 옮겨가게 해 채웠다." 사고(師古)가 말했다. "풍읍 사람들이 옮겨가서 산 곳은 곧 지금의 신풍 고성(古城)이 있는 곳이다."〕.
복

5월에 조하여 말했다.

"월나라 사람들의 풍속은 서로 공격하는 것을 좋아하기 때문에 예전에 진나라가 중현(中縣)의 백성들을 남방 3군(郡)으로 이주시켜〔○ 여순(如淳)이 말했다. "중현의 백성들이란 중국의 현들의 백성들이다. 진시황이 힘으로 양(梁) 땅을 차지해 그곳에 계림군(桂林郡), 상군(象郡), 남해군(南海郡)을 설치했기에 3군이라 한 것이다."〕 온갖 월족[百粵]들과 섞여 살게 했나〔○ 이기(李奇)가 말했다. "그들 사이에 끼어들게 해 그들끼리 서로 공격을 하지 못하도록 하기 위함이었다."〕. 마침 천하가 진나라를 주멸하게 되자 남해군의 위(尉)이던 타(佗)가 남방의 수장이 돼 다스리면서 상당히 통치의 지혜[文理]가 있어 중국의 현에서 백성들을 더 보내지 않아도 월사람들이 서로 공격하는 습속이 더욱 그치게 됐는데, 모두 그의 역량에 힘입었다. 지금 타를 세워 남월왕(南粵王)으로 삼는다."
문리

육가(陸賈)를 가게 해[卽=就=往] 옥새와 인수[璽綬]를 내려주었다. 타는 머리를 조아리며[稽首] 스스로를 신(臣)이라 칭했다.
즉 취 왕 새수
계수

6월에 영을 내려 사졸들 중에서 고조를 따라 촉(蜀), 한(漢), 관중(關中)

으로 들어갔던 자들에게는 모두 종신토록 부역과 조세를 면제해주었다.

가을 7월에 회남왕 포(布)가 반란을 일으켰다. 상이 여러 장수들에게 물어보자 등공(滕公)은 옛 초나라 영윤(令尹-재상) 설공(薛公)이 주책(籌策-계책)을 갖고 있다고 말했다. 상이 그를 불러 만나보니 설공은 포의 형세에 관해 이야기했고, 상은 그것이 좋다고 여겨 설공에게 1,000호를 봉해주었다. 왕과 상국에게 조하여, 세워서[立] 회남왕으로 삼을[爲] 만한 자를 고르라고 하니 여러 신하들은 고제의 아들 장(長)을 세워 왕으로 삼을 것을 청했다. 상은 이에 상군(上郡), 북지(北地-군), 농서(隴西-군)의 거기(車騎)와 파(巴-군) 및 촉(蜀-군)의 재관(材官-특수부대), 그리고 중위(中尉-수도 방위병)〔○ 위소(韋昭)가 말했다. "중위는 곧 집금오(執金吾)다."〕의 병사 3만 명을 징발해 황태자를 호위하도록 하고서 패상(霸上)에 주둔했다. 포는 과연 설공이 말한 대로 동쪽으로 형왕(荊王) 유가(劉賈)를 쳐서 죽이고 그 병사들을 겁박해 회수(淮水)를 건너 초(楚)를 치니 초왕 교(交)는 달아나 설(薛)³¹로 들어갔다. 상은 천하에 사면령을 내려 사죄(死罪) 이하를 사면해 모두 종군하도록 했고, 제후의 병사들을 징발해 상이 직접 그들을 이끌고 포를 쳤다.

12년 겨울 10월에 상은 포의 군대를 회부(會缶)〔○ 맹강(孟康)이 말했다. "읍의 이름인데 패국(沛國) 기현(蘄縣)에 속한다."〕에서 깨뜨리니, 포가 달아나자 별장(別將)에게 영을 내려 뒤쫓게 했다.

상은 돌아오던 중에 패군(沛郡)을 지나게 되자 패궁(沛宮)에 머물면서

---

31 산동성 등현(滕縣)의 남쪽이다.

술자리를 베풀고 옛 친구들과 어르신들과 자제들을 모두 불러 술을 권했다[佐=勸]. 패중(沛中)의 아이들 120명을 뽑아 노래를 가르쳤다. 술자리가 한창 무르익자[酣=洽] 상은 축(筑)³²을 치며 자신이 직접 노래를 불렀다.

"큰 바람이 일어나니 구름이 비상하는도다[揚]
위세가 온 나라에 가해져 고향[鄕]으로 돌아가야지
어찌하면 용맹한 병사들을 얻어 사방[方]을 지킬 것인가"³³

아이들이 모두 이를 익혀 창화(唱和)하도록 했다. 이에 상이 일어나 춤을 추었는데, 마음이 격동돼 만감이 교차해 여러 차례 눈물을 흘렸다. 패의 어르신들에게 말했다.

"나그네[游子=行客]는 고향을 그리워한다[悲=顧念]고 했습니다. 내가 비록 관중에 도읍하고 있지만 만년 후에도³⁴ 나의 혼백은 패(沛)를 그리워할 것입니다. 어쨌거나 짐은 패공(沛公)으로서 일어나 사나운 반역의 무리[暴逆]를 주벌하고 드디어 천하를 차지했으니, 패(沛)를 짐의 탕목읍(湯沐邑)³⁵으로 삼아 그 백성들의 부역과 조세를 면제해주어 대대손손 부역에

---

32 모양은 거문고와 비슷한데 대나무로 쳐서 연주한다.

33 원문에서는 양(揚)·향(鄕)·방(方) 세 글자가 각 구절의 맨 뒤에 있어 압운(押韻)을 이룬다.

34 죽은 후라는 뜻이다.

35 주(周)나라 때 제후가 목욕할 비용을 마련하도록 천자가 내린 채지(采地)다. 제후가 천자를 조회할 때는 몸을 깨끗이 씻는 탕목을 해야 했으며, 그 비용을 여기서 마련했다. 후대로 오면서 군주와 그 비, 왕자와 공주 등이 부세를 거두어 관할하는 지역을 의미하게 됐다.

참여하는 일이 없도록 하겠습니다."

패의 어르신들과 여러 어머니들[諸母]36과 옛 친구들은 매일 즐기고 술을 마시며 기쁨이 극에 달해 옛날이야기를 하며 웃고 즐겼다. 10여 일이 지나자 상이 떠나려 하니 패의 어르신들이 (남아줄 것을) 굳게 청하자 상이 말했다.

"내가 데리고 있는 사람들이 많은데 (오래 있게 되면) 어르신들이 비용을 댈 수가 없습니다."

마침내 떠났다. 패현 사람들은 현(縣)을 텅 비운 채 모두 읍의 서쪽으로 가서[之=往] 예물을 바쳤다[獻]〔○ 여순(如淳)이 말했다. "소고기와 술을 바친 것이다."〕. 상은 머물러 남아 장막을 치고[張=帷帳] 3일 동안 술을 마셨다. 패의 어르신들이 모두 머리를 조아리며[頓首] "패는 다행히 부역과 조세를 면제받았으나 풍(豐-읍)은 아직 면제를 받지 못했으니 부디[唯] 폐하께서 불쌍히 여겨주십시오"라고 말하자 상이 말했다.

"풍은 내가 나서 자란 곳이니 결코 잊을 수 없소. 나는 다만 예전에 풍읍 사람들이 옹치(雍齒)를 따르고 나를 배반해 위(魏)를 도왔기 때문에 그런 것이오."

패의 어르신들이 한사코 청하자 마침내 풍도 부역과 조세를 면제해주어 패와 같도록 했다.

한나라 별장이 포의 군대를 조수(洮水)의 남과 북에서 쳐서 모두 크게

---

36 친족의 큰어머니나 작은어머니를 가리킨다.

깨뜨리고 포를 뒤쫓아 파양(番陽)[37]에서 목을 벴다. 주발이 대(代) 땅을 평정하고[38] 진희(陳豨)를 당성(當城)〔○ 위소(韋昭)가 말했다. "대군(代郡)의 현이다."〕에서 목 벴다. 조하여 말했다.

"오(吳)나라는 옛날에 세워진 나라인데, 예전에는[日者＝往日] 형왕(荊王)이 그 땅을 겸해 소유했지만 지금은 그가 죽고 후사가 없다. 짐은 다시 오왕을 세우려 하니 그대들은 누가 좋은지를 토의하도록 하라."

장사왕(長沙王) 신(臣)〔○ 사고(師古)가 말했다. "신은 장사왕의 이름으로 오예(吳芮)의 아들이다."〕 등이 말했다.

"패후(沛侯) 비(濞)가 진중하고 후덕하니[重厚] 그를 세워 오왕으로 삼을 것을 청합니다."

비를 제배하고서 상은 비를 불러 말했다.

"너의 얼굴에는 반란의 관상[反相]이 있다."

이어 그의 등을 쓰다듬으면서[拊＝摩循] 말했다.

"한나라는 앞으로 50년 후에 동남쪽에 어지러움[亂]이 있을 터인데 설마 너이겠는가〔○ 응소(應劭)가 말했다. "고조는 귀 밝은 지략[聰略]을 갖고 있어 반란의 관상을 곧장[徑] 알아차릴 수 있었다. 동남쪽에서 50년이라고 꼭 집어 말한 것은 점을 쳐서 알아낸 것이다."〕? 하지만 천하는 같은 성의 한 집안[同姓一家]이니 너는 삼가는 마음으로 반란을 일으켜서는 안 될

---

37 강서성의 파양(鄱陽)이다.

38 『사기(史記)』 「고조본기(高祖本紀)」에는 주발이 아니라 번쾌(樊噲)가 대 땅을 평정했다고 하면서도 정작 「번쾌열전(樊噲列傳)」에서는 대 땅의 평정 사실이 나오지 않는 것으로 보아 주발이 평정한 것이 맞는 것으로 보인다.

것이다."

비는 머리를 조아리며 "결코 감히 그렇게 하지 않겠습니다[不敢]"라고 말했다.

11월에 행차해 회남(淮南)으로부터 (경사로) 돌아왔다. 노(魯) 땅을 지날 때 태뢰(大牢-소·양·돼지의 희생)를 써서 공자에게 제사를 지냈다[祠].

12월에 조하여 말했다.

"진(秦)나라 (시)황제, 초(楚)나라 은왕(隱王), 진섭(○사고(師古)가 말했다. "진승(陳勝)이다."), 위(魏)나라 안희왕(安釐王)(○사고(師古)가 말했다. "소왕(昭王)의 아들이다. 釐는 (발음이 리가 아니라) 희(僖)로 읽는다."), 제(齊)나라 민왕(愍王)(○사고(師古)가 말했다. "선왕(宣王)의 아들이다."), 조(趙)나라 도양왕(悼襄王)(○사고(師古)가 말했다. "효성왕(孝成王)의 아들이다.") 등은 모두 후사가 끊어지고 없다. 그러니 진시황제의 무덤[冢]을 지키는 데 20집, 초·위·제에 각 10집, 조와 위의 공자 무기(亡忌=無忌)(○사고(師古)가 말했다. "무기는 곧 신릉군(信陵君)이다.")에게 각 5집을 주어 그들의 무덤을 돌보게 하고, 부역과 조세를 면제해주어 다른 일에 종사하지 못하게 하라."

진희의 항복한 장수[降將]가 말하기를, 희가 반란을 일으켰을 때 연왕 노관이 사람을 시켜 희가 있는 곳에 가게 해 몰래 모의했다[陰謀]고 했다. 상은 벽양후(辟陽侯) 심이기(審食其)로 하여금 관을 맞아오게 했으나 관은 병을 핑계로 오지 않았다. 이기(食其)는 관이 반란을 일으키려 했던 실마리[端]가 있다고 말했다.

봄 2월에 번쾌와 주발을 시켜 병사를 이끌고 가서 관을 치게 했다. 조하여 말했다.

"연왕 관과 나는 옛 친분이 있어 그를 자식처럼 아꼈는데 들어보니 진희와 함께 반란을 모의했다고 한다. 그러나 나는 그럴 리가 없다고 여겨 사람을 시켜 관을 맞아오게 했던 것이다. 관이 병을 핑계로 오지 않는 것을 보니 반란을 모의한 것[謀反]이 분명하다. 연나라 관리와 백성들에게는 죄가 없으니 600석 이상 관리에게는 각각 작(爵) 1급을 더해주도록 하라. 관과 함께 있다가 그를 떠나 돌아온 자들은 용서하고 마찬가지로 각각 작 1급을 더해주도록 하라."

제후와 왕들에게 조하여, 세워서 연왕으로 삼을 만한 자에 대한 의견을 내도록 하니 장사왕 신(臣) 등은 고제의 아들 건(建)을 세워 연왕으로 삼을 것을 청했다. 조하여 말했다.

"남무후(南武侯) 직(織)도 월(越)의 세족(世族)이니 그를 세워 남해왕(南海王)으로 삼으라〔○ 문영(文穎)이 말했다. "고조 5년에 상군(象郡), 계림군(桂林郡), 남해군(南海郡), 장사군(長沙郡)으로 오예(吳芮)를 세워 장사왕으로 삼았다. 상군, 계림, 남해는 위타(尉佗)에 속해 있었고 타는 아직 항복하지 않아 훗날 빼앗게 될 경우 예에게 봉해준다는 것이었을 뿐이다. 뒤에 타가 한에 항복하고 고조 11년에 다시 타를 세워 남월왕(南越王)으로 삼으니, 이때부터 3군에 대해 왕 노릇을 했다. 예는 단지 장사, 계림, 영릉(零陵)을 차지했을 뿐이다. 지금 다시 직을 남해왕으로 봉했지만 타의 군 한곳을 훗날 빼앗게 될 것을 전제로 한 것이기 때문에 직은 아직 그곳에서 왕 노릇을 할 수는 없었다."〕.

3월에 조하여 말했다.

"내가 세워져 천자가 돼 제(帝)로서 천하를 소유한 지 어언 12년이 됐다. 천하의 걸출한 선비[豪士] 및 뛰어난 대부들과 함께 천하를 평정하고 또 함께 인심을 안정시켜 한에 모았다[輯=集]. 그들 중에 공로가 가장 큰 사람들은 왕(王)이 됐고, 그다음은 열후가 됐으며, 그 아래는 식읍을 내려주었다[乃=與]〔○ 사고(師古)가 말했다. "(그 아래란) 열후가 아니면서 단지 식읍만을 준 사람들을 말한다."〕. 중신(重臣)인 친족 혹은 열후가 된 자는 모두 스스로 관리를 두고서 부렴(賦斂)을 걷고, 여자들은 공주(公主)로 삼도록 하라〔○ 여순(如淳)이 말했다. "『춘추공양전(春秋公羊傳)』에 이르기를 '천자가 딸을 제후에게 시집보낼[嫁] 때는 반드시 제후들 중에서 동성(同姓)인 자로 하여금 그 일을 주관하게[主] 했다'라고 말했기 때문에 그를 일러 공주(公主)라 한 것이다. (『한서(漢書)』)「백관표(百官表)」에 따르면 '열후가 식읍을 제공받는 곳을 국(國)이라 하고, 황후와 공주가 식읍을 제공받는 곳을 읍(邑)이라 한다'라고 했다. 황제의 자매를 일러 장공주(長公主)라 하고, 여러 왕들의 딸을 일러 옹주(翁主)라 한다." 사고(師古)가 말했다. "여씨의 설은 옳다. 천자는 몸소 혼례를 주관하지 못했기 때문에 그 주관하는 사람을 일러 공주라고 했다. 여러 왕들은 나아가 직접 혼례를 주관할 수 있기 때문에 그 딸을 일러 옹주라 한 것이다. 옹(翁)이란 아버지이니, 아버지가 그 혼례를 주관했다는 말이다. 옹주를 왕주(王主)라고도 하는데 이는 왕 자신이 그 혼례를 주관했다는 말이다."〕. 열후가 돼 식읍을 가진 자들은 모두 도장[印]을 허리에 차게 하고 큰 저택[第室]〔○ 맹강(孟康)이 말했다. "갑, 을의 차례[次第]가 있었기 때문에 제(第)라고 부른 것이다."〕을 내려주라. 2,000석 관리는 장안으로 옮기고 작은 저택을 내려주라. 촉과 한에 들어와 삼진(三秦)을 평정했던 자들은 모두 대대로 부역과 조세를 면제해주라. 나는 천하의 뛰어난 인재들과 공신들에 대해 그들의 기대를 저버리지 않았다. 이에 만일 의롭지 못하게 천자에게 등을 돌려 마음대로[擅=專] 군대를 일으키는 자는 천하와 더불어 주벌할 것이다. 이를 천하에 널리 알려 짐의 뜻을 분명히 알게 하라."

상은 포(布)를 치면서 엉뚱한 화살[流矢]에 맞아 행군 도중에 병이 났다. 병이 심해지자 여후가 좋은 의원[良醫]을 맞아들였다. 의원이 들어와 알현하자 상이 의원에게 물으니 답하기를 "이 병은 고칠 수 있습니다[可治]"라고 했다. 이에 상은 그를 우습게 여기며 꾸짖어[嫚罵=慢罵] 말했다.

"나는 평민[布衣]으로 석 자짜리 칼 하나[三尺]를 들고서 천하를 소유했으니 이는 하늘의 명[天命]이 아니겠는가? (사람의) 명은 곧 하늘에 있으니 편작(扁鵲)〔○ 위소(韋昭)가 말했다. "태산(泰山)의 노(盧) 사람이다. 이름은 월인(越人)이고 위(魏) 환후(桓侯) 때의 의원이다." 신찬(臣瓚)이 말했다. "『사기(史記)』에 따르면 제(齊)나라 발해(渤海) 사람이고 위나라에는 환후(桓侯)가 없었다." 사고(師古)가 말했다. "신씨의 설이 옳다."〕이 있다 한들 (내 병에) 무슨 도움이 되리오!"

결국 의원이 병을 치료하지 못하게 하고서 황금 50근을 내려준 다음 그를 물러가게 했다[罷=去]. 여후가 "폐하의 100년 후에 소상국(蕭相國-소하)이 이미 죽고 나면 누구로 하여금 그를 대신하게 해야 합니까?"라고 묻자 상은 "조참(曹參)이오"라고 했다. 그다음은 누구냐고 묻자 이렇게 답했다.

"왕릉(王陵, ?~기원전 181년)³⁹이면 할 수 있을 것이오. 다만 그는 조금 고지식하니[少戆=少愚] 진평(陳平)이 그를 도울 수 있을 것이오. 진평의 지혜는 남들보다 나음이 있지만 혼자서 일을 다 맡기[獨任]에는 어렵소. 주발(周勃)은 사람됨이 무겁기는 한데 학식[文]이 조금 부족하지요. 하지만 우리 유씨(劉氏)를 안전하게 해줄 있는 사람은 반드시 주발이니 그는 태위(太衛)⁴⁰로 삼을 만하오."

여후가 다시 그다음은 누가 있냐고 묻자 상이 말했다.

"그 이후는 진실로 당신[乃=汝=爾]이 알 바가 아니오[○ 사고(師古)가 말했다. "내가 죽고 나면 당신도 얼마 안 가서 죽을 터이니 더 이상은 알 필요가 없다는 말이다."]."

노관은 수천 명⁴¹과 함께 요새 아래에 머물며 기회를 살피면서[候伺] 다행히 상의 질병이 나으면 몸소 들어가 사죄하려고 했다. 여름 4월 갑진일(甲辰日)에 제(帝)가 장락궁에서 붕(崩)했다[○ 신찬(臣瓚)이 말했다. "제는 42세에 제위에 나아갔으니 즉위 12년이었고 나이[壽] 53세였다."]. 노관은 이 소식을 듣고서 드디어 달아나 흉노의 땅으로 들어갔다.

---

39 한나라 패현(沛縣) 사람으로, 유방이 미미했을 때 그 형이 왕릉을 섬겼다. 유방이 패에서 일어나자 사람 수천 명을 모아 귀의해 유방을 따라 각지에서 전투를 벌였다. 고조(高祖) 6년(기원전 201년) 안국후(安國侯)에 봉해졌고 또 우승상(右丞相)이 됐다. 사람됨이 문식(文飾)보다는 직언(直言)을 잘했다. 여후(呂后)가 여러 여씨들을 왕으로 앉히려는 것에 반대해 정쟁(廷爭)을 벌이다가 해직됐고 태부(太傅)로 옮겼다.

40 군사 업무를 총괄하는 최고위직이다.

41 『사기(史記)』에서는 수천 기병이라고 했다.

여후는 (그의 심복인) 심이기(審食其)와 꾀해[謀]_모 말했다.

"여러 장수들은 옛날에 제(帝)와 더불어 호적에 오른 평민[戶民]_{호민}이었다가 북면(北面)해 신하가 됐으니 마음으로 늘 불만을 품고 있소[鞅鞅=不滿]_{앙앙 불만}. 그런데 지금 나이 어린 임금[少主]_{소주}을 섬겨야 하니 이들을 죄다 족멸하지[族=族誅]_{족 족주} 않으면 천하가 안정되지 못할 것이오."

이 때문에 아직 (4일 동안 고제의) 발상(發喪)[42]도 하지 않았다. 어떤 사람이 우연히[或]_혹 이를 듣고서 역상(酈商-역이기의 동생)에게 말했다. 역상은 심이기를 만나 이렇게 말했다.

"듣건대 제께서 이미 붕하시고 4일 동안이나 발상을 하지 않은 채 여러 장수들을 주륙하려 한다고 했소. 진정 그리 된다면 천하는 위태로워질 것입니다. 진평과 관영은 10만 군사를 이끌어 형양(滎陽)을 지키고 있고, 번쾌와 주발은 20만 군사를 이끌어 연(燕)과 대(代)를 평정했는데, 만약에 이들이 제가 붕해 여러 장수들을 다 주륙하려 한다는 것을 듣기라도 한다면 반드시 연합해[連兵]_{연병} 각자의 근거지로 회군해[還鄕]_{환향} 관중을 공격할 것입니다. 대신들이 안에서 반란하고 여러 장수들이 밖에서 반란을 일으킨다면 나라가 망하는 것은 발꿈치를 들고서[蹻足]_{교족} 기다릴 정도가 될 것입니다."[43]

심이기가 들어가 (여후에게) 그 말을 해 마침내 정미일(丁未日)에 발상

---

42 상례(喪禮)에서 죽은 사람의 혼을 부른 뒤에 상제(喪制)가 옷을 갈아입고 곡을 해 초상(初喪) 난 것을 발표(發表)하는 것을 말한다.

43 아주 빠른 시간 안에 망하게 될 것이라는 뜻이다.

하고 천하를 크게 사면했다.

5월 병인일(丙寅日)에 장릉(長陵)에 안장했다〔○ 신찬(臣瓚)이 말했다. "붕해 안장할 때까지 모두 23일이다. 장릉은 장안 북쪽 40리에 있다."〕. 이미 하관(下棺)이 끝나자 황태자와 여러 신하들은 모두 다시 태상황의 사당에 이르렀다. 여러 신하들이 말했다.

"제(帝)께서는 한미한 집안[細微]에서 일어나시어 어지러운 세상을 다스리심[撥=治]으로써 바른 도리[正]를 회복해[反=還] 천하를 평정하시고 한나라 태조가 되셨으니 그 공로는 가장 높으십니다."

존호(尊號)〔○ 사고(師古)가 말했다. "이 존호는 (사후에 내렸으니) 시호[諡]다."〕를 올려 고황제(高皇帝)라 부르기로 했다.

애초에 고조는 애씀과 배움[文學]⁴⁴을 닦지 못했지만 품성[性]이 밝고 매사에 통달했으며[明達], 계책을 잘 세우고[好謀], 능히 다른 사람들의 말을 들을 줄 알아[能聽=聰] 문지기[監門]나 수자리 병사[戍卒]라도 옛 친구를 대하듯이 했다.⁴⁵ 당초 백성들의 마음을 따라서 법삼장(法三章)의 약속을 했고, 천하를 이미 평정하고서는 소하에게 명해 율령(律令)의 차례를 정리하게 했으며[次=編次], 한신에게는 군법을 편찬토록 했고[申=編纂], 장창(張蒼)에게는 역법(曆法)과 도량형의 법식[章程]을 정하게 했으며[定], 숙손통에게는 예법과 의전[禮儀]을 제정하게 했고[制], 육가(陸賈)에게는 『신어(新語)』를 짓도록 했다[作]. 또 공신들과 부절을 나눠[剖符] 충성을 맹세

---

44 이때 문학(文學)이란 유학의 기본적인 가르침을 가리킨다.

45 역이기가 문지기 출신이었고, 누경이 수자리 병사로서 도읍에 관해 건의했다.

하게 해 붉은 글씨[丹書]로 쇠판에 새겨 쇠금고[金匱=金縢]에 넣고 석실에
봉함해〔○ 사고(師古)가 말했다. "쇠로 금고를 만들고 돌로 실(室)을 만들어 이중으로 봉함했다는 것은 그것을 신중하게 보관했다는 뜻이다."〕 그것을 종묘에 보관했다. 비록 하루도 제대로 쉴 겨를이 없었지만〔○ 사고(師古)가 말했다. "그만큼 일이 많고 번잡해 늘 정신이 없었다는 뜻이다."〕 그 규모(規摹)〔○ 사고(師古)가 말했다. "새로 법도를 정하고 그것을 그림으로 베긴다는 규모(規摹)라는 말에서 비유를 취한 것으로, 제도를 세우고 모범을 드리운다[立制垂範]는 말이다."〕는 원대했다[弘遠=遠大].

찬(贊)하여[46] 말했다.

"『춘추(春秋)』에[47] 진나라 사관[晉史] 채묵(蔡墨)[48]이 말하기를, 도당씨

---

46 이하에 실린 찬(贊)은 반고(班固)의 『한서(漢書)』에 실린 인물들에 대한 평가다. 찬(贊)은 일반적으로 남의 좋은 점을 칭송할 때 사용한다. 찬은 그래서 송(頌)과 성격이 같다. 초기 사마천(司馬遷)이 『사기(史記)』를 짓고 반고(班固)가 『한서(漢書)』를 지을 때 편말에 붙인 찬은 운문이 아니라 산문이었다. 그러던 것이 송나라의 범엽(范曄)이 『후한서(後漢書)』의 찬을 운문으로 지으면서 찬은 운문 형식으로 자리 잡게 됐다. 그리고 인물평 외에 서화에 대한 찬사도 찬이라고 불렸다. 그래서 자화자찬(自畵自讚)이란 말도 생겨나게 된 것이다. 그런데 앞으로 보게 되겠지만, 좋지 않은 인물들에 대해서도 찬을 쓴 것으로 보아 중립적으로 평(評)의 의미도 포함하고 있다고 볼 수 있다.

47 공자가 찬술한 『춘추(春秋)』가 아니라 『춘추좌씨전(春秋左氏傳)』을 가리킨다. 소공(昭公) 29년에 나온다.

48 춘추시대 말기 진(晉)나라 사람으로 일명 사묵(史墨) 또는 채사묵(蔡史墨), 사암(史黯)이고 진나라에서 태사(太史)로 있었다. 진(晉)나라 경공(頃公) 13년에 조앙(趙鞅)이 형정(刑鼎)을 주조하고 범선자(范宣子)가 형서(刑書)를 만들었다. 공자(孔子)가 진나라가 원칙을 잃어 장차 망할 것이라고 하자 사묵이 덕을 닦는 것이 재앙을 피하는 방법이라고 여겼다. 노(魯)나라 소공(昭公)

(陶唐氏)〔○ 순열(荀悅)이 말했다. "당(唐)이란 제요(帝堯-요임금)가 소유했던 천하의 호칭이다. 도(陶)는 그냥 발성일 뿐이다." 위소(韋昭)가 말했다. "도(陶)와 당(唐)은 둘 다 나라 이름이니, 이는 마치 탕(湯)이 세운 나라가 은(殷)으로도 불리고 상(商)으로도 불리는 것과 같다." 신찬(臣瓚)이 말했다. "요임금은 처음에는 당(唐)에 있다가 뒤에 도(陶)에 있었기 때문에 도당(陶唐)이라 한다." 사고(師古)가 말했다. "세 사람[三家]의 설은 다 틀렸다. 허신(許慎)의 『설문해자(說文解字)』에 이런 말이 나온다. '도(陶)는 언덕이 다시 생겼다는 뜻으로, 제음(濟陰)에 있었다. (『서경(書經)』의)「하서(夏書)」에 이르기를 동쪽으로 가서 도(陶)의 언덕에 이르렀다고 했다. 도의 언덕에 요임금의 성이 있었고, 요임금은 일찍부터 거기에 머무르다가 뒤에 당으로 옮겨갔기 때문에 요임금을 부를 때 도당씨(陶唐氏)라고 하는 것이다.' 허신의 이 말이 옳다."〕가 이미 쇠퇴하고 난 후에 그 후손 중에 유루(劉累)가 있었는데, 용을 길들이는 법[擾龍=馴龍]을 배웠고, (하나라의 천자인) 공갑(孔甲)을 섬겼으며, 범씨(范氏)가 그 후손이다〔○ 사고(師古)가 말했다. "진(晉)나라 사공(司空) 사위(士蔿)의 손자 사회(士會)가 진나라 대부가 돼 범(范) 땅을 식읍으로 받았기 때문에 거기서 범씨(范氏)를 성으로 삼게 됐

31년 12월 신해일(辛亥日) 초하루에 일식(日蝕)이 일어나자 점을 쳐 6년 뒤 같은 달에 오(吳)나라 사람들이 공격해 초(楚)나라의 수도 영(郢)에 들어올 것이라고 예언했다. 다음 해 오나라가 월(越)나라를 침공하자 또 40년 뒤에 월나라가 장차 오나라를 멸망시킬 것이라고 말했다. 노나라의 계씨(季氏)가 노나라 소공을 몰아내자 "영원한 사직도 없고, 영원한 군신관계도 없으니, 예부터 원래 그런 것이다"고 말하며, 민심을 얻으면 누구나 군주가 될 수 있다고 주장했다.

다."). 그리고 대부 범선자(范宣子)⁴⁹도 이렇게 말했다.

'우리 조상은 순임금[虞=虞舜] 이전에는 도당씨였고 하(夏)나라 때는 어룡씨(御龍氏)였고[○ 사고(師古)가 말했다. "즉, 유루(劉累)다."], 상(商)나라 때는 시위씨(豕韋氏)였고[○ 사고(師古)가 말했다. "시위는 나라의 이름이고 동군(東郡) 백마현(白馬縣) 동남쪽에 있었다."], 주(周)나라 때는 당두씨(唐杜氏)였고[○ 사고(師古)가 말했다. "당과 두는 둘 다 나라의 이름이다. 은나라 말기 시위가 나라를 옮겨 당(唐)나라로 갔고, 주나라 성왕이 당을 멸망시키자 그곳을 떠나 두(杜)나라로 옮겨 두백(杜伯)이 됐다. 두백의 아들 습숙(隰叔)은 진(晉)나라로 도망쳤다. 사회(士會)가 곧 습숙의 현손이다. 당은 태원(太原) 진양현(晉陽縣)이고, 두는 경조(京兆) 두현(杜縣)이다."], 진(晉)나라가 제하(諸夏)의 회맹을 주관할[主] 때 범씨(范氏)가 됐다.'

범씨가 진나라의 사사(士師-사법을 주관)가 됐고[○ 사고(師古)가 말했다. "이는 진나라가 패자가 돼 제하의 회맹을 주관할 때 범씨가 진나라의 정경(正卿)이 됐다는 말이다."], 노(魯)나라 문공(文公) 때 진(秦)나라로 달아났다[奔][○ 사고(師古)가 말했다. "(『춘추좌씨전(春秋左氏傳)』에 따르면) 문공(文公) 6년(기원전 621년) 진(晉)나라 양공(襄公)이 졸(卒)하자 사

---

49 사개(士匄)라고 하는데, 춘추시대 진나라 사람이며 성이 사, 이름이 개다. 개(丐)로도 쓴다. 사변(士燮)의 아들이다. 진나라의 국경(國卿)을 지냈다. 진(晉)나라 도공(悼公) 14년 중군(中軍)을 이끌게 했지만 받지 않고 순언(荀偃)에게 양보하면서 자신은 중군지좌(中軍之佐)를 맡았다. 평공(平公) 3년 제(齊)나라를 정벌해 순언과 함께 중군으로 경자(京玆)를 함락시켰다. 다음 해 중군을 이끌고 국정(國政)을 장악했다. 6년에는 난영(欒盈)을 축출했다. 다음 해 형서(刑書)를 제정했다. 나중에 조앙(趙鞅)과 순인(荀寅)을 연속으로 채용했고, 형정(刑鼎)을 주조해 공포했다. 선(宣)은 시호다.

회(士會)는 선멸(先蔑)과 함께 진(秦)나라에 가서[如=往] 공자 옹(雍)을 맞이해왔는데 이는 그를 후사로 삼기 위함이었다. 7년 진(秦)나라 군사가 옹을 호위해서 오고 있는데 조선자(趙宣子)는 영공(靈公)을 (진(晉)나라의 임금으로) 세우고서 진(秦)의 군대와 싸워 고수(刳首)에서 승리하니, 선멸은 진(秦)으로 달아났고 사회도 그를 따라갔다."]. 훗날 진(晉)나라로 돌아왔고, 진(秦)에 계속 남은 사람들은 유씨(劉氏)가 됐다[○ 사고(師古)가 말했다. "(『춘추좌씨전(春秋左氏傳)』에 따르면) 문공(文公) 13년(기원전 614년) 진(晉)나라는 위읍(魏邑)을 지키는 수여(壽餘)로 하여금 읍 사람들을 거느리고 가서 진나라를 배반한 것처럼 가장하고서[僞] 사회(士會)를 유인해오도록 했다. 진(秦)이 그의 처자식[帑]을 돌려보내주었고 나머지 그 집안 사람들[別族]은 진(秦)에 남았는데, 이미 관직으로 받은 읍[官邑]이 없었기 때문에 마침내 유루(劉累)의 성(姓)으로 돌아갔다."]. 유향(劉向, 기원전 77(?)~6년)⁵⁰이 말했다.

---

50 한나라 말기 패현(沛縣) 사람으로 본명은 갱생(更生)이고 자(字)는 자정(子政)이다. 초원왕(楚元王) 유교(劉交)의 4세손이고 유흠(劉歆)의 아버지다. 『춘추곡량전(春秋穀梁傳)』을 공부했고, 음양휴구론(陰陽休咎論)으로 시정(時政)의 득실을 논하면서 여러 차례 외척이 권력을 잡는 일에 대해 경계했다. 선제(宣帝) 때 산기간대부급사중(散騎諫大夫給事中)에 올랐다. 원제(元帝) 때 산기종정급사중(散騎宗正給事中)에 발탁됐다. 이후 환관 홍공(弘恭)과 석현(石顯)이 전권을 휘두르는 것에 반대하면서 퇴진시키려고 했지만 참언을 당해 투옥됐다. 성제(成帝)가 즉위하자 임용돼 이름을 향(向)으로 바꾸었고, 광록대부(光祿大夫)를 거쳐 중루교위(中壘校尉)에 이르렀다. "인성은 선악을 낳지 않으며, 사물에 감(感)한 뒤에 움직인다"라고 해 종래의 성선설, 성악설을 모두 부정했는데, 본성 자체에는 선악이 없으며, 외부의 자극이 있기 때문에 선악의 이동(異同)이 있게 된다고 주장했다. 궁중 도서의 교감에도 노력해 해제서『별록(別錄)』을 만들어 중국 목록학의 비조로 간주된다. 춘추전국시대부터 한나라에 이르기까지 사람들의 언행을 분류

'전국(戰國)시대〔○ 사고(師古)가 말했다. "춘추시대 이후 주나라 왕실이 비천해지고 제후들이 막강해지자 제후들끼리 서로 공격하고 정벌했는데, 이를 총칭해서 전국(戰國)시대라 한다."〕 때 (진나라가 위나라를 공격해) 유씨(劉氏)는 진(秦)나라에서 (종군했다가 위나라와 싸워) 위(魏)나라로 붙잡혀왔다.'

진(秦)이 위를 멸망시키자 위는 대량(大梁)으로 옮겨 풍(豐)에 도읍했는데〔○ 사고(師古)가 말했다. "진(秦)나라 소왕(昭王)이 위(魏)나라를 정벌하자 위나라 혜왕(惠王)은 안읍(安邑-도성)을 버리고 동쪽의 대량으로 옮겨가 나라 이름을 양(梁)으로 바꿨으니, 이는 진시황이 6국을 멸망시키던 때의 이야기가 아니다."〕, 그래서 (위나라 사람) 주불(周市)은 옹치(雍齒)에게 설명하기를 '풍(豐)은 옛 양(梁)이 옮겨온 곳이다'라고 했다. 이 때문에 고조를 노래해 '한제(漢帝)의 본계(本系)는 당제(唐帝)에서 나왔도다. 주나라에 이르러 진(秦)에서 유씨(劉氏)가 됐도다. 위(魏)로 들어가[涉=入] 동쪽으로 옮겨 드디어 풍공(豐公-풍읍의 원로)이 됐도다'라고 했다. 풍공이란 아마도[蓋] 태상황의 아버지일 것이다. 풍으로 옮겨온 날이 얼마 안 돼 풍에는 유씨의 무덤들이 거의 없다[鮮=少]. 고조가 즉위하게 되자 제사의 관직을 설치했고, 진(秦)·진(晉)·양(梁)·형(荊)의 무당[巫]이 있어〔○ 응소(應劭)가 말했다. "조상들이 살았던 나라들이며, 모두 무당을 두어 제사를 올렸으니 이는 널리 신령의 뜻을 구했다는 것이다." 문영(文穎)이 말했

해 『신서(新序)』와 『설원(說苑)』을 편찬했다. 『시경』과 『서경』에 나타난 여인들 중 모범과 경계로 삼을 만한 사례를 모아 『열녀전(列女傳)』을 저술했다.

다. "무당이란 신령의 위계질서를 담당하는 자다. 범씨는 대대로 진(晉)에서 벼슬했기 때문에 진나라 무당이 제사를 지냈고, 범회(范會)의 지손들은 진(秦)에 남아 유씨가 됐기 때문에 진나라 무당이 제사를 지냈다. 유씨는 위를 따라 대량으로 옮겼기에 양나라 무당이 제사를 지냈다. 뒤에 풍으로 옮겼는데, 풍은 형에 속하기 때문에 형나라 무당이 제사를 지낸 것이다."〕 대대로 하늘과 땅에 제사를 지냈고, 그 제사를 계속 이어왔으니[綴=不絶] 어찌 믿지 않을 수 있겠는가? 이로 말미암아 미루어 헤아려보건대 한나라는 요임금의 명운(命運)을 이어받았기 때문에 (천자의) 다움과 상서로움[德祚]이 이미 성대했고, 뱀을 (두 동강으로) 끊어 부명(符命)이 드러났으며, 각종 깃발[旗幟]에 빨간색을 입혔으니 불의 다움[火德]에 딱 들어맞았고[協=中], 자연이 그에 응함으로써 천자의 계통[天統]이 될 수 있었던 것이다.

권 2

혜제기
惠帝紀

효혜황제(孝惠皇帝)〔○ 순열(荀悅)이 말했다. "이름[諱]은 영(盈-가득 차다)이고 자(字)는 만(滿-가득 차다)이다." 응소(應劭)가 말했다. "예시법(禮諡法)에 '부드러운 자질로 백성을 사랑하는 것[柔質慈民]을 혜(惠)라고 한다'라고 했다." 사고(師古)가 말했다. "효자는 아버지의 뜻을 잘 잇는다고 했기 때문에 한나라 황실[漢家]의 시호에는 혜제 이하 모두에게 다 효(孝)자가 앞에 붙었다. 신하들이 만(滿) 자로 영(盈)을 대신한 것은 제(帝)의 이름이 영(盈)임을 (간접적으로라도) 알게 하기 위함이다."〕는 고조의 태자이며 어머니는 여황후(呂皇后)다. 제가 5세 때 고조가 비로소 한왕(漢王)이 됐다. (고조) 2년에 세워져 태자(太子)가 됐다. 12년 4월에 고조가 붕(崩)했다. 5월 병인일(丙寅日)에 태자가 황제(皇帝)의 자리에 나아갔고[卽=就], 황후(-여후)를 높여 황태후라 불렀다. 백성들에게 작(爵) 1급씩을 내려주었다〔○ 사고(師古)가 말했다. "제가 처음 즉위하면 은혜를 베푸는 것이다."〕. 중랑(中郎)과 낭중(郎中)¹으로 6년을 채운 사람에게는 3급을, 4년을 채운 사람에게는 2급을 내려주었다. 외랑(外郎)〔○ 소림(蘇林)이 말했다. "산랑(散郎)이라고도 한다."〕으로 6년을 채운 사람에게는 2급을 내려주었다. 중랑으로 1년을 채우지 못한 사람에게는 1급을 내려주었다. 외랑으로 2년을 채우지 못한 사람에게는 전(錢) 1만을 내려주었다. 환관(宦官)과 상식(尙食)〔○ 응소(應劭)가 말했다. "환관은 혼시(閽寺)다. 상(尙)은 주관한다[主]는 뜻이다. 옛날에는 오상(五尙)이 있었다. 상관(尙冠), 상장(尙帳), 상의(尙衣), 상석(尙席)도 역시 그런 것이다." 여순(如淳)이 말했다. "천자의 기물을 주관하는 것을 상(尙)이라 했는데, 문서를 주관하면 상서(尙書)라 했고 또 상부새랑(尙符璽郎)도 있었다. 『한의주(漢儀注)』에 따르면 성중(省中)에 오상이 있었고 내관 부인에게도 여러 상(尙)이 있었다."〕은 낭중에 준했고[比=準] 알자(謁者), 집순(執楯), 집극(執戟), 무사(武士), 추(騶)〔○ 응소(應劭)가 말했다. "집순과 집극은 아주 가까이에서 폐하를 호위하는 병사들이다. 무사는 역사(力士)인데, 고조가 무사로 하여금 한신을 체포하게 한 적이 있다. 추(騶)는 말 먹이꾼과 기병이다." 사고(師古)가 말했다. "추(騶)는 원래 마구간의 마부[馭]였는데 뒤에 기병이 되기도 했기 때문에 말 먹이꾼과 기병이라는 뜻을 갖게 됐다."〕는 외랑에 준했다. 태자의 어(御-마부)와 참승(驂乘)에게는 작(爵) 5대부를 내려주었고, 사인(舍人)으로 5년을 채운 사람에게는 작(爵) 2급을 내려주었다〔○ 사고(師古)가 말했다. "무사, 추 이상은

---

1 궁문의 수위를 관할하고, 황제의 순행 때는 거기(車騎)에 탔다. 의랑, 중랑, 시랑, 낭중이 있다. 정원은 따로 없으며 많게는 1,000여 명이 있었다.

다 예전에 천자를 시종했던 사람들이다. 사인 이상은 태자의 속관(屬官)들이다."]. (고제의) 상사(喪事)에 고생한 사람들 중 2,000석 관리에게는 2만 전, 600석 관리 이상에게는 1만 전, 500석 관리 이하에서 200석 중 좌사(佐史)에 이르기까지는 5,000전을 내려주었다. 고제의 무덤 구덩이[壙]를 만드는 일을 살핀 자들 중 장군에게는 40금(金)[○ 사고(師古)가 말했다. "1금은 1만 전(錢)이다."], 2,000석 관리에게는 20금, 600석 관리 이상에게는 6금, 500석 관리 이하에서 좌사(佐史)에 이르기까지는 2금을 내려주었다. (이들 모두에게는) 전조(田租)를 감해주었고, 15분의 1을 내는 세율을 복구해주었다[復][○ 등전(鄧展)이 말했다. "한나라 황실은 처음에 15분의 1을 세금으로 받아 주나라의 10분의 1보다도 검소했다. 도중에 이것이 폐기됐다가 지금 복구된 것이다." 여순(如淳)이 말했다. "진나라 때 아방궁을 지으면서 태반을 부세로 거둬들였는데 이때에 이르러 마침내 다시 15분의 1세를 복구한 것이다." 사고(師古)가 말했다. "등의 설이 옳다."]. 작(爵) 5대부, 600석 관리 이상, 그리고 일찍부터 황제(-효제) 가까이에서 벼슬살이를 하면서[宦] (황제의) 이름을 알고 있는 자들 중에서 죄가 있어 손발에 차꼬[械]를 채우는 형에 처해진 자들은 모두 용서해[頌=容] 투옥만 시켰다[繫]. 작(爵)이 상조(上造)² 이상인 자 혹은 종실과 외척[內外]의 손자, 증손자[耳孫]³

---

2 아래에서 제2등급이다. 참고로 한나라가 기본으로 삼은 진나라의 작위 서열은 공사(公士), 상조(上造), 잠뇨(簪裊), 불경(不更), 대부(大夫), 관대부(官大夫), 공대부(公大夫), 공승(公乘), 오대부(五大夫), 좌서장(左庶長), 우서장(右庶長), 좌경(左更), 중경(中更), 우경(右更), 소상조(少上造), 대상조(大上造), 사거(駟車), 대서장(大庶長), 관내후(關內侯), 철후(徹侯)다.

3 견해에 따라 직접 본 적은 없고 귀로 전해 듣기만 했다는 의미에서 현손(玄孫)으로 보기도 한다.

로 죄를 지어 형을 받은 자 혹은 성단(城旦)이나 용(舂)[4]으로 처벌받은 자는 모두 구레나룻을 깎인 채[耐] 종묘에 공급할 땔감을 조달하거나[鬼薪] 제단에 올릴 깨끗한 쌀을 고르는 일에 동원됐다[白粲].[5] 백성들은 70세 이상이거나 10세 미만으로 죄를 지어 형을 받은 자는 모두 완(完)의 형[6]에 처했다. 또 말했다.[7]

"관리가 백성들을 다스리는 까닭은, 관리가 그 다스리는 임무를 다할 경우 백성들이 그에게 힘입게[賴] 된다. 그 때문에 관리의 봉록을 무겁게 하는 것은 바로 백성들을 위해서다. 지금 600석 관리 이상으로 부모·처자 및 동거하는 자〔○ 사고(師古)가 말했다. "부모·처자 이외에 형제 및 그들의 자식 등으로 함께 직업을 하면서 같이 사는 사람을 말한다. 이는 오늘날의 동적(同籍) 혹은 동재(同財)와 같다."〕, 혹은 옛 관리로 일찍이 장군이나 도위(都尉)의 도장[印]을 허리에 차고 병졸들을 이끌었던 자, 혹은 2,000석 관리의 도장을 허리에 찼던 자에게는 그들의 집에 군부(軍賦-군사용 부세)를 공급하되 그밖의 다른 것들에 관여하게 해서는 안 될 것이다."

4　성단은 남자의 형벌로, 머리를 깎고 몸에 쇠 차꼬를 한 채로 낮에는 성에서 외적을 감시하고 밤에는 축성에 동원됐다. 용은 여자의 형벌로, 쌀을 찧어[舂] 노역에 동원된 자들에게 먹거리를 조달하는 노역이다. 둘 다 4년형이다.

5　귀신(鬼薪)은 남자의 형벌이고 백찬(白粲)은 여자의 형벌이다. 둘 다 3년형이다.

6　신체에 형벌을 가하지 않고 두발이나 수염만 깎는 형이다. 완(完)이란 신체를 온전히 보전해준다는 뜻이다.

7　이는 문장이 어색하다. '또'라는 말이 올 수 없다. 오히려 조(詔)가 있다면 훨씬 자연스러울 수 있다. 원주에서 이에 대한 풀이는 없다.

군(郡)과 제후 및 왕들에게 명해 (군과 국에) 고조의 사당[高廟]을 세우
고묘
게 했다.

원년(元年)(기원전 194년) 겨울 12월에 조(趙)나라 은왕(隱王) 여의(如意,
?~기원전 195년)[8]가 훙(薨)했다. 백성들이 죄를 범한 경우 속전(贖錢)을 내
작(爵) 30급을 살 경우 사형에 해당하는 죄를 면하게 해주었다〔○ 응소(應
劭)가 말했다. "1급의 값이 2,000전이므로 모두 6만 전이다."〕. 백성들에게
호(戶)당 작(爵) 1급씩을 내려주었다.

봄 정월에 장안에 성을 쌓았다.[9]

2년 겨울 10월에 제(齊)의 도혜왕(悼惠王)이 와서 조현하고서[來朝] 성양
내조
군(城陽郡)을 바치니 그것으로 노원공주(魯元公主)의 (탕목)읍을 더해주었

---

8 고제의 서자다. 고제의 총애를 받아 한때 혜제의 태자 자리를 위협했고, 그 때문에 혜제 즉위
   후 여태후에게 독살됐다. 고조가 아직 패공의 지위로 항량(項梁)에게 종군했을 때 정도(定陶)
   에서 현지 출신의 척씨(戚氏)와 만났다. 그는 척씨의 미모를 탐내 자신의 측실로 삼았다. 생모
   인 척씨가 아버지의 총애를 한 몸에 받았고, 유여의는 서자지만 아버지를 닮아 활발한 성격의
   소년이었다고 한다. 그는 유력한 황태자 후보로서 이복형인 황태자 유영과 그 지위를 다투게
   됐다. 하지만 여태후와 중신들의 반대에 의해 황태자가 되지 못했다. 아버지의 죽음 이후 유여
   의와 척씨는 여태후에게 황태자 자리를 노린 일로 미움을 받게 됐다. 기원전 195년 겨울이 돼
   여태후는 유여의를 장안으로 불러들였다. 비록 여태후가 유여의의 목숨을 노리고 있었으나 이
   복형 혜제는 유여의를 아꼈다. 여태후가 유여의를 죽일 것이라고 생각한 혜제는 유여의가 입
   조하자마자 항상 자신의 곁에 두어 지켜주었다. 하지만 어느 날 혜제가 사냥을 나간 사이에 여
   태후는 유여의를 독살했고, 생모인 척씨 또한 죽였다.

9 5년 후에 완성됐다.

고, 공주를 높여 (제나라) 태후로 삼았다.[10]

봄 정월 계유일(癸酉日)에 용 두 마리가 난릉(蘭陵)의 일반 백성[家人=庶民]의 집 우물 안에 나타났다가 을해일(乙亥日) 저녁에 보이지 않았다. 농서군(隴西郡)에 지진이 있었다. 여름에 가뭄[旱]이 있었다. 합양후(郃陽侯) 중(仲)〔○ 사고(師古)가 말했다. "고제의 형으로 오왕(吳王) 비(濞)의 아버지다."〕이 훙(薨)했다. 가을 7월 신미일(辛未日)에 상국 하(何-소하)가 훙했다.

3년 봄 장안(長安)으로부터 600리 안에 있는 남녀 14만 6,000명을 징발해[發] 장안에 성을 쌓게 하고 30일 만에 해산시켰다〔○ 정씨(鄭氏)가 말했다. "성의 한쪽 면만 쌓았기 때문에 빨리 해산한 것이다."〕.

종실의 여인을 공주로 삼아 흉노의 선우(單于)에게 시집보냈다.

여름 5월에 민월(閩越)의 임금[君] 요(搖)를 세워 동해왕(東海王)으로 삼았다〔○ 응소(應劭)가 말했다. "요(搖)는 조왕(趙王) 구천(句踐)의 후손[苗裔]으로, 백월(百越)의 병사들을 이끌고 고조를 도왔기 때문에 봉해준 것이다. 동해란 오군(吳郡)의 동남 해안 지역이다."〕.

6월에 제후왕과 열후들의 죄수[徒隷] 2만 명을 징발해 장안에 성을 쌓았다.

가을 7월에 도구(都廐-천자의 말을 관리하는 곳)에 불이 났다. 남월왕 조타(趙佗)가 스스로 신하임을 칭하며[稱臣] 공물을 받들어 올렸다.

4년 겨울 10월 임인일(壬寅日)에 황후 장씨(張氏)를 세웠다〔○ 사고(師古)가 말했다. "장오(張敖-고제의 사위)의 딸이다."〕.

---

10 이는 당시 실권자인 여태후에게 아첨하기 위함이었다.

봄 정월에 백성들 중에서 효심이 깊고 공순하며[孝弟]〔○ 사고(師古)가 말했다. "제(弟)란 도리를 고분고분 따르며[順道] 자신의 형을 섬기는 것을 말한다."〕 농사일에 힘쓰는 자[力田]를 추천하게 해 본인의 부역과 조세를 면제해주었다.

3월 갑자일(甲子日)에 황제가 (처음으로) 관(冠)을 썼기에 천하를 사면해주었다. 하급 관리와 백성[吏民]을 괴롭히는[妨] 법률들을 폐지하고[省] 협서(挾書)의 율〔○ 응소(應劭)가 말했다. "협(挾)은 소장하다[藏]는 뜻이다." 장안(張晏)이 말했다. "이는 진(秦)나라의 법률로, 책을 소장한 자는 족멸했다[族]."〕을 없앴다. 장락궁의 홍대(鴻臺)[11]에 불이 났다. 의양(宜陽)에 핏빛 비가 내렸다.

가을 7월 을해일(乙亥日)에 미앙궁 능실(凌室)〔○ 사고(師古)가 말했다. "얼음을 저장하는 곳이다."〕에 불이 났다. 병자일(丙子日)에는 직실(織室)〔○ 사고(師古)가 말했다. "비단 옷감을 짜는 곳이다."〕에 불이 났다.

5년 겨울 10월에 낙뢰가 있었다. 복숭아나무와 오얏나무에 꽃이 피고, 대추나무[棗]에 열매가 달렸다.

봄 정월에 다시 장안(長安)으로부터 600리 안에 있는 남녀 14만 5,000명을 징발해[發] 장안에 성을 쌓고 30일 만에 해산시켰다.

여름에 큰 가뭄이 들었다.

가을 8월 기축일(己丑日)에 상국 참(參-조참)이 훙했다.

9월에 장안성이 완공됐다. 백성들에게 호(戶)당 작(爵) 1급씩을 내려주었

---

11 진시황 27년에 지은 것으로, 높이가 40장(丈)이다.

다[○ 사고(師古)가 말했다. "가장이 (그 혜택을) 받았다."].

6년 겨울 10월 신축일(辛丑日)에 제왕(齊王) 비(肥)가 훙했다.

영을 내려 백성들이 작(爵)을 살 수 있게 해주었다. 여자들 중에 15세 이상부터 30세에 이르기까지 시집을 못 간 자에게는 5산(算)을 벌금으로 매겼다[五算][○ 응소(應劭)가 말했다. "『국어(國語)』에 따르면 조왕(趙王) 구천(句踐)은 영을 내려 나라 안의 여자들 중에 17세가 돼도 시집을 못 간 경우 부모에게 죄를 주었는데, 이는 백성들이 번식하게 되기를 바라서였다. 한나라 법률에서는 사람마다 1산을 냈는데, 1산은 120전이고, 장사꾼과 노비는 그 두 배였다. 지금 5산을 내게 한 것은 그 죄를 무겁게 따진 것이다." 맹강(孟康)이 말했다. "어떤 사람은 말하기를 (5산을 벌금으로 매긴 것이 아니라) 부역과 조세를 면제해준 것[復]이라 한다." 사고(師古)가 말했다. "응의 설이 옳다."].

여름 6월에 무양후(舞陽侯) 쾌(噲-번쾌)가 훙했다.

장안의 서시(西市)를 세우고[起] 오창(敖倉)을 수복했다.

7년 겨울 10월에 거기(車騎)와 재관(材官)¹² 을 징발해 형양(滎陽)에 이르게 해[詣=至] 태위 관영이 지휘했다.

봄 정월 신축일(辛丑日) 초하루에 해가 먹히는 일이 있었다. 여름 5월 정유일(丁酉日)에 해가 먹히는 일이 있었는데 개기일식(皆旣日蝕)이었다[旣=盡].

가을 8월 무인일(戊寅日)에 제(帝)가 미앙궁에서 붕(崩)했다[○ 신찬(臣瓚)

---

12 강한 활을 다룰 줄 아는 군사를 말한다.

이 말했다. "제는 17세에 즉위해 7년간 자리에 있었으니 수(壽)는 24세이다."].
9월 신축일(辛丑日)에 안릉(安陵)에 안장했다〔○ 신찬(臣瓚)이 말했다. "붕해 안장할 때까지 모두 24일 걸렸다. 안릉은 장안 북쪽 35리 지점에 있다."].

찬(贊)하여 말했다.

"효혜(孝惠)는 안으로는 혈친을 제 몸과 같이 여기는 도리[親親]를 닦았고, 밖으로는 재상을 예로 대했으며[禮=禮待],[13] 제나라 도혜왕[齊悼], 초나라 은왕[趙隱]을 총애했고, 은혜를 베풀고 삼가는 바[恩敬]가 도타웠다[篤=厚]. 숙손통(叔孫通)의 간언을 들을 때면 두려워하는 모습을 보였고, 조(曹)상국(-조참)의 대답이나 대책[對][14]을 받아들일 때는 마음속으로 기뻐했으니 너그럽고 어진 임금[寬仁之主]이었다고 할 수 있다. 여태후를 만나는 바람에 지극한 다움[至德]이 훼손됐으니〔○ 사고(師古)가 말했다. "이는 (여태후가) 조왕을 죽이고 척(戚)부인을 도륙함으로써 (효제가) 근심으로 질병을 얻게 돼 제대로 정사를 듣지 못하고 붕한 것을 이른다."] 슬프도다!

---

13 『논어(論語)』 「팔일(八佾)」 편에서 노나라 정공(定公)이 "임금은 신하를 어떻게 부려야 하고, 신하는 임금을 어떻게 섬겨야 하는가?"라고 묻자 공자는 이렇게 대답했다. "임금은 신하를 예로써 부리고, 신하는 군주를 충으로 섬겨야 합니다."

14 신하들이 제시하는 정책 대안들을 가리킨다.

권
◆
3

고후기
高后紀

고황후(高皇后)는 여씨(呂氏)이며[1][○ 응소(應劭)가 말했다. "예법에 부인은 지아비의 시호를 따르기 때문에 고(高)라 한 것이다." 사고(師古)가 말했다. "여후의 이름은 치(雉)이고 자(字)는 아후(娥姁)이기 때문에 신하들은 치(雉)를 피휘했다[諱]."], 혜제(惠帝)를 낳았다. 고조가 천하를 평정하는 일을 도왔다[佐=助]. 고조가 대업을 이루자 황후의 아버지 및 오빠들 중에서 후(侯)에 봉해진 사람은 세 명이다[○ 사고(師古)가 말했다. "아버지는 임사후(臨泗侯) 여공(呂公)이고, 형제는 주려후(周呂侯) 택(澤)과 건성후(建成侯) 석지(釋之)다."]. 혜제가 즉위하자 여후(呂后)를 높여 태후(太后)로 삼았다. 태후는 제(帝-혜제)의 여동생 노원공주(魯元公主)의 딸을 세워 황후로 삼았는데, 자식이 없었기 때문에 후궁 중에서 미인(美人)의 아들을 취

---

1 사마천은 '고후'라 하지 않고 '여태후본기(呂太后本紀)'라고 했다.

해 그를 명목상 태자로 삼았다.[2] 혜제가 붕하자 태자가 세워져 황제가 됐는데, 나이가 어려 태후가 조정에 임해 제(制)라 칭하고 천하를 크게 사면했다〔○ 사고(師古)가 말했다. "천자의 말은 첫째 제서(制書)라 했고, 둘째 조서(詔書)라 했다. 제서란 제도와 관련된 명을 내리는 것을 말하는 것으로 황후가 칭할 수 있는 것이 아니다. (그런데) 지금은 여태후가 조정에 임해 천자의 일을 수행하면서 만기(萬機)를 결단했기 때문에 제(制)와 조(詔)를 칭한 것이다."〕. 이어 오빠들의 아들들인 여태(呂台), 산(產), 녹(祿)과 태의 아들 통(通) 네 명을 왕으로 삼았고, 여씨 일족 여섯 명을 봉해 열후(列侯)로 삼았다. 상세한 이야기는 「외척전(外戚傳)」에 실려 있다.

원년(元年)(기원전 187년) 봄 정월에 조(詔)하여 말했다.

"예전에 효혜황제께서 말씀해 삼족을 멸하는 죄[三族罪=夷三族]와 요언령(妖言令)을 폐지하려 했는데, 토의가 결론을 내지 못한 상황에서 붕하셨으니 지금 그 둘을 폐지한다〔○ 사고(師古)가 말했다. "죄가 무거운 자는 삼족을 주륙했고, 유언비어를 요언이라 했는데, 그 처벌이 가혹하다 해 둘 다 폐지했다."〕."

2월에 백성들에게 호(戶)당 작(爵) 1급씩을 내려주었다. 처음으로 효제(孝弟) 역전(力田)을 설치해 2,000석 관리 한 명을 두었다〔○ 사고(師古)가 말했다. "특별히 효제 역전관을 두어 그 작질을 높임으로써 천하를 권면하고 더 근본(-효제)에 독실하게 힘쓰도록 하기 위함이었다."〕.

---

2 미인은 여관(女官)의 직위 명칭이다. 그의 아들을 빼앗은 다음 생모는 죽였다.

여름 5월 병신일(丙申日)에 조나라 왕궁의 총대(叢臺)〔○ 사고(師古)가 말했다. "여러 대가 이어져 있고 하나가 아니기 때문에 이름을 총대라 한 것이다. 대개 6국 시대에 조왕의 옛 대였는데, 한단(邯鄲) 성 안에 있었다."〕에 불이 났다. 효혜제의 후궁의 아들 강(强)을 세워 회양왕(淮陽王)으로 삼았고, 불의(不疑)를 상산왕(常山王)〔○ 여순(如淳)이 말했다. "지금의 상산(常山)이다. 뒤에 문제의 휘(諱) 항(恒)을 피해 상(常)으로 고친 것이다."〕으로 삼았으며, 홍(弘)을 양성후(襄城侯), 조(朝)를 지후(軹侯), 무(武)를 호관후(壺關侯)로 삼았다. 가을에 복사꽃과 오얏꽃이 활짝 폈다.

2년 봄에 조하여 말했다.

"고황제께서는 천하를 바로잡고 가지런히 하시어[匡飭=正整] 여러 유공자들은 모두 땅을 나누어 받아 열후가 됐고, 만백성들은 크게 평안해 (천자의) 아름다운 다움[休德=美德]을 받지 않은 자가 없었다. 짐이 생각하건대 먼 훗날이 돼 그들의 공명(功名)이 드러나지 않게 되면 대의(大誼=大義)를 높여 그것을 후세에 전할 수가 없다. 지금 열후들의 공적에 서열을 매겨[差次] 조정에서의 지위[朝位]를 정해 이를 고조의 사당에 보관함으로써 대대손손 끊어지지 않도록 해 사자(嗣子-뒤를 잇는 자식)가 각각 그 공에 따른 위계[功位]를 잇게 하고 싶다. 이에[其] 열후들과 함께 토의해 정한[議定] 다음 그것을 아뢰도록[奏] 하라."

승상 신(臣) 평(平-진평)이 말했다.

"삼가 강후 신 발(勃-주발), 곡주후 신 상(商-역상), 영음후 신 영(嬰-관영), 안국후 신 릉(陵-왕릉) 등과 함께 의견을 나눠본 결과 열후는 다행히 찬전(餐錢)〔○ 응소(應劭)가 말했다. "제후들은 계절마다 찬전을 하사받았다.")과 봉읍(奉邑)³을 내려받았고, 폐하께서 은혜를 더하시어 공적의 차례에 따라 조정에서의 지위를 정하셨으니, 신은 이대로 고조의 사당에 보관하시기를 청하옵니다."

이 주(奏)를 재가했다. 봄 정월 을묘일(乙卯日)에 지진이 있었고, 강도(羌道)〔○ 복건(服虔)이 말했다. "현(縣)이 오랑캐[夷蠻] 땅에 있을 때는 도(道)라고 불렀다." 사고(師古)가 말했다. "강도는 농서군에 속한다."〕와 무도도(武都道)〔○ 사고(師古)가 말했다. "무도도는 무도군(郡)에 속한다."〕에서 산이 무너져 내렸다. 여름 6월 병술일(丙戌日) 그믐날에 해가 먹히는 일이 있었다. 가을 7월에 항산왕(恒山王) 불의(不疑)가 훙했다. 팔수전(八銖錢)을 유통시켰다〔○ 응소(應劭)가 말했다. "이는 원래 진(秦)나라 동전인데 재질은 주(周)나라 동전과 같다. 1문(文)을 '반량(半兩-12수)'이라 하는데 실제로는 더 무거워 8수(八銖)다. 한나라 때 그것이 너무 무거워져서 다시 협전(莢錢-4수로 가벼운 동전)을 주조했는데, 백성들 사이에서 (너무 가볍다 해서) 느릅나무 협전이라 불린 것이 이것이다. 백성들은 그것이 너무 가벼워 불편해했기 때문에 이때에 이르러 다시 팔수전을 유통시키게 됐다."〕.

3년 여름에 강수(江水)와 한수(漢水)가 흘러넘쳐[溢=氾濫] 백성 4,000여 가구가 물에 떠내려갔다. 가을에 별들이 대낮인데도 보였다.

4년 여름에 어린 제(帝)가 자신이 황후(장씨)의 아들이 아니라는 것을 알고 (생모를 죽인 데 대한) 원망의 말을 내뱉자 황태후는 그를 영항(永巷)〔○ 여순(如淳)이 말했다. "(유향(劉向)의) 『열녀전(列女傳)』에 주(周)나

---

3 이때 봉(奉)은 곡식을 말한다. 즉, 식읍(食邑)과 같은 뜻이다.

라 선왕(宣王)의 강후(姜后)가 몸에 지닌 비녀와 귀걸이[簪珥] 등을 빼놓고 영항(永巷)에서 대죄했다는 말이 나온다. 후에 액정(掖庭-궐 내 감옥)으로 이름을 바꿨다." 사고(師古)가 말했다. "영(永)은 길다[長]는 뜻이다. 원래는 대궐 안의 장항(長巷-긴 복도)을 가리켰다."]에 유폐시켰다[幽]. 조하여 말했다.

"무릇 천하를 소유하고서 만백성을 다스리는 자는, 백성을 덮어주는 것[蓋]은 하늘과 같고 백성을 담아주는 것[容]은 땅과 같아야 할 것이다. 위에서 기쁜 마음[驩心]으로 백성들을 부리면 백성들도 흔쾌히[欣然] 자신의 윗사람을 섬길 것이니, 이 같은 기쁜 마음과 흔쾌한 마음[驩欣]이 서로 통해야만 천하는 다스려진다. 지금 황제의 질병이 오래돼 낫지를 않아 마침내 도리를 잃고 혼란스러워 황통의 계승자[嗣=皇嗣]로서 종묘를 받들어 제사를 지킬 수가 없으니 천하를 맡길[屬=委] 수가 없다. 이 문제를 토의해 그를 대신할 수 있도록 하라."

여러 신하들이 다 말했다.

"황태후께서 천하를 위해 계책을 세우신 것은 종묘와 사직을 안정시키려는 뜻이 참으로 깊은 데서 나온 것입니다. 머리 숙여 조(詔)를 받들겠습니다."

5월 병신일(丙辰日)에 항산왕 홍(弘)을 세워 황제로 삼았다〔○ 진작(晉灼)이 말했다. "『사기(史記)』에 따르면 혜제(惠帝) 원년에 (혜제의 후궁의) 아들 불의(不疑)를 상산왕(常山王)으로 삼았고 아들 산(山)을 양성후(襄城侯)로 삼았다. 2년에 상산왕이 훙했는데 곧 불의다. (그래서 뒤이어) 동생 양성후 산을 상산왕으로 삼고 이름을 의(義)로 고쳤다. 병진일에 상산왕의(義)를 황제로 삼았다. 의는 이름을 홍(弘)으로 고쳤다. (따라서) 『한서(漢書)』에서 홍(弘)으로 황제를 삼았다고 한 것은 맞는 것이다." 사고(師古)가 말했다. "즉, 원년에 홍을 세워 양성후로 삼았다고 한 것은 진(晉)의 설이 옳다."].

5년 봄에 남월왕 위타(尉佗)가 스스로를 남무제(南武帝)라고 칭했다. 가을 8월에 회양왕 강(彊)이 훙했다. 9월에 하동과 상당 두 군(郡)의 기병을 징발해 북지군(北地郡)에 주둔시켰다.

6년 봄에 별들이 대낮인데도 보였다. 여름 4월에 천하를 사면했다. 장릉(長陵)의 영(令-책임자)의 작질을 2,000석 관리로 했다[○ 응소(應劭)가 말했다. "장릉은 고조의 능인데 그것을 높였기 때문에 그곳 책임자인 영의 작질[秩-녹봉 수준]을 높인 것이다."]. 6월에 장릉에 성을 쌓았다. 흉노가 적도(狄道)를 침략해 아양(阿陽)을 공격했다[○ 사고(師古)가 말했다. "적도는 농서(西)에 속한다. 아양은 천수(天水)의 현이다. 그런데 지금 돌아다니는 속된 글에서는 하양(河陽)이라고 쓰고 있는데 이는 틀렸다."]. 오분전(五分錢)을 유통시켰다[○ 응소(應劭)가 말했다. "이른바 협전(莢錢)이라는 것이다."].

7년 겨울 12월에 흉노가 적도(狄道)를 침략해 2,000여 명을 약취했다. 봄 정월 정축일(丁丑日)에 조왕(趙王) 우(友)가 (장안의) 자택에서 유폐됐다가 죽었다.[4] 기축일(己丑日) 그믐날에 해가 먹히는 일이 있었는데 개기일식이었다[旣=盡]. 양왕(梁王) 여산(呂産)을 상국으로 삼고 조왕(趙王) 록(祿-여

---

4 우는 여씨의 딸을 아내로 삼았는데 사이가 좋지 않았다. 이에 여씨의 딸이 여후에게 중상모략하자 여후는 화가 나서 그를 유폐시켰다.

록)을 상장군으로 삼았다. 영릉후(營陵侯) 유택(劉澤)을 세워 낭야왕(琅邪王)으로 삼았다.[5] 여름 5월 신미일(辛未日)에 조하여 말했다.

"소령(昭靈)부인은 태상황의 비(妃)이고, 무애후(武哀侯)와 선(宣)부인은 각각 고황제의 형과 여동생이다. 그런데 모두 시호[號諡]가 없으니 이들의 칭호를 높이는 문제를 토의해보도록 하라."

승상 신 평(平) 등은 청하기를 소령부인은 소령후로, 무애후는 무애왕으로, 선부인은 소애후(昭哀侯)로 높일 것을 청했다. 6월에 조왕 회(恢)가 자살했다. 가을 9월에 연왕 건(建)이 훙했다. 남월이 장사(長沙)를 침범하자 융려후(隆慮侯) 조(竈)를 보내 군사를 이끌고서 그들을 치게 했다〔○ 응소(應劭)가 말했다. "조는 고조의 공신이다. 융려는 지금의 임려(林慮)인데, 훗날 (후한의) 상제(殤帝)의 이름 융(隆)을 피해 임(林)으로 고친 것이다."〕.

8년 봄에 중알자(中謁者)〔○ 맹강(孟康)이 말했다. "환관(宦官)이다." 여순(如淳)이 말했다. "「백관표(百官表)」에 따르면 알자(謁者)는 빈객을 접대하는 일을 담당한다. 관영(灌嬰)이 중알자가 됐고, 뒤에는 늘 엄인(閹人-환관)이 이를 맡았다. 여러 관직들 앞에 중(中) 자가 붙으면 대부분 그것은 엄인이다."〕 장석경(張釋卿)을 봉해 열후로 삼았다. 여러 중관(中官)[6]들 중에서 환자령(宦者令)과 승(丞)에게는 모두 작(爵) 관내후(關內侯)와 식읍을 내려주었다〔○ 여순(如淳)이 말했다. "열후는 관(關)을 나가 봉국으로 가야 하

---

5   유택은 고조의 사촌동생이다. 『사기(史記)』에서는 태후가 여씨 일족을 왕으로 봉했지만, 자신이 죽고 난 후에 유장군이 난을 일으킬 것을 두려워해 그를 낭야왕으로 임명해 그의 마음을 위로했다고 풀이하고 있다.

6   대궐 안에서 시중 드는 일을 맡고 있는 사람들을 가리킨다.

는데, 관내후는 다만 작(爵)일 뿐이다."]. 여름에 강수와 한수가 흘러넘쳐 1만여 호가 물에 떠내려갔다.

가을 7월 신사일(辛巳日)에 황태후가 미앙궁에서 붕(崩)했다. 유조(遺詔-유언조서)에 따라 제후와 왕들에게 각각 1,000금을 내려주었고, 장군과 재상[將相], 열후 이하 낭리(郎吏)들에 이르기까지 내려준 금이 각각 차등이 있었다. 천하를 크게 사면했다.

상장군 록(祿-여록)과 상국 산(産-여산)이 병권을 쥐고[顓兵=專兵] 정권을 장악했으니[秉政] 스스로 그것이 고황제의 당부[約][○ 사고(師古)가 말했다. "유씨(劉氏)가 아니면 왕으로 삼지 말고, 공로가 없으면 후(侯)로 삼지 말라는 것이다."]를 어기는 것임을 알았기에, 제후와 왕들에게 주살될 것을 두려워해 먼저 난을 일으킬 것[作亂]을 모의했다. 이때 제나라 도혜왕[7]의 아들 주허후(朱虛侯) 장(章)이 경사에 있었고 록의 딸이 아내였기 때문에 그 같은 모의를 알게 되었다. 마침내 사람을 시켜 형인 제왕(齊王)[8]에게 알려 군사를 발동해 서쪽으로 진격하도록 했다. 장은 태위 발(勃-주발) 및 승상 평(平-진평)과 안에서 동조해[內應] 여러 여씨들을 주살하기로 했다. 제왕이 드디어[遂] 군사를 발동했고[9] 또 기만술을 펴 낭야왕 택

---

7 고조 유방의 서장자(庶長子) 유비(劉肥)다.

8 제나라 애왕 양(襄)이다.

9 여기서 '드디어'라고 한 것은 약간의 시간이 걸렸음을 뜻한다. 이 점은 사마천의 『사기(史記)』가 조금 더 구체적이다. "제왕은 병사를 일으키려고 했지만 그의 승상이 복종하지 않았다. 8월 병오일(丙午日)에 제왕이 사람을 시켜 승상을 주살하려 하자 승상 소평(召平)이 모반해 왕을 포위하려고 했다. 이에 제왕은 승상을 죽이고 바로 병사들을 일으켜 진격했다."

(澤-여택)의 나라의 군대를 탈취해 이 양쪽 군사를 이끌고 서쪽으로 진격했다. 산과 록 등은 대장군 관영을 보내 병사들을 이끌게 해 제왕의 병사들을 치도록 했다. 영(嬰)은 형양(滎陽)에 이르러 사람을 보내 제왕에게 사정을 설명하고서 연합한[連和]_{연화} 뒤에 여씨가 변란을 일으키기[變=發動]_{변 발동}를 기다린 다음 함께 여씨들을 주멸하기로 했다.

태위 발은 승상 평과 모의하고서 곡주후(曲周侯) 역상(酈商)의 아들 기(寄)가 여록과 친하다는 점을 이용해 사람을 시켜 상을 겁박해[劫]_겁 기로 하여금 여록을 속여[紿=誑]_{태 광} 이렇게 말하게 했다.

"고제께서는 여후와 함께 천하를 평정하시어 유씨 중에서 왕으로 세워진 이가 9명이고, 여씨 중에서 왕으로 세워진 이가 세 명[10]입니다. 이는 모두 대신들의 의견[議]_의을 모은 것으로 이미 제후와 왕들에게 널리 알렸으며, 제후와 왕들도 이를 마땅한 처사라 여기고 있습니다. (그런데) 지금 태후께서 붕하셨고 제(帝)는 어리신데 족하(足下)[11]께서는 서둘러 봉국으로 가서[之=往]_{지 왕} (봉국의) 울타리를 지키려[守藩]_{수번} 하지 않고 오히려 상장군으로서 병사들을 통솔해 이곳에 머물고 있으니 대신과 제후들의 의심을 불러일으키고 있습니다. 어찌 속히 장군의 도장[印]_인을 돌려주어 병권을 태위에게 소속시키지 않으십니까? 청하건대 양왕(梁王-여산)께서도 상국의 도장을 돌려주고 대신들과 맹약하고서 자신의 봉국으로 돌아가게 해야 합니

---

10 원래는 네 명인데, 여태(呂台)가 훙하고 그의 아들 가(嘉)가 뒤를 이었지만 죄에 연루돼 쫓겨났기 때문에 이때는 세 명이었다.

11 옛날에는 동년배뿐만 아니라 어른에 대해서도 이 경칭을 사용했다.

다. 그러면 제나라 병사들은 반드시 해산할 것이고 대신들도 안정을 되찾게 돼 족하께서는 편안하게[高枕-베개를 높이 하다] 사방 천리(-조나라)에서 임금 노릇을 할 수 있을 터이니, 이는 만세를 이어갈 이로움입니다."

여록은 역기의 계책이 그렇다고 믿고서 사람을 시켜 여산과 여러 여씨 원로들에게 이 말을 보고했다. 어떤 이들이 좋지 않다[不便]고 하니 계책이 오히려 결정을 보지 못했다[猶豫].¹² 여록은 역기를 믿었기 때문에 종종 함께 사냥을 나갔는데 한번은 고모인 여수(呂嬃-고후의 여동생)의 집을 지나갈 때 수(嬃)가 크게 화를 내며 말하기를 "너[奴]는 장군이면서 군대를 버렸으니 여씨는 이제 의지할 곳이 없어졌다[無處]〔○ 사고(師古)가 말했다. "주멸당하게 생겨 의지할 곳이 없어졌다고 말한 것이다."〕"라고 했다. 마침내 주옥과 진기한 패물들을 모두 꺼내 당 아래에 내팽개치며 말했다. "어차피 다른 사람 것인데 갖고 있을 필요가 없지!"

8월 경신일(庚申日)에 평양후(平陽侯) 줄(窋-조줄)〔○ 사고(師古)가 말했다. "조참(曹參)의 아들이다."〕이 어사대부의 일을 (대리로) 맡아 수행하고 있었는데, 상국 산(産)을 만나 일을 계획했다. 낭중령 가수(賈壽)가 사자가 돼 제(齊)나라에 갔다가 돌아와서 산에게 따지며[數=責] 말했다.

"왕께서 빨리 봉국으로 가지 않으시는 바람에 지금 비록 가려고 해도 어찌 갈 수가 있겠습니까?"

그러고는 관영이 제 및 초나라와 연합하려는[合從] 상황을 갖춰서 산에

---

12 猶(유)와 豫(예)는 모두 의심이 많은 원숭이의 일종을 가리키는 한자(漢字)로, 의심이 많은 원숭이가 먹을 것을 주면 의심해서 망설이는 것을 말한다.

게 아뢨다〔○ 사고(師古)가 말했다. "제나라와 초나라는 둘 다 산동에 있어 연합해 서쪽으로 가서 여러 여씨들을 주살코자 했는데, 이는 마치 6국이 합종해 공동의 적 진(秦)나라를 치려 한 것과 같았기에 합종(合從)이라 한 것이다."〕. 평양후 줄은 이 말을 듣고서 말을 내달려 승상 평과 태위 발에게 아뢨다. 발은 북군(北軍)에 들어가려 했지만 들어갈 수가 없었다. 양평후(襄平侯) 기통(紀通)〔○ 장안(張晏)이 말했다. "기통은 신(信)의 아들이다." 진작(晉灼)이 말했다. "기신(紀信)은 항우에게 불태워져 죽었고[焚死] 그후의 일은 보이지 않는다.「공신표(功臣表)」에 이르기를 기통은 기성(紀成)의 아들이라 했고, 성이 죽자 후에 봉해졌다." 사고(師古)가 말했다. "진의 설이 옳다."〕이 부절(符節)을 주관하고 있었으므로[尙=主], 이에 부절을 갖고서 명령을 고쳐[矯]〔○ 사고(師古)가 말했다. "교(矯)는 속인 것[詐]이니 천자의 명이라고 속인 것이다."〕 발이 북군에 들어가도록 했다. 발은 또 역기와 전객(典客)¹³ 유게(劉揭)를 보내 록을 설득하도록 해 이렇게 말했다.

"제(帝)께서는 태위로 하여금 북군을 지키게 하고 족하는 봉국으로 가게 하려고 하시니 서둘러 장군의 도장을 반납하고 떠나십시오. 그렇지 않으면 장차[且] 화(禍)가 일어날 것입니다."

록은 드디어 인수(印綬-도장과 끈)를 풀어 전객에게 넘기고 병력을 태위 발에게 주었다. 발은 군문에 들어서자 군중에 명령을 발동해 말했다.

"여씨를 위하는 자는 오른쪽 어깨를 드러내고[右袒], 유씨를 위하는 자는 왼쪽 어깨를 드러내도록 하라[左袒]."

---

13 관직 이름으로, 제후 및 국내 소수민족에 관한 업무를 관장했다. 대홍려(大鴻臚)로도 불렸다.

군사들은 모두 왼쪽 어깨를 드러냈다. 발은 드디어 북군을 통솔하게 됐다. 그러나 여전히 남군이 있어 승상 평은 주허후 장(章-유장)을 불러 발을 돕도록[佐] 했다. 발은 장에게 군문을 감시토록 하고, 평양후에게는 위위(衛尉)[14]에게 알려 상국 산(産)이 전문(殿門-대궐 문)으로 들어오지 못하도록 잘 지키라고 명령했다. 산은 록이 이미 북군을 떠났다는 사실을 알지 못한 채 미앙궁에 들어가 난을 일으키려고 했다. (그러나) 전문에서 들여보내주지 않자 산은 배회하며[徘徊=彷徨]〔○ 사고(師古)가 말했다. "들어갈 뜻이 없었다는 말이다."〕이리저리 왔다 갔다 했다. 평양후가 태위 발에게 달려가 말하자,[15] 발도 역시 이기지 못할까 두려워 감히 여씨들을 주살하자고 드러내 말하지 못하고 마침내 주허후 장에게 "서둘러 궁궐에 들어가 제를 호위하시오"라고 했다. 장은 발을 따르며 병졸 1,000명을 청해 그들을 거느리고 미앙궁의 액문(掖門)〔○ 사고(師古)가 말했다. "정문이 아니라 양쪽의 곁문으로, 마치 사람의 팔뚝이나 겨드랑이[臂掖]와 같다."〕을 들어가 산이 정원 한복판에 있는 것을 보았다. 해가 저물[餔=暮] 때 드디어 산을 쳤다. 산은 달아났다. 하늘에서 큰 바람이 불자 산을 따르던 관리들은 크게 어지러워져 감히 싸우려는 자가 없었다. 그를 뒤쫓아 낭중부〔○ 여순(如淳)이 말했다. "「백관표(百官表)」에 따르면 낭중령은 중전의 문호를 장악하기 때문에 그 부(府)가 중궁에 있었고 뒤에 광록훈(光祿勳)으로 바뀌었

---

14 궁정 방위를 책임지는 관직으로 구경(九卿)의 하나다. 당시에는 장락궁 위위와 미앙궁 위위 두 사람이 있었는데, 여기서는 미앙궁 위위를 가리킨다.
15 『사기(史記)』에는 평양후도 이기지 못할까 두려워했다는 표현이 있는데 여기서는 그냥 달려가 말했다고 했다.

다.") 관리의 관사 측간[厠]에서 그를 죽였다.

장(章)이 이미 산을 죽이고 나자, 제는 알자에게 명령해 부절을 갖고 가서 장을 위로하게 했다[勞=慰問]. 장이 부절을 뺏으려 했으나 알자가 쉬이 응하지 않자, 장은 이에 수레에 함께 올라타고서 부절을 빌려서 장락궁으로 내달려 위위 여갱시(呂更始)의 목을 벴다.[16] 그러고는 돌아서서 북군으로 돌아와 다시 태위 발에게 아뢰었다. 발은 일어나서 장에게 하례의 절을 올린 후 "우려했던 것은 오직 산이었는데 이제 이미 주살했으니 천하는 안정됐습니다"라고 말했다. 신유일에 여록을 목 벴고, 여수는 매질을 해 죽였다. 나뉘어 부대를 보내 여러 여씨들의 남녀를 모두 잡아들여 늙은이고 젊은이고 할 것이 없이 모두 목을 베었다.

대신들은 서로 몰래 모의해[陰謀] 어린 제(帝) 및 그의 동생으로 현재 왕으로 있는 세 사람[17]은 모두 효혜(孝惠)의 자식이 아니라고 보고서 나아가 그들을 함께 주살하고 문제(文帝)를 높여 세웠다[尊立]. 상세한 이야기는 「주발전(周勃傳)」과 「고오왕전(高五王傳)」에 실려 있다.

찬(贊)하여 말했다.

"효혜와 고후의 시절에 나라 안[海內]은 나라끼리 싸우던[戰國] 고통에

---

16 알자가 부절을 갖고 황제의 신임을 보였다. 장은 알자와 함께 수레에 탔기 때문에 문을 지키는 자에게는 신임의 표시가 돼 장락궁에 들어갈 수 있었다.

17 세 사람은 양왕, 회양왕, 상산왕을 가리킨다.

서 벗어날 수 있었고 임금과 신하는 모두 무위(無爲)코자 했기 때문에[18] 혜제는 팔짱만 끼고서 (아무것도 하지 않으면서) 있었고, 고후가 여자 임금[女主]으로서 정치를 장악했지만[制政] 궁중의 안방이나 궁궐 내 작은 문[房闥]을 나서지는 않았기에 천하는 편안했고[晏然] 형벌은 드물게 쓰였으니[罕用], 백성들은 농사일[稼穡]에 힘써 의식(衣食)은 점점 늘어났다."[19]

---

18 중국에서는 일반적으로 전란 이후에 황로(黃老)사상을 받아들여 정사를 가만히 내버려두는 것을 최선의 정치로 생각했다. 그러나 실은 힘없는 황제 혜제에 대한 변명이라 하겠다.

19 이 찬은 사마천의 사평(史評)과 똑같다.

권
◆
4

문제기
文帝紀

효문황제(孝文皇帝)〔○ 순열(荀悅)이 말했다. "휘가 항(恒)이었기 때문에 대신하는 글자는 상(常)이었다." 응소(應劭)가 말했다. "시법(諡法)에 따르면 '자애롭고 은혜를 베풀며 백성들을 아끼는 것[慈惠愛民]을 문(文)이라 한다'고 했다."〕는 고조의 가운데 아들[中子]¹이며 어머니는 박희(薄姬)²다. 고조 11년 진희(陳豨)를 주살해 대(代) 땅을 평정하고서 둘째 아들을 세워 왕으로 삼았고, 중도(中都)를 도읍으로 삼았다. 17년〔○ 장안(張晏)이 말했다. "대왕(代王) 17년이다."〕 가을에 고후가 붕(崩)하자 여러 여씨들이 모의해 난을 일으켜 유씨(劉氏-한나라 황실)를 위협하려 했다. 승상 진평, 태위 주발, 주허후 유장 등이 함께 그들을 주살하고 모의해 대왕(代王)을

---

1 고조 유방에게는 여덟 아들이 있었는데, 문제 유항은 넷째였다.
2 희(姬)란 여러 첩들의 총칭이다. 『한관의(漢官儀)』에 따르면 희첩은 수백 명이라고 한다. 옛날에는 이 경우 姬를 희가 아니라 이(怡)로 발음했다고 한다. 그러나 지금의 발음에 따랐다.

(천자로) 세웠다. 상세한 이야기는 「고후기(高后紀)」와 「고오왕전(高五王傳)」에 실려 있다.

대신들은 드디어 사람을 시켜 대왕(代王)을 맞이하려 했다. (대나라의) 낭중령(郎中令)³ 장무(張武) 등이 의견을 내[議] 모두 말하기를 "한나라 대신들은 모두 옛 고제 때의 장수들로 병사(兵事)에 능숙하고 계책과 기만[謀詐]에 뛰어나니 그들의 속뜻[屬意]은 여기서 그치는 것이 아닌데 (○ 사고(師古)가 말했다. "늘 다른 뜻을 품고 있었다는 말이다."), 다만 고제와 여태후의 위엄을 두려워했을 뿐입니다. (그런데) 지금 이미 여러 여씨들을 주살해 새로이 경사(京師)를 피바다로 만들고서[喋血] 대왕을 맞아들인다는 것을 명분으로 삼았지만[名] 실상은[實] 믿을 수가 없습니다. 바라건대 병을 핑계 대어 가지 마시고 일이 흘러가는 것을 지켜보셔야 합니다"라고 했다. 중위(中尉) 송창(宋昌)⁴이 나아와 말했다.

"여러 신하들의 의견은 모두 틀렸습니다. (그들이 틀린 이유는 이렇습니다.) 무릇 진(秦)나라가 정치의 도리를 잃어 호걸들이 나란히 일어났을 때 사람들마다 자신들이 천하를 얻을 수 있다고 생각했던 자들이 수없이 많았습니다. 그러나 결국[卒=終] 천자의 자리를 밟은 사람은 유씨였고, 이에 천하는 기대를 접었으니, 이것이 첫 번째 이유입니다.

---

3 궁궐의 시위 업무를 관장하는 고위 무관이다.

4 초나라 장수 송의(宋義)의 손자로 유방을 따라서 진나라에 반대해 군대를 일으켰으며, 문제 때 장무후(將武侯)에 봉해졌다.

고제께서 자제들을 왕으로 삼으면서 봉국이 마치 개의 어금니처럼 서로 맞물려 있어[相制] 이른바 반석처럼 든든한 종족이 됐고 천하가 그 강성함[彊=强]에 복종하고 있으니, 이것이 두 번째 이유입니다.

한나라가 일어나 진나라의 악질적이고 가혹함[煩苛]을 제거하고 법령을 간소하게 해[約=省] 다움과 은혜[德惠]를 베풀자 사람들마다 스스로 편안하게 여기고 있어 동요케 하기가 어려우니, 이것이 세 번째 이유입니다.

무릇 여태후의 위엄으로 여러 여씨들을 세워 세 명의 왕을 세우는 등 권력을 독점해 마음대로 전권을 행사했음에도 태위(-주발)가 한 개의 부절을 갖고서 북군으로 들어가 한 번 소리치자[呼=叫] 병사들은 모두 왼쪽 어깨를 드러내[袒左] 유씨를 위하고 여러 여씨들을 배반해[畔] 결국 그들을 멸족시켰습니다. 이는 곧 하늘이 내려준 것[天授=天命]이지 사람의 힘이 아닙니다. (그런데) 지금 대신들이 설사 변란을 일으키려 한다 해도 백성들이 따르지 않을 텐데 그 부하 무리들[黨]이 어찌 능히 일사불란[專一]할 수 있겠습니까? 안에는 주허후, 동모후(東牟侯)[5]라는 혈친이 있고, 밖으로는 오(吳)·초(楚)·회남(淮南)·낭야(琅邪)·제(齊)·대(代)의 막강함을 두려워하고 있습니다. 바야흐로 지금은 고제의 아들이 단지 회남왕과 대왕(大王)뿐이신데, 대왕은 또 연장자이신 데다가 뛰어나고 빼어나며, 어질고 효성스러움[賢聖仁孝]이 천하에 알려져 있기 때문에 대신들이 천하의 마음을 바탕으로 대왕을 맞이해 세우고자 하는 것이니, 대왕께서는 조금도 의

---

5 주허후 유장과 동모후 유흥거(劉興居)는 둘 다 제나라 도혜왕(悼惠王)의 아들로, 이때 장안에 머물고 있었다.

심치 마십시오."

대왕이 이를 (어머니인) 태후에게 말씀드렸으나 계책은 여전히 미리 정해지지 못했다. (거북)점을 쳐보니 점괘가 대횡(大橫)이 나왔다. 점괘는 "가로로 크게 찢어진 흔적이 굳세고 강하니 네가 천왕(天王)이 될 것이며, 하나라의 계(啓)⁶처럼 크게 빛날 것이다"라는 것이었다. 대왕이 "과인은 진실로 이미 왕이 됐는데 또 어찌 왕이 된다는 말인가?"라고 하자 점쟁이[卜人]는 "이른바 천왕이라는 것은 곧 천자입니다"라고 말했다. 이에 대왕은 마침내 태후의 동생 박소(薄昭)를 보내 태위 발을 만나보게 하니 발 등은 자신들이 대왕을 맞이해 (천자로) 세우려는 까닭을 갖추어 말했다. 소가 돌아와 "믿을 만하고 의심할 만한 것이 없습니다"라고 하자 대왕은 웃으면서 송창에게 "과연 공의 말대로구나"라고 말했다. 이에 송창에게 참승(驂乘)토록 명하고〔○ 사고(師古)가 말했다. "수레를 타는 법도에 따르면, 가장 높은 사람은 수레의 왼쪽에 타고, 말 모는 사람은 가운데 타며, 또 한 사람이 수레 오른쪽에 있어 수레가 기우는 것에 대비했다. 이리하여 전시에는 그 자리를 거우(車右)라 했고, 그밖의 다른 때에는 참승(驂乘)이라 했다. 참(驂)이란 삼(三)이어서 대개 세 번째 사람이라는 뜻을 취했을 뿐이다."〕장무 등 6명은 역전(驛傳)을 타고 장안에 이르도록 했다. 고릉(高陵)⁷에 이르러 잠시 멈추고서 송창을 시켜 먼저 가서 장안의 추이[變]를 살펴보도록 했다.

---

6 우왕의 아들로, 순임금의 선위를 받은 아버지와 달리 아버지의 대업을 그대로 이었다.

7 고릉현으로 장안성에서 동북쪽으로 50리쯤 떨어져 있으며, 고제 유방의 무덤이 있는 곳이다.

창이 위교(渭橋)〔○ 소림(蘇林)이 말했다. "장안에서 북쪽으로 3리 지점에 있었다."〕에 이르렀을 때 승상 이하 모든 신하들이 맞이하려 나와 있었다. 창이 돌아와 보고하니 대왕은 마침내 나아가 위교에 이르렀다. 여러 신하들이 절해 아뢰며[拜謁] 신하임을 칭하자[稱臣] 대왕은 수레에서 내려 답례의 절을 했다. 태위 발이 나아와 말하기를 "바라건대 잠깐 따로 시간을 내주시기[間=容]를 청합니다"라고 하자 송창이 말했다.

"말하려는 바가 공적인 것이라면 공개적으로 그것을 말하십시오. 말하려는 바가 사적인 것이라면 임금 된 자[王者]는 사사로이 들을 수 없습니다."

태위 발은 이에 무릎을 꿇고 천자의 옥새를 올렸다. 대왕은 사양하며 "일단 내 저(邸)[8]로 가서 그것을 토의하자"라고 말했다.

윤달 기유일(己酉日)에 대저(代邸-대왕의 저)로 들어갔다. 여러 신하들이 따라 들어가 자신들의 의견을 말했다.

"승상 신(臣) 평, 태위 신 발, 대장군 신 무(武),[9] 어사대부 신 창(蒼-장창), 종정 신 영(郢-유영), 주허후 신 장(章), 동모후 신 흥거(興居), 전객 신 게(揭) 등은 두 번 절하고서 대왕 족하께 말씀드리옵니다. (돌아가신 황제의) 아들 홍(弘) 등은 다 효혜황제의 아들이 아니니[10] 종묘를 받들어서는 안 되고 신들이 삼가 음안후(陰安侯)〔○ 소림(蘇林)이 말했다. "고제의 큰

---

8 봉국을 떠나 장안에 들어오는 왕들은 자신들만의 숙소를 별도로 갖고 있었는데 그것을 저(邸)라고 한다. 사고(師古)에 따르면 이때 저(邸)란 이르다[至]는 뜻으로, 돌아와 이르는 곳이라는 의미를 갖는다.

9 『사기(史記)』에서는 진무(陳武)라 했는데 복건(服虔)은 시무(柴武)라고 했다.

10 아들들이 어떤 작위를 갖고 있는지 분명치 않기 때문에 총칭해서 그냥 아들이라고 불렀다.

형님[伯=伯兄]의 처로, 갱힐후(羹頡侯)의 어머니 구수(丘嫂)다." 진작(晉灼)이 말했다. "만약에 소하(蕭何)의 부인이 봉작을 받게 된다면 찬후(酇侯)가 된다."], 경왕후(頃王后)〔○ 소림(蘇林)이 말했다. "고제의 둘째 형님[仲]의 처다. 둘째 형님의 이름은 희(喜)로, 대왕(代王)이 됐다가 뒤에 폐해져 곡양후(郃陽侯)가 됐다. 아들 비(濞)는 오왕이 됐고, 그래서 유희는 시호를 추증받아 경왕(頃王)이 됐다." 여순(如淳)이 말했다. "「왕자후표(王子侯表)」에 이르기를 '곡양후 희는 아들 비로 인해 왕이 됐고, 시호를 추증받아 경왕이 됐다'고 했다. 경왕후는 음안후(陰安侯)에 봉해졌는데, 이때 여수(呂嬃)가 임광후(林光侯)가 됐고 소하의 부인도 찬후(酇侯)가 됐다. 또 「종실후표(宗室侯表)」에 따르면 이때에는 음안후가 없었으니 그것이 경왕후임을 알 수 있다. 한사령(漢祠令)에 따르면 음안후는 고제의 형수[嫂]다."], 낭야왕(琅邪王), 열후, 2,000석 관리와 토의한 결과 대왕께서 고황제의 아들이시니 마땅히 후사가 돼야 한다고 했습니다. 바라건대 대왕께서 천자의 자리로 나아가셔야 한다[卽]고 했습니다."

대왕이 말했다.

"고제의 종묘를 받드는 일은 중대한 일이오. 과인은 그만한 자질이 없어[不佞=不材] 그 자리에 부응할[稱=副] 수가 없소. 바라건대 초왕(楚王)〔○ 소림(蘇林)이 말했다. "초왕은 이름이 교(交)이며 고제의 동생이다."〕께 청해 마땅한 사람을 찾아보도록 하시오.[11] 과인은 감히 맡을 수가 없소이다."

---

11 황족 중에서 당시로서는 초왕이 가장 나이가 많았으므로 그에게 물어보도록 한 것이다.

여러 신하들이 모두 엎드려 굳게 청했다[固請]. 대왕은 서쪽을 향해 사양하기를 세 번 하고 남쪽을 향해 사양하기를 두 번 했다〔○ 여순(如淳)이 말했다. "여러 신하들에게 사양했다는 것이다. 어떤 사람은 말하기를 빈객과 주인의 위치는 동면(東面-서쪽에서 동쪽을 보는 것)과 서면이고, 임금과 신하의 위치는 남면과 북면이라 했다. 그 때문에 서쪽을 향해 앉아 세 번 사양해 받아들이지 않자 여러 신하들은 오히려 마땅히 해야 한다고 했고, 이에 다시 남쪽을 향해 앉았으니 이는 임금의 자리로 나아가는 점진적 절차[漸]를 보여주는 것이다."〕. 승상 평 등이 모두 말했다.

"신들이 엎드려 계책을 생각해보건대, 대왕께서 고조의 종묘를 받드는 것이 가장 잘 어울리시니 저희뿐만 아니라 천하의 제후와 만백성들도 모두 마땅하다고 여기는 것입니다. 신 등은 종묘사직을 위해 계책을 세운 것이니 감히 소홀히[忽=怠忘] 하지 않겠습니다. 바라건대 대왕(大王)께서는 다행히 신 등의 청을 들어주십시오. 신은 삼가 천자의 새부(璽符-옥새와 부신)를 받들어 두 번 절하고 올리겠습니다."

대왕(代王)이 말했다.

"종실과 장상과 (봉국의) 왕들 그리고 열후들께서 과인을 마땅하다고 여기니 감히 사양하지 못하겠소."

드디어 천자의 자리에 나아갔다. 여러 신하들이 서열[次]에 따라 모셨다〔○ 사고(師古)가 말했다. "각각의 신하들이 직위에 의거했다는 말이다."〕. 태복(太僕) 영(嬰-하후영)과 동모후 흥거로 하여금 먼저 궁궐을 깨끗이 하게 하고서〔○ 응소(應劭)가 말했다. "옛 법도에 따르면 천자가 행차를 하게 되면 반드시 그곳에 정리 담당 관리를 보내 먼저 그곳 궁궐 안을 깨끗이

했는데, 이는 비상사태에 대비하기 위함이었다.") 천자의 법가(法駕)〔○ 여순(如淳)이 말했다. "법가란 (황제의 수레의 하나로) 시중(侍中)이 배승하고[驂乘=陪乘] 봉거랑(奉車郞)이 수레를 몰며 수레 36승이 소속돼 뒤따랐다."〕를 받들어 대저(代邸)에서 맞이하도록 했다. 황제는 그날[卽日] 저녁에 미앙궁(未央宮)에 들어갔다. 밤에 송창을 제배해[拜=除] 위장군(衛將軍-수도경비사령관)으로 삼아 남군과 북군을 통할하게 했고, 장무를 낭중령(郞中令)으로 삼아 궁궐 내 경비를 맡도록 했다[行=案行]. 전전(前殿)으로 돌아와 앉은 다음 조서를 내려 말했다.

"승상 태위 어사대부에게 제조(制詔)하노라. 최근에[間者] 여러 여씨들이 일을 장악해 권력을 마구 휘두르면서[用事擅權] 대역을 도모해 유씨의 종묘를 위험에 빠뜨리려 했으나 장상과 열후 그리고 종실과 대신에 힘입어 그들을 주살했으니 다 자신들의 죄에 무릎 꿇은 것이라 하겠다. 짐(朕)이 처음으로 자리에 올랐으니 이제 천하를 사면하고, 백성들에게 작(爵) 1급씩을 내려주며, 그 여자들에게는 100호마다 소고기와 술을 내려주어〔○ 사고(師古)가 말했다. "벼슬을 내려준다는 것은 곧 한 집안의 가장에게 그것을 내려준다는 것이고, 이때의 여자들이란 작을 내려받은 집안의 아내를 가리킨다."〕 닷새 동안은 맘껏 잔치를 벌이도록 하라[酺=宴]〔○ 문영(文穎)이 말했다. "한나라 법률에 세 사람 이상이 특별한 이유 없이 모여서 술을 마시면 벌금 4량(兩)이었기에 지금 조서를 내려 닷새 동안 모여서 먹고 마실 수 있게 허가해준 것이다."〕."

원년(元年)(기원전 179년) 겨울 10월 신해일(辛亥日)에 황제는 고조의 사당[高廟고묘]을 찾아뵈었다. 거기장군(車騎將軍)¹² 박소(薄昭)를 보내 황태후를 대(代)에서 맞이해 왔다. 조(詔)하여 말했다.

"예전에 여산이 스스로 상국이 돼 여록을 상장군으로 삼고 자기 마음대로 장군 관영으로 하여금 군대를 거느리고서 제(齊)를 치게 해 유씨(劉氏)를 대신하려 했다. (하지만) 영은 형양(滎陽)에 머무르면서 제후들과 함께 여씨들을 주살하기로 모의했다. 여산은 못된 짓[不善불선]을 저지르려 했으나, 승상 평과 태위 발 등이 산 등의 군권을 빼앗기로 계책을 세웠다. 주허후 장이 앞장서서 가장 먼저 산을 붙잡아 목 벴다. 태위 발은 몸소 양평후(襄平侯) 통(通-기통(紀通))을 이끌고 부절을 지니고서 조서를 받들어 북군으로 들어갔다. 전객 게는 여록의 인끈을 빼앗았다. 이에 태위 발에게는 읍 1만 호를 더해 봉해주고 금 5,000근을 내린다. 승상 평과 장군 영에게는 각각 읍 3,000호와 금 2,000근을 내린다. 주허후 장과 양평후 통에게는 각각 읍 2,000호와 금 1,000근을 내린다. 전객 게는 봉해 양신후(陽信侯)로 삼고 금 1,000근을 내린다."

12월에 조(趙)(나라) 유왕(幽王)의 아들 수(遂)를 세워 조왕(趙王)으로 삼고, 낭야왕 택(澤)을 옮겨 연왕(燕王)으로 삼았다. 여씨가 차지했던 제와 초의 땅은 모두 그에게 귀속시켰다. 한 명이 죄를 지으면 집안사람 전체를 연좌시키던[相坐상좌=連坐연좌] 법령을 모두 폐지했다.¹³

---

12 지위는 상경과 같지만 삼공에 비견되기도 한다. 흔히 수도의 병사들을 거느리고 궁궐을 호위했다.

13 반고(班固)는 이와 관련한 조서를 별도로 『한서(漢書)』 「형법지(刑法志)」에 실었고, 사마천(司馬遷)의 『사기(史記)』는 그것을 「효문제」 「본기(本紀)」에 실었다. 이에 대해 진덕수(眞德秀)는 『문장

정월에 유사(有司-해당 부서)가 태자를 일찍[蚤=早] 세워야 한다고 청했는데, 이는 종묘를 높이는 까닭이기 때문이었다.

조하여 말했다.

"짐은 이미 다움을 갖추지 못해[不德] 상제와 천지신명께서는 (짐의 제사를) 아직 흠향하지 않으셨고 천하의 인민들도 만족스러워하지 못하고 있다. (게다가) 지금은 널리 천하의 뛰어나고 빼어나며[賢聖] 다움을 갖춘 인재들을 구해 그 사람에게 천하를 넘겨주지는[嬗=禪讓=禪位] 못할망정 미리 태자를 세우자 하니, 이는 내가 다움을 갖추지 못했음을 더욱 심하게 하는 것이다. 천하의 기대에 어찌 부응할 것인지가 시급하니, 그 문제는 천천히[安=徐] 해도 된다."

유사가 말했다. "미리 태자를 세우자는 것은 종묘와 사직을 높이자는 것이지 천하(의 일)를 잊자는 것이 아닙니다."

상이 말했다.

"초왕(楚王)께서는 짐의 계부(季父)인데, 춘추도 높으시고 세상의 의리와 이치에 대해 두루 살펴보시어 나라를 다스리는 요체에 밝으시다. 또 오왕(吳王)께서는 짐에게 형님이 되고 회남왕(淮南王)은 동생이 되는데, 둘 다 뛰어난 다움[秉德]으로써 짐을 보좌하고 있다. 이들이 있으니 어찌 후계자를 미리 세운 것이 아니겠는가? 제후나 왕과 종실의 형제, 공신들 중

『정종(文章正宗)』에서 "태사공(太史公-사마천)이 「고기(高紀-고제기)」나 「경기(景紀-경제기)」에 조서를 싣지 않고 오직 문제의 「본기[文帝紀]」에만 그것을 실은 이유는 무릇 그것이 다 문제의 진정한 마음[實意]에서 나온 것으로 보고서 이를 높이 평가했기 때문"이라고 풀이했다.

에는 뛰어나면서도 다움과 의로움을 갖춘 자들이 많은데, 만약에 다움이 있는 자를 발탁해 짐이 완성하지 못한 사업을 이어가게 한다면 이는 사직의 행운이자 천하의 복이다. 그런데 지금 그런 자들 중에서 골라 뽑지 않고 반드시 내 아들을 태자로 세워야겠다고 말한다면, 사람들은 짐이 뛰어나면서도 다움이 있는 자들을 잊어버리고 오로지 자기 자식만을 생각해 천하에 대해서는 근심도 하지 않는다고 할 것이다. 짐은 감히 이런 일을 하지 않을 것이다[不取]."[14]

유사가 굳게 청해 말했다.

"옛날에 은나라와 주나라가 나라를 소유해 그것을 평안하게 다스린 것[治安=治理安寧]이 둘 다 거의 1,000년이었고, (상고 이래로) 나라를 소유한 자들 중에 (은이나 주보다) 더 길게 이어진 나라가 없었던 이유는 은이나 주나라가 바로 이런 도리〔○ 사고(師古)가 말했다. "(자식 중에서) 후사를 정해 왕위를 넘겨주는 것을 말한다."〕를 썼기 때문입니다. 후사는 반드시 자식 중에서 해야 하는 것은 그 유래[所從來]가 오래된 것입니다. 고제께서 처음 천하를 평정하시고서는 여러 후들을 세우시고 스스로 제(帝)가 돼 태조(太祖)가 되셨습니다. 여러 후와 왕과 열후로서 처음 나라를 받은 자들 역시 그 나라의 시조[祖]가 됐습니다. 자손들이 뒤를 이어[繼嗣] 대대손손 끊이지 않도록 하는 것[不絶]은 천하의 큰 의리입니다. 그렇기 때

---

14 이에 대해 진덕수(眞德秀)는 『문장정종(文章正宗)』에서 다음과 같이 평가했다. "황제가 말한 것은 다 신하들의 면전에서 일깨워준 것[面諭]이고, 유사의 말을 보면 여기에는 진심으로 태자를 세우려는 청이 담겨 있다. 당시는 황제가 즉위한 지 불과 몇 달 되지 않았는데 유사의 건의와 문제의 겸양이 이러했으니 둘 다 후세의 모범[後世法]이 될 만하다."

문에 고제께서는 그것을 설치하시어[○ 사고(師古)가 말했다. "자손이 뒤를 잇도록 하는 법도를 설치했다는 말이다."] 해내(海內)를 안정시키셨던 것입니다. (그런데) 지금 마땅히 세워야 할 자[宜建=適嗣]를 내버리시고[釋=捨] 군이 다시 제후와 종실 중에서 고르시려는 것은 고제의 뜻이 아닙니다. 다시 토의하는 것[更議=再議]은 마땅하지 않습니다. 아드님 계(啓)[○ 문영(文穎)이 말했다. "경제(景帝)의 이름이다."]는 가장 연장자이고, (마음 씀씀이가) 도탑고 두터우며 자애롭고 어지니[敦厚慈仁], 그를 세워 태자로 삼으실 것을 청하옵니다."

상은 마침내 이를 허락했다. 그로 인해 천하를 사면하고, 또 적처 소생이 아니지만 아버지의 뒤를 이은 자에게 작(爵) 1급씩을 하사했다.[15] 장군 박소를 지후(軹侯)로 삼았다.

3월에 유사가 황후를 세울 것을 청했다. 황태후가 말했다.

"태자의 어머니 두씨(竇氏)를 세워 황후로 삼도록 하라."[16]

조하여 말했다.

"바야흐로 봄이란 화창한 시절이니 초목과 온갖 생물들이 다 스스로 즐거워하고 있건만, 내 백성들 중에서 홀아비와 과부, 고아와 의지할 데 없는 노인들[鰥寡孤獨] 그리고 빈궁한 사람들은 혹 죽음과 패망으로 굴러떨어지려 하고[阽] 있는데도 그들의 근심을 제대로 살펴보지[省=視] 못하

---

15 이 조치는 문제 자신이 바로 적처 소생이 아니면서 황통을 이은 점을 염두에 둔 것이다.

16 사마천(司馬遷)의 『사기(史記)』는 황태후의 말을 조금 더 길게 인용하고 있다. "황제의 아들인 여러 후(侯)는 모두 같은 어머니 소생이니 태자의 모친을 황후로 세웁시다." 여러 후란 문제의 아들인 유계(劉啓)와 유무(劉武)를 가리킨다.

고 있다. (짐은) 백성들의 부모가 돼 장차 어찌해야 하겠는가? 그들을 진대(振貸)하기(○ 사고(師古)가 말했다. "진(振)은 일으켜주는 것[起]이니, 필요한 것들을 제공해 그들을 살아갈 수 있게 해주는 것이다."] 위해서는 어떻게 해야 할 것인지를 토의하도록 하라."

또 조서를 내렸다.

"무릇 나이 든 사람은 비단이 없으면 따뜻하지가[煖=溫] 않고, 고기가 없으면 배가 부르지 않다. 지금은 한 해의 초(初)라 수시로 사람을 보내 장로(長老)들의 안부를 묻게 하라[存問](○ 사고(師古)가 말했다. "존(存)은 살펴 보는 것[省視]이다."]. 또 (저들에게) 베와 비단, 술과 고기를 하사하지 않는다면 장차 무엇으로써 천하의 자손들이 그 부모를 효도로 봉양하겠는가? 지금 듣건대 관리들 중에서 급료[稟=給]로 마땅히 죽(을 쑬 수 있는 씻은 쌀)을 받아야 하는 자들 중에 혹 찧지 않은 묵은 곡식[陳粟](○ 사고(師古)가 말했다. "진(陳)은 아주 오래 됐다[久舊]는 뜻이다. 『시경(詩經)』「소아(小雅)」'보전(甫田)' 편에 "나는 묵은 곡식을 취해서[我取其陳]"라는 구절이 있다."]으로 대신하는 일들이 있다고 하는데, 그것이 어찌 노인들을 봉양하라는 원래의 뜻에 부합하는 것이겠는가? 이에 대해 갖추어 명령을 내리도록 하라!"

이에 유사는 현(縣)과 도(道)(○ 사고(師古)가 말했다. "오랑캐[蠻夷] 지역은 도(道)라고 했다."]에 다음과 같은 명을 내려줄 것을 청했다. '80세 이상 된 사람에게는 매달 쌀 1석과 고기 20근과 술 5말을 내리고, 90세 이상 된 사람에게는 그밖에 또 비단 2필과 솜[絮] 3근을 더 내려주라. 내려주는 물건에는 또 마땅히 죽을 쑬 수 있는 쌀이 포함돼야 하니 장리(長吏)(○ 사고(師古)가 말했다. "장리는 현을 다스리는 수장이다."]는 이를 잘 살펴보고 승(丞)이나 위(尉)는 직접 가서 (이상의 내용들을) 확인토록 하라. 아직 90세가 되지 않은 사람에게는 색부(嗇夫)[17]나 영사(令士)가 가서 확인토록 하라. 그리고 2,000석 관리는 도리(都吏)를 파견해 순행케 하면서, 이런 조서의 내용에 부합하지 않는 자가 있으면 처벌토록 하라. 이미 형을 받은 자 및 죄가 있는 사람〔○ 사고(師古)가 말했다. "죄를 지었으나 아직 판결이 내려지지 않은 사람을 가리킨다."〕 중에서 노역형[耐]〔○ 소림(蘇林)이 말했다. "2년형 이상을 말한다. 내(耐)라고 한 것은 능히 그 죄를 감당해낼 수 있다는 뜻이다."〕 이상에 해당하는 자에게는 이 명령을 쓰지 않도록 하라.' 초(楚) 원왕(元王)[18]이 훙했다.

4월에 제(齊)와 초(楚)에 지진이 일어나 29개의 산이 같은 날에 무너졌고, 홍수가 나 제방을 허물고 범람했다[潰出]〔○ 사고(師古)가 말했다. "제방이 터지는 것[旁決]을 궤(潰)라 하고 위로 넘치는 것[上湧]을 출(出)이라 한다."〕.

6월에 군과 국에 영을 내려 내조해 공물을 바치지 말도록 했다. 은혜를 천하에 베풀자 제후와 사방의 오랑캐들이 멀건 가깝건 다 기뻐하며 흡족

---

17 한나라 때 고을에서 소송이나 조세를 담당하던 하급 관리다.
18 고조(高祖)의 이복동생 유교(劉交, ?~기원전 179년)다. 책 읽기를 좋아했고 재예(材藝)가 풍부했다. 순황(荀況)의 제자 부구백(浮丘伯)에게 동문 신배공(申培公), 목생(穆生), 백생(白生)과 함께 『시경(詩經)』을 배웠다. 유방을 따라 거사했고, 입관(入關)한 뒤 문신군(文信君)에 봉해졌으며, 유방을 따라 각지에서 전투를 벌였다. 고조가 즉위하자 초왕(楚王)에 봉해졌다. 신배공을 중대부(中大夫)로 삼아 예우했고, 자식을 부구백에게 보내 배우게 했다.

해했다. 마침내 (문제가) 대(代)에서 오는 과정에 공을 세운 이들을 챙겨주었다[修]. 조하여 말했다.

"바야흐로 대신들이 여러 여씨들을 주살하고 짐을 맞아올 때 짐이 의심스러워 망설이니[狐疑], 모두가 짐을 말렸지만 오직 중위(中尉) 송창만이 짐에게 (장안에 가야 한다고) 권유하는 바람에 짐은 (그 덕분에) 종묘를 가질 수 있게 됐다. 이미 창을 높여[尊=高] 위장군으로 삼았는데, 이번에 창을 봉해 장무후(壯武侯)로 삼도록 하라. 그리고 짐을 시종해온 여섯 사람[○ 사고(師古)가 말했다. "장무(張武) 등을 말한다."]은 관직이 모두 구경(九卿)에 이르도록 하라."

또 말했다.

"열후들 중에서 고제를 따라 촉한(蜀漢)에 들어간 자 68명에게는 봉읍을 각각 300호씩 더해주라. 2,000석 관리들 중에서 고제를 따라 들어간 영천(潁川) 수(守-군수) 존(尊) 등 18명에게는 식읍(食邑) 600호, 회양(淮陽) 수 신도가(申屠嘉) 등 10명에게는 500호, 위위(衛尉) 족(足) 등 14명에게는 400호를 주도록 하라."

회남왕(-유장)의 외삼촌[舅][19] 조겸(趙兼)[20]을 봉해 주양후(周陽侯)로 삼고, 제왕의 외척 사균(駟鈞)을 봉해 정곽후(靖郭侯)로 삼으며[○ 여순(如淳)이 말했다. "정곽은 읍의 이름이니, 육국(六國)시대(-전국시대) 때 정곽군(靖郭君)이 있었다."], 옛 상산국(常山國)의 승상 채겸(蔡兼)을 번후(樊侯)로

---

19 구(舅)는 원래 장인이나 외삼촌을 뜻한다. 그러나 문맥에 따라 풀이해야 한다.

20 조겸은 고제의 총애를 받았던 조씨(趙氏)의 동생이다.

삼았다.

2년 겨울 10월에 승상 진평(陳平)이 훙했다. 조하여 말했다.

"짐이 듣건대 옛날에는 제후들에게 나라를 세워준 것이 1,000여 명이라 각지에서 자신들의 봉지(封地)를 지키게 함으로써 때에 맞게 공물을 올리니 백성들이 힘들고 괴롭지 않아 아래 위가 다 기뻐하고 도음을 어기는 바[違德]가 없었다[靡有=未有]. 그런데 지금 열후(列侯)들은 대부분 장안(長安)에 머물고 있고 자신들의 봉읍은 멀리 떨어져 있으니〔○ 사고(師古)가 말했다. "식읍이 장안에서 멀리 떨어져 있다는 말이다."〕 아래 관리들이 필요한 물자를 대느라 고통받고 있다. 그러다 보니 열후들은 그 백성들을 가르치고 일깨우는 바가 전혀 없다. 지금 당장 열후들을 자신들의 봉국으로 돌아가도록 명하고, 또 (그들 중에서) 중앙 조정의 경대부가 된 사람[爲吏]²¹이나 (짐의 은총을 입어) 장안에 머물도록 조서를 받은 사람〔○ 이기(李奇)가 말했다. "이는 특별히 은혜와 사랑을 받아서 남게 된 사람들을 가리킨다."〕은 (자신들을 대신해서) 태자를 봉국으로 보내도록 하라."

11월 계묘일(癸卯日) 그믐날에 일식이 있었다. 조하여 말했다.

"짐이 듣건대 하늘이 백성을 낳을 때 백성을 위해 임금을 두어 그들을 기르고 다스리도록[養治] 했다. 그런데 임금이 임금답지 못하고[不德] 정사를 펴는 것이 균형을 잃으면[不均] 하늘은 임금에게 재앙을 보여줌으로써 제대로 다스려지지 못하는 것에 대해 경고한다고 한다. 마침 11월 그믐날에 일식이 일어나 꾸짖음[適=責]이 하늘에 나타났으니 이보다 큰 일(-재앙

---

21 이기(李奇)의 풀이에 따라 풀어서 옮겼다.

의 조짐)이 어디에 있겠는가? 짐은 (황제가 돼) 종묘를 보호하게 돼 이 미미한 한 몸을 선비와 백성들[士民]에게 맡김으로써 군왕들의 윗자리에 있는 것이니, 천하가 다스려지고 어지러워지는 것[治亂]은 나 한 사람에게 달려 있도다. 그러니 오직 그대들 몇몇 집정(執政-재상)은 오히려 나의 정강이와 팔뚝[股肱]이라 할 것이다. 짐이 아래로는 수많은 백성들을 제대로 다스려 기르지 못하고[治育], 위로는 하늘의 뜻[三光之明][22]에 누를 끼쳐 임금답지 못함[不德]이 너무도 크다. 영(令)〔○ 사고(師古)가 말했다. "영이란 이 조서를 가리킨다."〕이 이르게 되면 지금 그대들은 모두 짐의 잘못이 무엇인지를 깊이 생각해 짐이 미치지 못한 것들[所不及]을 알아내 일깨워 일러주기를[啓告] 바란다. 또 뛰어나고 훌륭하고 반듯하고 정직해[賢良方正] 능히 직언(直言)하고 극간(極諫)할 수 있는 사람들을 천거해 짐이 미치지 못한 바[不逮=不及]를 바로잡을 수 있도록 하라.

이와 함께 관리들은 맡은 바 임무에 온 힘을 다하고, 노역[繇]을 줄여줌으로써 백성들을 편안하게 해주는 데 힘써야 한다. 짐은 이미 (부덕해) 임금다움을 멀리까지 미치게 하지[遠德] 못했으니 늘 이민족들[外시]이 침입하지 않을까 근심하고 있다. 그래서 이들을 대비하느라 군인들이 제대로 쉴 수가 없다. 그렇다고 지금 변경의 주둔군[邊屯]을 마음대로 없앨 수도 없으니, 다만 황궁을 수비하는 군대를 정비하도록[飭=整] 해 위(衛)장군[23]

---

22 해와 달과 별의 빛을 말한다.

23 황궁 경비대다.

의 군대는 혁파하고, 태복(太僕)[24]은 지금의 말을 줄이되 일을 하는 데 꼭 필요한 말들은 남겨두고 나머지는 모두 역참(驛站) 등으로 흩어 보내도록 하라."

봄 정월 정해일(丁亥日)에 조하여 말했다.

"무릇 농사란 천하의 근본이라, 이에 적전(籍田)〔○ 응소(應劭)가 말했다. "옛날에 천자는 적전을 갈았는데 이는 천하에 모범을 보이기 위함이었다. 적(籍)이란 제왕의 전적(典籍-가르침)의 한결같음[常]을 뜻한다." 위소(韋昭)가 말했다. "적(籍)은 빌리다[借]는 말이다. 즉, 백성의 힘을 빌려서[借] 그들을 다스림으로써 종묘를 받들고, 또 그것을 통해 천하를 솔선해서 권면해 백성들로 하여금 농사에 힘쓰게 하려는 것이다." 신찬(臣瓚)이 말했다. "(한나라) 경제(景帝)는 조하여 말하기를 '짐은 몸소 밭을 갈고, 후(后)는 몸소 뽕나무를 심어 천하에 모범을 보이고자 한다'라고 했으니, 이는 본래 몸소 행함으로써 의로움을 행하고자 한 것이니 백성의 힘을 빌린다[假借] 해 그런 명칭이 생겨난 것이 아니다. 적(籍)은 '직접 땅을 밟다[蹈籍]'는 말이다." 사고(師古)가 말했다. "찬의 설이 옳다. 『국어(國語)』에 이르기를 '(주나라) 선왕(宣王)이 즉위해 천무(千畝-적전)를 전적으로 삼아 밭을 갈지 않자 괵문공(虢文公)이 간언했다'라고 했으니, 이를 보면 적(籍)이 백성의 힘을 빌린다[假借]는 것이 아님이 분명하다."〕을 열어 짐이 몸소 솔선해 밭을 갈아 종묘의 자성(粢盛)〔○ 사고(師古)가 말했다. "제사에 쓰이는 곡식을 자(粢)라 하고, 제사에 쓰이는 제기를 성(盛)이라 한다."〕을 마

---

24 위장군에 소속돼 말을 담당하는 관리다.

련하고자 한다. 백성들 중에서 죄인[謫]으로서 현관(縣官)²⁵을 위해 경작하
는 자나, 종자〔○ 사고(師古)가 말했다. "오곡의 종자를 말한다."〕나 식량을
빌리고서 되갚지 못한 자, 혹은 되갚음을 다 끝내지 못한 자 등은 모두 사
면토록 하라."

3월에 유사가 황자(皇子)들²⁶을 세워 제후와 왕으로 삼을 것을 청했다.
조하여 말했다.

"전(前) 조(趙)의 유왕(幽王)²⁷은 유폐돼 죽었기[幽死] 때문에 짐은 그를
심히 불쌍히 여겨 이미 그의 태자 수(遂)를 세워 조왕(趙王)으로 삼았다.
수의 동생 벽강(辟彊)과 제(齊)의 도혜왕(悼惠王)의 아들인 주허후 장과 동
모후 흥거는 공로가 있으니 왕으로 삼을 만하다."

이에 벽강을 세워 하간왕(河間王)으로 삼고, 장을 성양왕(城陽王)으로
삼고, 흥거를 제북왕(濟北王)으로 삼았다. 이어서[因] 황자 무(武)를 대왕
(代王)으로 삼고, 삼(參)을 태원왕(太原王)으로 삼고, 읍(揖)을 양왕(梁王)
으로 삼았다.

5월에 조하여 말했다.

"옛날에 (빼어나거나 뛰어난 임금들이) 천하를 다스릴 때에는 대궐 앞
에 좋은 일을 고해 올리는[進善] 깃대[旌=幡]〔○ 응소(應劭)가 말했다. "요

---

25 중앙 조정을 가리킨다. 아주 드물게 현의 관리라는 뜻으로도 쓰인다.

26 황태자 이외의 황제의 아들들을 가리킨다.

27 고제의 여섯째 아들 유우(劉友)를 가리키는데, 애초에는 회양왕에 봉해졌으나 여후 때 조왕으
로 옮겼다. 유우는 여태후를 싫어해 미움을 받다가 죽었다.

권4 문제기(文帝紀) 189

임금이 그것을 설치해 백성들로 하여금 좋은 일을 고해 올리도록 했다."
여순(如淳)이 말했다. "좋은 일을 고해 올리고 싶은 사람은 깃대 아래에서
그 내용을 말했다."]와 비판을 담은 목판[誹謗之木](○ 응소(應劭)가 말했
다. "다리 주변에 판 같은 것이 있어 정치의 잘못들을 적게 했는데, 진(秦)
나라에 이르러 없어졌다가 이때 영을 내려 그것을 복원했다."]이 있어 다
스리는 도리[治道]가 두루 통하게 했고 또 간언하려는 자가 얼마든지 찾
아올 수 있게 했다. 그런데 지금 법령 중에는 비방 및 유언비어[訞言=妖言]
를 다스리는 죄가 있어(○ 사고(師古)가 말했다. "고후(高后) 원년 유언비어
에 관한 법을 없애라는 명이 있었다. 그런데 지금 다시 이런 조서가 내려
진 것은 그 사이에 그 법이 다시 만들어졌기 때문이다."] 여러 신하들이 감
히 속마음과 실상[情]을 다 말하지 못하게 되니 위에서는 자신의 잘못에
대해 제대로 들을 수가 없다. 이렇게 되면 장차 어떻게 먼 곳에 있는 뛰어
나고 훌륭한 인재들이 찾아올 수 있겠는가? 이런 법령은 당장 없애라. 간
혹 백성들이 임금을 저주하면서 서로 (말하지 않기로) 약속했다가 뒤에
약속을 어기고[謾=欺] 서로 속여서 고발을 하면 관리들은 이를 대역죄로
다스리고, 또 이런 처벌에 대해 다른 말을 하면 관리들은 조정을 비방한
죄로 다스린다. 이는 힘없는 백성들[細民]이 우매하고 무지해 죽을죄를 짓
게 만드는 것[抵=觸]이니 짐은 그런 법은 결코 취할 수가 없다. 앞으로 이
런 죄를 범했다 해서 잡혀오는 백성들은 결코 처벌하지 말도록 하라."

9월에 비로소 군수(郡守)에게 동으로 만든 호부(虎符)와 대나무로 만
든 사부(使符)를 주었다(○ 응소(應劭)가 말했다. "동으로 만든 호부는 제1
등급에서 제5등급까지 있어, 나라에서 병사를 징발하거나 사자를 보낼 때

그것을 갖고 군(郡)에 가서 부(符)를 맞춰보아 그것이 서로 합치되면[符合부합] 그 명을 따르게 된다. 대나무로 만든 사부는 대나무 화살 5개인데 길이는 5촌이며, 전서(篆書)로 새겨져 있고, 제1등급에서 제5등급까지 있었다." 장안(張晏)이 말했다. "부는 옛날의 규장(圭璋)을 대체한 것인데 편리함 때문에 그렇게 했다." 사고(師古)가 말했다. "군수에게 부를 만들어주었다는 것은 각각 그 반을 나눠서 오른쪽은 경사(京師)에 두고 왼쪽을 주었다는 말이다."].

조하여 말했다.

"무릇 농사는 천하의 큰 근본이라 백성들이 그것을 믿고서 살아갈 수 있는 바이다. 백성들이 혹 농업[本=本業본=본업]에 힘쓰지 않고 상공업[末=末業말=말업]을 숭상하니 삶을 제대로 마치지 못한다[不遂불수][○ 사고(師古)가 말했다. "입고 먹을 것이 끊어지게 돼 일찍 죽게 되니 그 삶을 제대로 마칠 수가 없는 것이다."]. 짐은 이를 근심하니, 그래서 이제 친히 여러 신하들을 이끌고서 농사를 지음으로써 농업을 권면하고자 한다. 그러니 천하의 백성들에게 올해 내야 할 전조(田租)의 절반을 감면해주도록 하라."[28]

3월 겨울 10월 정유일(丁酉日) 그믐날에 일식이 있었다. 11월 정묘일(丁卯日) 그믐날에 일식이 있었다. 조하여 말했다.

"지난번에 조하여 열후들은 봉국으로 가도록 했는데 그 말이 아직도 행해지지 않고 있다. 승상은 짐이 무겁게 여기는 바이니 짐을 위해 열후들

---

28 진덕수(眞德秀)는 이런 결정이 이뤄질 수 있었던 이유를 가의(賈誼)를 만나 의견을 들었기 때문으로 보았다.

에게 솔선해 자신의 국(國)으로 가도록 하라."

드디어 승상 발(勃-주발)을 면직시켜 봉국에 나아가도록 했다. 12월에 태위(太尉) 영음후(穎陰侯) 관영(灌嬰)을 승상으로 삼았다. 태위라는 관직을 폐지해 승상에 소속시켰다.

여름 4월에 성양왕 장(章-유장)이 훙했다. 회남왕 장(長-유장)이 벽양후(辟陽侯) 심이기(審食其)를 죽였다〔○ 사고(師古)가 말했다. "심이기를 그의 집에서 죽였다."〕.

5월에 흉노가 북지(北地)와 하남(河南)〔○ 사고(師古)가 말했다. "북지군(北地郡)의 북쪽과 황하의 남쪽 일대다."〕에 침입해 머물며[居=留] 도적질[寇]을 했다. 상이 감천(甘泉)에 행차해[幸]〔○ 사고(師古)가 말했다. "감천은 운양(雲陽)에 있으며, 원래는 진(秦)나라 임광궁(林光宮)이 있었다." 여순(如淳)이 말했다. "(후한의 학자인) 채옹(蔡邕, 132~192년)이 말하기를 천자의 수레와 가마가 이르게 되면 백성과 신하들은 그것을 요행(僥倖)으로 여겼기 때문에 천자의 행차를 행(幸)이라 한다고 했다. 행차를 하게 될 경우 어느 곳에 이르면 그곳의 영장(令長)과 삼로(三老) 그리고 관속들을 만나보고 친히 그곳 관청에 나아가 음악을 베풀고 술과 음식, 의류와 각종 기물들을 하사하며 백성들의 작(爵)을 올려주고 혹은 전조(田租)를 반으로 깎아주었기에 그로 인해 행(幸)이라고 하는 것이다."〕 승상 관영을 보내 흉노를 치게 하니 흉노는 물러갔다. 중위(中尉)의 재관(材官-정예병)을 징발해 위장군(衛將軍)에 소속시켜 장안에 주둔케 했다.

상은 감천에서 고노(高奴)〔○ 사고(師古)가 말했다. "상군(上郡)의 현(縣)이다."〕로 가서[之=往] 이어 태원(太原)으로 행차해 옛 여러 신하들을 만나보고 그들 모두에게 상을 내려주었다. 공을 들어 행상(行賞)을 거행하고 여러 백성들의 고을에 소고기와 술을 내려주었다. 진양(晉陽)과 중도(中都)의 백성들에게는 3년간 부역과 조세를 면제해주었다[復＝免除]. 태원에서
복 면제

소 흉노를 치려 한다는 말 양(滎陽)을 습격하고자 했다. 蒲侯) 시무(柴武)를 대장군 가서 그를 쳤다. 기후(祁侯) 다. 가을 7월에 상은 태원을

을 일으켜 이민(吏民)을 그 에서 우리 군대가 도착하기 그리고서 항복한 자는 모두 홍거와 함께 있다가 그곳

목숨을 끊었다. 홍거와 함께

인 자들에게 부역과 조세를 하지 못하도록 했다. 제후와

권4 문제기(文帝紀) 193

왕의 아들에게 봉읍을 2,000호씩 내려주었다.

가을 9월에 제(齊)의 도혜왕의 아들 17명을 열후로 삼았다.

강후 주발에게 죄가 있어 그를 붙잡아 정위(廷尉)의 감옥에 집어넣었다.

고성묘(顧成廟-문제의 사당)를 지었다〔○ 복건(服虔)이 말했다. "사당[廟]은 장안성 남쪽에 있었는데 문제 때 지었다. 고개를 돌리면 성이 보인다고 해서 이렇게 이름을 지었다." 응소(應劭)가 말했다. "문제가 몸소 사당 조성을 주관했는데 규모가 낮고 좁아 마치 고개를 돌리는 사이에 완성됐다[顧成]고 하는데, 이는 (주나라) 문왕이 영대(靈臺)를 하루도 안 돼 완성한 것과 같아서 고성(顧成)이라고 한 것이다." 사고(師古)가 말했다. "고개를 돌리면 성이 보인다 해서 거기서 이름을 따왔다는 것은 의미상으로 취할 바가 못 된다. 또 원문에 성곽(城郭)이라는 글자가 없기 때문에 응씨의 설이 실상에 가깝다고 하겠다."〕.

5년 봄 2월에 지진이 있었다.

여름 4월에 도주전령(盜鑄錢令)을 폐지했다.[30] 다시 사수전(四銖錢)을 만들었다〔○ 응소(應劭)가 말했다. "문제는 오분전(五分錢)을 너무 가볍고 작다고 여겼기 때문에 다시 사수전을 만들었는데, 1문(文)은 반량(半兩)이었다."〕.

6년 겨울 10월에 복숭아나무와 오얏나무에 꽃이 활짝 피었다.

11월에 회남왕 장(長)이 모반하자 폐위시켜 촉군(蜀郡)의 엄도(嚴道)로 옮기던 중에 옹(雍) 땅[31]에서 죽었다.

---

30 사사로이 주전하던 것을 금했던 것을 풀어주었다는 말이다.

31 섬서성(陝西省) 봉상현(鳳翔縣)에 있다.

왕의 아들에게 봉읍을 2,000호씩 내려주었다.

가을 9월에 제(齊)의 도혜왕의 아들 17명을 열후로 삼았다.

강후 주발에게 죄가 있어 그를 붙잡아 정위(廷尉)의 감옥에 집어넣었다.

고성묘(顧成廟-문제의 사당)를 지었다〔○ 복건(服虔)이 말했다. "사당[廟]은 장안성 남쪽에 있었는데 문제 때 지었다. 고개를 돌리면 성이 보인다고 해서 이렇게 이름을 지었다." 응소(應劭)가 말했다. "문제가 몸소 사당 조성을 주관했는데 규모가 낮고 좁아 마치 고개를 돌리는 사이에 완성됐다[顧成]고 하는데, 이는 (주나라) 문왕이 영대(靈臺)를 하루도 안 돼 완성한 것과 같아서 고성(顧成)이라고 한 것이다." 사고(師古)가 말했다. "고개를 돌리면 성이 보인다 해서 거기서 이름을 따왔다는 것은 의미상으로 취할 바가 못 된다. 또 원문에 성곽(城郭)이라는 글자가 없기 때문에 응씨의 설이 실상에 가깝다고 하겠다."〕.

5년 봄 2월에 지진이 있었다.

여름 4월에 도주전령(盜鑄錢令)을 폐지했다.[30] 다시 사수전(四銖錢)을 만들었다〔○ 응소(應劭)가 말했다. "문제는 오분전(五分錢)을 너무 가볍고 작다고 여겼기 때문에 다시 사수전을 만들었는데, 1문(文)은 반량(半兩)이었다."〕.

6년 겨울 10월에 복숭아나무와 오얏나무에 꽃이 활짝 피었다.

11월에 회남왕 장(長)이 모반하자 폐위시켜 촉군(蜀郡)의 엄도(嚴道)로 옮기던 중에 옹(雍) 땅[31]에서 죽었다.

---

30 사사로이 주전하던 것을 금했던 것을 풀어주었다는 말이다.

31 섬서성(陝西省) 봉상현(鳳翔縣)에 있다.

나보고 그들 모두에게 상을 내려주었다. 공을 들어 행상(行賞)을 거행하고 여러 백성들의 고을에 소고기와 술을 내려주었다. 진양(晉陽)과 중도(中都)의 백성들에게는 3년간 부역과 조세를 면제해주었다[復=免除]. 태원에서 머물며 논 것이 10여 일이었다.

제북왕 흥거는 제(帝)가 대(代) 땅에 가서 몸소 흉노를 치려 한다는 말을 듣고서는 마침내 모반해 군대를 일으켜 형양(滎陽)을 습격하고자 했다. 이에 조하여 승상의 군대를 해산해 극포후(棘蒲侯) 시무(柴武)를 대장군으로 삼아 네 명의 장군과 10만 병사를 이끌고 가서 그를 쳤다. 기후(祁侯) 증하(繒賀)를 장군으로 삼아 형양에 군진을 쳤다. 가을 7월에 상은 태원을 떠나 장안에 이르렀다. 조하여 말했다.

"제북왕은 다움을 저버리고[背德] 위에 반란을 일으켜 이민(吏民)을 그르치며[詿誤] 대역을 행했다. 제북의 이민들 중에서 우리 군대가 도착하기 전에 스스로 방향을 정하고 군대나 성읍을 거느리고서 항복한 자는 모두 사면해주고 관작(官爵)을 원래대로 돌려주라. 왕 흥거와 함께 있다가 그곳을 버리고 온 자들 또한 사면해주도록 하라."

8월에 제북왕 흥거를 붙잡았는데 스스로 목숨을 끊었다. 흥거와 함께 반란을 일으켰던 자들도 사면해주었다.

4년 겨울 12월에 승상 관영이 훙했다.

여름 5월에 유씨(劉氏)의 속적(屬籍)[29]을 가진 자들에게 부역과 조세를 면제해주었고[復] 개개의 집안들에서는 관여하지 못하도록 했다. 제후와

---

29 왕실의 종적(宗籍)을 가리킨다.

7년 겨울 10월 영을 내려 열후의 태부인(太夫人), 부인, 제후와 왕의 아들과 2,000석 관리들은 자기들 마음대로 사람들을 부르거나 체포하지 못하도록 했다〔○ 여순(如淳)이 말했다. "열후의 처를 부인(夫人)이라 했다. 열후가 죽으면 아들이 다시 열후가 되니 이에 태부인이라는 칭호를 얻을 수 있었는데, 아들이 열후가 되지 못하면 그런 칭호를 얻을 수 없다."〕. 여름 4월에 천하를 사면했다.

6월 계유일(癸酉日)에 미앙궁 동궐의 부시(罘罳)[32]가 불탔다.

8년 여름에 회남(淮南)의 여왕(厲王) 장(長)의 아들 네 명을 봉해 열후로 삼았다.

장성(長星)〔○ 문영(文穎)이 말했다. "패(孛-살별), 혜(彗), 장(長) 세 가지 별은 그 점(占)이 대략 같지만 모양은 조금씩 다르다. 패성의 빛은 끝이 짧고, 혜성의 빛은 끝이 길고, 장성의 빛은 끝이 일직선이다. 대체로 패성이 나타나면 주로 옛것을 없애고 새것이 포진하게 되는 것이어서 화재가 일어나는데, 장성은 주로 군사적 변동[兵革]의 일과 관련된다."〕이 동쪽에 나타났다.

9년 봄에 큰 가뭄이 들었다.

10년 겨울에 (상이) 감천으로 행차했다.

장군 박소(薄昭)가 죽었다[死]〔○ 정씨(鄭氏)가 말했다. "소가 한(漢)의 사자(-조정에 보낸 사자)를 죽이자 문제는 차마 주살할 수 없어 공경들을 시켜 그에게 가서 술을 바치고서 스스로 결단할 것을 촉구했다. 소가 따르

---

32 새가 둥지를 틀지 못하도록 처마 아래에 설치한 병풍 같은 쇠그물이다.

지 않자 여러 신하들로 하여금 상복을 입고 가서 곡을 하게 하니 마침내 자살했다. 죄가 있었기 때문에 (훙(薨)이라 하지 않고) 사(死)라고 말한 것이다.").

11년 겨울 11월에 대(代)에 행차했다. 봄 정월에 상이 대에서 돌아왔다.

여름 6월에 양왕 읍(揖)이 훙했다.

흉노가 적도(狄道)에 들어와 도적질을 했다[寇=侵寇].

12년 겨울 12월에 황하(의 제방)가 동군(東郡)에서 터졌다[決].

봄 정월에 제후와 왕의 딸들에게 식읍을 각각 2,000호씩 내려주었다.

2월에 효혜황제의 후궁의 미인(美人)들[33]을 궁에서 내보내 시집을 갈 수 있도록 해주었다.

3월에 관소(關所)를 폐지해 통행용 부절[傳=棨][34] 사용을 금했다. 조하여 말했다.

"백성들을 이끄는 길은 근본에 힘쓰는 데[務本][35] 있다. 짐이 몸소 천하의 농민을 이끈 이래 지금까지 10년이 됐지만 들판을 더 개간하지[辟=開]

---

33 후궁을 모시는 여관의 직책명이다.

34 나무로 된 일종의 부절로 붉은 비단으로 감쌌으며, 관문을 통과할 때 이를 맞춰 합치하면 통과시켜주었다.

35 이 말은 『논어(論語)』 「학이(學而)」 편에서 나온 것이다. 유자(有子)가 말했다. "그 사람됨이 효도하고 공순하면서[孝弟] 윗사람을 범하기를 좋아하는 자는 드물다. (또) 윗사람을 범하기를 좋아하지 않으면서 난을 일으키기를 좋아하는 자는 없다. 군자는 근본에 힘쓰니[務本], 근본이 서야 도리가 생겨난다. 효(孝)와 제(弟)는 인(仁)을 행하는 근본이라 할 만하다." 이때부터 근본에 힘쓴다는 말은 효도하고 공순한 것[孝弟]을 가리키게 됐다. 또한 본(本)은 본말(本末)의 본으로 농업을 가리키고, 말(末)은 상공업을 가리킨다.

못해 한 해라도 작황이 좋지 못하면[不登=不成] 백성들 얼굴에 굶은 빛[飢色]이 있으니(○ 사고(師古)가 말했다. "이는 곧 비축해놓은 곡식이 없었기 때문이다."), 이는 농업에 종사하는 사람들[從事=從農事]이 너무 적은 데다가 관리들이 자신의 맡은 바에 힘쓰지 않았기 때문이다. 내가 조서를 여러 차례 내려 해마다 백성들에게 나무(-뽕나무)를 권했으나 성과가 없으니, 이는 관리들이 내 조서를 받드는 데 있어 부지런하지 않았고, 백성들에게 가르쳐주는 데 있어 명확하지 않았기 때문이다. 또 나의 농민들이 심하게 고통받고 있는데도 관리들은 이를 살펴보지[省=視] 않으니 장차 어떻게 권면하면 좋겠는가? 일단 농민들에게 올해 조세의 절반을 면제해주도록 하라."

또 말했다.

"효도와 공순[孝弟]은 천하의 큰 순리[大順]이고, 힘써 농사짓는 것[力田]은 생활을 영위하는 근본이다. 삼로(三老)는 많은 백성들의 스승[師]이요, 청렴한 관리[廉吏]는 백성들의 표상[表]이다. 짐은 이런 여러 대부들의 행실을 심히 아름답게 생각한다. 지금 1만 호의 현에 영을 내렸는데, 영에 호응하지 않으니(○ 사고(師古)가 말했다. "효도하고 공순하고 힘써 농사짓는 사람들을 찰거(察擧)하라는 영에 호응하는 바가 없었다는 말이다.") 어찌 그것이 사람들의 실상에 부합한다 하겠는가? 이는 관리가 뛰어난 이를 천거하는 도리[擧賢之道]가 제대로 갖춰지지 않았기 때문이다. 이에 알자를 보내 삼로와 효행을 행한 자[孝者]에게는 비단을 사람마다 5필씩 주고, 공순함을 행한 자와 힘써 농사를 지은 자에게는 비단 2필씩 주며, 청렴한 관리로 (봉급이) 200석 이상인 자에게는 100석을 늘려주고[率]

비단 3필씩을 내려주어 위로하라. 그리고 백성들이 불편해하거나 불안해하는 바[所不便安]를 물어 호구의 수에 비례해[率=比] 삼로, 효제, 역전의 인원수를 늘려주고〔○ 사고(師古)가 말했다. "백성들에 대한 교화를 넓힌 것이다."〕 영을 내려 (관리들) 각각은 짐의 뜻을 헤아려 백성들을 잘 이끌도록 하라[道=導]."

13년 봄 2월 갑인일(甲寅日)에 조하여 말했다.

"짐은 몸소 천하의 농경을 이끌어 자성(粢盛)을 대고 황후는 몸소 뽕나무를 심어 제복(祭服)을 장만하고 있으니, 영을 내려 친경하고 친잠하는 예제(禮制)를 갖추도록 하라."

여름에 비축(祕祝)〔○ 응소(應劭)가 말했다. "(재앙이 있을 경우 위의) 허물을 아래로 옮김으로써 나라는 그것을 피했는데, 그 때문에 비(祕-숨기다)라 한 것이다."〕을 폐지했는데, 그와 관련된 언급은 「교사지(郊祀志)」에 실려 있다. 5월에 육형(肉刑)의 법을 폐지했는데, 그와 관련된 언급은 「형법지(刑法志)」에 실려 있다.

6월에 조하여 말했다.

"농업은 천하의 근본이니 힘써야 할 일 중에 이보다 큰 일은 없다. 지금 몸을 부지런히 움직여[廑=勤] 농사에 종사해도 (다른 직종과 마찬가지로) 조세를 내게 되는데, 이를 일러 본말(本末)을 구별하지 않는다고 하는 것이다. 그리고 이는 농업을 권면하는 방법이 아직 갖춰지지 않아서 그런 것이다. 당장 경작하는 땅에 부과되는 조세를 폐지하도록 하라〔○ 이기(李奇)가 말했다. "본(本)은 농업이요 말(末)은 장사다. 이는 농민이나 장사꾼 모두 세금을 내는데 둘이 차이가 없으니, 그래서 땅에 부과되는 조세를 없앤 것이다."]. 그리고 천하의 고아와 과부들에게는 정해진 규정에 따라 베와 비단을 내려주도록 하라."

14년 겨울에 흉노가 변경을 침략해 북지군(北地郡) 도위 앙(卬)을 죽였다. 세 장군(將軍)을 보내 농서, 북지, 상군에 주둔케 하고, 중위 주사(周舍)를 위(衛)장군으로 삼고 낭중령 장무(張武)를 거기(車騎)장군으로 삼아 위수(渭水) 북쪽에 주둔케 했는데, 모두 병거 1,000승에 기병과 보졸 10만 명이었다.[36] 상(上)이 몸소 군대를 위로하고 병사들을 챙기며[勒=治] 승리를 다짐하고 장교와 병사[吏卒]들에게 상을 내렸다. 직접 흉노를 정벌하려 하니 여러 신하들이 간언했으나 듣지 않았다. 황태후가 굳게 상에게 빌자[要] 마침내 그만두었다. 이에 동양후(東陽侯) 장상여(張相如)[37]를 대장군으로 삼고, 건성후(建成侯) 동혁(董赫)과 내사(內史) 난포(欒布)를 모두 장군으로 삼아 흉노를 쳤다. 흉노는 달아났다.

봄에 조하여 말했다.

"짐이 희생을 잡고 폐백[珪幣]을 바쳐 상제와 종묘를 섬긴 지 지금까지 14년이나 됐으니 지난 세월이 짧다고 할 수는 없다. 다만 민첩하지도 못하고 밝지도 못하면서 오랫동안 천하를 어루만져주고 다스렸으니[撫臨] 짐

---

36 이때 흉노가 기병 4만을 이끌고 조나(朝那)와 소관(蕭關)을 침입해 북지도위(北地都尉) 손앙(孫卬)을 죽이고 수많은 백성과 가축들을 노략질했다. 또 팽양(彭陽)에 이르러 병사들을 풀어 회중궁(回中宮)을 불태웠고 척후병을 감천궁(甘泉宮)에까지 보냈다. 이에 문제는 중위 주사와 낭중령 장무를 장군으로 삼아 병거 1,000승과 기병과 보졸 10만 명을 주어 장안(長安)의 곁에 주둔시켜 대비했다.

37 태자 유계(劉啓)의 사부를 지냈다.

은 심히 자괴스러울 뿐이다. 앞으로 제사 지내는 곳을 늘리고, 제사에는 폐백을 더 많이 올리도록 하라! 옛날에 (뛰어난) 임금들께서는 (임금)다움을 널리 베풀면서도 그 보답을 구하지 않았고, 천지신명께 두루 제사를 지내면서도 자신의 복을 구하지 않았으며, 뛰어난 이를 친척보다 높이고[右賢左戚] 백성들을 자기 자신보다 우선시했으니[先民後己] 지극한 밝음에 이르렀다고 할 수 있을 것이다. 그런데 지금 내가 듣건대 제사 담당관들이 하늘에 제사를 올리면서 복을 모두 짐에게 돌리고, 짐 혼자 그 복을 향유하고 백성들을 위하지 않는다고 하니 짐은 심히 부끄럽다. 짐이 임금답지 못하면서 혼자 그 복을 향유하고 백성들은 복을 누릴 수 없게 한다면 이는 짐의 임금답지 못함[不德]을 더욱 가중시키는 일이니, 앞으로 제사관들은 제사를 올릴 때 삼감을 다하되 짐에게만 복을 내리도록 간청하는 일은 없도록 해야 할 것이다."

15년 봄에 황룡(黃龍)이 성기(成紀)〔○ 사고(師古)가 말했다. "성기는 농서현(隴西縣)에 있다."〕에 나타났다. 상은 이에 조서를 내려 교사(郊祀)에 관해 의견을 내도록 했다. 공손신(公孫臣)은 복색(服色)을 밝혔고, 신원평(新垣平)은 다섯 (황제의) 사당[五廟]을 설치했다.[38] 이에 관한 상세한 이야

---

38 이 일의 배경은 사마천의 『사기(史記)』에 상세히 실려 있다. "이때 북병후 장창이 승상이 돼 비로소 율력(律曆-악률과 역법)을 밝혔다. 노(魯)나라 사람 공손신이 상에게 글을 올려 오덕(五德)이 순환하고 계승하는 일을 아뢰었다. 그에 따르면 지금은 바야흐로 토덕(土德)의 시기에 해당하고, 토덕의 시기에는 반드시 황룡이 나타나니 정삭(正朔)과 복색(服色)의 제도를 개정해야 한다고 주장했다." "조(趙)나라 사람 신원평이 기운을 관찰해 점을 치는 망기(望氣)에 뛰어나다며 상을 알현하고는 위양(渭陽)에 다섯 황제의 사당을 세우면 주나라의 쇠솥[周鼎]을 얻을 것이며 또한 아름다운 보옥도 얻게 될 것이라고 아뢰었다."

기는 「교사지(郊祀志)」에 실려 있다. 여름 4월에 상은 옹(雍)에 행차해 처음으로 다섯 황제에게 교제사를 올려 찾아뵙고[郊見] 천하를 사면해주었으며, 명산과 대천에 예전에는 제사를 지내다가 중단된 곳을 손보아 유사로 하여금 해마다 예를 올리도록 명했다.

9월에 제후와 왕, 공경과 군수에게 조하여 뛰어나고 훌륭한 사람[賢良]들 중에서 능히 곧은 말[直言]과 지극한 간언[極諫]을 할 수 있는 자를 천거케 해, 상이 직접 책문을 내어 그에 관한 대책을 진술케 하고서 그 말의 내용을 잣대로 인재들을 썼다. 이에 관한 상세한 이야기는 「조조전(晁錯傳)」에 실려 있다.

16년 여름 4월에 상이 위양(渭陽)〔○ 위소(韋昭)가 말했다. "위성(渭城)에 있다." 사고(師古)가 말했다. "「교사지(郊祀志)」에 이르기를 장안의 동북쪽에 있다고 했으니 위성은 아니다. 위씨의 설은 잘못이다."〕에서 다섯 황제께 교(郊)제사를 지냈다.

5월에 제(齊) 도혜왕의 아들 여섯 명을 세우고 회남(淮南) 여왕(厲王)의 아들 세 명을 세워 모두 왕으로 삼았다.

가을 9월에 옥잔[玉杯]을 얻었는데 거기에 '임금의 수명이 길다[人主延壽]'라고 새겨져 있었다.[39] 천하에 영을 내려 큰 잔치[大酺]를 열어주었고 이듬해부터 연호를 바꿨다[改元]〔○ 장안(張晏)이 말했다. "옥잔을 얻은 일을 길한 조심이라 여겨 연호를 바꿨으니, 이는 장수의 복을 바랐던 것이다."〕.

---

39 응소(應劭)가 말했다. "신원평이 거짓으로 이런 짓을 해서 사람을 시켜 바치게 했다."

후(後) 원년(元年)(기원전 163년) 겨울 10월에 신원평의 사기극이 들통 나[覺=發覺] 반란을 모의하다가 삼족이 죽임을 당했다[夷三族].

봄 3월에 효혜황제의 황후 장씨(張氏)가 훙(薨)했다[○ 장안(張晏)이 말했다. "후는 여씨(呂氏)에게 붙었다가[黨=附] 북궁에 폐위돼 머물렀기 때문에 붕(崩)했다고 말하지 않았다."]. 조하여 말했다.

"지난[間者] 몇 년간 빈번하게[比=頻] 풍년이 들지 않았고[不登], 또 수재와 한재와 전염병[疾疫]의 재앙이 있었기에 짐은 심히 근심하고 있다. 어리석은 데다가 밝지도 못해 그 허물을 제대로 알지도 못하고 있다. 생각해볼 때 짐이 정치에는 잘못한 바가 있었고 행실에는 허물이 있지 않았겠는가? 마침내 하늘의 도리[天道]에 순조롭지 못함이 있었고, 땅의 이로움[地利]에서도 제대로 얻는 바가 없었으며, 사람의 일[人事]에서도 조화로움을 잃은 바가 많았으니, 귀신이 제사를 더 이상 흠향하지 않는 것인가? 어쩌다가 이런 지경에 이르렀는가? 혹시 백관들의 봉양이 제대로 되지 않았고 쓸데없는 역사(役事)가 많아서였는가? 어찌 백성들이 먹어야 할 식량이 부족하고 모자라는가?

무릇 전지(田地)를 헤아려보면[度=量計] 더 줄어든 게 아니고, 호구를 계산해보면 더 늘어난 것도 아니며, 호구로 전지를 헤아려보면 옛날보다 오히려 남음이 있는데 그 식량은 크게 부족하니, 그 잘못은 어디에 있는가? 이는 곧 백성들이 말업(末業-상업)에 종사해 농사를 해치는 자가 많고, 술을 빚어 만드느라 곡식을 없애는 자가 많으며, 육축(六畜-여섯 가지 가축)이 먹어치우는 것이 많아서인가? 미세하면서도 큰 의리[細大之義]에 대해서는 짐도 아직 그 핵심에 적중하지[中] 못했으니, 승상과 열후 및

2,000석 관리와 박사들이 함께 토의해 백성을 도울 만한 것이 있으면 앞장서서 멀리까지 생각하고[遠思]   숨기는 바가 없도록 하라."
   원사

2년 여름에 옹의 역양궁(棫陽宮)〔○ 장안(張晏)이 말했다. "진(秦)나라 소왕(昭王)이 지었다.)에 행차했다.

6월에 대왕 삼(參)이 훙(薨)했다. 흉노와 화친을 맺었다. 조하여 말했다. "짐은 이미 밝지가 못해[不明] 다움을 멀리까지 미치게 할 수 없어 사방 변경[四荒]〔○ 사고(師古)가 말했다. "융적(戎狄)은 황복(荒服)⁴⁰에 있기 때문에 사황(四荒)이라 한 것이다. 『이아(爾雅)』에 이르기를 고죽(孤竹)·북호(北戶)·서왕모(西王母)·일하(日下)를 일러 사황이라 한다고 했다."〕 밖의 나라들까지도 혹 편안히 쉬게 하지 못했다. 그래서 저 사방 변경의 주민들은 그 생활이 불안했고, 내가 봉해준 내지(內地)의 백성들은 부지런히 노력해도 마음놓고 지낼 수가 없었다[不處=不安].   이 두 가지 허물은 모두 짐의
   불처 불안
다움이 엷어서 멀리까지 도달할 수 없었기 때문에 생겨난 것들이다. 지난 몇 년간 흉노가 잇달아 변경을 침략해 관리와 백성들을 많이 죽였고, 변경의 관리와 장수들 또한 짐의 깊은 뜻을 제대로 깨치지 못해 짐의 임금답지 못함을 더욱 가중시켜왔다.

무릇 오래도록 전란이 끊이질 않았으니 어찌 안팎의 나라들이 장차 편안할 수 있겠는가? 그래서 짐은 요즘 새벽에 일찍 일어나고 한밤중에야 잠

---

40 고대 중국에서 수도권 사방 500리를 왕기(王畿)라 했고 그로부터 순차적으로 500리씩 멀어지면서 전복(甸服)·후복(侯服)·수복(綏服)·요복(要服)·황복(荒服)이라 했다. 제 마음대로이고 일정함이 없기에 황(荒)이라 한 것이다.

자리에 들면서 천하를 위해 애쓰고, 만민을 위해 근심하며, 이런 걱정으로 인해 하루도 마음 편할 날이 없다. 그 때문에 짐은 사신들의 수레가 앞뒤로 마주 보고 길에는 수레바퀴 자국이 줄을 이을 정도로 사신들을 계속 선우(單于-흉노의 수장)에게 보내어 짐의 뜻을 깨우쳐왔던 것이다. 그 결과 지금 선우는 예전의 도리(-화해 노선)로 돌아감으로써 우리 사직의 안정과 만민의 이로움을 꾀할 수 있게 됐다. 선우는 짐과 함께 작은 과오들[細過]은 묻어버리고, 모두가 함께[偕=俱] 화목하게 사는 큰 길[大道]로 나아가며, 형제의 의리를 맺어 천하의 선량한 백성들을 온전하게 해야 할 것이다. 화친(和親)은 이미 정해졌으니 올해부터 시작하도록 하라."

3년 봄 2월에 대(代)에 행차했다.

4년 여름 4월 병인일(丙寅日) 그믐날에 일식이 있었다. 5월에 천하를 사면했다. 관노비를 면천시켜 서인(庶人)으로 삼았다. 옹에 행차했다.

5년 봄 정월 농서에 행차했다. 3월에 옹에 행차했다. 가을 7월에 대에 행차했다.

6년 겨울 흉노의 3만 기병은 상군(上郡)에 침입했고, (또 다른) 3만 기병은 운중(雲中)에 침입했다. 중대부(中大夫)〔○ 사고(師古)가 말했다. "경제(景帝) 때 비로소 위위(衛尉)를 고쳐 중대부령(中大夫令)이라 했고, 문제 때 이런 관직은 없었다. 따라서 중대부란 곧 낭중령의 속관이며, 작질은 2,000석 관리에 준했다."〕 영면(令免)을 거기장군으로 삼아 비호(飛狐)〔○ 여순(如淳)이 말했다. "대군(代郡)에 있다."〕에 진을 치게 했고[屯], 옛 초나라 재상 소의(蘇意)를 장군으로 삼아 구주(句注)〔○ 응소(應劭)가 말했다. "산을 낀 험한 요새의 이름으로 (산서성) 안문산(鴈門山)에 있다."〕에 진을 치게 했고, 장군 장무는 북지에 진을 치게 했고, 하내(河內)태수 주아부(周亞夫)를 장군으로 삼아 세류(細柳)[○ 복건(服虔)이 말했다. "장안의 서북쪽에 있다." 여순(如淳)이 말했다. "장안의 세류창(細柳倉)은 위수(渭水)의 북쪽에 있고 석요(石徼)와 가깝다." 장읍(張揖)이 말했다. "곤명지(昆明池) 남쪽에 있다." 사고(師古)가 말했다. "「흉노전(匈奴傳)」에 이르기를 '세 장군을 두어 장안 서쪽 세류와 위수 북쪽 극문과 패상에 군진을 설치했다'고 했으니, 세류는 위수 북쪽에 있는 것이 아니므로 읍의 설이 옳다."]에 머물게 했고[次], 종정(宗正) 유례(劉禮)를 장군으로 삼아 패상(覇上)에 머물게 했고, 축자후(祝玆侯) 서려(徐厲)를 장군으로 삼아 극문(棘門)[○ 맹강(孟康)이 말했다. "장안의 북쪽에 있으며 진(秦)나라 때 궁문이다." 여순(如淳)이 말했다. "『삼보황도(三輔黃圖)』[41]에 따르면 극문은 횡문(橫門) 밖에 있다."]에 머물게 해 오랑캐에 대비했다.

여름 4월에 큰 가뭄이 들고 메뚜기 떼로 인한 재해가 있었다[蝗]. 제후들에게 영을 내려 공물을 들이지 말도록 했다. 산택을 풀어주었다[弛=해]〔○ 사고(師古)가 말했다. "산과 습지에 백성들이 들어가지 못하도록 한 것을 풀어주어 그 이로움을 백성들과 함께 나눠 갖겠다는 뜻이다."〕. 천자의 의복이나 말 등을 줄이고 (천자를 가까이에서 모시는) 낭리(郎吏)의 정원을 감축했다. 창유(倉庾)[42]를 열어 백성들을 진휼해주었다. 백성들이 작(爵)을 살 수 있도록 허락해주었다.

---

41 한나라 장안 도성의 사회상을 기록한 책이다.
42 마을에 있는 창고를 창(倉)이라 하고, 들판에 있는 창고를 유(庾)라 한다.

7년 여름 6월 기해일(己亥日)에 제(帝)가 미앙궁에서 붕(崩)했다〔○ 신찬(臣瓚)이 말했다. "제는 23세에 자리에 나아가 23년 동안 자리에 있었고, 이때 수(壽)는 46세이다."〕. 유조(遺詔)하여 말했다.

"짐이 듣건대 무릇 천하의 만물은 처음에[萌=始生] 생겨나서 죽지 않는 것이 없다고 한다. 죽음이란 하늘과 땅의 이치요 일과 사물의 스스로 그러함[自然]이니, 어찌[奚=何] 이를 지나치게 슬퍼할 것인가! 요즘 세상엔 모두 태어나는 것은 기뻐하면서도 죽는 것은 싫어해 장례를 두터이 지내느라[厚葬] 본업을 내팽개치니, 거듭 복상(服喪)하는 것은 삶을 해치는 것이다. 따라서 짐은 결단코 이를 취하지 않을 것이다. 또 짐은 임금답지 못해 백성들을 제대로 돕지 못했다. 그러니 이제 (내가) 죽었다 해 거듭 복상을 하고 오래 곡하며[臨=哭], 춥고 더움을 만나기[罹=遇]가 여러 차례요, 남의 부자지간의 일을 슬퍼하게 하고, 장로(長老)들의 뜻을 해치며, 그 음식을 줄이고, 귀신의 제사를 끊게 하는 것은 나의 부덕을 가중시키는 것이니 온 세상 사람들이 뭐라 하겠는가?

짐이 (황제가 돼) 종묘를 보존하게 돼, 이 미미한 몸을 천하 군왕(君王)들의 위에 맡긴 지가 20여 년이다. 하늘의 신령스러움에 힘입어 사직은 복되고 나라 안[方內]은 안녕해 병혁(兵革-전쟁)의 일이 없었다. 다만 짐이 민첩하지 못해 항상 행실에 잘못이 있어 옛 제왕들이 남기신 다움[遺德]을 욕되게 할까 두려워했으며, 세월이 흐를수록 끝이 좋지 못할까 걱정해왔다. 지금 마침내 다행히 천수(天壽)를 다하고 고제의 사당[高廟-한고조]에서 후손들의 공양을 받게 됐으니 무엇을 슬퍼하겠는가? 천하의 관리와 백성[吏民]들에게 조령을 내려, 이 조령이 도착하면 3일만 상복을 입고 곡하게 한 후[弔哭] 모두 상복을 벗게 하라. 백성들이 자식을 결혼시키고, 제사를 지내고, 술을 마시며 고기를 먹는 것 등을 금하지 말라. 스스로 마땅히 상사(喪事)에 복상을 입고 곡해야 하는 자에겐 물품을 주어 절대 맨발로 나다니는 일이 없도록 하라. 상복의 허리띠는 3촌(寸)이 넘지 않게 하라. 수레 및 병기(兵器)를 진열하지 말며, 백성들을 동원해 궁궐 안에서 곡하게 하는 일이 없게 하라. 궁궐 안에서 상복을 입고 곡해야 하는 자들도 모두 아침저녁으로 각 열다섯 번씩만 하고 예가 끝나면 그만둘 것이며, 아침저녁의 곡할 때가 아니면 자기 마음대로 곡하는 일이 없도록 금하라. 하관(下官)을 한 후엔 대공(大功)은 15일, 소공(小功)은 14일, 가는 베옷[纖]을 입는 자는 7일만 상복을 입고,[43] 끝나면 모두 상복을 벗으라. 달리 이 명령에 일일이 해당되지 않는 일들은 모두 이에 준해 처리하도록 하라. 이 조령을 천하에 널리 알려 짐의 뜻을 분명히 알게 하라. 또한 패릉(覇陵)의 산천(山川)을 이것 때문에 개수하는 일이 없게 하라. 부인(夫人) 이하 소사(少使)에 이르기까지〔○ 응소(應劭)가 말했다. "(여관(女官)의 직책 이름인) 부인 이하로 미인(美人), 양인(良人), 팔자(八子), 칠자(七子), 장사(長使), 소사(少使)가 있었는데, 모두 집으로 돌려보내 거듭 사람들과의 인연을 끊었다."〕 이들을 집으로 돌려보내도록 하라."

영을 내려 중위(中尉) 아부(亞夫-주아부)를 거기장군으로 삼고, 속국(屬

---

43 대공이나 소공은 베[布]의 종류다. 섬(纖)은 가는 베옷[細布衣]이다. 대공을 원문에는 대홍(大紅)이라 했고 소공도 마찬가지다. 원래 대공 상복은 아홉 달, 소공은 다섯 달인데, 한 문제가 독자적으로 백성들의 피해를 줄이기 위해 달을 날로 바꿔 이렇게 줄인 것이다. 이에 대해 정통 유학자들은 주례(周禮)를 따르지 않았다 하여 비판한다.

國)⁴⁴ 한(捍)을 장둔(將屯)장군으로 삼고, 낭중령 장무를 복토(復土)⁴⁵장군으로 삼아 인근 현의 병졸 1만 6,000명을 징발하고 내사(內史)⁴⁶의 병졸 1만 5,000명을 징발해 장곽(臧郭) 천(穿) 복토(復土)의 일은 장군 무가 맡도록 했다. 제후와 왕 이하 효제(孝弟)와 역전(力田)에 이르기까지 이들에게 금전과 비단을 내려주었는데, 각각 정해진 수량이 있었다. 을사일(乙巳日)에 패릉(霸陵)에 안장했다.

찬(贊)하여 말했다.

"효문황제(孝文皇帝)는 자리에 나아간 지[即位=在位] 23년인데 궁실이나 정원, 거기(車騎)나 복식 등에서 더 늘린 바가 없었다. (백성들에게) 불편한 것이 있으면 즉시 없애[弛=廢] 백성들을 이롭게 해주었다. 일찍이 노대(露臺)를 짓고 싶어서 장인을 불러 (비용을) 계산토록 해보니 값이 100금(金)이나 됐다. 상이 말하기를 '100금이면 중인(中人)[○ 사고(師古)가 말했다. "중(中)이란 부유하지도 가난하지도 않은 것이다."] 열 가정이 생산하는 것이다. 내가 선제(先帝)의 궁실을 받들게 돼 항상 이마저도 두려워하고 부끄러워했는데 어찌 (새로이) 대(臺)를 짓겠는가[爲=建]?'라고 했다. (문제는) 몸에 검은색의 두꺼운 명주옷[弋綈]을 입었고[○ 여순(如淳)이 말했다. "익(弋)은 검다[皂]는 말이다. 가의(賈誼)가 말하기를 '몸에 검은색의 명주

---

44 전속국(典屬國)의 약자로, 외방의 오랑캐들을 관장하는 관직이다.
45 능을 조정하고 하관을 한 다음 흙을 덮어야 하기 때문에 복토(復土)라 한 것이다.
46 경사를 다스리는 관리로, 일종의 서울시장과 같은 것이다.

옷을 입었다[身衣弋綈]'라고 했다." 사고(師古)가 말했다. "익(弋)은 검은색이고 제(綈)는 두꺼운 명주옷[厚繒]이다."], 총애하는 신부인(愼夫人)은 옷을 땅에 끌지 않게 했으며, (천자의) 휘장[帷帳]에는 무늬와 수를 그려 넣지 않아 도타움과 소박함[敦朴=敦樸]을 보임으로써 천하에 솔선수범했다. 패릉(霸陵-문제의 능)을 조성할 때는 모두 와기(瓦器)만 쓰고 금·은·동이나 주석으로 꾸미지 않았으며, 기존의 산을 이용했기 때문에 별도의 무덤[墳]을 만들지 않았다.

남월왕(南越王) 위타(尉佗)가 스스로 자리에 올라 황제가 됐으나, 위타의 형제를 불러 귀하게 대우하고 다움으로써 그를 껴안으니 타가 드디어 (스스로를) 신하라 칭했다. 흉노와 더불어 화친을 맺었는데 후에 (흉노가) 약속을 어기고서[背約] 침입해 도적질을 하니 변경에 영을 내려 수비하게 하면서 병사를 내어 깊이 들어가지 않았던 것은 백성들을 번거롭게 할까 두려워한 때문이다.

오왕(吳王)[47]은 병이 났다고 속이고 조회하지 않았지만 (천자는 오히려) 궤장(机杖-안석과 지팡이)을 내려주었는데, 이에 대해 여러 신하와 원앙(袁盎) 등이 간언한 것이 비록 절실했지만 늘 임시로[假借][48] 받아들여 썼을 뿐이었다. (장군인) 장무(張武) 등이 금전을 뇌물로 받았다가 발각됐지만, 거기다가 상을 더해주어 그 마음을 부끄럽게 만들었다. 오로지 다움으로

---

47 유방(劉邦)의 형 유중(劉仲)의 아들 유비(劉濞, 기원전 215~154년)다. 상세한 내용은 앞의 역주에서 보았다.

48 겉으로 시늉만 했다는 뜻이다.

백성을 교화하는 데 힘쓰니, 이 때문에 해내(海內)가 크게[殷] 부유해지며 예와 의로움[禮義]이 크게 일어나고 옥사를 처단한 경우가 (1년에) 수백 건에 머무니 거의[幾=近] 형벌을 쓰지 않는 경지[刑措=刑措不用]〔○ 응소(應劭)가 말했다. "조(措)는 두다[置]라는 뜻이다. 백성들이 법을 어기지 않아 형벌을 쓸 일이 없었다는 말이다." 사고(師古)가 말했다. "옥사를 처단한 경우가 수백에 머물렀다[斷獄數百]는 것은 온 천하에 사형에 해당하는 죄를 짓는 사람이 수백 명을 넘지 않았다는 말이다."〕에 이르렀다. 아아! 어질도다[仁]!"

권
◆
5

경제기
景帝紀

효경황제(孝景皇帝)〔○ 순열(荀悅)이 말했다. "이름 계(啓)를 피휘해 그 글자 대신 개(開)를 썼다." 응소(應劭)가 말했다. "시법(謚法)에 이르기를 '의로움을 펴고 행실에 굳셈이 있으면[布義行剛] 경(景)이라 한다'고 했다."〕는 문제의 태자다. 어머니는 두황후(竇皇后)다.[1] (문제) 후(後) 7년 6월 문제가 붕했다. 정미일(丁未日)에 태자가 황제의 자리에 나아가니[即] 황태후 박씨(薄氏)를 태황태후, 황후를 황태후로 높여 불렀다.

9월에 서쪽에 패성(孛星-혜성)이 있었다.

원년(元年)(기원전 156년) 겨울 10월에 조(詔)하여 말했다.

---

1 문제가 대나라에 있을 때 이전 왕후에게 세 아들이 있었다. 그후 두태후가 총애를 받게 되면서 이전 왕후는 죽고 그의 세 아들도 잇달아 죽었기 때문에 두태후가 낳은 아들인 경제가 자리를 잇게 됐다.

"대개 듣건대 옛날에 (임금의 묘호 뒤에) 조(祖)는 공업(功業)[功]이 있고 종(宗)은 다움[德]이 있어〔○ 응소(應劭)가 말했다. "처음으로 천하를 차지한 자가 조(祖)이니, 고제(高帝)를 고조(高祖)로 칭한 것이 이것이다. 처음으로 천하를 다스린 자가 종(宗)이니, 문제를 태종(太宗)으로 칭한 것이 이것이다." 사고(師古)가 말했다. "응씨의 설은 틀렸다. 조(祖)는 처음이니, 처음으로 명을 받은 것이다. 종은 높이는 것이니, 다움이 있는 자는 높일 만한 것이다."〕 예와 음악을 제정할 때에 각각 그에 맞도록 했다. 왜냐하면 노래[歌]는 다움을 일으키고[發德] 춤은 공업을 밝혀주기[明功] 때문이다. (그래서) 고묘(高廟-한나라 고조 유방의 사당)에 술을 올릴 때는 무덕(武德)과 문시(文始)와 오행(五行)의 춤을 연주하고, 효혜묘(孝惠廟-혜제의 사당)에 술을 올릴 때는[酎]〔○ 사고(師古)가 말했다. "주(酎)란 세 번 반복해서 걸러 진한 술[醇酒]이어서 맛이 강해 종묘에 올린다."〕 문시와 오행의 춤을 연주한다〔○ 맹강(孟康)이 말했다. "무덕은 고조가 지었고, 문시는 순임금의 춤이며, 오행은 주공의 춤이다. 무덕에서는 춤추는 사람이 간척(干戚-방패와 창)을 들고, 문시에서는 우약(羽籥-깃으로 만든 피리)을 들며, 오행에서는 면류관을 쓰며 의상은 오행의 색을 본뜬다. 「예악지(禮樂志)」에 보인다."〕.

효문황제께서 천하를 다스리실 때 (지역을 가로막는) 관문과 다리[關梁]를 두루 통하게 하셨고 먼 나라라고 해서 달리 여기지 않으셨다〔○ 장안이 말했다. "효문제 12년 관소(關所)를 폐지해 통행용 부절[傳=棨]을 금해 먼 곳이나 가까운 곳이나 똑같게 만들었다."〕. 비방죄와 육형을 폐기하셨고, 장로들에게 큰 상을 내리셨으며, 고아와 자식 없는 늙은이를 거두어 진휼함으로써 그 은택이 뭇 백성들에게까지 미치게 하셨다. 즐거움과 욕심을 줄이시고, 헌상하는 것을 받지 않으시고, 형벌이 처자식에게는 미치지 않게 하시고, 죽을죄라도 주살하지 않으시고, 이익을 사사롭게 취하지 않으셨다. 궁형(宮刑)을 폐기하셨고, 미인들을 궁 밖으로 내보내셨으며, 뛰어난 사람들[絶人]을 중하게 여기는 세상을 만드셨다.
절인

짐은 애초에 민첩하지 못해 이것들을 이루 다 알 수[勝識=盡知]가 없
승식 진지
다[○ 사고(師古)가 말했다. "민첩하다[敏]는 것은 재주와 지혜의 속도가 엄
민
청나게 빠르다는 것이다."]. 이 모든 것들은 옛 뛰어난 임금들도 미치지 못했던 것들인데 효문황제께서는 몸소 그것을 다 행하셨으니 그 다움이 두터운 바가 하늘땅과 같고, 이로움과 은택을 온 세상에 베푸셨으니 그 복을 누리지 못한 이가 없었다. 그 밝음은 해와 달을 본받으셨는데도 사당에 쓸 음악[廟樂]이 그것을 제대로 기리지 못해[不稱] 짐은 심히 두려워하고
묘악 불칭
있다. 효문황제를 위해 소덕(昭德-밝은 다움)의 춤을 만들어 그 아름다운 다움[休德]을 훤히 밝히도록 하라. 그런 연후에 조종의 공업과 다움이 만
휴덕
세에 베풀어져 영원무궁하다면 짐은 매우 기쁠 것이다. 승상과 열후 그리고 중(中) 2,000석 관리[2]와 예관들은 예와 의례를 갖춰 주달하도록 하라."

승상 신 신도가(申屠嘉)[3] 등이 아뢰어 말했다.

---

2 한나라의 질봉(秩俸)은 1급이 1만 석이고 2급이 2,000석이다. 그런데 2급 중에서도 1계는 중(中) 2,000석, 2계는 2,000석, 3계는 비(比) 2,000석이다.

3 처음에 유방(劉邦)을 좇아 항우(項羽)를 공격해 도위(都尉)가 됐다. 혜제(惠帝) 때 회양수(淮陽守)를 지냈다. 문제(文帝) 때 어사대부(御史大夫)로 옮기고 승상(丞相)에 임명돼 고안후(故安侯)에 봉해졌다. 사람됨이 청렴하고 강직했다. 경제(景帝) 초에 조조(晁錯)가 법령(法令)을 고쳤을

"폐하께서는 잠시도 효도를 생각지 않음이 없으시어 소덕(昭德)의 춤을 세워 효문황제의 성대한 (황제)다움을 밝히셨으니, 이 모든 것은 신 가(嘉-신도가) 등의 어리석음으로는 미칠 바가 아닙니다. 신 등이 삼가 의견을 모으기를, 대대로 이어지는 공업[世功]은 고황제보다 큰 분이 안 계시고 다움은 효문황제보다 성대한 분이 안 계십니다. 고황제 사당은 마땅히 황제 된 자들을 위해 태조(太祖)의 사당이 되고, 효문황제의 사당은 마땅히 황제 된 자들을 위해 태종(太宗)의 사당이 됩니다. 천자는 마땅히 세세토록 조종의 사당에 봉헌해야 하며, 군과 국의 제후들은 효문황제를 위해 태종의 사당을 세워야 합니다. 또 제후와 왕과 열후들은 해마다 사자를 경사에 보내 천자를 모시고 조종의 사당에 올리시는 제사를 도와야 합니다. 청컨대 이를 천하에 반포하소서."

이에 황제는 제(制)하여 "그리하라"고 했다.

봄 정월에 조하여 말했다.

"지난 몇 년간 해마다 풍년이 들지 않아[不登] 백성들이 먹을 것이 모자라고 일찍 죽어 제 명대로 살지를 못하니 짐은 이를 심히 애통하게 생각한다. 군국(郡國)[4]이 혹 어떤 땅은 거칠고 좁아 농상(農桑)을 짓거나 가축을 기를 곳이 없는데, 혹 어떤 땅은 넓고 넉넉해 풀이 우거지고 무성하며 수천(水泉)이 이로운데도 그리고 옮겨갈 수가 없다. 백성들이 넓고 큰 땅으

때 전례를 근거로 참수하려고 하다가 뜻을 이루지 못하자 피를 토하고 죽었다.

4 진나라 시황은 군현제를 실시했는데, 한나라는 그것이 문제가 있다고 보고서 군현제와 봉건제를 섞어서 군국제(郡國制)라는 제도를 만들었다. 그래서 중앙에서 지방관을 파견해 통치하는 군과 제후에게 통치를 위임한 국으로 나누어 통치했다.

로 옮기고자 하는 것을 토의해 이를 들어주도록 하라."

여름 4월에 천하를 사면했다. 백성들에게 작(爵) 1급씩을 내려주었다.

어사대부 청적(靑翟)〔○ 문영(文穎)이 말했다. "성은 엄(嚴)이고 이름은 청적(靑翟)이다."〕을 보내 대(代) 땅에 이르러 흉노와 화친을 맺게 했다.

5월에 영을 내려 전조(田租)를 반으로 줄여주었다.

가을 7월에 조하여 말했다.

"관리가 자신의 감독을 받는 사람으로부터 (뇌물성) 음식을 얻어먹으면 면직시키니 처벌이 무겁고[重], 재물을 뇌물로 받거나 물건을 싸게 사서 비싸게 파는 것은 그 논결[論]이 가볍다[輕]. 정위는 승상과 다시 토의해 법령에 이 점을 분명하게 드러내도록[著] 하라."

정위 신(信)은 삼가 승상〔○ 사고(師古)가 말했다. "승상은 신도가(申屠嘉)다."〕과 함께 토의해 이렇게 말했다.

"관리와 녹봉을 받는 자가 자신의 관속이 감독하거나 다스리거나 감찰하거나 지휘하고 있는 사람으로부터 음식 대접을 받았을 경우 그 비용을 계산해 변상토록 하되 죄를 논하지 마십시오. 그밖에 물건을 받은 경우 만약에 싼값에 사서 비싸게 팔았다면 이 둘은 모두 장죄(臟罪-뇌물죄)에 해당돼[坐] 도둑질을 한 것이니 그것을 몰수해 현관(縣官)에 보관해야 합니다. 관리들 중에서 좌천이나 귀양 혹은 면직이나 파면[遷徙免罷]된 자가 그의 옛 관속이 지휘하거나 감독하거나 다스리는 자가 보내온 재물을 받을 경우 그의 작(爵)을 빼앗고 사오(士伍-병졸)로 삼아 파면하십시오. 작이 없을 경우 벌로 금 2근을 내게 하고, 받아낸 장물(혹은 뇌물)은 몰수하게 해야 합니다. 능히 (이런 사람을) 붙잡아 신고하는 경우에는 죄인이 받은 장물을 그 사람에게 주도록[畀=與] 하십시오."

2년 겨울 12월 서남쪽에 패성이 나타났다.

영을 내려 천하의 남자는 나이 20세가 되면 부역 대상 명부에 이름을 올리도록 했다[傅]〔○ 사고(師古)가 말했다. "옛 법에는 23세였는데 지금 여기서는 20세이니 제도가 바뀐 것이다."〕.

봄 3월에 황자 덕(德)을 하간왕(河間王)으로, 알(閼)을 임강왕(臨江王)으로, 여(餘)를 회양왕(淮陽王)으로, 비(濞)를 여남왕(汝南王)으로, 팽조(彭祖)를 광천왕(廣川王)으로, 발(發)을 장사왕(長沙王)으로 삼았다.

여름 4월 임오일(壬午日)에 태황태후〔○ 복건(服虔)이 말했다. "문제의 어머니 박태후(薄太后)다."〕가 붕(崩)했다.

6월에 승상 가(嘉)가 훙(薨)했다.

옛 상국 소하의 손자 계(係)를 봉해 열후로 삼았다.

가을에 흉노와 화친을 맺었다.

3년 겨울 12월에 조하여 말했다.

"양평후 가(嘉)〔○ 진작(晉灼)이 말했다. "기통(紀通)의 아들이다."〕의 아들 회열(恢說)이 불효하고 반란을 모의하며 가를 죽이려 했으니 대역무도라 하겠다〔○ 진작(晉灼)이 말했다. "회열은 가(嘉)가 반란의 실상을 알고 있었다고 말했지만 실은 알지 못했다." 사고(師古)가 말했다. "이 풀이는 틀렸다. 회열은 자신의 아버지에 대해 사사로운 원한을 갖고 있었기 때문에 스스로 모반을 해 자신의 아버지가 연좌돼 죽게 만들려고 했던 것이다."〕. 가를 사면해 양평후로 삼고, 마땅히 연좌됐던 그 처자에게는 옛 벼슬을 되찾게 해주라. 회열과 그 처자는 법대로 논결하라."

봄 정월에 회양왕의 궁의 정전(正殿)에 불이 났다.

오왕(吳王) 비(濞),[5] 초왕(楚王) 무(戊),[6] 조왕(趙王) 수(遂),[7] 교서왕(膠西王) 앙(卬), 제남왕(濟南王) 벽광(辟光), 치천왕(菑川王) 현(賢), 교동왕(膠東王) 웅거(雄渠)가 군대를 일으켜 반란했다. 태위(太尉) 아부(亞夫-주아부)와 대장군 두영(竇嬰)[8]을 보내 군대를 이끌고서 그들을 치게 했다. 어사대부 조조(晁錯)의 목을 베 7국에 사과했다.[9]

2월 임자일(壬子日) 그믐날에 일식이 있었다. 여러 장군들은 7국을 깨뜨려 10여만의 수급(首級)을 벴다. 오왕 비를 뒤쫓아 도[丹徒]에서 목을 벴다. 교서왕 앙, 제남왕 벽광, 치천왕 현, 교동왕 웅거는 모두 자살했다.

여름 6월에 조하여 말했다.

"얼마 전[乃者=間者] 오왕 비 등이 반역해 병사를 일으켜 협박을 해 관리와 백성들을 속이고 오도했으니[詿誤], 관리와 백성들로서는 어쩔 수가 없었다[不得已]〔○ 사고(師古)가 말했다. "이(已)는 그치다[止]는 뜻이니 그칠 수가 없어 그들을 따랐다는 뜻으로, 본심은 아니었다는 말이다."〕. 지금 비 등은 이미 주살됐고, 관리와 백성들 중에서 비 등과 연루된 자나 형

---

5 유비(劉濞)는 고조의 둘째 형 유중(劉仲)의 아들로, 일찍이 고조를 따라서 경포(黥布)를 격파한 공이 있어 오왕에 봉해졌다. 이때 제후들의 봉지를 삭감하는 것에 반대해 다른 6국과 연합해 반란을 일으켰다가 패하자 동월(東越)로 달아났다가 그곳 사람에게 피살됐다.

6 유무(劉戊)는 고조의 이복동생인 초나라 원왕(元王) 유교(劉交)의 손자다.

7 유수(劉遂)는 고조의 여섯째 아들 조나라 유왕(幽王) 유우(劉友)의 아들이다.

8 두태후(竇太后)의 조카다.

9 오초7국의 난을 가리킨다.

벌을 피하려 군대에서 도망친 자 등은 모두 사면하라. 초(楚) 원왕(元王)의 아들 예(蓺) 등은 비 등과 함께 반역했으나 짐은 차마 법을 행할 수 없으니, 그의 종적(宗籍)을 없애 종실을 더럽히는 일이 없도록 하라."

평륙후(平陸侯) 예(禮)[10]를 세워 초왕으로 삼고 원왕의 뒤를 잇게 했다. 황자 단(端)을 세워 교서왕(膠西王)으로 삼고, 승(勝)을 세워 중산왕(中山王)으로 삼았다. 백성들에게 작(爵) 1급씩을 내려주었다.

4년 봄에 다시 관소(關所)를 설치해 통행용 부절[傳=棨]을 사용해 들고 나도록 했다〔○ 응소(應劭)가 말했다. "문제 12년에 폐지했다가 이때에 이르러 다시 설치했다. 7국의 반란으로 인해 비상사태에 대비하기 위함이었다."〕.

여름 4월 기사일(己巳日)에 황자 영(榮)을 세워 황태자로 삼았고, 철(徹-훗날의 무제)을 세워 교동왕(膠東王)으로 삼았다.

6월에 천하를 사면하고 백성들에게 작(爵) 1급씩을 내려주었다.

가을 7월에 임강왕 알(閼)이 훙(薨)했다.

10월 무술일(戊戌日) 그믐날에 일식이 있었다.

5년 봄 정월에 양릉(陽陵)의 읍을 조성했다〔○ 장안(張晏)이 말했다. "경제(景帝)가 자신의 무덤인 수릉(壽陵)을 만들고 읍을 새로 세운 것이다."〕. 여름에 백성들을 모집해 양릉으로 이주시키고 돈 20만 전을 내려주었다.

공주를 보내 흉노의 선우에게 출가시켰다.

6년 겨울 12월에 우레가 치고 장맛비가 내렸다.

---

10 초 원왕의 아들이다.

가을 9월에 황후 박씨(薄氏)가 폐위됐다.[11]

7년 겨울 11월 경인일(庚寅日) 그믐날에 황태자 영(榮)을 폐해 임강왕(臨江王)으로 삼았다.

2월 태위(太尉)라는 관직을 폐지했다.

여름 4월 을사일(乙巳日)에 황후 왕씨(王氏)를 세웠다.[12]

정사일(丁巳日)에 교동왕 철(徹)을 세워 황태자로 삼았다. 백성들 중에서 (서자이면서) 아버지의 뒤를 잇는 자에게는 작(爵) 1급을 내려주었다.[13]

중(中) 원년(元年)(기원전 149년) 여름 4월 천하를 사면하고 백성들에게 작(爵) 1급씩을 내려주었다. 옛 어사대부 주가(周苛)와 주창(周昌)의 손자와 아들을 봉해 열후로 삼았다〔○ 사고(師古)가 말했다. "가의 손자와 창의 아들을 봉한 것이다. 가와 창은 둘 다 일찍이 어사대부였고 사촌 간이어서 함께 언급한 것이다."〕.[14]

---

11 박씨는 자식이 없었고 경제의 총애도 잃어 결국 자리에서 쫓겨난 것이다.

12 이때 황후가 된 왕미인(王美人)은 훗날 무제가 되는 유철의 어머니다.

13 교동왕 유철이 바로 그런 경우였기 때문이다. 앞서 문제가 즉위했을 때도 이와 같은 하사(下賜)가 있었다.

14 일본의 『한서(漢書)』 번역자 오다케 다케오(小竹武夫)는 역주에서 이 부분을 "가의 증손자와 창의 손자다"라고 풀이했다. 그런데 사마천의 『사기(史記)』에서는 또 "어사대부였던 주가의 손자 주평(周平)을 승후(繩侯)에 봉했고, 어사대부였던 주창의 손자 주좌거(周左車)를 안양후(安陽侯)에 봉했다"고 적고 있다. 우선 주가(周苛, ?~기원전 204년)는 패현(沛縣) 사람으로, 유방(劉邦)을 따라 내사(內史)가 되고 어사대부(御史大夫)로 옮겼다. 초한전쟁 때 항우(項羽)가 형양을 함락하자 포로로 잡혔다. 항우가 항복을 권하면서 상장군(上將軍)으로 임명하겠다고 제안했

2년 봄 2월에 영을 내려 제후나 왕이 훙(薨)하거나 열후가 처음으로 봉해져 자신의 봉국에 나아갈 때 대홍려(大鴻臚)에게 시호[諡]와 조사[誄]〔○ 사고(師古)가 말했다. "뇌(誄)란 다움과 행적을 기록한 글이다."〕와 임명장[策]을 아뢰도록 했다. 또 열후가 훙하거나 제후의 태부(太傅)가 처음으로 관직에 제수돼[除] 자리에 나아갈 때는 대행(大行)에게 시호[諡]와 조사[誄]와 임명장[策]을 아뢰도록 했다〔○ 여순(如淳)이 말했다. "무릇 제(除)라는 것은 옛 관직을 버리고[除] 새로운 관직으로 나아간다는 것이다." 진작(晉灼)이 말했다. "예(禮)에는 대행인(大行人)과 소행인(小行人)이 있어 시관(諡官)을 담당하기 때문에 이것으로 이름을 정한 것이다." 신찬(臣瓚)이 말했다. "대행(大行)은 관직 이름인데 아홉 가지 의례[九儀]를 주관해 제후들을 접대한다." 사고(師古)가 말했다. "대홍려란 원래 이름은 전객(典客-손님을 담당한다는 뜻이다)인데 뒤에 고쳐서 대홍려라 했다. 대행령(大行令)은 원래 이름은 행인(行人)으로 전객의 속관이었다. 뒤에 고쳐서 대행령이라 했다. 이 본문에 근거할 때 경제는 이미 전객을 고쳐 대홍려라 했고, 행인을 고쳐 대행이라 했다. 「백관공경표(百官公卿表)」에 이르기를 경제 중(中)

다. 그러나 항복하지 않다가 팽사(烹死)됐다. 주창(周昌, ?~기원전 192년)도 패현 사람으로 주가의 사촌동생이며, 진(秦)나라 때 사수졸사(泗水卒史)를 지냈다. 나중에 유방을 따라 패현에서 봉기해 입관(入關)했고, 진나라를 격파해 중위(中尉)가 됐다. 내사(內史)로 오창(敖倉)을 견고하게 방어해 어사대부(御史大夫)가 되고 항우를 격파했다. 유방이 제위에 오르자 6년(기원전 201년) 분음후(汾陰侯)에 봉해졌다. 사람됨이 고집이 세 직언을 서슴지 않았고 말을 더듬었다. 고조가 태자(太子-혜제)를 폐하고 여의(如意)를 세우려고 하자 한사코 이를 막았다. 여후(呂后)가 조왕(趙王)을 독살하자 병이라 해 입조(入朝)하지 않았다. 이 점의 명확한 규명은 연구자들에게 맡긴다.

6년에 이름을 바꿔 전객을 대행령이라 했고, 무제 태초(太初) 원년에 이름을 바꿔 대행령을 대홍려, 행인을 대행령으로 했다고 했다. 이 점에서 표는 잘못을 범했다."). 왕이 훙하면 광록대부(光祿大夫)를 보내 조문하면서 수의[襚]와 음식[祠]과 거마(車馬)[賵]를 주어 상사(喪事)를 보살피고 후사를 세우게 해주었다. 열후가 훙하면 태중대부(太中大夫)를 보내 조문하면서 상사(喪事)를 보살피고 후사를 세우게 해주었다. 이런 장례 때에 나라는 백성들을 징발해 상여를 메게 하고, 땅을 팠다가 메우며 봉분을 다스리게 하되 300명 이상을 쓰지 않고서 일을 마치도록[畢事=畢葬事] 했다.

흉노가 연(燕)에 침입했다.

책(磔)을 고쳐 기시(棄市)라 불렀고, 다시 책(磔)으로 돌아가지 않았다〔○ 응소(應劭)가 말했다. "그 이전에는 사형을 다 저잣거리에서 사지를 찢어 늘어놓는[磔] 방식으로 했는데, 이때 시장에 버리는[棄市] 방식으로 바꾼 것이다." 사고(師古)가 말했다. "책(磔)이란 (사형당한 자의) 시신을 (갈기갈기 찢어) 쫙 펼쳐놓는 것이다. 기시(棄市)란 시장에서 (사형수를) 죽이는 것이다. 그것을 일러 기시라고 하는 이유는 죄수[刑人]를 저잣거리로 끌고 가서 군중들이 보는 데서 그를 죽이기 때문이다."〕.

3월에 임강왕 영(榮)이 태종(太宗-문제)의 사당 땅에 침입한 죄를 지어 중위(中尉)에 불려가게 되자 자살했다.[15]

여름 4월에 서북쪽에 혜성이 있었다.

---

15 『사기(史記)』에는 이 부분을 "임강왕은 도성에 이르러 중위부(中尉府)에서 자살했다"고 보다 구체적으로 표현하고 있다.

황자 월(越)을 세워 광천왕(廣川王)으로, 기(寄)를 세워 교동왕(膠東王)으로 삼았다.

가을 7월에 군수(郡守)를 고쳐[更]〔○ 사고(師古)가 말했다. "고쳤다[更]는 것은 그 이름을 바꿨다는 말이다."〕 태수(太守)로 하고, 군위(郡尉)는 도위(都尉)로 바꿨다.

9월에 옛 초(楚)와 조(趙)의 부(傅)와 상(相)과 내사(內史)로 과거의 사건과 관련돼 죽은 네 사람〔○ 문영(文穎)이 말했다. "초(楚)의 재상 장상(張尙), 태부 조이오(趙夷五), 조(趙)의 재상 건덕(建德), 내사 왕한(王悍)이다. 이들 네 사람은 각각 자신들의 왕에게 반란이 일어나지 않게 해야 한다고 간언했는데 왕들은 들어주지 않고 그들을 다 죽였기 때문에, 이에 그 아들들을 봉해준 것이다."〕의 아들들을 모두 열후로 삼았다.

갑술일(甲戌日) 그믐날에 일식이 있었다.

3년 겨울 11월에 제후들의 어사대부 관직을 없앴다[罷=廢止]〔○ 사고(師古)가 말했다. "제후들의 권한을 누르고 덜어내기[抑損] 위함이었다."〕.[16]

봄 정월에 황태후가 붕(崩)했다〔○ 문영(文穎)이 말했다. "경제의 어머니 두(竇)태후는 경제가 붕한 후인 무제 건원(建元) 6년에 붕했다. 지금 여기서 황태후가 붕했다고 한 것은 착오[誤]일 뿐이다." 맹강(孟康)이 말했다. "여기서 태후가 붕했다고 했는데 『사기(史記)』에는 아무런 언급이 없다."

---

16 『사기(史記)』에는 이 부분을 "제후국의 어사중승(御史中丞) 관직을 없앴다"고 기록하고 있다. 한나라 때는 어사대부 아래에 어사승(丞)과 어사중승(中丞)을 두었다. 중승은 감찰과 탄핵을 담당했는데, 당시에는 제후국에도 중승을 두었다. 따라서 반고가 어사대부라 한 것은 어사중승을 가리키는 것으로, 『사기(史記)』의 기록이 보다 정확한 것으로 보인다.

신찬(臣瓚)이 말했다. "왕무(王楙)가 말하기를 '경제의 박후(薄后)가 이 해에 죽었다[死]'고 했으니 아마도 박후를 가리키는 듯하다. 그러나 박후는 폐후(廢后)인데 태후라고 했으니 이는 잘못이다." 사고(師古)가 말했다. "맹씨의 설이 옳다. 폐후의 죽음은 역사서에 기록하지 않으며, 또 붕(崩)이라 하지 않는다. 따라서 찬(瓚)의 풀이는 잘못[謬]으로 봐야 한다."].

여름에 가뭄이 들어 술 파는 것[酤酒=賣酒]을 금지시켰다. 가을 9월에 메뚜기 떼의 재앙이 있었다. 서북쪽에 혜성이 있었다. 무술일(戊戌日) 그믐날에 일식이 있었다.

황자 승(乘)을 세워 청하왕(淸河王)으로 삼았다.

4년 봄 3월에 덕양궁(德陽宮)을 세웠다[○ 사고(師古)가 말했다. "경제(景帝)의 사당이다. 경제가 직접 조성했기 때문에 휘(諱)하여 사당[廟]이라 하지 않고 궁(宮)이라 한 것이다. 『서경고사(西京故事)』에 이르기를 '경제의 사당을 덕양(德陽)이라 한다'고 했다."].

어사대부 관(綰)[17]의 주의(奏議)에 따라 말의 키가 5척 9촌 이상으로 치아가 고르지 않으면 관문을 나가지 못하도록 금지령을 내렸다.

여름에 메뚜기 떼의 재앙이 있었다.

---

17 위관(衛綰, ?~기원전 131년)을 가리킨다. 한나라 대군(代郡) 대릉(大陵) 사람으로, 문제(文帝)를 섬겨 중랑장(中郞將)으로 옮겼다. 경제(景帝)가 즉위해 청렴하고 충성스러운 것이 다른 장수와 견줄 수 없다고 해 하간왕태부(河間王太傅)에 임명했다. 오초7국(吳楚七國)의 난이 일어나자 하간(河間)의 병사를 이끌고 오초(吳楚)로 출격해 공을 세웠다. 중위(中尉)에 임명되고 건릉후(建陵侯)에 봉해졌다. 나중에 태자태부(太子太傅)가 되고, 어사대부로 옮긴 뒤 승상(丞相)에까지 올랐다. 사람됨이 근신(謹愼)하고 분수를 지켜 큰 굴곡이 없었으며, 경제 때 총애를 받았다. 무제(武帝)가 즉위하자 사직하고 물러났다.

가을에 죄수들 중에서 양릉(陽陵) 조성에 동원된 사형수들 가운데 궁형(宮刑)[腐]〔○ 여순(如淳)이 말했다. "부(腐)란 궁형이다. 사내 대장부가 거세를 당하면 더 이상 자식을 낳을 수 없으니, 이는 썩은 나무[腐木=朽木]가 열매를 맺을 수 없는 것과 같은 것이다."〕을 바라는 자가 있으면 허락해 주었다.

10월 무오일(戊午日)에 일식이 있었다.

5년 여름에 황자 순(舜)을 세워 상산왕(常山王)으로 삼았다. 6월에 천하를 사면하고 백성들에게 작(爵) 1급씩을 내려주었다.

가을 8월 기유일(己酉日)에 미앙궁 동궐에 화재가 있었다.

제후의 승상(丞相)의 이름을 고쳐 상(相)이라고 했다〔○ 사고(師古)가 말했다. "이 또한 제후들의 권한을 누르고 없애기[抑黜] 위해 한나라 중앙 조정[漢朝]과 다르게 만든 것이다."〕.[18]

9월에 조하여 말했다.

"법령과 도량형은 사나움[暴]을 막고 간사함[邪]을 못하게 하기 위함이다. 옥(獄)이란 사람의 큰 운명[大命]이니 일단 죽은 자는 되살아날 수가 없다. 관리 중에서 어떤 자는 법령을 제대로 받들지 않아 뇌물을 받아서 시장에 내다 팔고 패거리[朋黨]를 만들어 가혹함[苛]을 잘 살피는 것[察]으로 간주하고, 각박함[刻]을 정확한 일처리[明]로 간주해 아무런 죄가 없는 자로 하여금 생업[職=常]을 잃게 만드니, 짐은 이를 심히 불쌍하게 여긴다.

---

18 이 조치는 마치 고려 때는 승상이라고 하다가 조선 때는 영상·좌상·우상 등 그냥 상이라고 했던 우리 역사의 한 장면이 떠오르게 한다.

죄가 있는 자가 죄에 불복하고, 옳지 않은 법[姦法]이 사나운 위세를 부리
니 참으로 뭐라 할 말이 없다. 여러 송사들이 의심스러워 만약에 설사 율
문[文]에 따라 법으로 처리하더라도 해당하는 사람이 마음속으로 납득할
수 없는 것[不厭=不服]은 당장 평의하도록 하라[讞=評議]."

6년 겨울 10월에 옹(雍)에 행차해 오치(五畤)에서 교(郊)제사를 지냈다.[19]

12월에 여러 관직 이름을 고쳤다. 동전으로 황금을 위조하는 자는 기시
(棄市)하는 율을 정했다〔○ 응소(應劭)가 말했다. "문제 5년에 백성들의 청
을 들어주어 사사로이 주전하도록 해주었지만 율은 미처 정하지 못했다.
앞서 황금을 위조하려는 자들이 많았지만 끝내 성공하지 못했고 헛되이
비용만 날리다 보니 도리어 서로 속이고 기만하는 것이 만연돼, 돈을 다
날리게 되면 일어나 도적이 됐기 때문에 이에 율을 정한 것이다."〕.

봄 3월에 눈이 내렸다.

여름 4월에 양왕(梁王)이 훙(薨)하자 양을 나눠 5개 나라로 만들어 효왕
(孝王)의 다섯 아들을 모두 왕으로 삼았다.[20]

5월에 조하여 말했다.

"무릇 관리란 백성의 스승이니, 수레와 가마[車駕]와 의복은 마땅히 (그

---

19 천지신명에게 지내는 제사를 지내는 장소다. 진(秦)나라 문공 때 부치(鄜畤)를 지어 백제(白帝)
에게 제사 지냈고, 진나라 선공 때 밀치(密畤)를 지어 청제(靑帝)에게 제사 지냈고, 진나라 영공
때 오양(吳陽)에 상치(上畤)와 하치(下畤)를 지어 적제(赤帝)와 황제(黃帝)에게 제사 지냈으며,
한나라 고조 때 북치(北畤)를 지어 흑제(黑帝)에게 제사를 지냈다. 이를 일컬어 오치(五畤)라고
하는데, 지금의 섬서성(陝西省) 봉상현(鳳翔縣) 남쪽에 있었다. 이는 곧 오제(五帝)에게 제사를
지냈다는 말이다.

20 이렇게 하면 왕의 권한은 분산된다.

관직에) 부합해야 한다[稱]. 600석 관리 이상은 모두 큰 관리[長吏=大吏]인데〔○ 장안(張晏)이 말했다. "600석 관리는 지위[位]가 대부다."〕, 법도를 어긴 자가 혹 관리의 복장을 하지 않은 채 궐 밖 동네 거리를 드나들어 백성들과 아무런 구별이 되지 않는다. 영을 내려 장리(長吏) 2,000석은 수레의 좌우에 바람막이[轓]를 설치해 붉게 칠하도록 하고, 1,000석부터 600석까지는 왼쪽에 바람막이를 설치토록 하라. 수레와 말을 따르는 자들 중에 그 관직에 어울리지 않는 자나 하급 관리의 복장을 하고서 궐 밖 동네 거리를 드나들며 관리의 체통을 잃는 자에 대해서는 2,000석 관리가 그 상부에 상신(上申)하고, 삼보(三輔)〔○ 응소(應劭)가 말했다. "경조윤(京兆尹), 좌풍익(左馮翊), 우부풍(右扶風)이 함께 장안 성 안을 다스렸기 때문에 이들을 삼보라고 했다." 사고(師古)가 말했다. "이때에는 아직 경조(京兆), 풍익(馮翊), 부풍(扶風)이라는 명칭이 없었다. 이때 삼보라고 하는 것은 주작중위(主爵中尉) 및 좌우 내사(內史)를 일컫는다. 응씨의 설은 틀렸다."〕는 법령을 따르지 않는 자를 잡아들여[擧=逮捕] 모두 승상과 어사에게 상신해 그에 대한 조치를 청하도록 하라."

이에 앞서 관리들이 군공(軍功)이 많아 수레와 의복이 아주 경박스러웠기 때문에 이 같은 금지령을 내린 것이다. 또한 가혹한 관리[酷吏]들이 법을 받들면서 적중한 도리[中=中道]를 잃었기 때문에, 이에 유사에 조하여 태형을 가하는 법[笞法]을 경감해 태형을 가하는 명령[箠令]을 정했다. 이에 관한 상세한 이야기는 「형법지(刑法志)」에 실려 있다.

6월에 흉노가 안문군(鴈門郡)에 쳐들어와 무천(武泉)[21]에 이르렀고, 상군(上郡)에 쳐들어와 원마(苑馬)〔○ 여순(如淳)이 말했다. "『한의주(漢儀注)』에 따르면 태복(太僕)은 36곳의 원(苑)을 관리 감독했고, 그것들은 북쪽과 서쪽 변경 지역에 분포돼 있었다. 낭(郎)이 하나의 원을 감독했고, 관노비 3만 명이 36만 필의 말을 길렀다." 사고(師古)가 말했다. "새나 짐승을 기르는 곳을 통칭해서 원(苑-동산)이라 했기 때문에 말을 기르는 곳을 일러 원(苑)이라 한 것이다."〕를 약탈했다. 장교와 병사 중에 전사한 자가 2,000명이었다.

가을 7월 신해일(辛亥日) 그믐날에 일식이 있었다.

후(後) 원년(元年)(기원전 143년) 봄 정월에 조하여 말했다.

"옥사(獄事)는 중대한 일이다. 사람들 중에는 일을 아는 사람과 모르는 사람[智愚]이 있고, 관리들 중에도 위아래가 있다. 옥사에서 의심스러운 경우는 유사(有司-해당 부서)에서 평의토록[讞] 하고, 유사가 판결할 수 없는 경우에는 정위(廷尉)에게 넘겨 결정토록 하며, 그 이후에는 그 판결이 설사 부당해도 평의한 사람은 과실을 저지른 것으로 간주하지 않을 것이다. 이는 옥사를 처리하는 사람으로 하여금 우선적으로 너그러움에 힘쓰도록 하기 위함이다."

3월에 천하를 사면하고, 백성들에게 작(爵) 1급씩을 내려주었으며, 중(中) 2,000석 관리와 제후의 재상에게는 작(爵) 우서장(右庶長)을 내려주었

---

21 운중군(雲中郡)에 속하는 현이다.

다[○ 여순(如淳)이 말했다. "비록 높은 관직[尊官]에 있더라도 반드시 높은 작위[高爵]를 갖고 있는 것이 아니기 때문에 여러 차례 작(爵)을 내려주는 일이 있는 것이다." 사고(師古)가 말했다. "우서장은 제12작(爵)이다."]. 여름에 큰 잔치[大酺]를 닷새 동안 열었고, 백성들은 술을 팔 수 있었다.

5월에 지진이 있었다. 가을 7월 을사일(乙巳日) 그믐날에 일식이 있었다. 조후(條侯) 주아부(周亞夫)가 옥에 내려져 죽었다.[22]

2년 겨울 10월에 철후(徹侯-열후)들이 자신의 봉국에 가 있는지를 살피도록 했다[○ 진작(晉灼)이 말했다. "문제 때 열후들을 자신의 봉국으로 가도록 했는데, 지금 그것을 점검한 것이다."].

봄에 흉노가 안문군(鴈門郡)에 쳐들어와 태수 풍경(馮敬)이 맞서 싸우던 중에 죽었다. 거기(車騎)와 재관(材官)을 징발해 안문에 주둔시켰다.

봄에 농사가 흉년이 들어 내군(內郡)[23]에서는 말의 사료로 곡식을 주는 것을 금하고 위반할 경우에는 그 말을 몰수했다.

여름 4월에 조하여 말했다.

"(건축물 등에) 무늬를 조각하고 깎고 금속을 새겨 넣는 (사치를 위한) 일은 농사를 해치는 것이며, 비단에 수를 놓고 수실을 짜는 일은 길쌈

---

22 일본의 『한서(漢書)』 번역자 오다케 다케오(小竹武夫)는 역주에서 "주아부의 죽음은 경제 후 원년이 아니라 실은 중 3년의 일이다"라고 밝혔다. 주아부가 죽게 된 과정은 『자치통감(資治通鑑)』에 비교적 상세하게 나오는데, 외형적으로는 반역죄이지만 실은 경제와의 식사 자리에서 불경(不敬)을 저지른 때문이다. 다분히 억울한 죽음이라 하겠다. 그리고 조후(條侯)는 脩侯라고 쓰고 조후라고 읽기도 한다.

23 진나라와 한나라 때에는 중국 본토에 설치된 내군(內郡)과 변경에 설치된 변군(邊郡) 또는 외군(外郡)을 구별했다.

[女紅=女功]을 해치는 것이다. 농사를 해치면 굶주림의 근본이 되고, 길쌈을 해치면 추위에 떠는 근원이 된다. 무릇 굶주림과 추위가 함께 이르렀는데도 능히 잘못되지 않을 수 있는 사람은 적다. 짐은 몸소 밭을 갈고 황후는 몸소 뽕을 따서 종묘에 올릴 제수를 마련하고 제복을 마련해 천하의 누구보다 앞장설 것이고, 헌공(獻供)을 받지 않을 것이며, 태관(太官)을 감하고 요역과 부세도 줄여 천하의 사람들로 하여금 농사와 누에치기에 힘쓰게 하고, 평소 비축을 해둠으로써 재해에도 대비할 수 있게 하고자 한다.

강한 사람은 약한 사람(의 도움 요청)을 물리치지 말고, 다수는 소수에게 난폭하게 하지 말며, 노인들은 천수를 누릴 수 있도록 하고, 어린아이와 고아는 드디어 장성할 수 있게 하라. 금년에 혹 풍년이 들지 않아 백성들의 먹거리[民食]가 자못 적을 것이니 그 허물은 어디에 있겠는가? 혹 속이고 기만하는 자가 관리가 돼 뇌물 받는 것으로 거래하며, 백성들을 낚시질하고 약탈하며 침탈할 수 있다. 현승(縣丞)은 수장에 해당하는 관리[長吏]인데 법률을 간사스럽게 해석 운용해 도적과 더불어 도적질해대는 것이 심해 차마 말을 할 수가 없다. 당장 2,000석 관리들에게 명해 각자 자신들의 직무를 잘 닦고, (그들 중에서) 관직을 제대로 수행하지 않아 어지럽히는 자는 승상이 보고해 그들에게 죄줄 것을 청하라. 천하에 알려서 짐의 뜻을 훤히 알도록 하라."

5월에 조하여 말했다.

"사람은 자신이 알지 못한 것을 근심하지 않고 자신이 속게 될 것만 근심한다. 또 자신이 용맹스럽지 못함을 근심하지 않고 자신이 폭행을 당하게 될 것만을 근심한다. 그리고 자신이 풍부하지 못한 것을 근심하지 않고 자신이 만족하지 못하는 것만을 근심한다. 오직 청렴한 선비만이 욕심을 적게 부려 쉽게 만족할 줄을 안다. 지금은 돈 10만 전만 있으면 관직[宦]을 얻을 수 있지만, 염결한 선비에게 꼭 돈이 많이 있는 것은 아닐 것이다. 시장의 적[市籍]을 가진 사람도 관직을 얻을 수 없고, 10만 전이 없어도 관직을 얻을 수 없으니 짐은 이를 심히 마음 아파하노라. 4만 전이면 관직을 얻을 수 있도록 하고, 청렴한 선비가 오래도록 직위를 얻지 못하게 하지 말며, 탐욕스러운 자가 오래도록 이익을 챙기게 하지 말라[○ 응소(應劭)가 말했다. "옛날에는 재물 10산(算)을 내면 관리가 될 수 있게 했다. 10산은 10만 전이다. 상인은 재산이 있어도 관리가 될 수 없었고 청렴한 선비는 재물이 없으니 또한 벼슬을 얻을 수 없었다. 그래서 재물을 4산(4만 전)으로 줄여 관직에 나서는 길을 넓힌 것이다."].

가을에 큰 가뭄이 들었다.

3년 봄 정월에 조하여 말했다.

"농사란 천하의 근본이다. 황금과 구슬, 옥은 굶주려도 먹을 수가 없고 추위도 입을 수가 없는데도 패물로(혹은 화폐처럼) 쓰인다고 해서 그것의 끝과 시작을 모른다. 최근 몇 년간 혹 풍년이 들지 않았는데 상공업[末者=末業]에 뜻을 두는 사람은 많고 농민은 적다. 여러 군국(郡國)에 명을 내려 농사에 힘쓰도록 권면하고 (뽕)나무를 더 많이 심게 한다면[樹=殖] (백성들은 더 많이) 입고 먹을 것들을 얻을 수 있다. 관리가 만약에 백성들을 징발하기를 마치 고용인을 부리듯이 해 황금과 구슬, 옥을 캐게 한다면, 그런 자는 도적에 해당하는 죄로 다스릴 것이다. 2,000석 관리로서 이를 허락해준 자에 대해서도 같은 죄를 물을 것이다."

황태자가 관례를 치렀고, 백성들 중에 아버지의 뒤를 이은 자에게는 작(爵) 1급씩을 하사했다. 갑자일(甲子日)에 제(帝)가 미앙궁에서 붕(崩)했다〔○ 신찬(臣瓚)이 말했다. "제는 32세에 자리에 나아가 16년 동안 자리에 있었고, 이때 수(壽)는 48세이다."〕. 유조(遺詔)하여 제후왕과 열후에게 말 2사(駟-네 마리)를, 2,000석 관리에게 황금 2근, 하급 관리와 백성에게 100전을 내려주었다. 궁인들은 궐에서 내보내 집으로 돌려보냈고, 평생토록 부역과 조세를 면해주었다[復]. 2월 계유일(癸酉日)에 양릉(陽陵)에 안장했다〔○ 신찬(臣瓚)이 말했다. "붕해 안장할 때까지 모두 10일이었다. 양릉은 장안 동북쪽 45리에 있다."〕.

찬(贊)하여 말했다.

"공자가 말하기를 '이 백성들이다, 삼대(三代-하·은·주)에서 도리를 곧게 해 행하던 바탕은!〔○ 사고가 말했다. "이 말은 『논어(論語)』(「위령공(衛靈公)」편)에 실려 있는 공자의 말이다. 이는 당시 사람들이 하·은·주 삼대의 통치 방법으로 정치를 해 교화함으로써 백성들을 순일(淳壹)하게 만들어 능히 도리를 곧게 해 행할 수 있었다는 뜻이다. 애석하게도 지금은 그렇지가 않다는 말이다."〕'이라고 했으니, 진실로 그러하도다. 주(周)나라 (말기)와 진(秦)나라의 병폐는 법망은 조밀하고 법조문은 준엄해[罔密文峻] 간사한 짓들이 이루 다 헤아릴 수 없을 정도였다. 한(漢)나라가 일어나자 진나라의 번잡하고 가혹한 정사를 일거에 쓸어 없애고 백성들과 더불어 안식을 취했다. 효문제에 이르러 공손함과 검소함[恭儉]으로 그러한 풍조를 더했고, 경제는 그 유업을 높여 50~60년 사이에 풍조가 옮겨가 풍속이 바뀌는 단계에까지 이르러 백성들[黎民=衆民]은 순박하고 두터워졌다. 주나라에서는 성왕(成王)과 강왕(康王)의 치세[成康]라 한다면, 한나라에서는 문제와 경제의 치세[文景]라 하니 아름답도다!"

권
◆
6

무제기
武帝紀

효무황제(孝武皇帝)〔○ 순열(荀悅)이 말했다. "이름 철(徹)을 피휘해 그 글자 대신 통(通)을 썼다." 응소(應劭)가 말했다. "시법(諡法)에 이르기를 '위엄이 강하고 다음이 밝으면[威強叡德] 무(武)라 한다'라고 했다."〕는 경제의 중자(中子)[1]로, 어머니는 왕미인(王美人)이라 불린다〔○ 사고(師古)가 말했다. "「외척전(外戚傳)」에 따르면 미인은 2,000석 관리에 준하며, 작위는 소상조(少上造)다."〕. 4세 때 세워져 교동왕(膠東王)이 됐다. 7세 때 황태자가 됐고 어머니는 황후가 됐다. 16세 때인 (경제) 후(後) 3년 정월 경제가 붕(崩)했다〔○ 장안(張晏)이 말했다. "무제는 경제 원년에 태어나 7세 때 태자가 됐고, 태자가 된 지 10년 만에 경제가 붕했으니 이때 나이 16세이다."〕. 갑자일(甲子日)에 태자가 황제의 자리에 나아갔고, 황태후 두씨(竇氏)를 높여 태황태후로 삼고, 황후를 황태후라 불렀다. 3월에 황태후의 친동생 전분

---

1 차남 이하를 가리키는 말이다.

(田蚡)과 전승(田勝) 둘 다 열후로 삼았다.

건원(建元)〔○ 사고(師古)가 말했다. "고제 이래로 왕들에게는 연호(年號)가 없었는데 이때에 비로소 시작했다."〕 원년(元年)(기원전 140년) 겨울 10월에 승상, 어사, 열후, 중(中) 2,000석, 제후의 재상에게 조하여 현량(賢良) 방정(方正)하거나 직언(直言) 극간(極諫)할 수 있는 선비를 천거토록 했다. 승상 관(綰-위관)이 아뢰었다.

"천거된 현량들 중에서 혹시 신(申-신불해), 상(商-상앙), 한비(韓非-한비자), 소진(蘇秦), 장의(張儀)의 학문[言]을 익혀[治=習] 국정을 혼란케 할 수 있는 자들은 모두 파직시키겠습니다."

이에 그리하라고 했다.

봄 2월에 천하를 사면하고 백성들에게 작(爵) 1급씩을 내려주었다. 80세 이상의 노인에게는 두 사람분의 산부(算賦)[2]를 면제해주었고, 90세 이상의 노인에게는 병거(兵車)의 부전(賦錢)을 면제해주었다.[3] 삼수전(三銖錢)〔○ 사고(師古)가 말했다. "새롭게 사수전을 녹여 이 동전을 만들었는데, 이와 관련된 이야기는 「식화지(食貨志)」에 보인다."〕을 주조해 유통시켰다.

여름 4월 기사일(己巳日)에 조(詔)하여 말했다.

"옛날에 가르침을 행할 때[立教] 향리(鄉里)에선 나이[齒]로 하고 조정에선 벼슬[爵]로 해 세상을 떠받치고, 백성을 이끄는 데 있어[扶世導民] 다

---

2 장정세(壯丁稅) 혹은 인두다.
3 일설에는 자식 한 명의 군역을 면제해주었다고 한다.

움[德]보다 좋은 것이 없었다. 그랬기 때문에 향리에선 기애(耆艾-50세에서 60세 사이의 노인)를 먼저 하고 나이가 많은 이를 받드니, 이것이 옛날의 도리다〔○ 사고(師古)가 말했다. "60세를 기(耆)라 하고 50세를 애(艾)라 한다."〕.

지금은 천하의 효성스러운 자식과 공순한 손자[孝子順孫]가 스스로 힘을 다해 그 부모를 받들려[承] 해도 밖으로는 공사(公事)에 핍박당하고 안으로는 재물이 궁핍하니 이는 효심을 막는 것이다. 짐은 이를 매우 마음 아파한다. 백성의 나이가 90세 이상이 되면 이미 나라에서 곡식을 받도록 하는 법[受鬻法]〔○ 사고(師古)가 말했다. "곡식을 주어 죽을 쒀 먹을 수 있게 하는 것이다."〕이 있다 해도 아들 및 손자에게 지원을 더 해주어〔○ 사고(師古)가 말했다. "아들이 있으면 아들의 조세를 면제해주고, 아들이 없으면 다시 손자의 조세를 면제해주는 것이다."〕, 그들이 몸소 처첩을 거느리고 가서 연로한 어른을 공양(供養)하는 일을 행할 수 있게 하라."

5월에 조하여 말했다.

"하해(河海)는 사방 1,000리 땅을 윤택하게 해주니, 사관(祠官)에게 영을 내려 산천의 제사를 잘 지내도록 하고, 이를 해마다의 일로 삼고 더욱 정중하게 모시도록 하라."

오초7국(吳楚七國)의 난 때 (관련자들의) 처자[帑=孥]로 관에 편입된 자들을 사면해주었다〔○ 응소(應劭)가 말했다. "오초7국의 반란 때 주동자들의 처자들은 관노비로 편입됐는데, 무제가 이들을 불쌍히 여겨 모두 사면해 풀어주었다."〕.

가을 7월에 조하여 말했다.

"위사(衛士-경호부대원)는 신구(新舊)를 교체해 2만 명을 정원으로 해 1만 명을 감축했다. 또 말을 기르는 원(苑)을 없애 그 땅을 가난한 백성들에게 내려주었다〔○ 사고(師古)가 말했다. "말을 기르는 원에서는 옛날에 백성들이 들어가 풀을 뜯거나 땔감을 채취할 수 없었는데 이때 폐지한 것이다."〕.

명당(明堂)을 세우는 문제를 토의했다. 사자를 보내 바퀴를 왕골로 감싼 편안한 수레[安車]를 갖추고 비단 예물[束帛]에 옥돌을 더해 노(魯)의 신공(申公)4을 불러왔다.

2년 겨울 10월에 어사대부 조관(趙綰)은 태황태후가 (사사로이) 일을 아뢰지 말 것을 청했다가 죄를 입어 낭중령 왕장(王臧)과 함께 감옥에 내려져[下獄] 자살했다〔○ 응소(應劭)가 말했다. "예에 따르면 부인은 정사에 참여할 수가 없는데, 이때 제(帝)는 이미 스스로 만기(萬機)를 직접 살피고 있었다. 왕장은 유자(儒者)이기에 명당(明堂)과 벽옹(辟雍)을 세우고 싶어 했다. 태후는 평소 황로술(黃老術-노장사상 계통)을 좋아해 오경(五經)에 대해서는 부정적이었다. 그래서 태후에게는 정사를 아뢰지 말기를 청했다가 태후가 크게 화를 내는 바람에 죽게 됐다."〕. 승상 영(嬰-두영)과 태위 분(蚡-전분)이 파면됐다.

봄 2월 병술일(丙戌日) 초하루에 일식이 있었다.

여름 4월 무신일(戊申日)에 태양과 같은 것이 밤에 나타났다.

처음으로 무릉(茂陵)읍을 두었다〔○ 응소(應劭)가 말했다. "무제가 직접

---

4 당대에 유명했던 유학자다.

능을 조성한 것이다." 사고(師古)가 말했다. "본괴리(本槐里)의 무향(茂鄉)이었기 때문에 무릉(茂陵)이라고 한 것이다."].

3년 봄에 황하의 물이 평원(平原)에 넘치는 바람에 큰 굶주림 사태[大飢(대기)]가 일어나 사람들이 서로 잡아먹었다〔○ 사고(師古)가 말했다. "강물이 넘친 곳에는 논밭이 큰 피해를 입기 때문에 큰 굶주림 사태가 일어나는 것이다."]. 무릉으로 이주한[徙(사)] 사람들에게 호구마다 20만 전과 밭 2경(頃)⁵을 내려주었다. 처음으로 편문교(便門橋)〔○ 복건(服虔)이 말했다. "장안의 서북쪽에 있으며 무릉의 동쪽이다." 사고(師古)가 말했다. "편문은 장안성의 북서쪽에 있는 문으로 곧 평문(平門)이다. 옛날에는 평(平)과 편(便)은 같은 뜻이었다. 이때 다리를 만들어 위수(渭水)를 건너 무릉으로 나아갈 수 있도록 했다."〕를 만들었다.

가을 7월에 서북쪽에 혜성이 나타났다. 제천왕(濟川王) 명(明)이 태부와 중부(中傅)를 죽인 죄에 연루돼 폐위당해 방릉(防陵)으로 옮겨졌다〔○ 응소(應劭)가 말했다. "중부는 환자(宦者-환관)다." 사고(師古)가 말했다. "방릉은 곧 한중현(漢中縣)이며, 지금은 그곳을 방주(房州)라 부른다."〕. 민월(閩越)(의 군대)이 동구(東甌)를 에워싸자 동구가 위급함을 알려왔다〔○ 응소(應劭)가 말했다. "고조 5년에 무제(無諸-망제(亡諸)라고도 한다)를 세워 민월왕으로 삼았다. 혜제가 요(搖)를 세워 동해왕(東海王)으로 삼고 동구에 도읍했기에, 그래서 (동해를) 동구라고 부른 것이다."〕. 중대부 엄조(嚴助)를 보내 부절을 갖고서 회계군(會稽郡)의 군사를 징발한 다음 바다를

---

5 1경은 100무(畝)다.

건너가 동구를 구원토록 했다. 미처 도착하지도 않았는데 민월의 병사들이 도망쳐 군대를 되돌렸다.

9월 병자일(丙子日) 그믐날에 일식이 있었다.

4년 여름에 바람이 부는데 하늘색이 붉어지며 마치 피처럼 보였다. 6월에 가뭄이 들었다. 가을 9월에 동북쪽에 혜성이 나타났다.

5년 봄에 삼수전을 폐지하고 반량전(半兩錢)을 유통시켰다〔○ 사고(師古)가 말했다. "또 새롭게 동전을 만든 것이다."〕. 오경(五經)박사를 두었다.[6]

여름 4월에 평원군(平原君)이 훙(薨)했다〔○ 복건(服虔)이 말했다. "왕(王)태후의 어머니이자 무제의 외할머니다."〕.

5월에 메뚜기 떼의 큰 재앙이 있었다.

가을 8월에 광천왕(廣川王) 월(越)과 청하왕(淸河王) 승(乘) 둘 다 훙(薨)했다.

6년 봄 2월 을미일(乙未日)에 요동의 고조 사당[高廟]에 화재가 있었다.
고묘

여름 4월 임자일(壬子日)에 고원(高園)의 편전에 불이 났다〔○ 사고(師古)가 말했다. "편전(便殿), 편실(便室), 편좌(便坐)라고 하는 것은 모두 바르고 큰[正大] 거처가 아니고 임시로 쉬기 위한 곳이다. 원(園)은 능의 주변에 짓
정대

---

6   오경박사라고 하는 학관(學官) 자체는 이미 전국시대의 여러 나라에 설치돼 있었다. 진(秦)나라의 시황제 때에도 다수의 박사가 있었고 진나라의 제도를 받아 이은 한(漢)나라에서도 숙손통(叔孫通) 이후 여러 종류의 박사를 두었다. 한의 문제와 경제(景帝)시대에는 이미 유학에 관해 『시경(詩經)』·『서경(書經)』·『춘추(春秋)』 3종의 박사관이 설치돼 있었고, 그것을 오경박사로 확대한 것은 바로 이때 동중서(董仲舒)의 상주에 따른 것이었고, 실제로 오경박사가 설치되는 것은 건원(建元) 5년(기원전 136년)의 일이다.

는 것으로 평소 생활했던 정전(正殿)을 본떠 그 안에 정침(正寢)이 있고, 또 그 옆에는 편전을 세워 휴식하고 한가로이 연회를 베푸는 곳으로 삼는다. 풀이하는 자들은 그 뜻을 명확히 알지 못해 풀이하기를 편전이나 편실은 모두 정명(正名)이라 하는데 이는 크게 의심해야 한다. 석건(石建), 위현성(韋玄成), 공광(孔光) 등의 전을 찾아보면 그 바른 뜻을 알 수 있을 것이다."]. 상(上)은 닷새 동안 소복(素服-상복)을 입었다.

5월 정해일(丁亥日)에 태황태후가 붕(崩)했다.

가을 8월에 동방에 혜성이 나타났는데 하늘에 길게 드리웠다. 민월왕 영(郢)이 남월(南越)을 공격했다. 대행왕(大行王) 회(恢)를 보내 병사들을 이끌고 예장군(豫章郡)으로 나아가게 했고, 대사농 한안국(韓安國)은 회계에서 나아가 민월의 군대를 치게 했다. 미처 도착하지도 않았는데 민월의 병사들이 영을 죽이고 항복해 군대를 되돌렸다.

원광(元光)[○ 신찬(臣瓚)이 말했다. "꼬리가 긴 혜성[長星-장성]이 보였기 때문에 원광(元光)이라고 한 것이다."] 원년(元年)(기원전 134년) 겨울 10월에 처음으로 군국(郡國)에 영을 내려 효행과 청렴[孝廉-효렴]이 뛰어난 사람 각 한 명씩을 천거하도록 했다[○ 사고(師古)가 말했다. "효(孝)란 부모를 잘 모시는 것을 말한다. 염(廉)은 (성품이) 맑고 깨끗해 청렴한 절조[廉隅-염우]가 있는 것을 말한다."]. 위위(衛尉) 이광(李廣)이 효기(驍騎-날랜 기병)장군이 돼 운중(雲中)에 주둔했고, 중위(中尉) 정불식(程不識)[7]이 거기(車騎)장군이 돼

---

7 한(漢)나라 장수로 처음에 장락위위(長樂衛尉)를 지냈는데 나중에는 이광(李廣)과 더불어 변군

안문(鴈門)에 주둔했다가 6월에 해산했다.

여름 4월에 천하를 사면하고 백성들에게 장자(長子)[8]의 작(爵) 1급씩을 내려주었다. 7국의 종실로 전에 절속(絶屬)된 자들을 회복시켜주었다〔○ 사고(師古)가 말했다. "과거에 7국의 난에 연루된 종실 사람들은 모두 종실의 연을 끊었는데 이때 은사(恩赦)를 베풀어 종정(宗正)에 소속될 수 있도록 해준 것이다."〕.

5월에 현량(賢良)에게 조하여 말했다.

"짐이 듣건대 옛날 요순(堯舜)시대 때[唐虞][9] 의복에 오형(五刑)의 모습을 그리니[畫象][10] 백성들이 법을 범하지 않아 해와 달이 비치는 곳이면 백성들을 통솔하지 못하는 바가 없었다. 주(周)나라 때 성왕(成王)과 강왕(康王)은 형벌을 두었지만[錯=置] 쓰지 않았고 그들의 제왕다움은 짐승들에게까지 미치고 교화가 사해에 두루 통했다. 나라 밖의 숙신(肅愼)〔○ 진작(晉灼)이 말했다. "동쪽의 오랑캐다. 지금의 읍루(挹婁) 지역이 이곳이다."〕이 찾아와 공물을 바쳤고 북쪽으로는 거수(渠搜)[11]를 불러들였으며, (서

(邊郡)의 태수가 됐다가 오랑캐를 쳐서 일시에 명장이 됐다.

8 이는 종실의 작위 제4등이다.

9 당우(唐虞)란 도당씨(陶唐氏)와 유우씨(有虞氏), 곧 요와 순의 시대(時代)를 함께 이르는 말이다.

10 『서경(書經)』에 이 용어가 나오기는 하는데 그 내용에 대한 설명이 없다. 그냥 하늘의 형상을 본받아 인간의 법률을 만들었다는 설도 있고 좀 더 나아가 죄질에 따라 그에 맞는 옷을 입게 하는 명예형의 일종으로 보기도 한다. 이를 상형(象刑)이라 한다. 문맥상으로는 후자로 보아도 무방할 듯하다.

11 삭방에 있는 지명이다.

쪽의) 저강(氐羌)족이 찾아와 복종했다. 성신(星辰)엔 혜성(과 같은 특이 현상)이 나타나지 않았고, 해와 달에는 식(蝕-일식이나 월식)이 없으며, 산과 언덕은 무너지지 않았고 강이나 계곡이 막히는 일도 없었다. (재이는 커녕 상서로운) 기린과 봉황이 교수(郊藪)에 나타나고, 하수와 낙수(洛水)에선 그림책[圖書]이 나왔으니 아아, 어떻게 베풀면 이런 경지에 이를 수 있겠는가?

지금 짐이 종묘를 이어받아 받들게[獲奉] 돼 이른 아침에 일어나서 구하고 밤에 잠들면서 궁리하지만 마치 물을 건너려 하면서 정작 건널 곳을 모르는 것과 같다. 아름답고 크도다! 어찌 행해야만 선제의 크나큰 대업[洪業]과 아름다운 다움[休德]을 펼쳐 위로는 요순(堯舜)에 아래로는 삼왕(三王)에 참배(參配)할 수 있겠는가! 짐은 민첩하지 못해 능히 황제다움을 멀리에까지 이르게 하지 못하니 이는 그대 대부들이 보고 들은 바다. 뛰어나고 훌륭한 그대들은 옛날부터 지금까지 임금이 마땅히 해야 할 일[王事]의 대체(大體)에 밝으니, 이 책명을 받아 그 물음을 깊이 살펴서 모두 글로써 죽간[篇]에 이를 쓰면 짐은 친히 열람할 것이다."

이에 동중서(董仲舒)와 공손홍(公孫弘) 등이 대책을 냈다.[12]

가을 7월 계미일(癸未日)에 일식이 있었다.

2년 겨울 10월에 옹(雍)으로 행차해 오치(五畤-오제의 치)에서 제사 지

---

12 이에 대해 진덕수(眞德秀)는 『문장정종(文章正宗)』에서 다음과 같이 말했다. "동중서가 대책을 낸 것은 건원(建元-원광보다 앞선 연호다) 초로 공손홍이 낸 것과 시기가 같지 않다. 아마도 『한서(漢書)』의 오류인 듯하다."

냈다.

봄에 조하여 공경들에게 물었다.

"짐은 자녀를 잘 꾸며 선우(單于)에게 시집보내고 금은보화와 아름다운 자수를 선물로 주기를 심히 두텁게 했음에도, 선우는 명을 받들지 않고 더욱 오만해져서 우리 땅에 침입하고 도적질을 일삼아 변경 지역에 해를 입히고 있으니, 짐은 이를 심히 걱정하고 있다. 지금 군대를 일으켜 저들을 공격하고자 하는데 어떤가?"

대행왕 회는 마땅히 쳐야 한다는 의견을 내세웠다[建議]. 여름 6월에 어사대부 한안국이 호군(護軍)장군이 되고, 위위 이광이 효기장군이 되고, 태복 공손하(公孫賀)가 경거(輕車)장군이 되고, 대행왕 회가 장둔(將屯)장군이 되고, 태중(太中)대부 이식(李息)이 재관(材官)장군이 돼 30만 대군을 이끌고 마읍(馬邑)¹³의 계곡 사이에 주둔하면서 선우를 유인해내 습격하려고 했다. 선우는 자기네 요새 안으로 들어갔는데 이런 계획을 알아차리고 국경 밖으로 달아났다.

6월에 군대를 해산했다. 장군 왕회(王恢)는 작전 계획의 우두머리이면서도 나아가지 않은 죄에 걸려 옥에 내려보내[下獄] 죽였다[○ 사고(師古)가 말했다. "회는 이번 작전의 우두머리인데도 도리어 흉노의 군수부대[輜重]를 진격해 치지 않았다."].

가을 9월에 영을 내려 백성들에게 닷새 동안 큰 잔치[大酺]를 열어주었다.

3년 봄에 황하의 물길을 옮겨 돈구(頓丘)의 동남쪽으로 따라서 발해로

---

13 산서성(山西省) 삭현(朔縣)의 동북쪽이다.

흘러 들어가도록 했다〔○ 사고(師古)가 말했다. "돈구는 언덕의 이름인데 이를 계기로 현(縣)이 됐고 원래는 위(衛) 땅이다. 지리지(地理志)에 따르면 동군(東郡)에 속했는데 지금은 위주(魏州)의 경계에 있다."〕.

여름 5월에 고조의 공신 5명의 후손을 봉해 열후로 삼았다.

황하의 물이 복양(濮陽)〔○ 사고(師古)가 말했다. "동군의 현이다."〕에서 터져[決=潰] 16개 군이 범람했다. 병졸 10만 명을 징발해 터진 황하의 둑을 구원했다. 용연궁(龍淵宮)을 지었다〔○ 사고(師古)가 말했다. "『삼보황도(三輔黃圖)』에 이르기를 '용연 사당[廟]은 무릉(茂陵)의 동쪽에 있다'고 했으니 궁(宮)을 말하는 것이 아니다. 즉 터진 둑을 구원하기 위해 용연궁을 지은 것이다."〕.

4년 겨울에 위기후(魏其侯) 두영(竇嬰)이 죄를 지어 기시(棄市)했다〔○ 사고(師古)가 말했다. "관부(灌夫)와 당여(黨與)했기 때문이다."〕.[14]

---

[14] 관부(灌夫, ?~131년)는 아버지가 장맹(張孟)인데 관영(灌嬰)의 사인(舍人)이 돼 총애를 받아 성을 관씨로 바꿨다. 오초(吳楚)가 반란을 일으켰을 때 아버지가 원정에 나섰다가 군중(軍中)에서 죽었다. 관부도 함께 종군해서 초상을 치르기 위해 귀향하는 것을 거절하고 적장의 목을 베어 아버지의 원수를 갚고자 했다. 마침내 아버지의 갑옷을 뚫은 창을 뽑아 오나라 진영으로 들어가 적병 수십 명을 죽여 이름을 천하에 떨쳤다. 이 공으로 중랑장(中郎將)이 됐다. 무제(武帝) 건원(建元) 원년(기원전 140년) 회양태수(淮陽太守)가 됐고 이어 입조해 태복(太僕)이 됐다가 다음 해 연(燕)나라의 재상(宰相)이 됐다. 사람됨이 강직하고 술을 좋아해 임협(任俠)을 즐겼는데 가산(家産)만 수천만이었고 식객(食客)이 날마다 수백 명에 이르렀다. 두영(竇嬰)과 친하게 사귀었다. 나중에 술에 취해 승상(丞相) 전분(田蚡)을 모욕해 탄핵을 받아 불경(不敬)으로 연좌돼 일족이 주살(誅殺)당했다. 같은 해 죽음을 당한 두영은 문제(文帝) 두황후(竇皇后)의 조카다. 문제 때 오상(吳相)이 됐는데 병으로 사직했다. 경제(景帝)가 즉위하자 첨사(詹事)가 됐다. 오초(吳楚)가 반란을 일으키자 대장군(大將軍)이 돼 형양(滎陽)을 지키면서 제(齊)와 조(趙)의 병사들을 감독했다. 7국이 격파되자 위기후(魏其侯)에 봉해졌다. 경제가 사람됨이 가벼워

봄 3월 을묘일(乙卯日)에 승상 분(蚡-전분)이 훙했다.

여름 4월에 서리가 내려 풀들이 말라죽었다. 5월에 지진이 있었다. 천하를 사면했다.

5년 봄 정월에 하간왕 덕(德)이 훙했다.

여름에 파군(巴郡)과 촉군(蜀郡)을 징발해 남이(南夷)에 이르는 길을 닦고 또 병졸 1만 명을 징발해 안문(雁門)의 험한 요새를 정비했다[○ 사고(師古)가 말했다. "요새를 튼튼하게 한 까닭은 흉노의 침입을 막기 위함이었다."].

가을 7월에 태풍이 불어 나무들이 뽑혀나갔다. 을사일(乙巳日)에 황후 진씨(陳氏)가 폐위됐다. 무고(巫蠱)[15]를 행한 자들을 붙잡아 모두 효수(梟首)했다.

8월에 멸구[螟]의 재앙이 있었다[○ 사고(師古)가 말했다. "식물의 줄기 속을 파먹는 해충이다."]. 관리와 백성들 중에서 당시의 시무(時務)에 밝고 옛 빼어난 이들[先聖]의 학술(-유술 혹은 유학)을 익힌 자들을 뽑아 현(縣)에서 그 등급에 맞게 먹을 것을 주며 계(計)[○ 사고(師古)가 말했다. "진나라와 한나라 때 해마다 군국에서 중앙 조정에 파견해 회계장부를 제출하는 사자를 말한다."]와 함께 동행하도록 했다.

6년 겨울에 처음으로 상인과 거선(車船)에 세금을 매겼다[算=稅].

스스로를 진중하게 유지하지 못한다고 해 재상으로 기용하지는 않았다. 무제(武帝) 초에 승상(丞相)에 임명됐으나 두태후의 뜻을 거슬러 파직돼 집에 머물렀다. 나중에 승상 전분과 사이가 나빠져 그의 모함을 받아 살해당했다.

15 주술을 써서 다른 사람을 저주하는 짓을 말한다.

봄에 운하를 파서 위수(渭水)와 통하게 했다. 흉노가 상곡군(上谷郡)에 침입해 관리와 백성들을 죽이고 약탈했다. 거기장군 위청(衛靑)을 상곡에서, 기(騎)장군 공손오(公孫敖)를 대(代)에서, 경거(輕車)장군 공손하(公孫賀)를 운중(雲中)에서, 효기(驍騎)장군 이광(李廣)을 안문(雁門)에서 출격하게 했다. 청은 용성(龍城)〔○ 응소(應劭)가 말했다. "흉노의 선우는 하늘에 제사를 지낼 때 자신의 여러 나라들을 다 모이게 했는데 그것들을 각각 용성(龍城)이라 했다."〕에 이르러 목 벤 이와 사로잡은 이가 700명이었다. 광과 오는 군대를 잃고 돌아왔다. 조하여 말했다.

"오랑캐들[夷狄]이 의리도 없이 우리와 지내온 지는 오래됐다. 최근 몇 년 사이에 흉노가 여러 차례 변경을 노략질했다. 그래서 장수를 파견해 군대를 위무케 했다. 옛날에는 (출병하면) 병사를 다스리고 (돌아오면) 군대를 진무했는데 지금은 오랑캐와 마주치자마자 바로 환군(還軍)하는 바람에 장수와 군리(軍吏)가 새롭게 만나게 돼 아래위가 화합하지[輯=和] 못했다. 이번에도 대군(代郡)장군 공손오와 안문(雁門)장군 이광은 자신들의 맡은 바에 제대로 대처하지 못했고[不肖]〔○ 사고(師古)가 말했다. "초(肖)는 비슷하다[似]는 뜻이다. 불초(不肖)란 제대로 (기본을) 닮지 못했다는 뜻이며 재주가 없는 사람[不材之人]을 가리킨다."〕, 교위(校尉)는 또한 의리를 배반하고 망령되이 행동하다가 군대를 버리고 북으로 달아났으며, 소리(小吏)들은 금령을 범했다. 병사를 쓰는 법[用兵之法]에 부지런하지 않고 교령(敎令)을 제대로 내리지 않은 것은 장수의 허물이요, 교령이 명확한데도 능히 힘을 다하지 않은 것은 사졸의 죄라고 했다. 장군은 이미 정위(廷尉)에 내려보내 법에 따라 바르게 처리하라 했다. 또 사졸들에게 법을 가

할 경우 두 군데서 중복해 처리하는 것이 되니 이는 어질고 빼어난 마음[仁聖之心]이라 할 수 없다. 짐은 많은 사람들이 해로움에 빠지는 것을 불쌍하게 여긴다. 그러니 치욕스러움을 없애[刷=除] 행동을 고치고 다시 바른 의로움[正義]을 받들어 앞으로는 이런 일들이 없도록 하고자 한다. 안문과 대군의 군사 중에서 군법에 따르지 않았던 자들[不循法者]이라 해도 사면토록 하라."

여름에 큰 가뭄이 들고 메뚜기 떼로 인한 재해가 있었다[蝗].

6월에 옹(雍)에 행차했다.

가을에 흉노가 변경을 노략질했다. 장군 한안국을 보내 어양군(漁陽群)에 주둔했다.

원삭(元朔)〔○ 사고(師古)가 말했다. "삭(朔-초하루)은 처음[始]이다. 이는 연호를 고쳐 맨 처음[初始]으로 삼았다는 말이다."〕 원년(元年)(기원전 128년) 겨울 11월에 조하여 말했다.

"공경대부가 맡은 바는 치국의 방략(方略)들을 모으고 기강과 법식을 통일하고 교화를 넓히고 풍속을 아름답게 하는 것이다[總方略 壹統類 廣教化 美風俗]. 무릇 어짊을 근본으로 하고 의로움을 뿌리로 삼아[本仁祖義]〔○ 사고(師古)가 말했다. "이는 어짊과 의로움을 근본이자 시초[本始]로 삼았다는 말이다."〕 다움이 있는 자를 기리고 뛰어난 이를 기록해[襃德錄賢], 좋은 일은 권하고 사나운 짓은 벌한 것이 오제(五帝)와 삼왕(三王)〔○ 사고(師古)가 말했다. "오제란 복희, 신농, 황제, 요임금, 순임금이다. 삼왕이란 하나라의 우왕, 은나라의 탕왕, 주나라의 문왕과 무왕이다."〕이 크게 번창한 까닭[所繇=所由]이다.
소요   소유

짐은 아침에 일어나고 저녁에 잠들 때[夙興夜寐] 천하[宇內]〔○ 사고(師
                                   숙흥야매   우내
古)가 말했다. "하늘과 땅과 사방을 우(宇)라 한다."〕의 선비들과 이 길에
이르는 된 것[臻=至]을 기쁘게 생각한다. 그래서 기로(耆老-노인)에게 은
         진 지
혜를 더하고[旅]〔○ 사고(師古)가 말했다. "노인들에게 은혜를 더해준 것이
       여
마치 나그네에게 은혜를 더 베푼 것[賓旅=賓客]과 같았다."〕 효자와 윗사
                            빈려   빈객
람을 공경한 자를 우대하며[復], 호걸와 영준(英俊)을 뽑고[選] 예법과 형
                 복   선
률을 강습해[講] 정사를 행하는 데 참고하고 민심을 나아가 구하고, 이를
       강
집사(執事)하는 자에게 알려 청렴하고 효도하는 자를 천거토록 했더니, 무
릇 (이것이) 거의 풍속이 돼 옛 황제의 빼어난 전통[聖緖=聖業]을 밝혀 아
                                      성서 성업
름답게[休=美] 해주었다.
     휴 미

무릇 열 집의 마을이라도 반드시 충신(忠信) 한 자가 있으며, 세 사람이
함께 길을 가면 반드시 내 스승이 되는 자가 있다고 했다.[16] 지금 혹 모든
고을에 이르러 한 사람이라도 천거치 않음이 있다면 이는 교화가 아래로
이르지 못하고 수행을 쌓은 군자가 위로 주달할 길이 막히는 것이다. 2,000
석 관리〔○ 사고(師古)가 말했다. "군(郡)의 수위(守尉)와 현(縣)의 영장(令
長)을 말하는 것이다."〕는 이렇게 기강과 인륜을 펴가지고서야 장차 어찌
짐을 보필해 숨은 뜻을 밝히고[燭=照] 좋은 뜻[元元=善意]을 권면하며 뭇
                        촉 조   원원 선의
백성[蒸庶=衆庶]들을 연마해 향당(鄕黨)의 가르침을 받들게 하겠는가? 또
    중서 중서
어진 이를 나아가게 하면 위로는 상을 받고 (그를) 가리우면 그런 자를 드

---

16 이는 둘 다 『논어(論語)』에 나오는 공자(孔子)의 말이다.

러내 도륙하는 것이 옛 법도이다. 여러 2,000석 관리와 예관 및 박사들은 효렴한 자를 천거치 않은 자의 죄를 토의하도록 하라.”

유사가 의견을 올려[奏議]
주의
말했다.

“옛날에 제후가 선비를 진공(進貢)함에 있어 한 번 그런 이를 올리면[適]〔○ 사고(師古)가 말했다. "그런 사람을 얻었다는 말이다.”〕 이를 '다움을 좋아한다[好德]'고 했고, 두 번 올리면 '뛰어난 이를 뛰어나게 대우할 줄 안다[賢賢]'고 했으며, 세 번 올리면 공이 있다 해 이에 구석(九錫)[17]을 더해주었습니다. 반면에 선비를 한 번 진공하지 않으면 벼슬에서 물러나게 했고[黜爵], 두 번이면 봉지[爵地]를 빼앗았으며[黜地], 세 번이면 벼슬과 봉지를 다 빼앗았습니다. 무릇 아래에 빌붙고 위를 속이는 자는 죽이고, 위에 빌붙고 아래를 속이는 자는 형을 내렸으며, 국정에 참여해 백성들에게 이로움이 없는 자는 쫓아냈으니[斥=棄逐], 이는 좋음을 권하고 나쁨을 내치기[勸善黜惡=勸善懲惡] 위해서입니다. 지금 조서를 내려 옛 황제의 빼어난 전통을 밝히고 2,000석 관리들에게 효자와 청렴한 자를 천거하라고 영을 내리신 것은 좋은 뜻으로 교화해 풍속을 바꾸기 위해서입니다. 효행하는 자를 천거하지 않는다면 이는 조서를 받들지 않는 것이니 마땅히 불경죄에 해당하며, 또 청렴한 자를 살피지 않는 것은 제 직임을 제대로 다하지 않는 것이니 마땅히 파면해야 합니다.”

---

17 옛날 중국에서 특별히 임금의 총애를 받고 공로가 있는 신하에게 내리던 아홉 가지 은전(恩典)이다. 곧 거마(車馬), 의복(衣服), 악기(樂器), 주호(朱戶-붉은 칠을 한 대문과 기둥이 있는 집), 납폐(納陛-황제가 있는 계단을 중간까지 오를 수 있는 특권), 호분(虎賁-300명의 친위대), 궁시(弓矢), 도끼, 거창(秬鬯-수수와 향초(香草)를 섞어 빚은 술)을 말한다.

(상은) 올라온 의견을 받아들였다.

12월에 강도왕(江都王) 비(非)가 훙했다.

봄 3월 갑자일(甲子日)에 황후 위씨(衛氏)를 세웠다. 조하여 말했다.

"짐(朕)이 듣건대 하늘과 땅이 변하지 않으면 교화를 베푸는 것이 이뤄질 수 없고, 음과 양이 변하지 않으면 사물은 번창할[暢茂=繁昌] 수가 없다고 했다. 『주역(周易)』(「계사전(繫辭傳)」)에 이르기를 '그 변함에 통해 백성들을 게을러지지 않도록 한다[通其變 使民不倦]〔○ 사고(師古)가 말했다. "물건들을 서로 통하게 하는 변화를 일으켜 그 기물들을 능히 즐기게 함으로써 게을러지지 않도록 한다는 말이다."〕'고 했고, 시(詩)에 이르기를 '아홉 번 변해[九變] 관(貫)으로 돌아가 말의 선(選)을 알게 된다〔○ 응소(應劭)가 말했다. "이는 (『시경(詩經)』에는 없는) 일시(逸詩)다. 아홉은 양수(陽數)인데 임금이 양에 해당하니, 곧 정치를 바꿔 예로 돌아가[變政復禮] 선왕들의 구관(舊貫)에 합치된다는 것이다." 맹강(孟康)이 말했다. "관(貫)은 도리[道]다. 선(選)은 수(數)다. 하늘의 변화가 극에 이르러 도리를 잃지 않는 자는 말의 수(數)를 안다는 뜻이다." 신찬(臣瓚)이 말했다. "선왕이 제도를 만들고 가르침을 베풀어 그릇된 폐단[流弊]을 구제했다는 것이니, 이 때문에 삼왕의 가르침에는 애씀[文]이 있고 바탕[質]이 있는 것이다. 아홉은 수가 많다는 뜻이다." 사고(師古)가 말했다. "관(貫)은 일[事]이고 선(選)은 고르는 것[擇]이다. 『논어(論語)』(「선진(先進)」 편)에 이르기를 '옛일을 그대로 따른다[仍舊貫]'고 했는데, 이는 애씀과 바탕[文質]이 같지 않아 너그러움과 사나움[寬猛=德刑]을 제각각 써서 잘 순환하도록 해 옛일로 돌아가 그 좋은 것을 골라[擇善] 그쪽을 따른다는 말이다. 찬(瓚)의 설이 진실에 가깝다."]'고 했다. 짐은 당우(唐虞-요임금과 순임금)를 아름다이 여기고 은나라와 주나라(의 탕왕과 문왕 및 무왕)를 좋게 생각하니 옛일[舊=舊貫]에 기대어 새로운 정사[新=新政]를 살피는 거울로 삼고 있다. 이에 천하를 사면해 백성들과 더불어 다시 시작하고자 한다[更始].[18] 대여해간 관물(官物)을 반납하지 않고 도망친[逋=亡] 자와 소송이 진행 중인 사람들 중에서 효경제(孝景帝) 후(後) 3년 이전의 사건에 대해서는 모두 다스리지[聽治] 않도록 하라."

가을에 흉노가 요서(遼西)에 침입해 태수를 죽였고 어양(漁陽)과 안문(雁門)에 침입해 도위(都尉)(의 군대)를 꺾고 3,000여 명을 죽이거나 약탈했다. 장군 위청을 보내 안문에서, 장군 이식(李息)을 보내 대(代)에서 출격하게 해 목 벤 이와 사로잡은 이가 수천 명이었다.

동이(東夷)의 예맥(薉貊)[薉][○ 복건(服虔)이 말했다. "예맥은 진한(辰韓)의 북쪽이자 고구려와 옥저(沃沮)의 남쪽에 있으며 동쪽 끝 큰 바다와 접해 있다." 진작(晉灼)이 말했다. "예(薉)는 예(穢)의 옛 글자다."]의 족장[君] 남려(南閭)[19] 등 28만 명이 항복해와 그곳에 창해군(蒼海郡)을 두었다.

---

18 이 말에서 연호를 원삭(元朔)으로 고친 뜻이 드러난다.

19 남려(南閭)에 대해서는 요동군(遼東郡) 인근 지역의 예족 부락의 군장(君長)으로 보거나 혹은 집안 지역에 중심을 두고 압록강 본류 유역 일대의 대수맥(大水貊)과 혼강(渾江) 유역의 소수맥(小水貊)을 아우른 대부족 연맹체의 장으로 보는 견해, 동해안 함흥 일대를 본거지로 하는 예의 군장으로 보는 견해, 부여 왕으로 비정하는 견해 등이 있다. 한편 예족 사회의 위치에 대해서는 안정복(安鼎福)의 강릉설(江陵說), 유득공(柳得恭)의 춘천설(春川說), 이마니시(今西龍)의 함흥(咸興) 또는 정평설(定平說), 이케우치(池內宏)의 영흥설(永興說) 등 여러 설이 있다. 창해군의 경우 설치 후 인력과 경비 부담의 문제로 인해 2년 뒤에 폐지됐다가 한이 위만조선을

노왕(魯王) 여(餘)와 장사왕(長沙王) 발(發)이 함께 훙했다.

2년 겨울 회남왕과 치천왕(菑川王)에게 궤장(几杖)을 내려주고 조청(朝請)[20]하지 말도록 했다〔○ 사고(師古)가 말했다. "회남왕 안(安)과 치천왕 지(志)는 둘 다 무제의 삼촌뻘이었기 때문에 궤장을 하사한 것이다."〕.

봄 정월에 조하여 말했다.

"양왕(梁王)과 성양왕(城陽王)은 서로 친애하는 형제로 봉읍을 나눠 동생에게 주기를 바라니 그것을 허가한다. 제후왕들 중에서 자제에게 봉읍을 주고자 청하면 짐이 장차 친히 살펴본 다음에 적절한 지위에 두도록 [列位] 할 것이다."
열위

이때부터 번국(藩國)이 비로소 나눠지기 시작했고 자제는 모두 후(侯)가 되게 됐다.[21]

흉노가 상곡과 어양에 침입해 관리와 백성 1,000여 명을 죽이고 약탈했다. 장군 위청과 이식을 보내 운중에서 출격해 고궐(高闕)〔○ 사고(師古)가 말했다. "산의 이름인데 요새의 이름이라고도 하며 삭방의 북쪽에 있다."〕에 이르렀고 드디어 서쪽으로 부리(符離)〔○ 사고(師古)가 말했다. "막북(幕北)의 요새 이름이다."〕에 이르러 목 벤 이와 사로잡은 이가 수천 명이었다. 하남(河南)의 땅을 손에 넣고[數=取] 삭방군(朔方郡)과 오원군(五原郡)을
수 취

멸망시키고 기원전 107년에 이 지역에 현도군(玄菟郡)을 두었다.

20 제후가 조정에 봄·가을에 찾아와 예를 올렸는데 봄에 오는 것을 조(朝), 가을에 오는 것을 청(請)이라 했다.

21 이렇게 되면 자연스럽게 번국의 힘은 분산돼 약화된다.

두었다.

3월 을해일(乙亥日) 그믐날에 일식이 있었다.

여름에 백성들을 모집해 10만 명을 삭방으로 옮겼다[徙]. 또 군(郡)과 국(國)의 호걸들과 재산[訾=貲] 300만 전 이상인 자를 무릉(茂陵)으로 이주시켰다.

가을에 연왕(燕王) 정국(定國)이 죄가 있어 자살했다.

3년 봄에 창해군을 없앴다[罷].

3월에 조하여 말했다.

"무릇 형벌이란 간악함[姦]을 막으려는 까닭이고 문덕(文德)이 있는 사람을 높이는 것[內長文][22]은 백성을 사랑함을 보이려는[見=顯示] 까닭이다. 백성들의 모자란 점을 교화해 감에 있어 짐은 사대부와 더불어 나날이 그 과업을 새롭게 해나가는 것을 삼가 게을리하지 않는 것을 즐겁게 여기고 있다. 이에 천하를 사면하도록 하라."

여름에 흉노가 대(代)에 침입해 태수를 죽였고 안문(雁門)에 침입해 1,000여 명을 죽이고 약탈했다.

6월 경오일(庚午日)에 황태후가 붕했다.

가을 서남이와 통교를 끊고 삭방성을 쌓았다. 영을 내려 백성들에게 닷새 동안 큰 잔치[大酺]를 열어주었다.

4년 겨울에 감천(甘泉-궁(宮)이다)에 행차했다.

여름에 흉노가 대군(代郡)과 정양군(定襄郡)과 상군(上郡)에 침입해 수

---

22 이에 대해서는 여러 해석이 있지만 안사고(顏師古)의 풀이에 따라 옮겼다.

천 명을 죽이고 약탈했다.

5년 봄 큰 가뭄이 들었다. 대장군 위청이 여섯 장군과 병사 10여만을 이끌고 삭방과 고궐에서 출격해 목 벤 이와 사로잡은 이가 1만 5,000명이었다.

여름 6월에 조하여 말했다.

"짐이 대개 듣건대 백성을 계도하는 것은 예로써 하고 백성들을 가르치는 것[風=敎]은 음악으로써 한다고 했다. 혼인이란 집안을 이루는 큰 절차[大倫]다. 오늘날 예가 부숴지고 음악이 무너졌으니[禮壞樂崩] 짐은 이를 몹시 마음 아프게 여기고 있다. 천하에 도리[方=道]를 널리 배워 익힌[聞=博聞] 선비가 있으면 모두 조정에 천거하도록 하라. 예관에게 영을 내려 배움을 진작시키도록 하고 이를 널리 강구해 모두 배워 익히도록[洽聞] 하라. 흩어져 있는 좋은 글들을 찾아내 올리고 예를 일으키는 일[擧遺興禮]을 천하의 급선무로 삼도록 하라. 태상(太常)이 박사와 제자들에 대해 나와 의논한 대로 향당의 교화를 높이고 뛰어난 인재들을 진작시키도록[厲=勸] 하라."

승상 홍(弘-공손홍)이 박사를 위해 제자들을 두기를 청하자 배우는 자들이 더욱 늘어났다.

가을에 흉노가 대(代)에 침입해 도위를 죽였다.

6년 봄 2월에 대장군 위청이 여섯 장군과 10여만 기병을 이끌고 정양(定襄)에서 출격해 3,000여 급을 베었다. 돌아와서 병사와 말을 정양, 운중, 안문 등 여러 군에서 쉬도록 했다. 천하를 사면했다.

여름 4월에 위청은 다시 여섯 장군을 이끌고 (흉노의 남쪽 경계인) 사막[幕]을 건너가[絶=渡] 대승을 거두고 노획했다. 전(前)장군 조신(趙信)의 군대는 패해 흉노에 항복했다. 우(右)장군 소건(蘇建)이 군대를 버리고 혼자 도망쳐 돌아오니 대속(代贖)해 서인(庶人)으로 삼았다.

6월에 조하여 말했다.

"짐이 듣건대 오제(五帝)는 서로 예를 그대로 답습하지[復=因] 않았고 삼대(三代)도 법이 같지 않았으니[23] 각각 서로 말미암은 바[所繇=所由]가 달랐지만 다움을 세우는 것[建德]은 똑같았다고 한다. 대개 공자는 (정치에 대한 질문을 받고서) (노나라) 정공(定公)에게는 '멀리서도 찾아온다[徠遠]'라고 대답했고〔○ 신찬(臣瓚)이 말했다. "『논어(論語)』와 『한비자(韓非子)』에는 둘 다 섭공(葉公)이 공자에게 정치에 대해 묻자 공자는 "가까운 곳을 기쁘게 하면 멀리서도 찾아온다"라고 답하고 있다. 지금 정공이라 했으니 이는 앞의 두 책과는 다르다."〕 (노나라) 애공(哀公)에게는 신하를 논하는 것[論臣]으로 대답했으며〔○ 여순(如淳)이 말했다. "『한비자(韓非子)』에 이르기를 애공이 정치에 대해 묻자 중니는 말하기를 '정치란 뛰어난 이를 고르는데[選賢] 있다'라고 했다."〕 (제나라) 경공(景公)에게는 재물을 아끼는 것[節用]으로 대답했다〔○ 여순(如淳)이 말했다. "『한비자(韓非子)』에 이르기를 제나라 경공이 정치에 대해 묻자 중니는 말하기를 '정치란 재물을 절약하는 데[節財]에 있다'라고 했다."〕. 이는 서로 같지 않은 것을 필요로 해서[期=要]가 아니라 서둘러 해야 할 일이[所急] (상황마다) 다르기 때

---

23 모두 뛰어난 군주들이었지만 시대별로 처방이 같지는 않았다는 말이다. 즉, 시대에 맞는 개혁이 필요하다는 뜻이다.

문이다. 지금 중국(中國)[24]이 하나로 통합됐지만[一統] 북쪽 변방은 아직 평안하지 못하니[未安] 짐은 이를 심히 슬프게 생각한다. 얼마 전 대장군이 삭방을 순시하고 흉노를 정벌해 목 베고 사로잡은 이가 1만 8,000여 급이어서 여러 금고(禁錮)된 자나 죄가 있는 자도 모두 두터운 상을 받아 죄에서 풀려나거나 죄를 감면받았다. 지금 대장군이 거듭해서 싸워 이기고 노획물을 가져왔으며, 목 베고 사로잡은 이가 1만 9,000여 급이니 많은 사람들이 벼슬이나 상을 받았음에도 그것을 팔아넘기려는 자들로 인해 아무런 차등[貽]이 없게 됐다. 이를 토의해 영을 내리도록 하라."

유사가 청을 아뢰어 무공(武功)의 상관(賞官)을 두게 하니 이에 입각해 전사(戰士)에게 은상(恩賞)을 내려주었다.

원수(元狩)〔○ 응소(應劭)가 말했다. "흰 기린을 잡았기에 연호를 고쳐 원수(元狩)라 했다."〕 원년(元年)(기원전 122년) 겨울 10월에 옹(雍)에 행차해 오치(五畤)에서 제사를 지냈다. 흰 기린[白麟]을 잡아〔○ 사고(師古)가 말했다. "기린은 사슴의 몸과 소의 꼬리와 말의 발이 누런 색이며, 둥근 발굽에 뿔이 하나인데 뿔 끝에는 살이 붙어 있다."〕 백린(白麟)의 노래를 지었다.

11월에 회남왕 안(安)과 형산왕(衡山王) 사(賜)가 반란을 모의해 주살했다. 이들의 당여(黨與)로 죽은 자가 수만 명이었다.

12월에 큰 눈이 내려 백성들이 얼어죽었다.

---

24 원문에서 그대로 중국(中國)이라는 말을 사용하고 있다.

여름 4월에 천하를 사면했다. 정유일(丁卯日)에 황태자를 세웠다. 중(中) 2,000석 관리에게 작(爵) 우서장(右庶長)〔○ 사고(師古)가 말했다. "제11등급 작(爵)이다."〕을 내려주었고 백성들 중에서 아버지의 뒤를 이은 자에게 작(爵) 1급씩을 내려주었다. 조하여 말했다.

"짐이 듣건대 고요(咎繇)[25]가 우왕(禹王)에게 말하기를 '(빼어난 정치를 하는 도리는) 사람을 볼 줄 아는 데[知人]에 있습니다'라고 하자 (우왕이 말하기를) '사람을 볼 줄 알면 (사리에) 훤히 밝아진다[哲]. 하지만 저 요임금께서도 그것을 어렵게 여겼다'라고 했다.[26] 대개 임금은 마음[心]이요 백성은 몸[支體=肢體]과 같아서 몸이 상하면 마음도 아프고 슬프다[慘怛]. 예전에 회남왕(淮南王)과 형산왕(衡山王)[27]이 글과 배움을 닦고[修文學] 재화를 유통시키면서 두 나라는 땅을 맞대고 있었는데 (서로 가까이해) 간사한 말에 이끌려[忧=誘] 찬탈을 꾸미다가[造篡] 죽었으니 이는 짐이 (황제) 다움이 없었던 탓이다. 『시경(詩經)』에 이르기를 '마음에 근심하기를 슬프디슬프게 해 나라가 포학해지는 것을 걱정하노라[憂心慘慘 念國之爲虐]'[28]라고 했다.

(짐은) 이미 천하를 사면해 죄를 씻어 없애[滌除=滌除] 천하가 다시 시작할 수 있게 해주었다. 짐은 부모에게 효도하고 윗사람에게 공순한 자

---

25 순(舜)임금 때의 어진 재상 고요(皐陶)를 가리킨다. 구요(咎繇)를 고요로 읽기도 한다.

26 이 대화는 『서경(書經)』 「고요모(皐陶謨)」에 나온다.

27 두 사람 모두 황실 종친이다.

28 「소아(小雅)」 '정월(正月)' 편에 나오는 구절이다.

[孝弟]와 농사에 힘쓰는 이들[力田]을 아름답게 여기고 저 늙은이와 고아, 과부, 홀아비, 독거노인 및 입고 먹을 것이 부족한 자들을 가엾게 여겨 심히 걱정하고 있다. 그래서 알자를 보내 천하를 돌아다니며[巡行] 그들을 위로하고 하사품을 전달하도록 했다. 그러니 너희 알자들은 온 천하에 '황제께서 우리를 사자로 보내 현의 삼로나 효자에게 사람마다 각각 다섯 필의 비단을 하사하고, 향의 삼로와 효자, 그리고 농사에 힘쓰는 이들에게 각각 세 필의 비단을 내려주며, 90세 이상의 노인네와 홀아비, 과부, 고아, 독거 노인에게는 각각 두 필의 비단과 솜 서 근을 내려주고, 여든 살 이상의 노인네에게는 각각 석 섬의 쌀을 내려주도록 했다'라는 것을 알리도록 하라. 그리고 원통한 일을 겪어 평상시의 직업[職=常業=生業]을 잃은 자는 사자(使者)로 하여금 그 사연을 듣도록 하고 각각 현과 향으로 직접 나아가[即=就] 하사함으로써 백성들이 (하사품을 받기 위해) 따로[贅] 모이는 일이 없도록 하라."

5월 을사일(乙巳日) 그믐날에 일식이 있었다. 흉노가 상곡에 침입해 수백 명을 죽였다.

2년 겨울 10월에 옹(雍)에 행차해 오치(五畤)에서 제사를 지냈다.

봄 3월 무인일(戊寅日)에 승상 홍(弘)이 훙했다. 표기장군 곽거병(霍去病)을 보내 농서(隴西)에서 출격하게 하여 고란(皋蘭)〔○ 사고(師古)가 말했다. "산의 이름이며 금성현(金城縣)에 있다."〕에 이르러 8,000여 명의 목을 뱄다.

여름에 말이 여오수(余吾水)〔○ 응소(應劭)가 말했다. "삭방의 북쪽에 있다."〕의 한가운데서 나왔다. 남월(南越)이 잘 훈련된 코끼리와 말을 잘하는 새[言鳥]〔○ 사고(師古)가 말했다. "앵무새이니 지금 농서와 남해에 이 새를 갖고 있다."〕를 바쳤다. 장군 거병(去病)과 공손오(公孫敖)는 북지(北地)에서 출격해 2,000여 리를 진격해 거연(居延)〔○ 사고(師古)가 말했다. "거연은 흉노의 영역 안에 있는 지명으로 위소(韋昭)는 그것이 장액현(張掖縣)이라 했는데 그것은 틀린 것이다."〕을 지나서 목 벤 이와 사로잡은 이가 3만여 명이었다. 흉노가 안문(鴈門)에 침입해 수백 명을 죽이고 약탈했다. 위위(衛尉) 장건(張騫)과 낭중령 이광(李廣)을 보내 둘 다 우북평(右北平)[29]에서 출격토록 했다. 광은 흉노 3,000여 명을 죽였지만 그의 군사 4,000명은 모두 달아나 혼자 탈출해 돌아왔고, 또 공손오와 장건은 둘 다 약속한 기일에 늦어 죄가 참형[斬]에 해당됐으나 대속해 서인이 됐다. 강도왕(江都王) 건(建)이 죄가 있어 자살했다. 교동왕(膠東王) 기(寄)가 훙했다.

가을에 흉노의 곤야왕(昆邪王)이 휴도왕(休屠王)을 죽이고 그의 백성까지 합쳐 모두 4만여 명을 이끌고 와서 항복했기에 5개의 속국(屬國)〔○ 사고(師古)가 말했다. "무릇 속국이라고 하는 것은 나라의 이름은 존속하지만 사실상 한나라 조정에 속하는 나라를 가리킨다."〕을 두어 그곳에 살게 했다. 그리고 그 땅을 무위(武威)와 주천(酒泉)〔○ 사고(師古)가 말했다. "무위는 지금의 양주(涼州)이고 주천은 지금의 숙주(肅州)다."〕이라는 두 군(郡)으로 삼았다.

여름 5월에 천하를 사면했다. 교동 강왕(康王)의 어린 아들 경(慶)을 세워 육안왕(六安王)으로 삼았다. 옛 상국 소하(蕭何)의 증손자 경(慶)을 봉해 열후로 삼았다.

---

29 군(郡)이다.

가을에 흉노가 우북평과 정양에 침입해 1,000여 명을 죽이고 약탈했다. 알자(謁者)를 보내 수재를 당한 군(郡)에서는 숙맥(宿麥)〔○ 사고(師古)가 말했다. "가을과 겨울에 심으면 한 해를 넘겨서 익기 때문에 숙맥이라 했다."〕을 파종하도록 권유했다. 또 (알자로 하여금) 관리와 백성들 중에서 능히 가난한 사람들에게 물자를 빌려준 사람을 찾아내어 그의 이름을 널리 알리도록 했다. 농서, 북지, 상군의 수자리 병사[戍卒]를 절반으로 줄였다. 적리(謫吏)들을 뽑아 곤명지(昆明池)를 파게 했다.[30]

4년 겨울에 유사가 말하기를 관동(關東)의 빈민들을 농서, 북지, 서하(西河), 상군, 회계의 여러 군으로 옮기자 하니 모두 72만 5,000명이었고, 현관(縣官-중앙 조정의 재정 담당)에서 옷과 음식을 내주어 생업을 진작시키도록 했는데 비용[用度]이 모자랐다. 이에 유사가 청해 은과 주석을 거둬들여 백금(白金)을 주조하고 또 흰 사슴의 가죽으로 피폐(皮幣)를 만들어 경비에 충당하자고 했다. 처음으로 민전(緡錢-꿰미 돈)을 계산해 세금을 매겼다〔○ 이비(李斐)가 말했다. "민(緡)은 실이나 줄[絲]로, 그것으로 돈을 꿴 것[貫錢]이다. 한 꿰미가 1,000전이고 1꿰미당 20전을 (소득세로) 내게 했다."〕.

봄에 동북쪽에 혜성이 나타났다.

여름에 서북쪽에 장성(長星-혜성)이 나타났다. 대장군 위청이 네 장군을 거느리고 정양에서 출격했고 장군 거병은 대(代)에서 출격했으며 각 장

---

30 적리란 관리들 중에 죄를 지어 노역에 동원되는 자이고, 이때 곤명지를 판 것은 장차 무제가 곤명국을 정벌하려고 수전을 훈련하기 위해 파도록 한 것이다. 장안의 서남쪽에 있었다.

군들은 5만 기병을 이끌었다. 보병 수십만 명은 군대의 뒤를 바짝[踵=接]
따랐다. 청은 막북(幕北)에 이르러 선우를 포위해 1만 9,000명의 목을 벤 다
음 전안산(闐顏山)까지 갔다가 마침내 돌아왔다. 거병은 (흉노의) 좌현왕
(左賢王)과 싸워 목 베고 사로잡은 이가 7만여 명이었고, 낭거서산(狼居胥
山)에 올라 하늘에 제사를 지낸 다음[封]〔○ 사고(師古)가 말했다. "산에 올
라 하늘에 제사를 지내기 위해 흙을 쌓아 올리는 것을 봉(封)이라 한다.
그리고 돌을 깎아 이를 기록함으로써 한나라의 공적을 드높였다."〕 마침내
돌아왔다. 양측 군대의 사망자는 수만 명이었다. 전(前)장군 광(廣-이광)과
후(後)장군〔○ 사고(師古)가 말했다. "베끼는 사람이 잘못해 우(右)를 후(後)
로 했다."〕 이기(食其)는 둘 다 약속한 기일에 늦어 광은 자살했고 이기는
대속해 죽음을 면했다[贖死].

5년 봄 3월 갑오일(甲午日)에 승상 이채(李蔡)가 죄가 있어 자살했다
〔○ 문영(文穎)이 말했다. "이광의 사촌 동생으로 능의 주변 땅을 침범한
죄에 연루됐다."〕. 천하에 말이 모자라 기르는 말 한 필의 값을 20만 전으
로 균등하게 했다〔○ 여순(如淳)이 말했다. "말 한 필의 값을 높인 것은 사
람들로 하여금 다퉈 말을 기르도록 하기 위함이었다."〕. 반량전(半兩錢)을
폐지하고 오수전(五銖錢)을 유통시켰다. 천하의 간사하고 교활한[姦猾] 관
리와 백성들을 변경으로 이주시켰다.

6년 겨울 10월 승상 이하 2,000석 관리에 이르기까지 금을 내려주었고
1,000석 관리 이하 말을 따르는 자[乘從者]에 이르기까지 고급 비단[帛]을
내려주었으며 오랑캐들에게는 일반 비단[錦]을 각각 차등 있게 내려주었
다. 빗물이 얼지 않았다.

여름 4월 을사일(乙巳日)에 종묘에서 황자 굉(閎)을 세워 제왕(齊王)으로, 단(旦)을 세워 연왕(燕王)으로, 서(胥)를 세워 광릉왕(廣陵王)으로 삼았다〔○ 사고(師古)가 말했다. "종묘에서 책명을 내려준 것이다."〕. 처음으로 책문(策文)[誥]〔○ 복건(服虔)이 말했다. "고(誥)란 (천자가) 왕에게 내려주는 명[勅]으로 『서경(書經)』에 나오는 여러 고(誥)와 같다."〕을 지었다.

6월에 조하여 말했다.

"지난번에 유사(有司)에서 돈[幣=錢]이 가벼워서[輕]〔○ 이기(李奇)가 말했다. "가볍다는 것은 예를 들면 말 한 필의 값이 20만 전이니 이는 돈은 가볍고 물건은 무거운 것이다. 무거우면 얻기 어려우니 쓰임이 부족해 간사한 일이 생기는 것이다."〕 간사한 일[31]들이 많이 일어나고, 농사일은 피해를 입으며 상업이나 수공업 같은 말업(末業)에 뛰어드는 자들이 많아지고, 또 겸병의 폐단을 막아야 한다고 해서 돈을 고쳐 간사함과 그 폐단을 줄이도록 했다. 지난 일들을 살펴 돌아보니 옛 제도가 지금에 맞다.[32] 그래서 폐기한 지가 여러 달[33]이 됐는데도 산골과 늪지대 백성들은 아직도 그 뜻을 깨치지 못하고 있다.[34]

무릇 어짊이 행해지면 (백성들은) 좋은 것을 따르고 의로움이 바로 서면 (백성들의) 풍속이 바뀌게 된다고 했는데, 그렇다면 짐의 뜻을 받들어

---

31 이는 불법적으로 화폐를 주조하는 일을 말한다.
32 반량전(半兩錢)을 폐지하고 오수전(五銖錢)을 시행했다는 뜻이다.
33 정확하게는 1년이 조금 넘는다.
34 백성들이 다 이 정책을 제대로 따르지는 않는다는 뜻이다.

백성들을 인도하는 자들의 일깨움이 아직 제대로 밝지 못해서인가? 장차 백성들이 편안하게 여기는 바는 짐의 뜻과 다른 길을 가고 교만하고 강포한 관리들은 이런 시세를 올라타고서 뭇 백성들[蒸=衆]을 못살게 굴 것이다. 이 어지러운 혼탁함[擾=煩]을 어찌할 것인가?

이제 박사 저대(褚大) 등 6명을 나눠 천하를 돌아다니게 해[循行] 홀아비, 과부, 폐질에 걸린 자들의 안부를 묻게 하고 스스로 생업을 일으킨 자에게는 진대(賑貸)함이 없도록 하라. 삼로와 효자 및 공순한 자들을 드러내어 백성들의 스승으로 삼고 뛰어난 행실이 있는 군자는 천거해 짐이 머물고 있는 곳[行在所]으로 보내도록 하라. 짐은 뛰어난 이[賢者]를 아름답게 여기고 그런 사람을 알게 되는 것을 좋아한다. 천거의 길을 확 넓혀 선비들 중에서 특별히 불러올 만한 이가 있거든 사자가 책임지고 알아보라. 그래서 숨어 지내는 곳[隱處]과 등용되지 못한 까닭, 그리고 원통한 일로 평상시의 직업을 잃게 된 이유 등에 대해 자세하게 물어보라. 또 간사하거나 교활해 해악을 끼치거나 농지를 개간하지 않고 백성들을 각박하게 다스린 자들을 모두 들어올려 주달하도록 하라[擧奏]. 군(郡)과 국(國)에 도움이 될 만한 일들이 있으면 위로는 승상과 어사가 (직접) 이를 알아보도록 하라."[35]

---

[35] 이에 대해 진덕수는 『문장정종(文章正宗)』에서 다음과 같이 평가했다. "(『한서(漢書)』의) 「식화지(食貨志)」에 따르면 현관(縣官-중앙의 재정 담당 최고 관리)으로 하여금 반량전의 유통을 금하고 다시 삼수전을 주조하도록 했다. 돈이란 대개 이익을 가져다주는 것이어서 저대 등이 순행을 하기는 했지만 그들도 역시 겸병을 하는 무리였다. 이때에는 장탕(張湯-한 무제(漢武帝) 때 태중대부(太中大夫)로 조우(趙禹)와 함께 모든 법령을 제정했고, 어사대부(御史大夫)가 되

가을 9월에 대사마 표기장군 거병(去病)이 훙했다.

원정(元鼎)〔○ 응소(應劭)가 말했다. "보배로운 큰 쇠솥[寶鼎]을 얻었기에 연호를 고쳐 원정(元鼎)이라 했다."〕 원년(元年)(기원전 116년) 여름 5월에 천하를 사면하고 큰 잔치[大酺]를 닷새 동안 열어주었다. 분수(汾水)가에서 큰 쇠솥을 얻었다. 제동왕(濟東王) 팽리(彭離)가 죄가 있어 폐해 상용(上庸)³⁶으로 옮겼다.

2년 겨울 11월에 어사대부 장탕(張湯)이 죄가 있어 자살했다.

12월에 승상 청적(青翟)〔○ 사고(師古)가 말했다. "장청적(莊青翟)이다."〕이 옥에 내려져 죽임을 당했다.

봄에 백량대(柏梁臺)³⁷를 세웠다.

3월에 큰 눈이 내렸다.

여름에 큰 홍수가 나 관동에서 굶어 죽은 자가 1,000명을 헤아렸다.

가을 9월에 조하여 말했다.

자 법문을 교묘히 환롱(幻弄), 무문(舞文)해 옥을 다스림이 너무 가혹해 혹리(酷吏)로 유명함) 이 바야흐로 권세를 부리고 있을 때라 이런 (화폐개혁의) 요청도 대개 장탕에 의한 것이었다. 이 조서는 홀아비와 과부를 챙기고[存問] 뛰어난 행실이 있는 군자를 천거하라는 식의 내용을 담고 있기는 하지만 어찌 그것이 진심[誠]에서 나온 것이겠는가? 이런 견지에서 무제의 조서를 보면 그것은 대체로 공허한 꾸밈[空文]에서 나온 것이지 뛰어난 글[高文]이라고는 할 수 없다."

36 응소(應劭)가 말했다. "춘추시대의 부용국(附庸國)이다."
37 높이가 20장(丈)이나 되고 향백(香柏)으로 대들보를 삼았기 때문에 백량대라 했다. 장안 서북쪽에 있었다.

"어짊은 (행하기에) 멀다 해 다른 길을 가지 않고 의리는 (행하기에) 어렵다 해 사양하지 않는 것이다[仁不異遠 義不辭難][○ 사고(師古)가 말했다. "멀고 가까움을 한결같이 하니 이것이 어짊이다. 힘들고 어려움을 꺼리지 않으니 이것이 의로움이다."]. 지금 경사(京師=수도)는 비록 풍년은 아니지만 산림과 연못, 그리고 늪지대의 풍요로움은 그런대로 백성들을 먹여 살릴 만하다. 지금 물난리가 강남 쪽으로 옮겨갔고 박륭(迫隆)에는 겨울이 찾아오고 있어 짐은 백성들이 굶주림과 추위로 활동을 하지 못할까봐 두렵다. 강남의 땅은 화경수누(火耕水耨)[38]하는 곳이니 곧바로 파촉(巴蜀)의 곡식을 강릉(江陵)으로 내려보내도록 하고 박사 중에서 중등(中等)을 나눠 천하를 순행케 해 그 실상[所抵=所至]을 일깨우고 알려줘서 큰 곤란이 없도록 하라. 관리와 백성들 중에서 굶주린 백성을 구휼해 재앙을 면하게 해준 자는 남김 없이 갖춰 알아보도록 하라."

3년 겨울에 함곡관을 신안(新安)으로 옮겼다[○ 응소(應劭)가 말했다. "무제의 뜻이 광활함에 있어 이때 관을 신안으로 옮겼으니 거리는 홍농(弘農)에서 300리였다."].

11월 영을 내려 민전(緡錢)의 세금을 납부하지 않는 자를 아뢰는 백성에게는 그자의 세금의 절반을 (상으로) 주도록 했다.

정월 무자일(戊子日)에 양릉원(陽陵園)에 화재가 났다.

여름 4월에 우박이 떨어졌다. 관동의 군과 국 10여 곳에 굶주림이 심해

---

38 밭에 불을 놓아 잡초를 태우고 이를 비료로 삼으며 그후 물을 대어 모를 심고 다시 잡초가 생기면 제거하는 농경 방법을 말한다.

사람들이 서로 잡아먹었다. 상산왕(常山王) 순(舜)이 훙했다. 아들 발(勃)이 뒤를 이었으나 죄가 있어 폐위돼 방릉(房陵)으로 옮겨졌다.

4년 겨울 10월에 옹(雍)으로 행차해 오치(五畤)에서 제사 지냈다. 백성들에게 작(爵) 1급씩을 내려주었고 여자들에게는 100호당 소고기와 술을 내려주었다. 하양(夏陽)에서 출발해 동쪽으로 분음(汾陰)에 행차했다〔○ 사고(師古)가 말했다. "하양은 풍익(馮翊)의 현이고 분음은 하동(河東)에 속한다."〕. 11월 갑자일(甲子日)에 후토사(后土祠)를 분음의 수(脽)〔○ 사고(師古)가 말했다. "수란 그 모양이 높이 솟아올라 사람의 엉덩이 꼬리뼈와 비슷해서 그렇게 불렀다."〕[39] 위에 세웠다. 예를 마치자 형양(滎陽)으로 행차했다. 돌아오던 중 낙양에 이르러 조하여 말했다.

"기주(冀州)에서 땅의 신에게 제사하며[祭地]〔○ 복건(服虔)이 말했다. "후토사는 분음에 있다. 분음은 원래 기주의 땅이었다. 주나라 때 마침내 나눠져 병주(幷州)가 됐다."〕 황하와 낙수를 아득히 바라보았고, 예주(豫州)를 순시하며[巡省=巡視] 주 왕실[周室]을 생각해보니 까마득해[邈] 제사를 지내지 않고 있다. 옛 노인들에게 물어 마침내 주나라 후예의 서자인 가(嘉)를 찾아냈다. 이에 가를 봉해 주자남군(周子南君)[40]으로 삼아 주 왕실의 제사를 받들게 하라."[41]

---

39 분수(汾脽)라고도 하는데, 산서성(山西省) 만영현(萬榮縣) 서남쪽에 있는 높은 구릉을 가리킨다.

40 주나라 왕실의 후예 희가(姬嘉)를 가리킨다. 자남(子南)은 그의 봉국의 이름이다. 봉국은 지금의 하남성(河南省) 임여현(臨汝縣) 동쪽에 있었다.

41 사마천의 『사기(史記)』에는 이 조(詔)가 다음과 같이 기록돼 있다. "삼대(三代)가 끊어진 지 오

봄 2월에 중산왕 승(勝)이 훙했다.

여름에 방사(方士) 난대(欒大)를 봉해 낙통후(樂通侯)[42]로 삼고 상장군의 지위를 부여했다.

6월에 후토사 근처에서 보배로운 큰 쇠솥을 얻었다. 가을에 말이 악와수(渥洼水)에서 나왔다. 보정(寶鼎)의 노래와 천마(天馬)의 노래를 지었다. 상산헌왕(常山憲王)의 아들 상(商)을 세워 사수왕(泗水王)으로 삼았다.

5년 겨울 10월에 옹(雍)에 행차해 오치(五畤)에서 교(郊)제사를 지냈다. 드디어 농산(隴山)을 넘어 공동산(空同山)에 올라 서쪽으로 조려하(祖厲河)에 갔다가 돌아왔다.

11월 신사일(辛巳日) 초하루 아침 동지(冬至)였다. 감천에 태치(泰畤)〔○ 사고(師古)가 말했다. "태일신(太一神)에게 제사를 지내는 곳이다."〕를 세웠다. 천자가 몸소 (태일신에게) 교(郊)제사를 올렸는데 아침에 해에 절을 하고 저녁에 달에 절을 했다[朝日夕月]〔○ 응소(應劭)가 말했다. "천자는 봄에는 아침에 해에 절을 하고 가을에는 저녁에 달에 절을 한다." 신찬(臣瓚)이 말했다. "『한의주(漢儀注)』에 따르면 태치에서 교제사를 올릴 때 황제는 아침에 죽궁(竹宮)을 나서 동쪽을 향해 해를 보고 절하고 저녁에는 서남쪽을 향해 달을 보고 절한다. 이는 교제사를 지내는 하루 동안의 일이지 봄·가을과는 관련이 없다." 사고(師古)가 말했다. "봄날 아침에는 아

래돼 그 후예가 보존되기 어렵구나. 사방 30리의 땅에 주나라 왕실의 후예인 주자남군(周子南君)을 봉해 그곳에서 선왕들을 받들어 제사를 지낼 수 있도록 해주라!"

42 낙통은 지명으로 지금의 강소성(江蘇省) 사홍현(泗洪縣) 동남쪽이다.

침 해에 절을 하고 가을 저녁에 저녁 달에 절을 하는 것은 대개 상례(常禮)에 속한다. 그런데 태치에서 교제사를 올리며 해와 달에 절하는 것은 별개의 의례[別儀]다."]. 조하여 말했다.

"짐은 보잘것없는 사람[眇身]으로서 왕후(王侯-제후 및 왕) 위에 기대고 있고, 다음은 능히 백성들을 편안케 해주지 못해[綏民=安民] 백성들이 혹 굶주림과 추위에 시달리기 때문에 후토(后土)를 순행하며 제사를 지내[巡祭] 풍년을 빌었다. 기주(冀州)의 수(脽) 땅에서는 글자(혹은 무늬)가 새겨진 쇠솥[文鼎]이 나와 그것을 사당에 바쳤다. 악와수에서는 말이 나와 짐은 그 말을 몰아보았다. 전전긍긍(戰戰兢兢)하며 맡은 바를 제대로 다해낼 수 있을까 두려운 마음에 하늘과 땅을 밝히고자 해 안으로 오로지 스스로를 새롭게 하는 것[自新]만을 생각했다. 시(詩)에 이르기를 '네 마리 수말이 웅혼하게 달리니 항복하지 않은 자를 정벌하도다[四牡翼翼 以征不服]'[43]라고 했으니 몸소 변경을 둘러보고 이르는 곳마다[所極=所至] 제사를 올렸다[用事]. 또 (도교의) 태일신(泰一神)에게 제사를 지냈고 천문선(天文禪-천문에 올리는 제사)을 거행했다. 신묘일(辛卯日) 밤에 길조를 띤 듯한 빛[景色] 12개가 밝게 빛났다.『주역(周易)』에 이르기를 '먼저 앞서 사흘 동안 고심하고 뒤에도 사흘 동안 조심해야 한다[先甲三日 後甲三日]'〔○ 응소(應劭)가 말했다. "이는 임금 된 자가 재계(齋戒)하기를 반드시 스스로를 새롭게 해야 하고[自新] 일에 임해서는 반드시 스스로 빈틈없이 해야 한다[丁寧]는 말이다." 사고(師古)가 말했다. "이는 고(蠱)괘(䷑)의 풀이

---

43 이는『시경(詩經)』에는 없는 일시(逸詩)다. 네 마리 수말은 군용 마차를 끄는 네 마리 말이다.

다.")'라고 했으니 짐은 올해 곡식이 아직 다 제대로 익지 못함을 깊이 생각해 몸소 조심하고 재계해 정유일(丁酉日)에 교(郊)제사에서 복을 받았다[拜況]〔○ 사고(師古)가 말했다. "신묘일 밤에 빛이 있었던 것이 선갑삼일(先甲三日)이고 정유일에 복을 받은 것이 후갑삼일(後甲三日)이다. 그래서 조서에서 『주역(周易)』의 글을 인용한 것이다."〕."

여름 4월에 남월왕의 재상 여가(呂嘉)가 반란을 일으켜 한나라 사신과 그 왕, 왕태후를 죽였다.[44] 천하를 사면했다.

정축일(丁丑日) 그믐날에 일식이 있었다.

가을에 청개구리[䵷]와 두꺼비[蝦蟆]가 싸웠다. 복파장군 노박덕(路博德)을 보내 계양군(桂陽郡)에서 출격해 황수(湟水)를 타고 내려가고 누선장군 양복(楊僕)은 예장군(豫章郡)에서 출격해 정수(湞水)를 타고 내려가고 귀의월후(歸義越侯) 엄(嚴)은 과선(戈船)장군이 돼〔○ 장안(張晏)이 말했다. "엄은 옛 월나라 사람으로, 투항해 귀의후가 됐다. 월나라 사람들은 수중으로 들어가 배에 손상을 입혔고 또 교룡(蛟龍)의 피해가 있었기 때문에 배 아래에 창을 설치했다. 그래서 과선이라 했다."〕 영릉군(零陵郡)에서 이수(離水)를 타고 내려가고 갑(甲)은 하뢰(下瀨)장군이 돼 창오군(蒼梧郡)에서 내려갔다〔○ 복건(服虔)이 말했다. "갑은 월나라 사람으로 한나라에 귀의한 자다." 신찬(臣瓚)이 말했다. "뢰(瀨)는 급류[湍]인데 오나라와 월나라에서는 그것을 뢰(瀨)라 불렀고 중국에서는 그것을 적(磧)이라 불렀다.

---

44 이때 여가가 반란을 일으켜 남월왕 조흥(趙興)과 태후, 그리고 한나라에서 보낸 사신 종군(終軍) 등을 살해했다.

오자서(伍子胥)의 글에 하뢰선(下瀨船)이라는 말이 나온다."]. 이들은 다 죄인들과 강수(江水-양자강)와 회수(淮水) 이남의 누선(樓船) 10만 명의 부대였다. 월의 치의후(馳義侯) 유(遺)[○ 응소(應劭)가 말했다. "마찬가지로 월나라 사람이다."]는 별도로 파와 촉 2군의 죄수들을 이끌고 야랑국(夜郎國)의 병사들을 징발해 장가강(牂柯江)을 타고 내려가 모두 번우(番禺)[○ 여순(如淳)이 말했다. "番은 발음이 반(潘)이다." 사고(師古)가 말했다. "지금의 광주(廣州)다."]에 집결했다.

9월에 열후들 중에서 황금을 바치고 종묘에 세 번 걸러낸 술[酎]을 올리는 예법을 어긴 죄에 걸려 작(爵)을 박탈당한 자가 106명에 달해 승상 조주(趙周)가 감옥에 내려져 사형을 당했다. 낙통후 난대가 거짓말을 하고 기망한 죄[誣罔]에 걸려 허리가 잘리는 형[要斬=腰斬]을 당했다. 서강(西羌)의 무리 10만 명이 반란을 일으켜 흉노와 사자를 주고받으면서 고안(故安-금성군(金城郡)의 현)을 쳐 포한(枹罕)을 포위했다. 흉노가 오원(五原)에 침입해 태수를 죽였다.

6년 겨울 10월에 농서, 천수(天水), 안정(安定)의 기사(騎士) 및 중위(中尉)와 하남, 하내(河內)의 병졸 10만 명을 뽑아 장군 이식과 낭중령 서자위(徐自爲)를 보내 서강을 정벌하도록 해 그곳을 평정했다. 또 동쪽으로 행군해 구씨(緱氏)[○ 사고(師古)가 말했다. "하남의 현이다."]로 가서 좌읍(左邑)의 동향(桐鄕)[○ 사고(師古)가 말했다. "좌읍은 하동의 현이고 동향은 그곳의 고을 이름이다."]에 이르러 남월이 격파됐다는 소식을 듣고서 좌읍의 이름을 문희현(聞喜縣-기쁜 소식을 들었다는 뜻)으로 고쳤다.

봄에 급(汲)의 신중(新中)에 이르러[○ 사고(師古)가 말했다. "급은 하내의 현이고 신중은 그곳의 고을 이름이다."〕 여가의 머리를 얻고서 급의 이름을 획가현(獲嘉縣)으로 했다. 치의후 유의 병사들이 아직 내려오지 않았는데 상(上)은 상황을 보고서 명을 내려 서남이(西南夷)를 정벌케 해 그곳을 평정했다. 드디어 월(越)의 땅을 평정하고서 남해(南海), 창오(蒼梧), 울림(鬱林), 합포(合浦), 교지(交趾), 구진(九眞), 일남(日南), 주애(珠厓), 담이(儋耳)의 현을 두었다. 서남이를 평정하고서 무도(武都), 장가(牂柯), 월수(越嶲), 침려(沈黎), 문산(文山)의 현을 두었다.

가을에 동월왕(東越王) 여선(餘善)[45]이 반란을 일으켜 한나라 장군과 관리를 공격해 죽였다. 횡해(橫海)장군 한열(韓說)과 중위 왕온서(王溫舒)를 보내 회계군에서 출격하고 누선장군 양복은 예장군에서 출격해 여선을 쳤다. 또 부저(浮沮)장군 공손하(公孫賀)는 구원(九原)에서 출격하고〔○ 신찬(臣瓚)이 말했다. "부저는 우물의 이름인데 흉노 지역 안에 있고 거리는 구원에서 2,000리로 『한여지도(漢輿地圖)』에 나온다."〕, 흉하(匈河)장군 조파노(趙破奴)는 영거(令居)에서 출격해〔○ 신찬(臣瓚)이 말했다. "흉하는 강의 이름인데 흉노 지역 안에 있고 거리는 영거에서 1,000리로 「흉노전(匈奴傳)」에 나온다."〕 모두 2,000여 리를 갔는데 적의 모습은 보지도 못한 채 돌아왔다. 거기서 무위(武威)와 주천(酒泉) 두 군의 땅을 나눠 장액(張掖)과 돈황(敦煌) 두 군을 두고 백성들을 옮겨 그곳을 채웠다[實=塞].

원봉(元封)〔○ 응소(應劭)가 말했다. "처음으로 태산에 제사를 위해 흙

---

45 민월왕의 동생이다.

을 쌓아올렸기에[封] 연호를 고쳐 원봉(元封)이라 했다.") 원년(元年)(기원전 110년) 겨울 10월에 조하여 말했다.

"남월(南越)과 동구(東甌)는 둘 다 자신들의 허물 앞에 엎드렸건만 서만(西蠻-서융)과 북이(北夷)는 아직도 화목하지 못해[輯睦=集睦] 짐은 장차 변경을 순시해 병사를 풀어 군대를 떨쳐 몸소 무위(武威)의 절도를 보임으로써 12개 부장군(部將軍)을 두고 친히 군대를 통솔하고자 한다."

운양현(雲陽縣)에서 시작해 북쪽으로 상군(上郡), 서하(西河), 오원(五原)을 거쳐[歷=經] 장성(長城)을 나가 북쪽으로 선우대(單于臺)에 오르고 삭방군에 이르러 북하(北河)에 다가갔다. 18만 기병을 거느리고 온갖 깃발이 1,000여 리에 걸쳐 휘날리자 그 위력은 흉노를 떨게 만들었다. 사자를 보내 선우에게 고해 말했다.

"남월왕의 머리는 이미 한나라 궁성의 북쪽 문에 걸려 있다. 선우가 기꺼이 싸우고자 한다면 천자는 직접 변경에 나아가 기다릴 것이다. 그러나 만일 그럴 생각이 없다면 속히[亟=急] 와서 신하로서 복종하라. 어찌 막북(幕北)의 춥고 고통스러운 땅에 도망쳐 숨으려 하는가?"

흉노는 두려움에 떨었다. (상은) 군대를 돌려 교산(橋山)에서 황제(黃帝)에게 제사를 지냈고〔○ 응소(應劭)가 말했다. "상군(上郡) 주양현(周陽縣)(에 있는 교산)에 황제의 무덤이 있다."〕 마침내 감천(甘泉)으로 돌아왔다. 동월이 여선을 죽이고 항복했다. 조하여 말했다.

"동월은 지형의 험난함을 믿고서 반란을 일으켰으니 후세에 근심거리가 될 것이므로 그 백성들을 장강과 회수 사이로 옮기도록 하라."

드디어 그곳을 텅 비게 만들었다.

봄 정월에 구씨(緱氏)에 행차했다. 조하여 말했다.

"짐은 화산(華山)에서 제사를 올리고 중악(中嶽)[○ 문영(文穎)이 말했다. "숭고산(嵩高山)을 가리키는데 영천군(潁川郡) 양성현(陽城縣)에 있다."]에 이르러 큰 얼룩 사슴[駁麃]을 잡았으며 하후(夏后) 계(啓)의 어머니 돌[母石]⁴⁶을 보았다. 다음날[翌日=明日] 직접 숭고산에 올랐다. 어사 승(乘) 두 명[○ 진작(晉灼)이 말했다. "천자가 궐 밖을 나서면 어사는 두 사람을 제배해 승조(乘曹)로 삼아 천자의 거가를 호위토록 했다."]이 관리 및 병졸들과 함께 사당의 곁에 있는데 (산신이) 만세(萬歲)를 세 번 외치는 소리를 들었다. 산신에게 예를 올릴 때마다 대답하지 않는 적이 없었다. 이에 사관(祠官)에게 영을 내려 태실사(太室祠-석실)를 넓히도록 하고 그 주변의 초목을 쳐내지 말도록 금령을 내려라. 그리고 산자락에 있는 300호를 그 봉읍으로 삼고 이름을 숭고(崇高)라 하며, 오직 제사에 필요한 것을 제공할 뿐 더이상 내려주는 것은 없도록 하라."

다시 행차해 드디어 동쪽 해안을 순행(巡幸)했다.

여름 4월 계묘일(癸卯日)에 상이 돌아와 태산에 올라 봉(封)했고[○ 맹강(孟康)이 말했다. "임금다운 임금[王者]이 공을 이루고 다스림이 정해지면[功成治定] 하늘에 공을 이루었음을 아뢰는 것이다. 봉(封)이란 북돋우는 것[崇]이고 하늘의 높다람을 돕는 것이다. 돌에 연호를 새기고 거기에 금책(金策), 석함(石函), 금니(金泥), 옥검(玉檢)을 봉한다." 응소(應劭)가 말했다.

---

46 계는 우왕의 아들인데 그의 어머니가 돌과 감응해 계를 낳아 돌이 됐다고 한다. 『회남자(淮南子)』에 나오는 이야기다.

"봉(封)이란 넓이 20장, 높이 2장, 계단 3개의 단을 만들어 그 위에서 봉하는 것인데 이는 더욱 높아 보이려 함이다. 돌에는 행적을 새겨 넣는다. 돌을 세우면 3장 1척이며 그 글은 다음과 같다. '예로 하늘을 섬기고 의로움으로 몸을 세우며 효로 부모를 섬기고 어짊으로 백성을 기른다. 이 네 가지를 안으로 지키는 데는 군과 현이 따로 있을 수 없고 사방의 오랑캐와 여덟 야만들도 모두 와서 공직(貢職)을 하며 하늘과 더불어 끝이 없도록 해야 할 것이다. 인민들은 번식하고 하늘의 복을 영원히 얻으리라.' 그러고 나서 귀한 술을 올리고 살아 있는 물고기로 제사를 지냈다."〕 내려와 명당(明堂)에 앉았다〔○ 신찬(臣瓚)이 말했다. "「교사지(郊祀志)」에 이르기를 '애초에 천자가 태산에 봉을 하고서 태산 동북쪽에 있는 옛날의 명당(明堂) 터에 가서 머물렀다'고 했으니, 이것이 그곳에 가서 앉은 까닭이다. 이듬해 가을 마침내 명당을 지었을 뿐이다."〕. 조하여 말했다.

"짐이 보잘것없는[眇=細微] 몸으로 지존(至尊)의 자리를 이어 다움이 엷다 보니 예악에 밝지 못했기 때문에 팔신(八神)[47]에게 제사를 올렸다. 하늘과 땅이 내려주어 베풀어주심[況施=賜與]을 만나〔○ 응소(應劭)가 말했다. "천지신령이 마침내 자신에게 상서로운 답[瑞應]을 내려주셨다는 말이다."〕 그 상서로운 현상[景象]이 분명하게 드러났고 들은 대로 기뻐왔다〔○ 신찬(臣瓚)이 말했다. "만세(萬歲)를 세 번 외치는 소리를 들었던 것을 말한다"〕. 그 신령스러움에 두려움이 일어나 마음에 동함이 생겨 드디어

---

47 일반적으로는 천주(天主), 지주(地主), 병주(兵主), 음주(陰主), 양주(陽主), 월주(月主), 일주(日主), 사시주(四時主)를 가리키는데 그냥 팔방의 신을 가리키는 것으로 보기도 한다.

태산에 올라 봉하고서 양보산(梁父山)에 이르렀고 그런 다음에 숙연산(肅然山)에 올라 선(禪)을 행했다.[48] 스스로를 새롭게 해 사대부들과 함께 다시 시작하는 것[更始]을 기쁘게 여겨 그 10월을 기점으로 원봉 원년을 삼았다. 순시했던 박(博), 봉고(奉高), 사구(蛇丘), 역성(歷城), 양보(梁父)의 경우 백성들의 전조(田租)와 아직 납부하지 못한 부세(賦稅)를 면제해주고, 또 빌려가서 아직 반납하지 않은 관의 재물에 대해서도 면제해주었다. 70세 이상의 노인과 고아 및 과부에게는 사람마다 백(帛-비단) 2필을 내려주었다. 네 곳의 현(縣)〔○ 사고(師古)가 말했다. "박에서 양보까지 모두 5개 현인데 지금 여기서 4개 현에 대해서만 산부(算賦)를 내지 말라고 한 것은 봉고현의 경우 평소에 신을 공양하느라 산부를 내지 않았기 때문이다."〕에 대해서는 올해의 산부를 면제해주었다. 천하의 백성들에게 작(爵) 1급씩을 내려주고 여자들에게는 100호당 소고기와 술을 내려주라."

태산에서부터 행차를 시작해 다시 동쪽 바닷가로 순행해 갈석(碣石)〔○ 문영(文穎)이 말했다. "요서(遼西)의 유현(絫縣)에 있다. 유현은 지금은 폐지돼 임유(臨楡)에 속한다. 이 돌은 해변에 있다."〕에 이르렀다. 요서에서 북쪽 변경의 구원(九原)을 거쳐 감천으로 돌아왔다.

가을에 유성이 동정(東井)[49]에 있었고 또 삼대(三台)[50]에 유성이 나타났다. 제왕(齊王) 굉(閎)이 훙했다.

---

48 봉선(封禪)의 선을 행했다는 뜻이다.

49 별자리 이름이다.

50 자미성(紫微星)을 지키는 3개의 별이다.

2년 겨울 10월에 옹(雍)에 행차해 오치(五畤)에서 제사를 지냈다. 봄에 구씨(緱氏)에 행차해 드디어 동래(東萊)에 이르렀다. 여름 4월에 돌아와 태산에 제사를 지냈다. 호자(瓠子)〔○ 복건(服虔)이 말했다. "호자는 둑[隄]의 이름이며 동군(東郡) 백마(白馬)에 있다."〕에 이르러 황하의 둑이 터진 곳에 직접 다가가 따르던 신하와 장군 이하 모든 사람들에게 명해 섶을 지고 황하의 둑을 막도록 하고서 호자(瓠子)의 노래[51]를 지었다. 과실로 인해 죄를 얻어 형을 살고 있는 자들을 사면하고 혼자 지내는 나이 많은 노인들에게는 사람마다 쌀 4석을 내려주었다. 돌아와 감천궁에는 통천대(通天臺)〔○ 사고(師古)가 말했다. "통천대란 이 대가 높아 위로 하늘과 통한다는 뜻이다. 『한구의(漢舊儀)』에 이르기를 높이는 30장(丈)이며 장안성을 조망할 수 있었다고 한다."〕를, 장안에는 비렴관(飛廉館)[52]을 지었다.

 조선(朝鮮)의 왕(王)이 요동도위[53]를 공격해 죽이니 이에 천하의 사형수들을 모아 조선을 쳤다.

 6월에 조하여 말했다.

 "감천궁의 방 안[內中]에 가지가 아홉이고 잎이 서로 이어져 있는 영지(靈芝)가 자랐다〔○ 응소(應劭)가 말했다. "지(芝)란 지초(芝草)인데 그 잎은 서로 이어져 있다." 여순(如淳)이 말했다. "『서응도(瑞應圖)』에 따르면 임금다운 임금이 원로들[耆老]을 삼가 잘 모셔 옛 인연을 잃지 않으면 지초가

---

51 가사는 「구혁지(溝洫志)」에 나온다.

52 비렴은 신비한 새를 뜻하기도 하고 바람의 신을 뜻하기도 한다.

53 이름이 섭하(涉何)다.

자라난다고 했다." 사고(師古)가 말했다. "내중(內中)은 후정(後庭)의 방을 말한다. 그래서 뒤에 하방(下房)이라고 한 것이다."]. 상제께서 널리[博=廣] 임하시어 이 하방(下房)에도 차별을 두지 않으시고 짐에게 크고 아름다운 물건[弘休=大美]을 내려주셨다. 이에 천하를 사면하고 운양도(雲陽都) 〔○ 진작(晉灼)이 말했다. "운양과 감천은 황제(黃帝) 이래로 하늘에 제사를 지내는 원구(圓丘)가 있는 곳이다. 무제는 늘 이곳으로 더위를 피해왔기 때문에 궁관(宮觀)이 있었다. 그래서 도(都)라고 칭한 것이다." 사고(師古)가 말했다. "이 설은 틀렸다. 도(都)란 현(縣)들 중에서 황제의 이궁이나 별궁이 있는 곳을 칭하는 것일 뿐이다. 만약에 궁관이 있다 해 도라고 칭할 것 같으면 이는 운양에만 그치지 않을 것이다."]의 100호에 소고기와 술을 내려주도록 하라."

지방(芝房)의 노래를 지었다.[54]

가을에 태산 아래에 명당(明堂)을 지었다. 누선(樓船)장군 양복, 좌장군 순체(荀彘, ?~기원전 108년)[55]를 보내 죄인들을 불러 모아 조선을 치게 했

---

54 사마천의 『사기(史記)』에서는 이런 조(詔)가 나오게 된 배경을 설명하면서 조금 다른 내용의 조를 싣고 있다. "여름에 궁전의 방 안에서 영지가 자라났다. 천자가 황하의 터진 둑을 막고 통천대를 짓자 하늘에 번쩍거리는 듯한 상서로운 구름[光雲]이 나타났으니 이에 조서를 내렸다. '감천궁전 방 안에 영지 아홉 포기가 자라났으니 특별히 천하에 대사면을 실시하고 죄수들의 감옥 밖 노역[復作]을 면해주도록 하라.'"

55 한 무제 때 태원(太原) 광무(廣武) 사람으로, 수레를 모는 기술이 뛰어나 천자를 알현하고서 시중(侍中)이 됐다. 교위(校尉)가 돼 자주 대장군(大將軍) 위청(衛青)을 따라 흉노 정벌에 출정했다. 원봉(元封) 2년(기원전 109년)에 좌장군(左將軍)이 돼 조선을 쳤으나 공을 세우지 못했고, 누선장군을 체포한 죄로 법에 따라 죽었다.

다[○ 응소(應劭)가 말했다. "누선이란 월나라를 치려고 하면서 물이 배 위로 올라오지 못하도록 하기 위해 큰 배를 만들고서 그 위에 누각을 세웠던 것을 말한다."]. 또 장군 곽창(郭昌)과 중랑장 위광(衛廣)을 보내 파군과 촉군의 병사들을 징발해 서남이(西南夷)의 아직 복속되지 않은 지역을 평정하게 하고서 그곳을 익주군(益州郡)으로 삼았다.

3년 봄에 각저희(角抵戱)[56]를 지어 300리 안에서는 모두 (와서) 구경하도록 했다.

여름에 조선 사람들이 자신들의 왕 우거(右渠, ?~기원전 108년)[57]를 죽이고 항복해 그 지역을 낙랑군(樂浪郡), 임둔군(臨屯郡), 현도군(玄菟郡), 진번군(眞番郡)으로 삼았다.

누선장군 장복은 병사들을 많이 잃어버려 면직돼 서인이 됐고 좌장군 순체는 (양복과) 공로를 다툰 죄에 걸려 기시(棄市)됐다[○ 사고(師古)가 말했다. "기시란 죄인을 저잣거리에서 죽이는 것을 말한다. 자세한 풀이는 「성제기(景帝紀)」에 나왔다."].

---

56 서로 몸을 부딪히며 힘과 기예를 자랑하는 일종의 잡기다.
57 위만조선의 마지막 왕으로 위만의 손자이다. 위만조선은 우세한 군사력과 경제력을 바탕으로 주변 지역을 정복했고, 중국과 한반도 남부와의 사이에서 중간무역을 통해 이익을 취했다. 이러한 위만조선의 팽창 및 중국 북방 민족들과의 연계 가능성을 배제하기 위해 한나라 무제는 기원전 109년 위만조선의 왕검성을 공격했다. 이때 위만조선의 왕이었던 우거는 화친을 주장하는 몇몇 신하들의 의견을 묵살하면서 항쟁에 나섰다. 그러나 화친을 주장했다가 받아들여지지 않자 배신했던 사람의 하나인 이계상(尼谿相) 삼(參)이 보낸 자객에 의해 살해되고 말았다. 그 뒤를 이어 장군인 성기(成己)가 계속 항전했으나 기원전 108년 왕검성이 함락되고 위만조선은 멸망하게 됐다. 이로써 우리 민족의 활동 범위는 크게 위축됐다는 점에서 우리에게는 대단히 중요하면서도 굴욕적인 사건이다.

가을 7월에 교서왕 단(端)이 훙했다. 무도(武都)의 저(氐)족 사람들이 반란을 일으켜 그들을 주천군(酒泉郡)으로 나눠 옮겼다[○ 사고(師古)가 말했다. "다 옮기지는 못했다는 말이다."].

4년 겨울 10월에 옹(雍)으로 행차해 오치(五畤)에서 제사 지냈다. 회중(回中)의 길을 통해 드디어 북쪽으로 소관(蕭關)을 나와[○ 응소(應劭)가 말했다. "회중은 안정군(安定郡) 고평(高平)에 있는데 아주 험난하고 소관은 그 북쪽에 있다."] 독록(獨鹿)과 명택(鳴澤)을 거쳐[○ 복건(服虔)이 말했다. "독록은 산의 이름이고 명택은 못의 이름인데 둘 다 탁군(涿郡) 주현(遒縣)의 북쪽 경계에 있다."] 대군(代郡)으로부터 돌아와 하동군(河東郡)에 행차했다. 봄 3월에 후토(后土)에 제사를 지냈다. 조하여 말했다.

"짐이 몸소 후토의 지신(地神)에게 제사를 올렸더니 빛이 영단(靈壇)에 모이는 현상이 생겨나 하룻밤에 세 번이나 훤히 밝아졌다[燭=照]. 중도궁(中都宮)[58] 에 행차했을 때는 전(殿) 위로 빛이 보였다. 이에 분음(汾陰), 하양(夏陽), 중도 세 현의 사형수 이하를 사면하고 또 이 세 현과 양씨현(楊氏縣)[○ 사고(師古)가 말했다. "양씨현은 하동군의 고을 이름이다."]에는 모두 다 올해의 조세와 부세를 면제해주도록 하라."

여름에 큰 가뭄이 들어 백성들 다수가 더위를 먹고 죽었다[暍死].

가을에 흉노가 약해져 드디어 신하로서 복종시킬 수 있으리라 여겨 이에 사자를 보내 설득했다. 선우의 사자가 왔는데 경사(京師)에서 죽었다.

---

58 태원(太原)에 있는데 문제가 대왕(代王)으로 있을 때 머물던 궁전이다. 그리고 중도는 춘추시대 때 진(晉)나라의 도읍이다.

흉노가 변경을 침략하자 발호(拔胡)⁵⁹ 장군 곽창을 삭방에 주둔시켰다.

5년 겨울에 남쪽으로 순수(巡狩)해 성당(盛唐)〔○ 위소(韋昭)가 말했다. "남군(南郡-지금의 호북성 서남부)에 있었다."〕에 이르러 구억(九嶷)에서 우순(虞舜-순임금)에게 망(望)제사를 지냈다〔○ 응소(應劭)가 말했다. "순임금은 창오(蒼梧)에 묻혔다. 구억은 산 이름이고 지금의 영릉(零陵) 영도(營道)에 있었다." 문영(文穎)이 말했다. "구억산은 절반은 창오에 있고 절반은 영릉에 있었다." 사고(師古)가 말했다. "문의 설이 옳다. 그 산에는 봉우리가 9개 있었는데 형세가 서로 비슷해 구억산(九嶷山)이라 했다."〕.⁶⁰ 첨(灊)〔○ 응소(應劭)가 말했다. "현의 이름이며 여강(廬江)에 속한다."〕⁶¹의 천주산(天柱山)에 올랐고 심양(尋陽)에서 장강에 배를 띄워 친히 강에서 활을 쏘아 교(蛟)⁶²를 맞춰 잡았다. 배들이 앞뒤로 연결돼[舳艫] 1,000리였으며 종양(樅陽)〔○ 복건(服虔)이 말했다. "현의 이름이며 여강에 속한다."〕에 가까워지자[薄=近] 배에서 내려 성당종양(盛唐樅陽)의 노래를 지었다. 드디어 북으로 낭야(琅邪)에 이르러 바다와 나란히 했고[並=傍],⁶³ 지나는 곳마다 그곳의 명산과 대천에 예를 다해 제사를 올렸다.

봄 3월에 태산에 이르러 봉을 더했다[增封]. 갑자일(甲子日)에 고조를

---

59 오랑캐를 뽑아버린다는 뜻이다.
60 억(嶷)은 의라고도 읽으며, 험준하고 높다는 뜻이다.
61 첨(灊)은 잠으로 읽어도 된다.
62 사람을 집어삼킬 만큼 큰 물고기로 상어의 일종이다.
63 바닷가에 이르렀다는 말이다.

명당에 제사 지냈고 이로써 상제에게도 함께 제사를 지냈다[配=配祀]. 이
로 말미암아 제후왕 열후들을 조현하고 여러 군과 국의 회계장부[計]를
받았다.

여름 4월에 조하여 말했다.

"짐은 형주와 양주[荊揚]를 순수해 강수(-장강)와 회수의 신령스러움
을 거두고[輯=集] 큰 바다의 기운을 한데 모아 태산에서 하나가 되게 했다
〔○ 사고(師古)가 말했다. "강수와 회수의 신령스러움[神]을 모으고 큰 바다
의 기운[氣]을 모아 태산에서 합치시킨 다음에 봉(封)을 손질해 제사와 향
연을 베풀었다는 뜻이다."〕. 상천께서 징후[象]를 보여주셨으니 봉선(封禪)
을 더욱 늘려 닦았다. 이에 천하를 사면토록 하라. 짐이 지나온 곳의 현들
에 대해서는 올해 조세와 부세를 내지 말도록 하라. 환과고독(鰥寡孤獨)에
게는 비단을 내려주고 가난하고 곤궁한 이들에게는 곡식을 내려주라."

돌아와 감천(궁)에 행차하고서 태치(泰畤-태일신 제사터)에서 교(郊)제
사를 지냈다. 대사마 대장군 청(靑-위청)이 훙했다. 처음으로 자사(刺史)를
두어 13주(州)를 거느리게 했다[部]〔○ 사고(師古)가 말했다. "『한구의(漢舊
儀)』에 따르면 처음으로 13주로 나누고 자사의 인끈과 도장을 주어 일정하
게 지방을 다스리도록 했다. 해당 자사가 담당 지역에 이르면 군과 국에서
는 각각 사신을 보내 경계 지역에서 자를 맞이해야 했으며 자사가 감찰하
는 바는 6조(條)였다."〕.[64] 조하여 말했다.

---

[64] 조서에 의거한 6조란 토호들의 위법 행위와 약소민에 대한 횡포, 관료들의 토색질, 의옥(疑獄)
적체와 상형(賞刑) 남용, 편견에 의한 인사 행정, 관료 자제들의 청탁 행위, 뇌물 수수 행위였다.

"대개 비상한 공로가 있으려면 반드시 비상한 인물을 기다려야 한다. 그래서 말들 가운데 혹 마음대로 내달리고 발로 차면서도[奔踶]〔○ 사고(師古)가 말했다. "제(踶)는 발로 차는 것[踢]이다. 따라서 분제(奔踶)란 사람이 올라타면 곧바로 내달리다가 제자리에 서면 발로 사람을 걷어차는 것이다."〕[65] 천리를 가기도 하고 선비들 가운데도 혹 세속 여론이 비난하는[負俗] 허물을 갖고 있으면서도 공명(功名)을 세우는 사람이 있다. 무릇 수레를 뒤엎는 말[泛駕之馬]이나 법도를 지키지 않는 엉망인 선비[跅弛之士]라 하더라도 진실로 다루기[御]에 달려 있을 뿐이다. 지금 주(州)와 군(郡)에 명해 관리와 백성들을 잘 살펴 그들 중에 뛰어난 재주[茂才=秀才][66]와 특이한 능력[異等]이 있어 장군과 재상이 될 수 있고 먼 나라[絶國]에 외교사절로 보낼 만한 사람을 찾아내도록 하라."

6년 겨울에 회중(回中)에 행차했고 봄에 수산궁(首山宮)을 지었다〔○ 문영(文穎)이 말했다. "(수산은) 하동군 포판(蒲阪)의 경계에 있는 산이다."〕.

3월에 하동으로 행차해 후토에 제사를 지냈다. 조하여 말했다.

"짐이 수산에 예를 다하니 곤전(昆田)에서 진기한 사물을 내주었고 그것이 바뀌어 황금이 됐다〔○ 응소(應劭)가 말했다. "곤전은 수산 아래에 있

그리고 13주란 기주(冀州) 유주(幽州), 병주(幷州), 연주(兗州), 서주(徐州), 청주(靑州), 양주(揚州), 형주(荊州), 예주(豫州), 익주(益州), 양주(涼州) 그리고 삭방(朔方)과 교지(交趾) 13곳을 말한다.

65 평소에는 제 마음대로 날뛴다는 뜻이다.
66 원래는 수재이지만 후한을 세운 유수(劉秀)의 이름을 피해야 하는 피휘법에 따라 수재(秀才)를 무재(茂才)라고 쓴 것이다. 뛰어난 인재라는 말이다.

는 밭이다. 무제가 수산에 제사를 지내자 신이 진기한 사물을 내주고 그 것이 바뀌어 황금이 됐다는 말이다."). (또) 후토에 제사를 지내니 신령스러운 빛이 세 차례 빛났다. 이에 분음(汾陰)의 사형수[殊死] 이하를 사면하고 천하의 가난한 사람들에게는 비단을 사람마다 1필씩 내려주라."

익주의 곤명국(昆明國)이 반란을 일으키자 경사의 망명자들을 사면 때 종군토록 하고 발호장군 곽창을 보내 군대를 이끌고 가서 그들을 쳤다.

여름에 경사의 백성들이 상림원(上林園)의 평락관(平樂館)에서 각저희를 구경했다.

가을에 큰 가뭄이 들고 메뚜기 떼로 인한 재해가 있었다[蝗].

태초(太初)〔○ 응소(應劭)가 말했다. "처음으로 하나라 정월[夏正]을 써서 정월을 세수(歲首-한 해의 시작)로 삼았기에 연호를 고쳐 태초(太初)라 했다."〕 원년(元年)(기원전 104년) 겨울 10월 태산에 행차했다.

11월 갑자일(甲子日) 초하루 아침, 동지(冬至)여서 명당에서 상제에게 제사를 올렸다.

을유일(乙酉日)에 백량대에 화재가 났다.

12월에 고리(高里)[67]에서 선(禪) 하고 후토에 제사를 지냈다. 동쪽으로 발해(渤海)에 도착해 봉래산(蓬萊山)(의 여러 신들)에 망제사를 지냈다.[68]

---

67 산의 이름이며 태산 아래에 있다.

68 사마천은 『사기(史記)』에서 이 문장 다음에 "신선이 사는 곳에 다다를 수 있기를 희망했다"고 덧붙이고 있는데 반고는 아무런 언급도 없다.

봄에 돌아와 감천에서 회계장부를 받았다.

2월에 건장궁(建章宮)을 세웠다〔○ 문영(文穎)이 말했다. "용(勇)이라는 조나라 무당이 제(帝)에게 말하기를 '조나라에서는 화재가 있으면 곧장 다시 큰 궁실을 지어 그 재앙을 눌러 이깁니다[厭勝=壓勝]'라고 하자 제는 건장궁을 지었다."〕.[69]

여름 5월에 역법을 바로잡아[正曆] 정월을 세수(歲首-한 해의 시작)로 삼았다〔○ 사고(師古)가 말했다. "이는 건인(建寅)의 달(-음력 1월)을 기준[正]으로 삼았다는 말이다. 역법을 아직 바로잡기 전에는 건해(建亥)의 달(-음력 10월)을 기준으로 삼았다."〕. 색은 황색을 숭상했고 수는 오(五)를 써서 관직 이름을 정하고〔○ 장안(張晏)이 말했다. "한나라는 흙의 다움[土德]에 의거했으니 토의 수는 오(五)이므로 오를 써서 도장의 글자로 삼았다. 예를 들면 승상은 승상지인장(丞相之印章)이라고 새겼고, 여러 경이나 수상의 인장을 새길 때 다섯 자가 되지 않으면 지(之) 자를 추가해 다섯 글자를 맞췄다."〕 음률을 조화시켰다. 인우(因杅)장군 공손오(公孫敖)를 보내〔○ 복건(服虔)이 말했다. "인우는 흉노의 땅 이름인데 정벌하려는 곳의 지명으로 장군의 이름을 삼은 것이다."〕 요새 밖에 수항성(受降城)을 쌓았다.

가을 8월에 안정(安定-군)에 행차했다. 이사(貳師)〔○ 장안(張晏)이 말했다. "이사는 대완국의 성의 이름이다."〕장군 이광리를 보내 천하의 죄인들

---

69 여기서도 사마천은 『사기(史記)』에서 건장궁의 호화롭고 사치스러움에 대해 길게 언급하고 있는데, 반고는 딱 이 문장 하나만 쓰고 있다.

[謫民]을 징발해 서쪽으로 대완국(大宛國)을 정벌했다.[70] 메뚜기 떼가 동방에서 날아와 돈황에까지 이르렀다.

2년 봄 정월 무신일(戊申日)에 승상 경(慶)이 훙했다〔○ 사고(師古)가 말했다. "석경(石慶, ?~기원전 103년)이다."〕.

3월에 하동으로 행차해 후토에 제사를 지냈다. 천하에 영을 내려 닷새 동안 큰 잔치를 열어주었고, 닷새 동안 누(膢)제사[71]를 지냈으며, 문호(門戶)에 제사를 지내며 납(臘)제사[72]를 올렸다.

여름 4월에 조하여 말했다.

"짐은 개산(介山)〔○ 문영(文穎)이 말했다. "개산은 하동군 피씨현(皮氏縣) 동남쪽에 있다. 그 산만 홀로 우뚝한데 둘레는 70리이고 높이는 30리다."〕에 행차해[用事] 후토에 제사를 올렸는데 그때마다 다 빛의 응함[光應]이 있었다. 이에 분음(汾陰)과 안읍(安邑)의 사형수[殊死] 이하를 사면하도록 하라."

5월에 일반 관리와 백성들의 말을 등록했고[籍] 병거와 기마를 보충했다.

가을에 메뚜기 떼의 재해가 있었다. 준계(浚稽)〔○ 응소(應劭)가 말했다. "준계산은 무위(武威)의 요새 북쪽에 있는데 흉노는 늘 그 지역을 방어 및 은폐물로 삼았다."〕장군 조파노(趙破奴)를 보내 2만 기병으로 삭방에서 출

---

70 대완 혹은 대완국이란 한(漢)나라 때 중앙아시아의 페르가나에 있던 오아시스 국가 및 페르가나 지방에 대한 한인(漢人)의 호칭이다. 중국 군대가 최초로 파미르고원을 넘었다. 이곳은 예로부터 동서 교통의 요충지였다.

71 음식신에게 올리는 제사다.

72 동짓날 여러 신들에게 올리는 제사다.

격해 흉노를 치게 했는데 돌아오지 않았다[不還].[73]

겨울 12월에 어사대부 예관(兒寬)이 졸(卒)했다.

3년 봄 정월 동쪽으로 행차해 해안 지방을 순행했다. 여름 4월 돌아와 태산에서 봉(封)하고 석려(石閭)〔○ 응소(應劭)가 말했다. "석려산은 태산 아래 기슭[阯] 남쪽에 있는데, 방사들은 신선이 머무는 곳이라 말한다."〕에서 선(禪)을 행했다.

광록훈 서자위(徐自爲)를 보내 오원의 요새 밖에 연이어진 성[列城=連城]을 쌓고서 서북쪽으로 노구(盧朐)〔○ 복건(服虔)이 말했다. "흉노의 땅 이름이다." 장안(張晏)이 말했다. "산 이름이다." 사고(師古)가 말했다. "장의 설이 옳다."〕에 이르렀고 유격(遊擊)장군 한열(韓說)이 병사를 이끌고 노구에 주둔했다. 강노(强弩)도위 노박덕(路博德)은 거연(居延)에 성을 쌓았다.

가을에 흉노가 정양, 운중에 침입해 수천 명을 죽이고 약탈하고 나아가 광록훈이 쌓은 여러 정장(亭障)[74]을 파괴했다. 또 장액, 주천에 침입해 도위를 죽였다.

4년 봄에 이사장군 광리가 대완왕의 목을 베고 피땀을 흘리는 말[汗血馬]들을 빼앗아 돌아왔다.[75] 서극천마(西極天馬)의 노래를 지었다.

---

73 전멸했다는 사실을 이렇게 에둘러 표현한 것이다.

74 한나라 때에는 요새의 요처마다 별도로 성을 쌓았는데 이를 후성(候城)이라 했고, 그것이 곧 정장이다.

75 돌을 밟으면[蹋石] 자국이 나고 전견박부(前肩髆部)에서 피와 같은 땀을 흘리며 하루에 1,000리를 달린다고 해 이와 같은 이름이 붙었다. 그만큼 발굽이 견고하고 예리했다. 무제(武帝) 때 장건(張騫)의 서방 원정 당시에 그 존재가 알려졌다. 뒤에 대완국(大宛國)에 그 명마가 있다는 것

가을에 명광궁(明光宮)을 지었다.〔○ 사고(師古)가 말했다. "『삼보황도(三輔黃圖)』에 이르기를 장안 성 안에 있다고 했다."〕.[76]

겨울에 회중에 행차했다. 홍농군(弘農郡) 도위를 옮겨 무관(武關)을 다스리도록 했고 그곳을 들고 나는 자에게 세금을 거둬 관의 이졸(吏卒)들의 급여를 주었다.

천한(天漢)〔○ 응소(應劭)가 말했다. "이때 자주 심한 가뭄[苦旱]이 들어 연호를 고쳐 천한(天漢)으로 했는데 이는 단비를 기원한 것이다." 사고(師古)가 말했다. "『시경(詩經)』」「대아(大雅)」에는 '운한(雲漢)'이라는 시가 있는데 주(周)나라 대부 잉숙(仍叔)이 지은 것이다. 주나라 선왕(宣王)이 가뭄의 재해를 만나 다음을 닦고 정사에 부지런함으로써 능히 비가 오게 했기 때문에 이에 의존해 연호로 삼은 것이다."〕 원년(元年) 봄 정월에 감천에 행차해 태치에서 교제사를 올렸다.

3월에 하동에 행차해 후토에 제사를 올렸다. 흉노가 한나라 사자를 돌려보내면서 흉노의 사자를 보내와 공물을 바쳤다.

여름 5월에 천하를 사면했다.

가을에 성문을 닫아걸고 대대적인 수색을 펼쳤다[大搜].〔○ 신찬(臣瓚)이 말했다. "6월에 과도한 사치[踰侈]를 금했는데 7월에 성문을 닫아걸고

이 알려졌으나 대완국은 이것을 한나라에 헌상하기를 거부했으므로 이때 이사장군 광리가 대완국에 원정을 가 양마(良馬) 수십 마리, 중마(中馬) 3,000여 마리를 얻어 개선했다.

76 장락궁 뒤에 있었는데 연(燕)과 조(趙)의 미녀 2,000명으로 이곳을 가득 채웠다고 한다.

대대적인 수색을 펼쳤다면 그것은 과도한 사치를 부린 자를 수색한 것이다." 이기(李奇)가 말했다. "수색은 무고(巫蠱)한 자들을 잡기 위함이다." 사고(師古)가 말했다. "이때에는 무고가 아직 일어나지 않았으니 찬의 설이 옳다."). 죄를 지어 변방에서 수자리 서고 있던 병사들[謫戍]을 징발해 오원(군)에 주둔시켰다.
적수

2년 봄에 동해로 행차했다. 돌아와 회중에 행차했다.

여름 5월에 이사장군(-이광리)의 3만 기병이 주천에서 출진해 (흉노의) 우현왕(右賢王)과 천산(天山)〔○ 진작(晉灼)이 말했다. "서역에 있으며 포류국(蒲類國)과 가깝고 거리는 장안에서 8,000여 리다." 사고(師古)가 말했다. "이는 곧 기련산(祁連山)이다. 흉노는 하늘[天]을 일러 기련(祁連)이라 한다."〕에서 싸워 목 베고 사로잡은 이가 1만여 급이었다. 또 인우(因杅)장군(-공손오)을 보내 군대를 이끌고 서하(西河)(군)에서 출격하게 하고 기(騎)도위 이릉(李陵)은 보병 5,000명을 이끌고 거연의 북쪽에서 출격하게 해 선우와 싸워 목 베고 사로잡은 이가 1만여 급이었다. (그러나) 이릉은 군대가 패배해 흉노에게 항복했다.

가을에 무당이 길 한가운데서 굿하는 것을 금지했다. 대대적인 수색을 펼쳤다〔○ 신찬(臣瓚)이 말했다. "간사한 자들을 대대적으로 찾아낸 것이다."〕. 거려(渠黎)〔○ 신찬(臣瓚)이 말했다. "서역의 오랑캐 나라다."〕 등 6개 나라가 사자를 보내와 공물을 바쳤다.

태산과 낭야의 떼도둑 서발(徐勃) 등이 험한 산세에 똬리를 틀고서 성읍을 공격해 도로가 통하지 않았다. 직지(直指)사자 폭승지(暴勝之) 등이 수의(繡衣-수놓은 옷)를 입고 도끼를 들고서 부대를 나눠 도둑들을 쫓아가 잡았다. 자사와 군수 이하는 모두 복주(伏誅)했다.

겨울 11월에 관(關)도위에게 조하여 말했다. "지금 많은 호걸들이 멀리서 연결을 맺으며 동방의 도적떼에 의존하고 있다. 관을 드나드는 사람들을 더욱 조심해서 살펴야 할 것이다."

3년 봄 2월에 어사대부 왕경이 죄가 있어 자살했다. 처음으로 술의 양조 및 판매를 관이 독점했다[榷=專賣].

3월에 태산에 행차해 봉을 다스리고 명당에 제사를 올렸으며 그로 말미암아 회계장부를 받았다. 돌아와 북지(北地)에 행차해 상산(常山)에 제사를 올리고 검은 옥[玄玉]을 파묻었다[瘞=埋].

여름 4월에 천하를 사면했다. 행차가 지나온 곳에는 전조(田租)를 내지 말게 했다.

가을에 흉노가 안문(鴈門)에 침입했는데 태수가 적을 두려워한 죄에 걸려 기시됐다.

4년 봄 정월에 감천궁에서 제후와 왕들의 조현을 받았다. 천하의 칠과(七科)〔○ 장안(張晏)이 말했다. "관리로 죄가 있는 사람이 그 1이고, 망명한 자가 2이며, 양자(혹은 데릴사위)가 3이며, 상인이 4이고, 예전에 시적(市籍)이 있었던 사람이 5이고, 부모가 시적이 있는 사람이 6이고, 조부모가 시적이 있는 사람이 7로 모두 칠과다."〕의 죄인들과 용감한 사람들을 징발해 이사장군 광리를 보내 6만 기병과 7만 보병을 이끌고서 삭방에서 출진하고, 인우장군 공손오는 1만 기병과 3만 보병을 이끌고서 안문에서 출진하고, 유격장군 한열은 3만 보병을 이끌고서 오원(五原)에서 출진하고, 강노도위 노박덕은 보병 1만여 명을 이끌고서 이사장군과 합류토록 했다. 광리와 선우는 여오수(余吾水) 변에서 연일 싸웠고 오(敖-공손오)는 좌현왕(左賢王)과 싸워 불리해져 모두 부대를 이끌고 후퇴했다.

여름 4월에 황자 박(髆)을 세워 창읍왕(昌邑王)으로 삼았다.

가을 9월에 영을 내려 죽을 죄를 지은 사람이라도 50만 전을 보석금으로 내면 사(死) 1등을 감형해주었다.

태시(太始)〔○ 응소(應劭)가 말했다. "천하를 깨끗이 씻어내고 백성들과 더불어 만사를 다시 시작하게 돼 이렇게 연호를 고쳤다."〕 원년(元年)(기원전 96년) 봄 정월 인우장군 오(敖)가 죄가 있어 허리를 자르는 요참형에 처했다.[77]

군과 국의 관리와 백성, 호걸들을 무릉(茂陵)과 운양(雲陽)[78]으로 옮겨 살게 했다.

여름 6월에 천하를 사면했다.

2년 봄 정월에 회중에 행차했다.

3월에 조하여 말했다.

"유사(有司)에서 의견을 내 말하기를 예전에 짐이 교제사를 올려 상제를 뵈었고, 서쪽으로 농산과 수산[隴首]에 올랐으며, 흰 기린을 잡아 종묘에 바쳤으며[饋=供], 또한 악와수(渥注水)에서는 천마가 나왔고, 태산에서

---

77 그의 아내가 무고(巫蠱)에 연루돼 요참형에 처해진 것이다.
78 원문에는 운릉(雲陵)으로 돼 있다. 운릉은 무제의 무덤인데 이때는 아직 운릉이 없었다. 운양(雲陽)의 착오다.

는 황금이 보였으니 마땅히 옛 이름을 고쳐야 한다고 했다. 이제 황금을 녹여 기린의 발[麟趾]과 말발굽[褭蹄]의 형태로 상서로움을 드러내도록 하라〔○ 응소(應劭)가 말했다. "옛날에 이름이 요뇨(要褭)인 준마가 있었는데, 붉은 주둥이에 검은 몸을 하고 하루에 1만 5,000리를 달렸다고 한다."〕.

그리고 그것을 제후와 왕들에게 나눠주었다[班賜=頒賜].

가을에 가뭄이 들었다.

9월에 사형에 해당하는 죄수들을 모아 50만 전을 보석금으로 내면 사(死) 1등을 감형해주었다. 어사대부 두주(杜周)가 졸했다.

3년 봄 정월에 감천궁에 행차해 외국에서 온 손님들에게 향응을 베풀었다.

2월에 천하에 영을 내려 닷새 동안 큰 잔치를 열어주었다. 동해로 행차해 붉은 기러기를 잡았기에 주안(朱鴈)의 노래[79]를 지었다. 낭야로 행차해 성산(成山)에서 해를 향해 예를 올렸다〔○ 사고(師古)가 말했다. "성산은 동래(東萊) 불야현(不夜縣)에 있다. 「교사지(郊祀志)」에는 성산(盛山)이라고 돼 있다."〕. 지부(之罘)〔○ 진작(晉灼)이 말했다. "지리지(地理志)에 따르면 동래 수현(腄縣)에 지부산 사당이 있다."〕에 올랐고 큰 바다에 배를 띄웠다. 산에 올라 만세를 불렀다. 겨울에 행차를 하며 지나온 고을에는 5,000전을 내려주었고 환과고독에게는 비단을 사람마다 1필씩 내려주었다.

4년 봄 3월에 태산에 행차했다. 임오일(壬午日)에 명당에서 고제에게 제사를 올렸고 상제에게 배사(配祀)했으며 그로 말미암아 회계장부를 받았

---

79 가사는 「예악지(禮樂志)」에 실려 있다.

다. 계미일(癸未日)에 명당에서 효경황제에게 제사를 올렸다. 갑신일(甲申日)에 봉제사를 지냈다. 병술일(丙戌日)에 석려에서 선(禪)제사를 지냈다. 여름 4월에 불기(不其)〔○ 여순(如淳)이 말했다. "산의 이름인데 그 때문에 그것으로 현(縣)의 이름을 삼았다."〕에 행차해 교문궁(交門宮)에서 신인(神人)에게 제사를 지냈는데〔○ 응소(應劭)가 말했다. "신인은 봉래의 선인(仙人)을 가리킨다." 진작(晉灼)이 말했다. "낭야현에 교문궁이 있는데 무제가 지은 것이다."〕 마치 사당의 제단에 사람이 앉아 있는 듯이 해 제사를 올렸다. 교문(交門)의 노래를 지었다.

여름 5월에 건장궁으로 돌아와 술자리를 크게 열고 천하를 사면했다.

가을 7월에 조(趙)나라에 뱀이 있어 성곽 밖으로부터 읍 안으로 들어와 효문제의 사당〔○ 복건(服虔)이 말했다. "조나라에서 세운 효문제의 사당을 가리킨다."〕 아래에서 읍 안의 뱀들과 무리 지어 싸웠는데 읍 안의 뱀들이 죽었다.

겨울 10월 갑인일(甲寅日) 그믐날에 일식이 있었다.

12월에 옹(雍)으로 행차해 오치(五時)에서 제사를 지내고 나서 서쪽으로 안정과 북지에 이르렀다.

정화(征和)〔○ 응소(應劭)가 말했다. "사방의 오랑캐를 정벌해 천하를 평화롭게 했다는 말이다."〕 원년(元年)(기원전 92년) 봄 정월에 돌아와 건장궁으로 행차했다.

3월에 조왕(趙王) 팽조(彭祖)가 훙했다.

겨울 10월에 삼보(三輔)의 기병을 동원해 상림원을 대대적으로 수색했고 장안의 성문을 폐쇄하고서 (간사한 자들을) 수색했는데〔○ 신찬(臣瓚)이 말했다. "상림원은 둘레가 수백 리이기 때문에 삼보의 거기(車騎)를 발동해 대대적인 수색을 한 것이다."〕 11일이나 지나서야 수색을 풀었다. 무고(巫蠱)가 일어났다.

2년 봄 정월 승상 하(賀)가 옥에 내려져 죽었다.

여름 4월에 큰 바람이 불어 가옥들이 뽑히고 나무들이 꺾였다.

윤달에 제읍(諸邑)공주와 양석(陽石)공주 모두 무고(巫蠱)에 연좌돼 죽었다〔○ 사고(師古)가 말했다. "제읍은 낭야현인데 공주에게 봉했기 때문에 읍이라 부른다. 양석은 북해현(北海縣)이다. 두 공주는 모두 위(衛)황후의 딸이다."〕.

여름에 감천(궁)으로 행차했다.

가을 7월에 안도후(按道侯) 한열, 사자 강충(江充) 등이 태자궁에서 고(蠱)[80]를 파냈다. 임오일(壬午日)에 태자와 황후는 충(充)의 목을 베리고 모의해 부절로 병사들을 발동해 승상 유굴리(劉屈氂)와 장안에서 크게 전투를 벌여 죽은 사람만 수만 명이었다. 경인일(庚寅日)에 태자는 달아났고 황후는 자살했다. 처음으로 성문에 둔병(屯兵)을 두었다. 다시 부절에 황모(黃旄)를 덧붙였다〔○ 응소(應劭)가 말했다. "이때 태자도 부절을 발급해 전투를 했기 때문에 그 위에 황색을 덧붙여 태자의 그것과 구별한 것이다."〕. 어사대부 폭승지와 사직(司直) 전인(田仁)은 태자를 놓친 죄를 입어 승지는 자살했고 인은 요참형을 당했다.

---

80 남을 저주하기 위한 목각 인형을 말한다.

8월 신해일(辛亥日)에 태자는 호현(湖縣)〔○ 사고(師古)가 말했다. "지금의 괵주(虢州) 문향(閿鄕)이다."〕에서 자살했다. 계해일(癸亥日)에 지진이 일어났다.

9월에 조(趙)의 경숙왕(敬肅王)의 아들 언(偃)을 세워 평간왕(平干王)으로 삼았다. 흉노가 상곡과 오원에 침입해 관리와 백성들을 죽이고 약탈했다.

3년 봄 정월에 옹(雍)으로 행차해 안정과 북지에 이르렀다. 흉노가 오원과 주천에 침입해 두 곳의 도위를 죽였다. 3월에 이사장군 광리를 보내 7만 명을 이끌고서 오원에서 출진하게 했고 어사대부 상구성(商丘成)은 2만 명을 이끌고서 서하(西河)에서 출진했으며 중합후(重合侯) 마통(馬通)은 4만 기병을 이끌고서 주천에서 출진했다. 성(成-상구성)은 준계산(浚稽山)에 이르러 오랑캐와 싸워 적의 목을 많이 벴다. 통(通-마통)은 천산에 이르렀지만 오랑캐가 병사를 이끌고 달아났기 때문에 차사(車師)[81]를 항복시켰다. 모두 병사를 이끌고 돌아왔다. 광리는 패해 흉노에 항복했다.

여름 5월에 천하를 사면했다.

6월에 승상 굴리가 감옥에 내려져 요참형에 처해졌고 처자식은 효수(梟首)됐다〔○ 정씨(鄭氏)가 말했다. "처가 무고를 행해 지아비가 따라서 연루돼 일단 요참을 당했다." 사고(師古)가 말했다. "굴리도 이사장군과 함께 창읍왕(昌邑王)을 황제로 세우려고 모의했다."〕.

가을에 메뚜기 떼의 재해가 있었다.

9월에 모반을 했던 공손용(公孫勇)과 호천(胡倩)이 발각돼 모두 죄를 털

---

81 서역의 나라 이름으로 신강과 투루판 일대를 가리킨다.

어놓았다[伏辜].
　　　　　복고

4월 봄 정월에 동래에 행차해 큰 바다에 이르렀다.

2월 정유일(丁酉日)에 옹 땅에 운석 2개가 떨어졌는데 그 소리가 400리
　　　　　　정유일
밖까지 들렸다.

3월에 상이 거정(鉅定)〔○ 응소(應劭)가 말했다. "제국(齊國)의 현이다."〕
에서 밭을 갈았다. 일행을 돌이켜 태산으로 행차해 봉(封)을 닦았다.[82] 경
인일(庚寅日)에 명당에서 제사를 지냈다. 계사일(癸巳日)에 석려산에서 선
(禪)을 행했다.

여름 6월에 일행을 돌이켜 감천궁에 행차했다.

가을 8월 신유일(辛酉日) 그믐날에 일식이 있었다.

후원(後元) 원년(元年)(기원전 88년) 봄 정월에 감천(궁)에 행차해 태치에
서 교제사를 지냈고 드디어 안정에 행차했다.

창읍왕 박(髆)이 훙했다.

2월에 조하여 말했다.

"짐이 교제사를 올려 상제를 뵈었고 북쪽 변방을 순행해 학의 무리가
머물러 있는 것을 보았지만 그물을 던지지 않았기 때문에[83] 사냥감을 붙
잡아 제단에 올릴 것이 없었다. 그래서 태치에서 제물을 올릴 때 당시의
광경이 나란히 보였다. 천하를 사면하도록 하라."

82　봉을 행했다는 말이다.

83　봄에는 새그물을 쓸 수 없게 돼 있었다.

여름 6월에 어사대부 상구성이 죄가 있어 자살했다〔○ 사고(師古)가 말했다. "사당에서 취해 노래 부른 죄 때문이었다."〕. 시중복야(侍中僕射) 망하라(莽何羅)와 그의 동생 중합후 통(通)이 모반을 해 시중 부마(駙馬)도위 김일제(金日磾)[84]와 봉거(奉車)도위 곽광(霍光), 기(騎)도위 상관걸(上官桀)이 그들을 주토(誅討)했다.

가을 7월에 지진이 일어났고 종종 샘이 용솟음쳤다.

2년 봄 정월에 감천궁에서 제후와 왕들의 조현을 받고 종실(宗室)에 선물을 내려주었다.

2월에 주질(盩厔)의 오작궁(五柞宮)에 행차했다〔○ 진작(晉灼)이 말했다. "주질은 부풍현(扶風縣)이다." 장안(張晏)이 말했다. "오작수(五柞樹)가 있었기 때문에 그것으로 궁의 이름을 지었다."〕. 을축일(乙丑日)에 황자 불릉(弗陵)을 세워 황태자로 삼았다.[85] 정유일(丁酉日)에 제가 오작궁에서 붕(崩)해〔○ 신찬(臣瓚)이 말했다. "제는 17세에 자리에 나아가 54년 동안 자리에 있었고 이때 수(壽)는 71세이다."〕 성 안으로 들어와 미앙궁 전전(前殿)에 관을 안치했다[殯]. 3월 갑신일(甲申日)에 무릉(茂陵)에 안장했다〔○ 신찬(臣瓚)이 말했다. "붕해 안장할 때까지 모두 18일이었다. 무릉은 장안 서북쪽 80리에 있다."〕.

찬(贊)하여 말했다.

---

84 흉노의 휴도왕(休屠王)의 아들이다. 금일제로도 읽는다.

85 소제(昭帝)다.

"한나라는 (전국시대와 진나라의) 수많은 임금들의 그릇된 정사[百王之弊]를 이어받아 고조(高祖)는 어지러움을 다스려[撥=治] 바른 곳으로 돌아가게 했고[反正] 문제와 경제[文景]가 힘을 쏟았던 바는 백성들을 잘 길러내는 데 있었지만 고대의 예문(禮文)을 상고하는 일에 이르러서는 오히려 듬성듬성 빠진 것들이 많았다. 효무(孝武)가 처음 자리에 올라서는 탁월하게도 백가(百家)〔○ 사고(師古)가 말했다. "백가란 제자(諸子)들의 잡설로 육경에 위배되는 것들이다."〕를 철폐해 내쫓고[罷黜] 육경(六經)〔○ 사고(師古)가 말했다. "『역경(易經)』, 『시경(詩經)』, 『서경(書經)』, 『춘추(春秋)』, 『예기(禮記)』, 『악기(樂記)』를 말한다."〕을 드러내어 밝혔다[表章]. 드디어 나라 안에 널리 누가 좋은지를 물어[疇咨] 재주와 덕행이 출중한 자들[俊茂]을 들어 써서 그들과 더불어 공을 세웠다. 태학을 일으키고, 교(郊)제사를 정비했으며, 정삭(正朔)을 고치고 역법을 정했으며, 음률을 고르게 하고, 시와 음악을 짓고, 봉선(封禪)(의 예법)을 세우고, 수많은 신들에게 예를 거행하고, 주나라의 후손을 이어주고, 호령하는 문장들을 분명하게 진술했다. 후사들은 대업[洪業]을 제대로 받들 수 있게 돼 삼대(三代)〔○ 사고(師古)가 말했다. "하(夏)·은(殷)·주(周)를 가리킨다."〕의 기풍을 보였다.

만약에 무제의 영웅적인 재주와 위대한 지략[雄材大略]이 문제(文帝)와 경제(景帝)가 공손함과 검소함으로 이 백성들을 구제했던 일을 바꾸지만 않았더라면 설사 『시경(詩經)』이나 『서경(書經)』에서 칭송한 일이라 하더라도 무엇을 덧붙일 수 있겠는가〔○ 사고(師古)가 말했다. "무제의 영웅적인 재주와 위대한 지략을 찬미하면서도[美] 그의 공손하지 못하고 검소하지 못함을 비판한[非] 것이다."〕?"

권
◆
7

소제기
昭帝紀

효소황제(孝昭皇帝)〔○ 순열(荀悅)이 말했다. "이름 불(弗)을 피휘해 그 글자 대신 불(不)을 썼다." 응소(應劭)가 말했다. "시법(諡法)에 이르기를 '잘 듣고 두루 통달하면[聖聞周達] 소(昭)라고 한다'라고 했다."〕는 무제의 막내아들[少子=末子]이다. 어머니는 조첩여(趙婕妤)〔○ 사고(師古)가 말했다. "첩(婕)이란 가까이에서 종애를 받는다[接幸]는 뜻이고 여(妤)는 아름다운 칭호[美稱]다. 따라서 이 이름으로 궁중 내 여관[婦官]의 칭호를 삼은 것이다."〕라고 불리는데 본래 기이한 면모[奇異]가 있어 총애를 얻어〔○ 사고(師古)가 말했다. "점 보는 사람이 그녀에게 천자의 기운이 있다고 말했다. 황제가 불러서 만나볼 때 그녀의 손가락은 말려 있었는데 상(上)이 몸소 그것을 펴주자 그 즉시 손가락이 펴졌다고 한다."〕 제를 낳을 때에도 기이했다〔○ 문영(文穎)이 말했다. "14개월 만에야 태어났다."〕. 상세한 이야기는 「외척전(外戚傳)」에 실려 있다. 무제 말년에 여(戾)태자가 (모반을 했다가) 패망했고 연왕 단(旦)과 광릉왕 서(胥)의 행실이 교만했는데 후원(後

元) 2년 2월 상의 병이 심해지자 드디어 소제(昭帝)를 세워 태자로 삼았으니 이때 나이 8세였다. 이에 시중 봉거도위 곽광(霍光)을 대사마 대장군으로 삼아 유조(遺詔)를 받아 어린 임금[少主=幼主]을 보필토록 했다[輔]. 다음 날 무제는 붕(崩)했다. 무진일(戊辰日)에 태자가 황제의 자리에 나아갔고 고묘(高廟-고조의 사당)에 이를 고했다[謁]. 제의 누이 악읍(鄂邑)〔○ 응소(應劭)가 말했다. "악(鄂)은 현의 이름이고 강하(江夏)에 속한다. 공주가 먹을 식량을 대는 곳을 읍(邑)이라 한다."〕공주에게는 탕목의 읍을 더해주고[益] 장(長)공주라 불렀으며〔○ 사고(師古)가 말했다. "제(帝)의 자매를 장공주라 하고 의례는 여러 왕들에 준하며 또 천자의 공양을 받기에 읍을 더해준 것이다."〕 성중(省中-궁중)에서 봉양했다. 대장군 광(光)이 정권을 쥐고[秉政=專政] 상서(尙書)의 일을 관장했으며, 거기장군 김일제와 좌장군 상관걸이 보좌했다[副].

여름 6월에 천하를 사면했다.

가을 7월에 동방에 유성이 나타났다. 제북왕(濟北王) 관(寬)이 죄가 있어 자살했다. 장공주와 종실의 형제들에게 선물을 하사하되 각각 차등 있게 했다. 조첩여를 추존해 황태후로 삼고 운릉(雲陵)을 축조했다〔○ 문영(文穎)이 말했다. "첩여는 이전에 운양(雲陽)에 묻혔는데 이때 운양에 나아가 운릉을 조성했다."〕.

겨울에 흉노가 삭방에 침입해 관리와 백성들을 죽이고 약탈했다. 군대를 발동해 서하(西河)에 주둔케 하고 좌장군 걸(桀)에게 북변(北邊)을 살피고 오게 했다.

시원(始元) 원년(元年)(기원전 86년) 봄 2월에 황곡(黃鵠)이 건장궁의 태액지(太液池) 가운데에 내려앉았다〔○ 여순(如淳)이 말했다. "액(液)이라고 하는 것은 하늘과 땅이 한데 조화된 기운이 있다는 말이다." 신찬(臣瓚)이 말했다. "이때 한나라는 흙의 다음을 써서 복색에서도 황색을 높였는데 고니는 모두 흰색이므로 여기서 바꿔 황색이라 한 것이다." 사고(師古)가 말했다. "여와 찬의 설은 다 틀렸다. 황곡이란 큰 새[大鳥]를 말하는 것이고 태액지란 그 윤택함이 멀리에까지 미친다는 뜻이다."〕. 공경들이 축수(祝壽)를 올렸다. 제후와 왕, 열후 종실 등에게 황금과 돈을 내려주되 각각 차등 있게 했다. 기해일(己亥日)에 상이 구순(鉤盾)의 농전(弄田)에서 밭을 갈았다〔○ 응소(應劭)가 말했다. "이때 제의 나이 9세여서 능히 제의 밭[帝籍]에서 친경을 할 수 없었는데 구순은 환관들의 소관이어서 시험 삼아 가서 밭을 갈며 놀이를 한 것이다." 신찬(臣瓚)이 말했다. "『서경고사(西京故事)』에 이르기를 '농전은 미앙궁 안에 있다'고 했다." 사고(師古)가 말했다. "농전은 연회와 사냥을 위한 밭으로 천자가 놀고 쉬는 곳일 뿐이니 소제의 나이가 어려 이 이름을 만들어낸 것이 아니다."〕. 연왕과 광릉왕, 악읍 장공주에게 각각 1만 3,000호씩을 더 봉해주었다.

여름에 태후를 위해 운릉(雲陵)에 원묘(園廟)를 지었다.

익주(益州)의 염두(廉頭)와 고증(姑繒), 장가군(牂柯郡)의 담지(談指), 동병(同並) 등 24개 읍이 모두 반란을 일으켰다〔○ 소림(蘇林)이 말했다. "모두 서남이의 서로 다른 종족 이름이다."〕. 수형(水衡)도위 여파호(呂破胡)를 보내 관리와 이민들을 모으고 건위군(犍爲郡)과 촉군(蜀郡)에서도 응급 부대를 징발해 속히 달려가[奔命] 익주를 치도록 해 크게 깨뜨렸다〔○ 응소

(應劭)가 말했다. "예전에는 군과 국 모두에 재관(材官)과 기사(騎士)가 있어 급한 어려움[急難]이 있으면 달려갔는데, 이때는 모두 해체돼 평소의 병력으로는 제대로 토벌할 수가 없었기 때문에 임시로[權] 정예병을 뽑은 것이다. 명을 들으면 바로 달려간다[聞命奔走] 해서 분명(奔命)이라 한다."). 유사에서 하내군(河內郡)은 기주(冀州)에, 하동군(河東郡)은 병주(幷州)에 귀속시킬 것을 청했다〔○ 문영(文穎)이 말했다. "원래는 사주(司州)에 속해 있었다." 사고(師古)가 말했다. "사주란 대개 경사에 속하며 사예(司隸)가 관할했다."〕.

가을 7월에 천하를 사면하고 백성들에게 100호당 소고기와 술을 내려주었다. 큰 비가 내려 위교(渭橋)가 끊어졌다.

8월 제(齊)의 효왕(孝王)의 손자 유택(劉澤)이 반란을 모의해 청주(青州) 자사 준불의(雋不疑)를 죽이려다가 발각돼 모두 복주했다. 불의를 경조윤(京兆尹)으로 승진시키고 100만 전을 하사했다.

9월 병자일(丙子日)에 거기장군 일제(日磾)가 훙(薨)했다.

윤달에 옛 정위 왕평(王平) 등 5인을 보내 부절을 갖고서 군과 국을 찾아가 현량을 뽑고 백성들이 고통받는 바[疾苦]와 억울한 일, 그리고 생업을 잃은 자들을 조사토록[問] 했다.

겨울에 얼음이 얼지 않았다.

2년 봄 정월에 대장군 광(光)과 좌장군 걸(桀)은 모두 전에 모반한 무리인 중합후 마통을 붙잡아 목을 벤 공로에 따라 봉해졌다. 광은 박륙후(博陸侯), 걸은 안양후(安陽侯)가 됐다.

종실 사람으로 관위(官位)가 없는 사람들 중에 특출난 재주가 있는

[茂材=秀才] 유벽강(劉辟彊)과 유장락(劉長樂)을 들어[擧] 둘 다 광록대부로 삼고 (그중에서) 벽강에게는 장락궁의 위위(衛尉)를 맡겼다.

3월에 사자를 보내 가난한 백성들 가운데 종자가 없거나 먹을 것이 없는 사람들을 구원해[振=救] 빌려주었다[振貸].

가을 8월에 조하여 말했다.

"지난해에는 재해가 많았고 올해는 누에치기와 보리농사[蠶麥]가 피해를 입었으니 진대해준 종자와 식량을 거둬들이지 말고 백성들로 하여금 올해의 전조(田租-수확량의 일정 비율을 내는 세)도 내지 말도록 하라."

겨울에 전투 훈련을 받은[習戰] 궁사[射士]들을 뽑아 삭방으로 보냈고 전 관리들을 뽑아[調=發選] 장액군에 둔전(屯田)을 하도록 했다〔○ 사고(師古)가 말했다. "전 관리들에게 영을 내려 전투 훈련을 받은 궁사들을 이끌고 장액에 가서 둔전을 일구게 한 것이다."〕.

3년 봄 2월에 서북쪽에 혜성이 나타났다.

가을에 백성들을 모아 운릉(雲陵)으로 옮기고 돈과 전택을 내려주었다.

겨울 10월에 봉황이 동해군(東海郡)에 모여들었기 때문에 사자를 보내 그 장소들에서 제사를 지냈다.

11월 임진일(壬辰日) 그믐날에 일식이 있었다.

4년 봄 3월 갑인일(甲寅日)에 상관씨(上官氏)를 황후로 세웠다〔○ 문영(文穎)이 말했다. "상관걸의 손녀이자 안(安)의 딸이다."〕.[1] 천하를 사면했다.

---

1 상관걸(上官桀, ?~기원전 80년)은 젊어서 우림기문랑(羽林期門郎)이 돼 무제(武帝)를 섬기다가 미앙구령(未央廐令)으로 옮겼다. 나중에 시중(侍中)과 태보(太保)를 지냈다. 무제가 병들자 좌

(무제 때인) 후(後) 2년(기원전 87년) 이전의 소송[辭訟]에 대해서는 모두 처리하지[聽治] 말도록 했다.

여름 6월에 황후가 고조의 사당[高廟]을 찾아뵈었다. 장공주, 승상, 장군, 열후, 중(中) 2,000석 관리 이하 및 낭리(郎吏), 종실에 돈과 비단을 내려주었는데 각각 차등 있게 했다. 삼보(三輔)의 부자들을 운릉으로 옮기고 돈을 내려주었는데 호당 10만 전이었다.

가을 7월에 조하여 말했다.

"올해는 흉년이 들어[不登] 백성들이 먹을 게 없고[匱=空], 떠돌며 품팔던 사람들[流庸]도 (고향으로) 다 돌아오지 못했는데, 지난번에 백성들에게 말을 공출하라는 명령을 내렸으니 그 명령을 중단시키라. 그리고 경사의 여러 관부[中都官]에게 지급하던 것을 또한 줄여라."

겨울에 대홍려(大鴻臚) 전광명(田廣明, ?~기원전 71년)[2]을 보내 익주를 쳤다. 정위 이충(李种)은 사형에 해당하는 죄수를 고의로 풀어준 죄[故縱]

장군(左將軍)에 봉해지고 죽기 2개월 전 무제의 유조(遺詔)에 따라 곽광(霍光)과 함께 태자 불릉(弗陵)을 보좌했다. 소제(昭帝) 때 반란자 망하라(莽何羅)를 체포해 안양후(安陽侯)에 봉해졌다. 아들 상관안(上官安)의 딸이 소제의 후(后)가 됐다. 나중에 곽광과 권력 다툼을 벌였는데 황제가 곽광을 가까이 두고 자신을 멀리하자 연왕(燕王) 유단(劉旦), 개장공주(蓋長公主)와 함께 곽광을 살해하고 황제를 폐위하려는 음모를 꾸미다 발각돼 멸족(滅族)당했다.

2 천수사마(天水司馬)로 있을 때 살벌하게 다스려 유능하다는 이름을 얻었다. 회양태수(淮陽太守)에 올라 연이어 대간(大奸)을 체포했고 입조해 대홍려(大鴻臚)가 됐다. 소제(昭帝) 때 병사를 이끌고 익주(益州)를 쳐서 관내후(關內侯) 작위가 내려졌고 위위(衛尉)로 옮겼다가 외직으로 나가 좌풍익(左馮翊)을 맡았다. 선제(宣帝)가 즉위하자 어사대부(御史大夫)에 임명됐고 창수후(昌水侯)에 봉해졌다. 나중에 기련장군(祁連將軍)으로 병사를 이끌고 나가 흉노(匈奴)를 공격했는데 죄를 지어 투옥되자 자살했다.

에 걸려 기시됐다.

5년 봄 정월에 황태후의 아버지[3]를 추존해 순성후(順成侯)로 삼았다. 하양(夏陽)〔○ 사고(師古)가 말했다. "하양은 풍익(馮翊)의 현(縣)이다."〕의 남자 장연년(張延年)이 북궐에 이르러 스스로 위(衛)태자라 불렀기에 무망(誣罔)의 죄를 물어 요참형에 처했다.

여름에 천하의 정(亭)들에 있는 어미 말[母馬] 및 마노관(馬弩關)을 폐지했다〔○ 응소(應劭)가 말했다. "무제는 여러 차례 흉노를 정벌하고 두 차례나 대완을 쳤기 때문에 말들이 죽어 거의 없었기 때문에 이에 천하의 여러 정들에 영을 내려 어미 말을 잘 길러 새끼들을 잘 번식하게 하고 또 말 위에서 쇠뇌를 쏘는 것을 관리감독하는 관을 설치했는데 이때에 와서 모두 폐지한 것이다." 맹강(孟康)이 말했다. "예전에는 말의 키가 5척6촌에 치아가 고르지 못하거나 쇠뇌 크기가 10석 이상인 것은 모두 관(關)을 나갈 수 없게 했는데 이때에 더 이상 금하지 않은 것이다." 사고(師古)가 말했다. "정에 있는 어미 말 부분은 응의 설이 옳고 마노관은 맹씨의 설이 옳다."〕.

6월에 황후의 아버지인 표기장군 상관안(上官安)을 봉해 상락후(桑樂侯)로 삼았다. 조하여 말했다.

"짐이 보잘것없는 몸으로 종묘를 지키는 일을 맡게 돼 전전긍긍[戰戰栗栗=戰戰兢兢]하며 새벽에 일어나고 밤늦게 잠들며[夙興夜寐] 옛 제왕들의 사업을 배우고 익히며 (가의의 『신서(新書)』에 있는) 「보부(保傅)」편은 두루 읽어보았지만 『효경(孝經)』, 『논어(論語)』, 『상서(尙書)』에는 아직 밝지

3　조첩여의 아버지를 가리킨다.

못한 면이 있다. 그러니 삼보(三輔) 및 태상(太常)[4]에 영을 내려 현량(賢良) 각 두 명을 천거하고 그밖에 군과 국은 문학(文學-유학)에서 성적이 높은 자 한 명을 천거케 하라. 중(中) 2,000석 이하부터 일반 관리와 백성에 이르기까지 작(爵)을 내려주되 각각 차등 있게 하라."

담이(儋耳)와 진번(眞番) 두 군을 폐지했다〔○ 사고(師古)가 말했다. "담이는 본래 남월의 땅이었고 진번은 조선의 땅이었는데 둘 다 무제가 둔 것이다."〕.

가을에 대홍려 광명(廣明)〔○사고(師古)가 말했다. "광명은 전광명(田廣明)이다."〕과 군정(軍正) 왕평(王平)이 익주를 쳐서 목 베고 포로로 잡은 이가 3만여 명이었고 가축을 빼앗은 것이 5만여 두였다.

6년 봄 정월에 상이 상림원에서 몸소 밭을 갈았다[耕=親耕].
_{경　친경}

2월에 유사에 조하여 군과 국에 대해 현량과 문학으로 천거된 자와 백성들에게 힘든 고통을 안겨주는 자들을 조사하도록 했다. 토의해 소금과 철을 판매하고 술 판매를 독점하는 것을 폐지했다〔○ 응소(應劭)가 말했다. "무제 때 나라의 재용이 부족해 현관(縣官-중앙정부 재정 담당)은 모두 직접 소금과 철을 판매했고 술 판매를 독점했다. 소제(昭帝)는 본업(-농업)에 힘쓰고 말업(-상공업)을 눌러[務本抑末] 천하의 백성들과 이익을 다투지 않았기 때문에 그것들을 폐지한 것이다."〕. 이중감(栘中監)〔○ 소림(蘇林)이 말했다. "이중은 마구간 이름이다."〕 소무(蘇武)는 전에 흉노에 사신

4　원래는 종묘 및 의례를 담당하는 관직인데 이때는 여러 능 주변의 백성들을 다스리는 일을 맡았다.

으로 가서 선우의 조정[庭]에 억류돼 있다가 19년 만에 마침내 돌아왔다. 사명을 받들어 신절(臣節)을 온전히 했기에 무를 전속국(典屬國-속국들을 관장한다는 뜻)으로 삼고 100만 전을 내려주었다.[○ 여순(如淳)이 말했다. "외국에 오래 있어 변방의 일을 잘 알았기에 여러 속국들을 주관하도록[典主] 한 것이다." 사고(師古)가 말했다. "전속국이란 원래 진나라 관직명인데 한나라가 이를 이어받아 의로움을 찾아 귀순하는[歸義=歸順] 오랑캐들을 담당했고 속관으로 아홉 역령(譯令)이 있었다. 뒤에 축소돼 대홍려와 통합했다."].

여름에 가뭄이 들어 크게 기우제를 지냈으며 양(陽)을 누르고 음(陰)을 돕는 제사를 행했다.

가을 7월에 술을 독점 판매하는 관직을 없앴고 영을 내려 백성들이 직접 술을 판매한 소득을 계산해 세금을 신고하도록 해 술을 1승(升-되)에 4전으로 팔게 했다. 변방 요새는 광활하고 멀기 때문에 천수군(天水郡), 농서군(隴西郡), 장액군(張掖郡)에서 각각 2현씩을 떼내 금성군(金城郡)을 (새로) 두었다. 조하여 말했다.

"구정후(鉤町侯)[○ 응소(應劭)가 말했다. "구정은 서남이(西南夷)인데 지금의 장가군(牂柯郡) 구정현이 그곳이다."] 무파(毋波)는 자신의 군장(君長-족장)과 인민을 이끌고 반란을 일으킨 자들을 쳐서 목 베고 포로로 잡은 공로가 있다. 이에 무파를 세워 구정왕(鉤町王)으로 삼는다. 대홍려 광명은 군대를 이끌어 공로를 세웠으니 관내후의 작위와 식읍을 내려주도록 하라."

원봉(元鳳)〔○ 응소(應劭)가 말했다. "시원 3년 연간에 봉황이 동해군 해서(海西)에 내려왔기 때문에 이로써 연호를 삼은 것이다."〕 원년(元年)(기원전 80년) 봄에 장(長)공주를 봉양하는 데 노고가 있어 다시 장공주의 탕목읍에 남전(藍田-지명)을 더해주었다. 사수(泗水)의 대왕(戴王)이 예전에 죽었을 때 후사가 없었기 때문에 국(國)을 폐지했다. 후궁에게 대왕의 유복자(遺腹子) 난(煖)이 있었는데 상(相)과 내사(內史)가 말을 아뢰지 않았으나 (다른 경로를 통해) 그 이야기를 듣고서 가련하게 여겨 난을 세워 사수왕으로 삼았다. 상과 내사 모두 감옥에 내려보냈다[下獄].

3월에 군과 국에서 의로움을 행한 자[行義者]로 선발된 탁군(涿郡)의 한복(韓福) 등 5명에게 각각 비단 50필을 내려주고 자신의 군과 국으로 돌아가도록 했다. 조하여 말했다.

"짐은 관직의 일을 맡겨 그들을 힘들게 하는 것에 대해 마음 아프게 여기니[閔]〔○ 등전(鄧展)이 말했다. "한복 등에 대해 마음 아프게 여겨 차마 관직의 일로 인한 노고를 하게 할 수 없다는 말이다."〕 이에 효도와 공순[孝弟]을 힘써 닦아 그것으로 향리를 가르치도록 하라. 군현으로 하여금 매년 정월이 되면 양고기와 술을 내려주도록 하라. 그들이 불행을 당하게 되면 의복 일습(一襲)을 내려주고 중뢰(中牢)로 제사를 지내주도록 하라〔○ 사고(師古)가 말했다. "행(幸)이란 길하여 흉함을 면한다는 뜻이니 죽음을 일러 불행이라 한 것이다. 일습이란 모든 것을 챙긴다는 뜻으로 지금의 일부(一副)와 같다. 중뢰란 곧 소뢰(小牢)로 양과 돼지를 일컫는다."〕."

무도군(武都郡)의 저족(氐族)이 반란을 일으켜 집금오(執金吾) 마적건(馬適建)〔○ 사고(師古)가 말했다. "성이 마적이고 이름은 건이다."〕, 용액후

(龍頟侯) 한증(韓增), 대홍려 광명을 보내 삼보(三輔)와 태상(太常)의 죄수들을 이끌게 하고서 그들 모두 형벌을 면하게 한 다음에 저족을 치도록 했다.

여름 6월에 천하를 사면했다.

가을 7월 을해일(乙亥日) 그믐날에 일식이 있었는데 개기일식이었다.

8월에 시원(始元)을 고쳐 원봉(元鳳)을 연호로 삼았다.

9월에 악읍(鄂邑) 장공주와 연왕(燕王) 단(旦)이 좌장군 상관걸, 걸의 아들 표기장군 안(安), 어사대부 상홍양(桑弘羊)과 함께 반란을 모의해 복주(伏誅)됐다. 애초에 걸과 안 부자(父子)는 대장군 광(光-곽광)과 권력을 다투면서[爭權] 그를 해치고자 해 거짓으로 사람을 지켜 연왕 단의 상서(上書)를 짓도록 해 광의 죄를 말했다. 이때 상의 나이 14세로[○ 장안(張晏)이 말했다. "무제가 붕했을 때 8세였고 자리에 나아온 지 지금 8년이니 금년에는 15세이다." 사고(師古)가 말했다. "여기서 '애초에 걸과 안 부자(父子)는 대장군 광(光-곽광)과 권력을 다투면서[爭權] 그를 해치고자 해 거짓으로 사람을 지켜 연왕 단의 상서(上書)를 짓도록 해'라고 말한 것은 대개 전년도의 일을 뒤늦게 말한 것일 뿐이니 올해의 일이 아니다. 장의 설은 이 점을 놓쳤다."] 그것이 거짓임을 알아차렸다.[5] 그후에 광을 모략하는[譖] 자가 있으면 상은 문득 화를 내 말하기를 "대장군은 국가의 충신이며

---

5 이와 관련해 당나라 명신 이덕유(李德裕, 787~850년)는 사마광의 『자치통감(資治通鑑)』에 인용된 글에서 이렇게 말한다. "임금의 다움이란 지극히 밝게 하는 것보다 큰 것이 없는데 밝혀서 간사한 자들을 비추면 온갖 간사한 자들이 감추어지지 않는 것이니, 한나라의 소제(昭帝)가 그런 사람이다."

선제(先帝-무제)로부터 뒷일을 부탁받은 사람이니 감히 그를 모략하거나 헐뜯는[讒毀) 자가 있으면 벌할 것이다"라고 했다. 광은 이로 말미암아 충성을 다할[盡忠] 수 있었다.

겨울 10월에 조하여 말했다.

"좌장군 안양후 걸, 표기장군 상락후 안, 어사대부 홍양은 모두 간사하고 비뚤어진 마음[邪枉=邪曲]으로 정사를 보좌했으나 대장군이 (자신들의 뜻을) 들어주지 않자 원망하는 마음을 품고서 연왕과 통모(通謀)해 역(驛)을 두고서 왕래하며 서로 약속을 맺고 교결했다. 연왕은 수서장(壽西長), 손종지(孫縱之)〔○ 소림(蘇林)이 말했다. "수서가 성이고 장이 이름이며 손이 성이고 종지가 이름이다."〕 등을 보내 장공주, 정외인(丁外人),[6] 알자 두연년(杜延年), 대장군 장사(長史) 공손유(公孫遺) 등에게 뇌물을 주고서 사사로운 글을 서로 주고받으며 공모해 장공주로 하여금 술잔치를 열게 하고 병사들을 매복시켜 대장군 광을 죽이고 연왕을 불러와 세워서 천자로 삼으려 했으니 이는 대역무도(大逆毋道)한 일이다. 옛[故=前] 도전사자(稻田使者)[7] 연창(燕倉)이 먼저 알아차리고서[發覺] 그것을 대사농 창(敞)〔○ 사고(師古)가 말했다. "양창(楊敞)이다."〕에게 아뢰었고, 창은 간대부 연년〔○ 사고(師古)가 말했다. "두연년은 두주(杜周)의 아들이다."〕에게 아뢰었으며, 연년은 그것을 (상에게) 보고했다[聞]. 승상의 징사(徵事)[8] 임궁(任

---

6 장공주의 정부다.

7 전조(田租)를 거두는 사람을 가리킨다.

8 600석 관리다.

宮)은 손수 붙잡아 걸(桀)을 목 벴고, 승상의 소사(少史) 왕수(王壽)는 은근히 안(安)을 승상부의 문에 들어오게 유인해 모두 이미 복주하니 관리와 백성들이 안심할 수 있게 됐다. 연년, 창, 궁, 수를 봉해 모두 열후로 삼도록 하라."

또 말했다.

"연왕은 미혹(迷惑)돼 도리를 잃고서 예전에 제왕(齊王)의 아들 유택(劉澤) 등과 반란을 했지만 그것을 몰래 숨겨 드러내지 않고서 왕이 도리를 되찾아[反道] 스스로 새로워질 것을 기대했건만, 지금 이에 장공주 및 좌장군 걸 등과 더불어 종묘를 위태롭게 하는 일을 모의했다. 왕과 공주는 둘 다 스스로 자신들의 잘못을 털어놓았다. 이에 연왕의 태자 건(建), 공주의 아들 문신(文信), 그리고 종실의 자식으로 연왕 및 상관걸 등과 반란을 모의한 자, 부모가 같아 마땅히 연좌된 자 등은 모두 면해 서인으로 삼도록 하라. 관리들 중에서 걸 등으로 인해 진퇴가 잘못됐지만 발각되지 않아 관리로 있는 자들은 그 죄를 면해주도록 하라."

2년 여름 4월에 상은 건장궁에서 미앙궁으로 옮겨가 크게 술잔치를 벌였다. 낭종관(郞從官)에게는 비단을 내려주고 종실의 자식에게는 1인당 20만 전을 내려주었다. 관리와 백성 중에 소와 술을 바친 자에게는 각각 비단 1필씩을 내려주었다.

6월에 천하를 사면했다. 조하여 말했다.

"짐이 백성들이 아직 넉넉지 못함[未贍=不足]을 불쌍하게 여겨 지난해 조운[漕] 300만 석을 덜어주었다. 그리고 수레용 말과 원마(苑馬)를 크게 [頗] 줄여 변방의 군과 삼보(三輔)의 역마[傳馬]를 보충하라. 군국에 명령을 내려 올해는 마구전(馬口錢)을 거두지 말도록 하고, 삼보 및 태상(太常)이 관할하는 군(郡)에서는 콩과 곡식[菽粟]으로 부세를 내도록 하라."

3년 봄 정월에 태산에서 큰 돌이 스스로 일어섰고, 상림원에서는 메말라 넘어졌던[僵=偃] 버드나무가 절로 일어서더니 살아났다. 중모원(中牟苑)〔○ 사고(師古)가 말했다. "형양(滎陽)에 있다."〕을 없애 가난한 백성들에게 주었다[賦=與]. 조하여 말했다.

"요즘[乃者] 백성들이 수재를 입어 자못 먹을 게 없다 하니, 짐은 창름(倉廩)〔○ 사고(師古)가 말했다. "창은 새로운 곡식을 보관하는 창고이고 늠은 진대해줬다가 돌려받은 곡식을 보관하는 창고다."〕을 비워 사자를 시켜 곤핍(困乏)한 백성들을 진휼케 했다. 4년간 조운을 운반치 말라. 3년 이전에 진대해주었던 소[牛] 중에 승상이나 어사가 주청했던 바가 아니면 변방의 군에서 받았던 소는 모두 받지 말도록 하라."

여름 4월에 소부(少府) 서인(徐仁), 정위 왕평(王平), 좌풍익 가승호(賈勝胡)는 모두 임의로 반란자를 풀어준[縱] 죄에 연루돼, 인은 자살했고 평과 승호는 둘 다 요참형을 당했다.

겨울에 요동의 오환(烏桓)이 반란을 일으키자 중랑장 범명우(范明友)를 도요(度遼)〔○ 응소(應劭)가 말했다. "마땅히 요수를 건너가서[度=渡] 친다는 의미이기 때문에 도요를 관호(官號)로 삼은 것이다."〕장군으로 삼아 북쪽 변방의 7개 군에서 군마다 2,000기를 이끌어 그들을 쳤다.

4년 봄 정월 정해일(丁亥日)에 제(帝)가 원복(元服)을 하고〔○ 여순(如淳)이 말했다. "원복이란 처음에 관을 쓰고 나서 윗옷을 더해 입는 것이다." 사고(師古)가 말했다. "여씨는 (이때의 복(服)을) 의복의 복으로 간주하고 있는데 이 설은 틀렸다. 원(元)이란 머리[首]다. 관이란 머리를 드러내주는 것으로, 따라서 원복을 뜻한다."］ 고조의 사당을 찾아뵈었다. 제후와 왕, 대장군, 열후, 종실 아래에 있는 관리와 백성들에게 금과 비단과 소고기와 술을 각각 차등 있게 내려주었다. 중(中) 2,000석 이하 및 천하의 백성들에게 작(爵)을 내려주었다. (원봉) 4년과 5년의 인두세[口賦]〔○ 여순(如淳)이 말했다. "무제 때 백성의 아이 7세부터 14세까지 인두세를 거뒀는데 사람마다 23전이었다."］를 거두지 않았다. (원봉) 3년 이전에 체납된 경부(更賦)[9]는 모두 거두지 말도록 했다. 천하에 영을 내려 닷새 동안 큰 잔치[大酺]를 열어주었다. 갑술일(甲戌日)에 승상 천추(千秋-전천추)가 훙했다.

여름 4월에 조하여 말했다.

"도요장군 명우는 예전에 강기(羌騎)교위로서 강족의 왕후와 군장 이하의 군대를 이끌고서 익주의 반란자 무리를 쳤고, 뒤에는 다시 그들을 이끌어 무도(武都)의 반란자 저족을 쳤으며, 이번에도 오환을 깨뜨려 오랑캐들을 목 베거나 산 채로 사로잡았으니[獲生] 공로가 있었다. 이에 명우를 봉해 평릉후(平陵侯)로 삼는다. 평락감(平樂監) 부개자(傅介子)는 신절(信節)을 갖고 사자로 가서 누란왕(樓蘭王) 안(安)을 주참(誅斬)하고 돌아와 그 머리를 현의 북궐에 내걸었으니 의양후(義陽侯)에 봉한다."

5월 정축일(丁丑日)에 효문제의 사당 정전(正殿)에 불이 났기에 상과 여러 신하들은 모두 소복을 입었다. 중(中) 2,000석 관리를 보내 오교(五校)[10]

---

9 변경에 수자리 나가는 대신에 냈던 세금을 말한다.

10 궁궐의 조영을 담당하는 장작(將作)대장의 속관으로 전·후·좌·우 중 다섯 교가 있었다.

를 이끌고서 복구 작업을 다스리게 해〔○ 사고(師古)가 말했다. "오교의 병사들을 이끌고 가서 손질하도록 한 것이다."〕 6일 만에 완성했다. 태상(太常)과 사당의 영(令), 승(丞), 낭리(郞吏) 등은 모두 대불경(大不敬)으로 탄핵됐지만 마침 사면령이 내려져 있어 태상인 요양후(轑陽侯) 덕(德)은 죄를 면하게 해주어 서인으로 삼았다〔○ 문영(文穎)이 말했다. "덕은 강덕(江德)이다. 요양은 위군(魏郡) 청연(淸淵)에 있었다." 사고(師古)가 말했다. "사면령은 6월에 있었을 뿐이다. 여기에 끌어당겨 맞춰 쓴 것이다."〕.

6월에 천하를 사면했다.

5년 봄 정월에 광릉왕이 내조해 그의 나라에 봉읍 1만 1,000호를 더해주고 돈 2,000만 전, 황금 200근, 검 2자루, 안거(安車) 1량, 타는 말 8필[二駟]_{이사}을 내려주었다.

여름에 큰 가뭄이 들었다.

6월에 삼보와 군국의 못된 자식들[惡少年]_{악소년} 중에서 관리가 고발하거나 탄핵하자 도망쳤던 자들을 징발해 요동에 주둔케 했다.

가을에 상군(象郡)을 폐지해 울림(鬱林)과 장가(牂柯) 두 군에 나눠 속하게 했다.

겨울 11월에 큰 우레가 있었다.

12월 경술일(庚戌日)에 승상 흔(訢)〔○ 사고(師古)가 말했다. "왕흔(王訢)이다. 흔(訢)과 흔(欣)은 같은 글자다."〕이 훙했다.

6년 봄 정월에 군과 국의 죄수들을 모아 요동의 현토(玄菟)성을 쌓게 했다.

여름에 천하를 사면했다. 조하여 말했다.

"무릇 곡적(穀賊)[11]이 농사를 해치니 지금 삼보와 태상(太常)〔○ 응소(應劭)가 말했다. "태상은 여러 능원(陵園)들을 주관하고 있어 천하의 호걸과 부유한 자들을 그곳으로 옮겨 지역을 채워 넣었고 뒤에는 모두 현(縣)이 됐기 때문에 삼보와 같은 부세를 매긴 것이다."〕의 곡식으로 곡적을 줄이고 콩과 곡식[菽粟]으로 금년의 부세를 내도록 하라."

우장군 장안세(張安世)는 숙위함에 있어 충근(忠謹)했다 해 부평후(富平侯)에 봉했다. 오환이 다시 요새를 침범하자 도요장군 범명우를 보내 그들을 쳤다.

원평(元平) 원년(元年)(기원전 74년) 봄 2월 조하여 말했다.

"천하는 농사일과 누에치기[農桑]를 근본으로 삼는다. 일전에[日者] 씀 씀이를 줄이고, 급하지 않은 관직〔○ 사고(師古)가 말했다. "불요불급한 관직을 가리킨다."〕을 폐지하고 밖에서 요역하는 것을 줄여주었더니 농사와 누에치기에 종사하는 자들이 더욱 많아졌지만 백성들은 아직도 집집마다 생계에 필요한 것들을 제대로 조달하지[給=足] 못하니 짐은 이를 애처로이 여기는 바이다. 구부전(口賦錢-인두세)을 감하라."[12]

유사(有司)가 10분의 3을 줄일 것을 청하니 상이 이를 허락했다. 갑신일

---

11 곡식 가격이 낮은 것을 말한다.
12 이상 소제(昭帝)가 내린 조서들에 대해 진덕수(眞德秀)는 『문장정종(文章正宗)』에서 다음과 같이 평가했다. "가만히 살펴보니 이때는 곽광(霍光)이 정권을 쥐고서[用事] 한나라 문제의 정치를 복구해 요역을 줄이고 부세를 덜어주어 백성들이 쉴 수 있도록 해주었고, 조서나 사령[詔辭]이 다 이처럼 간결하면서도 소박했으니[簡質] 높이 평가할 만하다."

(甲申日) 새벽에 유성(流星)이 떨어졌는데 크기가 달과 같았고, 수많은 별들이 모두 따라서 서쪽으로 갔다.

여름 4월 계미일(癸未日)에 제가 미앙궁에서 붕(崩)했다〔○ 신찬(臣瓚)이 말했다. "제는 9세에 자리에 나아가 13년 동안 자리에 있었고 이때 수(壽)는 22세이다."〕. 6월 임신일(壬申日)에 평릉(平陵)에 안장했다〔○ 신찬(臣瓚)이 말했다. "붕해서 안장할 때까지 모두 49일이었다. 평릉은 장안 서북쪽 70리에 있다."〕.

찬(贊)하여 말했다.

"옛날에 주(周)나라 성왕(成王)이 어린아이로서 왕통을 잇게 되자 관(管), 채(蔡) 등 네 나라에 유언비어가 떠도는 변고[流言之變]가 있었다〔○ 사고(師古)가 말했다. "네 나라란 관(管), 채(蔡), 상(商), 엄(奄)나라다. 성왕이 어려서 주공이 섭정을 하자 네 나라에는 '공이 장차 어린 임금에게 좋지 않은 짓을 할 것이다'라는 유언비어가 떠돌았다."〕. 효소(孝昭-소제)가 어린 나이에 즉위하자 역시 연(燕)과 개(蓋-장공주)와 상관(上官)의 역란(逆亂) 모의[13]가 있었다. 성왕이 주공(周公)을 의심하지 않았던 것처럼 효소도 곽광(霍光)에게 일을 내맡겨[委任] (성왕과 효소는) 각각 그때에 맞는 명성을 이루었으니 크도다!

---

13 이때 상관걸의 아들 상관안(上官安)의 딸이 소제의 후(后)가 됐다. 나중에 곽광과 권력 다툼을 벌였는데 황제가 곽광을 가까이 두고 자신을 멀리하자 연왕(燕王) 유단(劉旦), 개장공주(蓋長公主)와 함께 곽광을 살해하고 황제를 폐위하려는 음모를 꾸몄다가 발각돼 멸족(滅族)됐다. 괴력을 가진 역사(力士)였으며 항상 무제의 신변을 보호했다.

(효소는) 효무(孝武)가 사치로 인해 국고를 낭비하고 군대를 (자주 동원해) 피폐하게 한 뒤를 잇는 바람에 나라 안[海內]은 텅 비고 다 없어졌으며[虛耗=虛損] 호구는 반으로 줄었지만, 광(光)은 그 시대의 급선무[時務之要]를 잘 알아 요역[繇=徭=役事]을 가벼이 해주고 부세를 덜어주어 백성들과 더불어 휴식을 취했다[與民休息].[14] 시원(始元)과 원봉(元鳳) 연간에 이르러서는 흉노와 화친을 맺어 백성들이 내실을 기하게 해주었다. 현량(賢良)과 문학(文學)을 들어 쓰고, 백성들이 고통받는 바를 물었으며, 염철(鹽鐵)(의 폐단)에 대해 토론케 해 각고관(榷酤官)을 혁파했으니 존호(尊號)를 소(昭)라 부르는 것은 진실로 마땅하지 않겠는가?"

---

14 여민휴식(與民休息)은 동양의 전통적인 군주제 하에서 전란 등이 끝난 뒤 국가가 백성들의 경제생활에 최대한 개입하지 않는 것을 뜻하는 일종의 정책을 가리키는 말로 자리 잡게 된다.

권 8

선제기
宣帝紀

효선황제(孝宣皇帝)〔○ 응소(應劭)가 말했다. "시법(諡法)에 이르기를 '빼어나고 좋으며 두루 듣는 것[聖善周聞]을 선(宣)이라고 한다'라고 했다."〕[1] 는 무제의 증손자이자 여(戾)태자의 손자다〔○ 위소(韋昭)가 말했다. "어기고 그릇됐다[違戾] 해 시호를 여(戾)라 했다." 신찬(臣瓚)이 말했다. "태자가 강충을 주살함으로써 참소하는 무리들을 제거했지만 일은 분명하게 드러나지 않았다. 뒤에 무제가 자신이 우매했음을 깨닫고서 드디어 충의 집안을 족멸했기 때문에 선제는 나쁜 시호를 더할 필요가 없었다. 동중서(董仲舒)가 말하기를 '결과는 있으나 그 뜻이 없는 것을 일러 여(戾)라 하고, 결과는 없이 그 뜻이 있는 것을 죄(罪)라 한다'라고 했다." 사고(師古)가 말했다. "찬의 설이 옳다."〕. **태자는 사양제(史良娣)를 맞아들여**〔○ 복건(服虔)이 말했다. "사(史)는 성이고 양제는 관직이다." 사고(師古)가 말했다.

---

1 그의 이름은 병이(病已)이기도 하다.

"태자에게는 비(妃)가 있었고, 양제(良娣)가 있었고, 유자(孺子)가 있어 모두 3등급이었다."〕 사황손(史皇孫)〔○ 사고(師古)가 말했다. "외가의 성으로 불렀기 때문에 사황손이라 했다."〕을 낳았다. 황손은 왕부인(王夫人)을 맞아들여 선제(宣帝)를 낳았으니 칭호가 황증손(皇曾孫)이었다. 태어난 지 몇 달 안 돼 무고의 일을 만났고 태자, 양제, 황손, 왕부인은 모두 해를 당했다. 상세한 이야기는 「태자전(太子傳)」에 실려 있다. 증손이 비록 강보(襁褓)에 있었지만 오히려 죄에 연좌돼 군저(郡邸)의 옥〔○ 여순(如淳)이 말했다. "여러 군들은 각자의 수도에 군저를 두었고, 거기에는 감옥이 있었다."〕에 갇혔다. 병길(丙吉)이 정위감(廷尉監)〔○ 사고(師古)가 말했다. "감이란 정위의 속관이다."〕이 돼 군저에서 무고의 사건을 다스렸는데 증손에게는 죄가 없음[無辜]을 가슴 아프게 여겨 여자 죄수로서 복작(復作)된 회양(淮陽)의 조징경(趙徵卿)과 위성(渭城)의 호조(胡組)를 그의 유모로 삼아 젖을 먹여 기르게 하고〔○ 이기(李奇)가 말했다. "복작이란 여자 죄수를 가리킨다. 죄가 가벼울 경우 남자는 변경 수비를 1년 동안 하도록 했고, 여자는 연약하고 수비 일을 맡을 수 없어 다시 명을 내려 관청에서 같이 1년 동안 일하게 했기에 복작이라 한 것이다." 사고(師古)가 말했다. "조징경은 회양 사람이고 호조는 위성 사람인데 둘 다 죄수다. 두 사람은 번갈아가며 증손을 젖으로 길렀다. 「병길전(丙吉傳)」에는 곽징경(郭徵卿)으로 나온다. 본기와 열전이 같지 않은데 어느 쪽이 옳은지 알 수가 없다."〕 자신의 돈으로 그 의식(衣食)을 대는 등 깊은 은혜를 베풀었다.

무고의 일은 여러 해가 지나도 판결이 나지 않았다. 후원(後元) 2년에 이르러 무제가 병이 나 장양궁(長楊宮)과 오작궁(五柞宮)〔○ 사고(師古)가 말했다. "장양과 오작 두 궁전은 나란히 주질(盩厔)에 있었는데, 그 이름은 둘 다 나무 이름에서 따온 것이다."]을 오갈 때 망기자(望氣者)[2]가 말하기를 장안의 옥 안에 천자의 기운이 있다고 하자, 상(上-무제)은 사자를 시켜 경사(京師-장안)의 관부(官府) 사람들[中都官]을 나눠 보내 죄의 경중을 가리지 않고 모두 죽여버리게 했다. 내알자령(內謁者令)[3] 곽양(郭穰)이 밤에 군저의 옥에 이르자 길(吉-병길)은 사자를 거절해 문을 닫고서 들어오지 못하게 했기 때문에 증손은 길에 힘입어 몸을 보전할 수 있었다. 이로 인해[因][4] 큰 사면을 만나 길은 마침내 증손을 수레에 태워 외할머니 사양제의 집에 보낼 수 있었다. 상세한 이야기는 「병길전(丙吉傳)」과 「외척전(外戚傳)」에 실려 있다.

그후에 액정(掖庭)[○ 응소(應劭)가 말했다. "액정은 궁인의 관직이며 영(令)과 승(丞)이 있었는데 환관이 그것을 맡았다."]에 기르고 보살피라[養視]는 조서가 있어 상은 종정(宗正)에 소속돼 종적을 갖게 됐다.[5] 이때 액정령 장하(張賀)가 일찍이 여태자를 섬긴 적이 있어 옛 은혜를 생각하고 돌아보아[思顧=思念] 증손을 불쌍하게 여겨 봉양하는 바가 아주 공손했고, 사비를 들여 필요한 것을 제공하면서 글을 가르쳤다. (상이) 이미 장성하게 되자 포실색부(暴室嗇夫)[○ 응소(應劭)가 말했다. "포실은 궁인의 감

---

2 운기(運氣)를 살펴 미래를 내다보는 점쟁이다.
3 환관 중에서 예빈관(禮賓官)을 말한다.
4 여기서 '이로 인해[因]'라고 표현한 것은 곽양이 돌아가 병길을 탄핵하는 글을 올리자 무제는 뭔가 깨닫고서 "하늘이 그렇게 한 것이다"라며 천하에 대사면령을 내렸기 때문이다.
5 이런 조처는 무제 때보다는 소제 때 이뤄졌을 가능성이 크다.

옥으로 지금의 박실(薄室)이다. 허광한은 법을 어겨 부형(腐刑-궁형)을 받고 환관이 돼 색부(嗇夫-궁정감옥 관리인)를 맡고 있었다." 사고(師古)가 말했다. "포실이란 액정 중에서도 직물에 염색을 하는 부서를 가리키기 때문에 포실이라 이른 것이며, 포쇄(暴曬-햇볕에 말리다)라는 말에서 그 이름을 딴 것일 뿐이다. 어떤 사람은 박실이라고 할 때의 박(薄)이 곧 포(暴)라고 한다. 지금의 속어로 박쇄(薄曬)라고도 한다. 대개 포실이란 그 할 일이 아주 많기 때문에 감옥에 그것을 설치해 그 죄인을 다스리는 일을 주관했기 때문에 종종 포실옥이라고도 할 뿐이다. 그러나 원래는 감옥의 이름이 아니며, 응씨의 설은 이 점을 놓쳤다. 색부란 포실의 속관이며 또한 현과 향의 색부와도 같다."] 허광한(許廣漢)의 딸을 (아내로) 취했고 증손은 그 때문에 광한의 형제 및 외할머니 사씨 집안에 의지해 살았다. 동해군 사람 복중옹(復中翁)[○ 사고(師古)가 말했다. "복은 성이고 중옹은 자(字)다."]에게 『시경(詩經)』을 배웠는데, 재주가 높고 배우기를 좋아했지만 그러나 또 유협(游俠)을 즐겨 싸움닭이나 달리는 말(혹은 개)과 같아[6] 일반 백성들이 살아가는 여염의 간사함과 관리로서 다스리는 바[吏治]의 득실(得失)을 갖춰 알고 있었다. 자주 여러 능(陵)들을 오르내리며[上下] 삼보(三輔)[7]를 두루 다녔는데[周遍], 늘 이로 인해 연작현(蓮勺縣)의 염지(鹽地)

---

6 이 부분은 '즐겨'에 연결지어 닭싸움이나 경마를 즐겼다고 풀이할 수도 있다. 그러나 뒷부분과 연결지어 일단은 이렇게 옮겼다.
7 삼보란 경조(京兆-장안)와 장안 서쪽(-좌풍익)과 장안 동쪽(-우부풍)을 가리킨다.

에서 어떤 사람으로부터 곤욕을 당하곤 했다.[8] 더욱이 두현(杜縣)과 호현(鄠縣) 사이[○ 사고(師古)가 말했다. "두현은 경조(京兆)에 속하고 호현은 부풍(扶風)에 속한다."]를 오가며 즐겼고 평소에는 하두(下杜)[○ 맹강(孟康)이 말했다. "장안의 남쪽에 있었다."]에 있었다. 이때 마침 조정에 참석하라는 청을 받게 될 경우 장안의 상관리(尙冠里-경조윤의 관할 지역)에서 묵었다. 몸과 발 아래까지 털이 있어 가로 누웠을 때에는 종종 광휘(光輝)가 있었다. 그가 매번 떡을 살 때마다 늘 그 가게에서는 크게 팔려 그 스스로도 괴이하게 여겼다.

원평(元平) 원년 4월 소제(昭帝)가 붕(崩)했는데 뒤를 이을 사람이 없었다. 대장군 곽광은 황후에게 청해 창읍왕(昌邑王)[9]을 불러왔다. 6월 병인일(丙寅日)에 왕은 황제의 인새(印璽)와 인수(印綬)를 받았고 황후를 높여 황태후로 불렀다. 계사일(癸巳日)에 광이 왕 하(賀)가 음란하다는 것을 (황태후에게) 아뢰어 폐립을 청했다. 상세한 이야기는 「유하전(劉賀傳)」과 「곽광전(霍光傳)」에 실려 있다.

가을 7월에 광이 의견을 올려[奏議] 말했다.

"예(禮)에 따르면 사람의 도리란 혈친을 제 몸과 같이 여기기 때문에[親親] 시조(始祖)를 높이는 것이고 시조를 높이기 때문에 종통(宗統)을 높이는 것입니다. 큰 종통[大宗=本宗]에 후사(後嗣)가 없으면 지종(支宗-

---

8 그만큼 평범했다는 말이다.
9 무제의 서자인 창읍애왕 유박(劉髆)의 아들인 유하(劉賀)를 가리킨다.

서자)의 자손 중에서 뛰어난 이[賢者]를 골라 후사로 삼습니다. 효무황제의 증손 병이(病已)〔○ 사고(師古)가 말했다. "일찍부터 어렵게 살아 병과 고통이 많아 이름이 병이(病已)인데 여기에는 빨리 병이 낫고 싶은 뜻이 담겨 있다. 뒤에 그 이름은 비루하다[鄙] 해 휘를 고쳐 순(詢)이라 했다."〕는 액정(掖庭)에서 기르고 보살피라[養視]는 조서가 있었고, 지금 나이 18세이며, 스승으로부터 『시경(詩經)』, 『논어(論語)』, 『효경(孝經)』을 배워 행실이 바로잡혀 절검하고, 성품이 자애롭고 어질어 사람들을 사랑할 줄 아니[愛人] 효소황제의 뒤를 이어 조정의 대통을 받들어 잇고 만백성들을 자식처럼 아낄 수 있습니다[子萬姓]〔○ 사고(師古)가 말했다. "천자로서 만백성을 자식으로 삼는다는 말이다."〕."

황태후는 그리 하라고 했다. 종정(宗正) 덕(德)을 증손이 머물고 있는 상관리에 보내 목욕을 시킨 다음 어부(御府)의 의복을 하사했다. 태복(太僕)이 사냥용 경수레[輧獵車]로 증손을 받들어 맞이했고[奉迎]〔○ 사고(師古)가 말했다. "이때 미처 천자의 수레가 준비돼 있지 않아 경수레로 모셔 온 것일 뿐이다."〕 증손은 종정부(宗正府)에 나아가 재계했다. 경신일(庚申日)에 미앙궁에 들어가 황태후를 알현했고 봉해져 양무후(陽武侯)가 됐다〔○ 사고(師古)가 말했다. "먼저 후에 봉해진 것은 서인을 세워 천자로 삼을 수는 없기 때문이다."〕. 그에 앞서 이미 여러 신하들은 인새와 인수를 받들어 올렸기에 황제의 자리에 나아가 고조의 사당에 아뢰었다.

8월 기사일(己巳日)에 승상 창(敞)〔○ 사고(師古)가 말했다. "양창(楊敞)이다."〕이 훙(薨)했다.

9월에 천하를 크게 사면했다.

11월 임자일(壬子日)에 황후 허씨(許氏)를 세웠다.[10] 제후와 왕 이하에게 금과 돈을 내려주었고 관리와 백성, 환과고독(鰥寡孤獨)에게도 각각 차등 있게 내려주었다. 황태후는 장락궁으로 돌아갔다. 처음으로 둔위(屯衛)를 (상시적으로) 두었다.

본시(本始) 원년(元年)(기원전 73년) 봄 정월에 군과 국의 관리와 백성들 중에서 재산이 100만 전 이상인 자들을 모집해 평릉(平陵)〔○ 문영(文穎)이 말했다. "소제(昭帝)의 능이다."〕으로 옮겨 살도록 했다. 사자에게 신절을 갖고서 군과 국의 2,000석 관리들에게 조(詔)하여 삼가[謹] 백성들을 길러주고[牧養] 풍덕(風德)으로 백성들을 교화시키도록 했다〔○ 사고(師古)가 말했다. "덕화(德化)가 아래에 입히게 되는 것을 풍(風)이라 한다. 『시경(詩經)』 서문에 이르기를 '위에서 풍(風)으로 아래를 교화시킨다'고 했다."〕.

대장군 광이 머리를 조아리며[稽首] 정권을 돌려주었지만[歸政] 상은 겸손하게 양보하며 그에게 정권을 맡겼다[委任]. (선제가 즉위하는 과정에서의) 계책과 공로를 논해 정한 다음[論定策功] 대장군 광에게 1만 7,000호를 더해 봉해주었고, 거기장군 광록훈 부평후(富平侯)〔○ 이비(李斐)가 말했

---

10 사마광의 『자치통감(資治通鑑)』에는 이와 관련된 배후 이야기가 상세하게 나온다. "애초에 허광한의 딸이 증손에게 시집을 가서 1년이 돼 아들 유석(劉奭)을 낳았다. 몇 달 후 증손이 세워져 황제가 되니 허씨는 첩여(婕妤-1급 비빈)가 됐다. 이때 곽광에게 작은 딸이 있었고, 황태후와도 친해 공경들은 황후를 바꿔 세우려고 의논했고, 모두 마음으로는 곽장군의 딸을 잠정적으로 정했으니 역시 아직 말하지 못했다. 상은 마침내 자기가 미천했을 때의 옛날 검을 구한다는 조서를 내렸다. 대신들은 그 뜻을 알아차리고서 허첩여를 세워 황후로 삼자고 말했다."

다. "광록의 자리에 있으면서 거기(車騎)의 관호로 높여준 것이지만 거기는 관직의 이름이 아니다.") 안세(安世-장안세)에게는 1만 호를 더해 봉해주었다. 조하여 말했다.

"옛 승상 안평후(安平侯) 창(敞-양창) 등은 자리에 있으면서 직무를 지켜[居位守職] 대장군 광, 거기장군 안세와 함께 의견을 세우고 계책을 정해[建議定策] 종묘를 안정시켰는데도 논공행상[功賞]이 미처 이뤄지지 못한 가운데 훙했다. 이에 창의 사자(嗣子-계승자) 충(忠)과 승상 양평후(陽平侯) 의(義)〔○ 사고(師古)가 말했다. "채의(蔡義)다."〕, 도요장군 평릉후 명우(明友-범명우), 전장군(前將軍) 용액후(龍頟侯) 증(增-한증), 태복 건평후(建平侯) 연년(延年-두연년), 태상 포후(蒲侯) 창(昌)〔○ 사고(師古)가 말했다. "소창(蘇昌)이다."〕, 간대부 의춘후(宜春侯) 담(譚)〔○ 사고(師古)가 말했다. "왕담(王譚)이다."〕, 당도후(當塗侯) 평(平)〔○ 사고(師古)가 말했다. "「공신표(功臣表)」에 따르면 위불해(魏不害)가 반란을 일으킨 호천(胡倩)을 체포한 공으로 당도후에 봉해졌고 그 아들 성(聖)은 계책을 정한 공으로 봉이 더해져[益封] 모두 2,200호였다. 지금 이 「본기」에서는 당도후 평(平-위평)이라 했으니 표와는 차이가 나 어느 것이 옳은지 알 수가 없다."〕, 두후(杜侯) 도기당(屠耆堂)〔○ 소림(蘇林)이 말했다. "성은 복륙(復陸)이고 그의 할아버지 복륙지(復陸支)는 흉노 오랑캐인데 귀화해[歸義] 속국의 왕이 돼 표기장군을 따라 종군해 공을 세웠기에 이에 다시 봉한 것이다."〕, 장신궁 소부(少府) 관내후 승(勝)〔○ 사고(師古)가 말했다. "하후승(夏侯勝)이다."〕에게 읍호를 각각 차등 있게 내려준다. 어사대부 광명(廣明)〔○ 사고(師古)가 말했다. "전광명(田廣明)이다."〕을 봉해 창수후(昌水侯)로 삼고, 후장군(後將

軍) 충국(充國)〔○ 사고(師古)가 말했다. "조충국(趙充國)이다."〕을 봉해 영평후(營平侯)로, 대사농 연년(延年)〔○ 사고(師古)가 말했다. "전연년(田延年)이다."〕을 봉해 양성후(陽城侯)로, 소부 낙성(樂成)〔○ 사고(師古)가 말했다. "사락성(史樂成)이다."〕을 봉해 원씨후(爰氏侯)로, 광록대부 천(遷)〔○ 사고(師古)가 말했다. "왕천(王遷)이다."〕을 봉해 평구후(平丘侯)로 삼았다. 우부풍 덕(德)〔○ 사고(師古)가 말했다. "주덕(周德)이다."〕, 전속국(典屬國) 무(武)〔○ 사고(師古)가 말했다. "소무(蘇武)다."〕, 정위 광(光)〔○ 사고(師古)가 말했다. "이광(李光)이다."〕, 종정 덕(德)〔○ 사고(師古)가 말했다. "초원왕(楚元王)의 증손이자 유벽강(劉辟彊)의 아들이다."〕, 대홍려 현(賢)〔○ 사고(師古)가 말했다. "위현(韋賢)이다."〕, 첨사(詹事) 기(畸)〔○ 사고(師古)가 말했다. "송기(宋畸)다."〕, 광록대부 길(吉)〔○ 사고(師古)가 말했다. "병길(丙吉)이다."〕, 경보(京輔)도위 광한(廣漢)〔○ 사고(師古)가 말했다. "조광한(趙廣漢)이다. 삼보(三輔)의 군에는 모두 도위가 있어 다른 군들과 같다. 좌보도위는 고릉(高陵)을 담당했고, 우보도위는 미(郿) 땅을 다스렸으며, 경보도위는 화음(華陰)의 관북(灌北)을 다스렸다."〕에게는 작(爵)을 내려줘 모두 관내후로 삼는다. 덕(德)과 무(武)에게는 (별도로) 식읍을 내려주었다〔○ 장안(張晏)이 말했다. "옛날에 관내후에게는 읍지(邑地)가 없었는데, 무는 외국에 대해 절의를 지켰고 덕은 종실의 준걸[俊彦]이라, 그 때문에 특별히 식읍을
준언
내려준 것이다."〕.

여름 4월 경오일(庚午日)에 지진이 있었다. 내군국(內郡國)에 조하여 문학(文學)에 뛰어난 이를 각 한 명씩 천거하도록 했다〔○ 위소(韋昭)가 말했다. "중국 안의 군과 국을 내군국으로 삼았고, 변방의 오랑캐 요새 지역을

외군국으로 삼았다. 성제(成帝) 때에 내군에서는 반듯하고 바른 선비[方正]를 천거했고, 북방 변방 22개 군에서는 용맹한 병사를 천거했다."].

5월에 봉황이 교동국(膠東國)과 천승군(千乘郡)에 모여들었다. 천하를 사면했다. 2,000석 관리와 제후들의 재상부터 중도관(中都官), 환관, 600석 관리에게 작(爵)을 내려주었는데 각각 차등 있게 했으며, (제12등급 작) 좌경(左更)에서부터 (제9등급 작) 오대부(五大夫)에 이르렀다. 또 천하의 백성들에게 각각 작(爵) 1급을 내려주었고, 효행이 있는 자에게는 2급을 내려주었으며, 여자들에게는 100호당 소고기와 술을 내려주었다. 조세를 걷지 말도록 했다.

6월에 조하여 말했다.

"옛 황태자[11]는 호현(湖縣)에 (묻혀) 있는데(○ 사고(師古)가 말했다. "호현에서 죽었기 때문에 그곳에 묻혔다."] 아직 시호(諡號)가 없다. 해마다 때가 되면 제사를 지내고 시호를 의정(議定)해 (묘를 지킬) 원읍(園邑)을 두도록 하라."

상세한 이야기는 「태자전(太子傳)」에 실려 있다.

가을 7월에 조하여 연(燕)의 자왕(剌王)의 태자 건(建)을 세워 광양왕(廣陽王)으로 삼고[12] 광릉왕(廣陵王) 서(胥)의 막내아들 홍(弘)을 세워 고밀왕(高密王)으로 삼았다.

---

11 여(戾)태자를 가리킨다.

12 소제 원봉 원년에 연왕 유단(劉旦)이 죽고 그의 아들 유건(劉建)은 서인이 됐는데, 이때 다시 왕으로 삼아준 것이다.

2년 봄에 수형(水衡)의 돈으로 평릉(平陵)을 조성하고〔○ 응소(應劭)가 말했다. "수형은 소부(少府)와 함께 둘 다 천자의 사사로운 금고[私藏]다. 현관(縣官)은 공적인 금고인데 지금 수형의 돈을 썼다는 것은 선제가 즉위하고서 달라진 정사를 행하고 있다는 것을 말한다."〕백성들을 이주시켜 저택을 지었다. 대사농 양성후 전연년이 죄가 있어 자살했다〔○ 사고(師古)가 말했다. "값을 올려 그 차액을 자기 것으로 한 죄에 걸려들었다."〕.

여름 5월에 조하여 말했다.

"짐은 보잘것없는 사람[眇身]으로서 조종(祖宗)을 받들어 잇게 돼 밤낮으로 오로지 효무(孝武)황제가 몸소 행하셨던 어짊과 의로움[仁義]만을 생각하고 있다. 뛰어난 장수들을 골라 우리에게 복종하지 않는 자들을 토벌하셨으니 흉노를 멀리 내쫓고 저(氐)족, 강(羌)족, 곤명(昆明), 남월(南越)을 평정하고 온갖 주변 오랑캐들이 관문을 넘어 들어올 수 있도록 해주셨다. 또 태학을 세우고 교사(郊祀)를 정비하고 정삭(正朔)을 바로잡고 음률을 조화시키셨다. 또 태산에 봉선(封禪)하고, 황하의 제방을 막았고, 어진 정치[仁政]에 대해 하늘에서 길조로 답했고, 보배로운 쇠솥[寶鼎]이 나왔으며 흰 기린이 붙잡혔다. 이처럼 효무제의 공업과 다움[功德]은 대단히 무성했음에도 그것을 다 마땅히 드러내지 못해 묘악의 이름을 어떻게 해야 할지 정하지를 못하고 있다[未稱=未副]. 이를 토의해 그 결과를 상주토록 하라."

유사(有司)가 청을 올려[奏請] 존호(尊號)를 더하기로 하고 6월 경오일(庚午日)에 효무묘(孝武廟-무제의 사당)를 세종묘(世宗廟)로 높이고 성덕(盛德)과 문시(文始)와 오행(五行)의 춤을 온 천하에 대대로 연주해 올릴 것을 청했다. 이리하여 무제가 천하를 순수하면서 행차했던 군국(郡國)에는 모두 사당을 세우게 했다.[13] 천하의 백성들에게 각각 작(爵) 1급을 내려주고 여자들에게는 100호당 소고기와 술을 내려주었다.

흉노가 여러 차례 변경을 침범했고 또 서쪽으로 오손(烏孫)[14]을 정벌했다. 오손의 곤미(昆彌)〔○ 사고(師古)가 말했다. "곤미는 오손왕의 칭호다."〕와 공주는 이에 한나라 사자[國使者]를 통해 글을 올렸는데 그 글에서 곤미는 자기 나라의 정예병을 보내 흉노를 치겠다고 하면서 오직 천자가 그것을 불쌍히 여겨 군대를 내어 공주를 구원해줄 것을 바랐다. 가을에 관동(關東)의 경거(輕車)와 정예병을 대규모로 징발해 뽑고[調=選], 군국의 300석 관리들 중에 강건해[伉健=强健] 말 위에서 활쏘기를 익힌 자들을 골라 모두 종군토록 했다. 어사대부 전광명이 기련(祁連)장군〔○ 응소(應劭)가 말했다. "기련은 흉노 땅에 있는 산의 이름이다. 여러 장군들이 임무를 나눴는데 광명은 이 산을 담당했기 때문에 그것으로 장군의 호칭을 삼았다."〕이 되고, 후(後)장군 조충국이 포류(蒲類)장군〔○ 응소(應劭)가 말했다. "포류는 흉노 땅에 있는 큰 호수[海]의 이름으로 돈황의 북쪽에 있다." 진작(晉灼)이 말했다. "「흉노전(匈奴傳)」에 포류택(蒲類澤)이 나온다." 사고(師古)가 말했다. "진의 설이 옳다."〕이 되고, 운중군 태수 전순(田順)은 호아(虎牙)장군이 됐으며, 도요장군 범명우, 전(前) 장군 한증까지 해서 모두

---

13 비로소 그 예우를 고조(-유방) 및 문제(-태종 유항)와 같도록 한 것이다.

14 인도 및 이란 계통에 속하는 종족으로 투르크어를 사용하는 유목 민족이다. 오손족은 중국 문헌에 따르면 중국 북서부의 월지 근처에 살았다.

다섯 장군에 병사는 15만 기(騎)였으며, 교위(校尉) 상혜(常惠)[15]가 신절을 받들고서 오손의 병사들을 호위해 함께 흉노를 쳤다.

3년 봄 정월 계해일(癸亥日)에 황후 허씨(許氏)가 붕했다. 무진일(戊辰日)에 다섯 장군의 병사들이 장안을 출발했다.

여름 5월에 군대를 철수시켰다. 기련장군 광명, 호아장군 순이 죄가 있어 유사에 내리니 모두 자살했다〔○ 진작(晉灼)이 말했다. "전광명은 전천추(田千秋)의 아들인데 군대를 이끌고 행군하면서 머뭇거리며 나아가지 않은 죄[逗留]에 걸려들었고, 순은 (기약한 지점에 가지 않고) 포로와 노획물을 늘려서 말한 죄에 걸려들었다."〕. 교위 상혜는 오손의 병사들을 이끌고 흉노의 오른쪽으로 들어가 크게 이기고 노획물을 많이 가져와 열후에 봉해졌다.[16] 큰 가뭄이 들었다. 가뭄 피해가 심한 군과 국에 대해서는 백성들의 조세와 부역을 면제해주었다. 삼보의 백성들 중에서 형편이 어려워진 사람들에 대해서도 사역을 면해주었으며 본시(本始) 4년까지를 기한으로 했다[盡].

6월 기축일(己丑日)에 승상 의(義-채의)가 훙했다.

4년 봄 정월에 조하여 말했다.

"대개 듣건대 농업이란 다움을 일으키는 근본[興德之本]인데 올해는 농사가 제대로 되지 않아[不登] 이미 사자를 보내 곤궁해 결핍한 자들에게 곡식을 대여해주도록 했다. 더불어 태관(太官)에 영을 내려 어선(御膳)을

---

15 판본에 따라 상혜(尙惠)로 된 곳도 있다.

16 장라후(長羅侯)에 봉해졌다.

덜어내고 도살[宰]을 줄이도록 했고, 악부(樂府)에는 악인을 줄이도록 했
재
으니, 그렇게 감축하고 남는 인원들은 고향으로 돌아가 농사일에 나아가게
하라. 승상 이하 경사(京師-장안)의 여러 관부[都官=中都官]의 영(令)과
　　　　　　　　　　　　　　　　　　　　도관　　중도관
승(丞)에 이르기까지 글을 올려 곡물을 들여서 장안의 창(倉-창고)으로
수송해 가난한 이들을 도와 빌려주도록 하라. 백성이 수레나 배에 곡물을
싣고서 관내(關內)로 들어올 경우 통관 증명서[傳=傳符]를 점검하지 말라
　　　　　　　　　　　　　　　　　　　　　　　　전　전부
〔○ 사고(師古)가 말했다. "이는 곡물이 더 많이 들어올 수 있도록 곡물의
들고 나는 것을 불문에 부친 것이다."〕."

　3월 을묘일(乙卯日)에 황후 곽씨(霍氏)를 세웠다. 승상 이하 낭리(郎吏)와
시종관에 이르기까지 금과 돈 및 비단을 각각 차등 있게 내려주었다. 천
하를 사면했다.

　여름 4월 임인일(壬寅日)에 군과 국 49곳에 지진이 일어나 혹 산이 무너
지고 물이 넘쳐흘렀다. 조하여 말했다.

　"대개 재이(災異)라는 것은 하늘과 땅이 경고를 하는 것이다. 짐은 대
업[洪業]을 잇고 종묘를 받들며 선비와 백성들의 위에 있지만 능히 만물
　　홍업
을 조화시키지 못했다. 최근에 지진이 북해(北海-산동성 창락현)와 낭야
(琅邪-산동성 제성현)에서 일어나 조종의 사당이 파괴됐다. 짐은 이를 심
히 두려워해 승상과 어사와 열후, 그리고 중(中) 2,000석 관리에게 명을 내
려 경학을 공부한 선비들에게 널리 묻고서 변고에 대응하도록 해 짐의 모
자란 점을 채워줄 수 있도록 하려 하니 그 말하는 바에 피하거나 꺼리는
바[所諱]가 전혀 없도록 하라. 또 명을 내려 삼보(三輔)와 태상(太常), 내군
　　소휘
국(內郡國-장안 주변의 군국들)은 뛰어나고 훌륭하며 반듯하고 바른[賢良
　　　　　　　　　　　　　　　　　　　　　　　　　　　　　　　현량

方正] 사람을 각각 한 명씩 천거하도록 하라. 율령의 적용을 최대한 줄이거나 없애 백성들을 편안케 해주고, 지진으로 인한 피해가 큰 사람들에게는 조부(租賦)를 걷지 말도록 하고 천하를 크게 사면해주도록 하라."

천하를 크게 사면했다. 상은 종묘가 무너지자[墮=毁] 소복(素服-상복)을 입었으며, 정전(正殿)에 나아가는 일을 닷새 동안 피했다.

5월에 봉황이 북해군의 안구(安丘-현)와 순우(淳于-현)에 모여들었다.

가을에 광천왕(廣川王) 길(吉)이 죄가 있어 폐해 상용(上庸-현)으로 옮겼더니 자살했다.[17]

지절(地節)〔○ 응소(應劭)가 말했다. "얼마 전 있었던 지진으로 인해 산이 무너지고 물이 넘쳐흐르자 이에 연호를 고쳐 지절(地節)이라 했는데, 이는 땅이 본래의 절도를 갖게 되기를 바라서였다."〕 원년(元年)(기원전 69년) 봄 정월에 혜성이 서쪽에 나타났다.

3월에 군과 국의 가난한 사람들에게 밭을 빌려주었다[假]〔○ 사고(師古)가 말했다. "임시로[權] 그들에게 제공한 것이지 영구히 준 것은 아니다."〕.

여름 6월에 조하여 말했다.

"대개 듣건대 요(堯)임금은 구족(九族)[18]을 제 몸과 같이 여김[親]으로써 만국을 화합시켰다고 했다〔○ 사고(師古)가 말했다. "『상서(尙書)』(-『서

---

17 광천왕의 죄상은 사마광의 『자치통감(資治通鑑)』에 자세하게 실려 있다. "그의 스승과 희첩 10여 명을 죽인 것에 연루됐는데, 혹 납이나 주석을 녹여 입에 틀어넣거나 혹 사지를 해체하고 아울러 독약을 넣고 이를 끓여서 그 시체를 없애버렸다."

18 구족(九族)은 동족 구대(同族九代)로 고조(高祖), 증조(曾祖), 조(祖), 부(父), 자신(自身), 자(子), 손(孫), 증손(曾孫), 현손(玄孫)을 가리킨다.

경』)「요전(堯典)」에 이르기를 '능히 밝고[克明] 빼어난 다움[峻德]을 밝혀 그 밝은 다움으로 구족(九族)을 내 몸과 같이 대하시니 구족은 이미 화목해졌고, 나아가 백성을 고루 밝히시니 백성들이 스스로 자기들 안에 있던 다움을 밝혀 제국 안의 온 나라들이 서로 화합했다'라고 했으니 조서는 이를 인용한 것이다."]. 짐은 조종이 물려주신 다움을 입어 빼어난 대업[聖業]을 받들어 이었으니 오직 종실의 소속이 아직 다하지 않았는데 죄를 지어 종실과의 연이 끊어진 자들 중에 만약 뛰어난 재주가 있어 행실을 고쳐 좋은 쪽으로 나아가려는 자가 있다면 종적(宗籍)을 되찾게 해주어 스스로를 새롭게 할 수 있도록[自新] 하라."

겨울 11월에 초왕(楚王) 연수(延壽)가 반란을 모의했다가 자살했다.

12월 계해일(癸亥日) 그믐날에 일식이 있었다.

2년 봄 3월 경오일(庚午日)에 대사마(大司馬) 대장군(大將軍) 광(光-곽광)이 훙했다. 조하여 말했다.

"대사마 대장군 박륙후(博陸侯)는〔○ 사고(師古)가 말했다. "그를 높였기 때문에 이름을 말하지 않았다."〕 효무(孝武)황제를 30여 년간 숙위했고, 효소(孝昭)황제를 10여 년간 보필하며, 큰 어려움을 만나도 몸소 의로움을 잃지 않았고, 삼공과 제후, 구경(九卿), 대부 등을 거느리고 만세의 계책을 정해 종묘를 안정시켰도다. 천하의 만백성[蒸庶]을 모두 편안케 해주어 그 공로와 다움[功德]이 성대하니 짐은 그대를 심히 아름답게 여기노라. 또 그의 후세들도 작읍(爵邑)을 그대로 세습해 대대손손 이어갈 것이다. 그대의 공로는 소상국(蕭相國-재상 소하(蕭何))과 같도다."

여름 4월에 봉황이 노군(魯郡)[19]에 모여들었고 여러 새들이 그것을 따랐다〔○ 사고(師古)가 말했다. "지금 널리 읽히는 판본들에는 이 문장 다음에 '무신일(戊申日)에 황태자를 세웠다'는 말이 나오는데 이듬해에 또 황태자를 세우는 일이 나온다. 이는 대개 원제기(元帝紀)에 이르기를 '원제가 2세 때 선제가 즉위했고 8세 때 황태자가 됐다'라고 돼 있어 그 때문에 후세 사람들이 망령되이 이런 책에 집어 넣은 것이지 구본(舊本)에는 본래 없는 것이다. 「소광전(疏廣傳)」과 「병길전(丙吉傳)」을 근거로 볼 때 둘 다 지절(地節) 3년에 황태자를 세웠다고 하고 있으니 이것이 명확한 징험이 있는 말이고 혹자의 망령된 억설은 실상과 동떨어진 것[乖於實]이다."〕. 천하를 크게 사면했다.

5월에 광록대부 평구후(平丘侯) 왕천이 죄가 있어 감옥에 내려 죽였다. 상이 비로소 정사를 직접 다스렸고[親政], 또한 대장군의 공덕(功德)에 보답하겠다는 생각에서, 이에 다시 낙평후 산(山)〔○ 사고(師古)가 말했다. "곽산(霍山)을 가리키는데 곽광의 형의 아들이다."〕에게 상서(尙書)의 일을 맡도록 했으며, 또 여러 신하들에게 영을 내려 봉사(封事)를 올릴 수 있도록 해 저변의 사정[下情]을 알았다. 닷새에 한 번 정사를 청단했는데[聽=聽斷] 승상 이하 관원들이 각각 직무를 받들어 업무를 아뢰어 자신의 말을 다하게 함으로써[傅=陳] 그 사람의 공로와 능력[功能]을 시험 평가했다. 시중과 상서를 공로에 따라 승진시켰고, 특별히 좋은 점이 있으면 두텁게

---

19 일본의 『한서(漢書)』 번역자 오다케 다케오(小竹武夫)는 역주에서 "노(魯)는 국(國)이지 군(郡)이 아니었다. 뒤에 나오는 군(群)으로 인한 필사상의 착오인 듯하다"고 밝혔다.

상을 내려주었으며 그것이 자손에게까지 이르게 해 끝까지 바꿀 수 없도록 했다[○ 사고(師古)가 말했다. "이는 자손들이 각각 영구히 그 직사(職事)를 이어가게 했다는 말이다."]. (이처럼 일을 함에 있어) 추기(樞機)가 주도면밀하고[周密] 법도[品式]가 갖춰져 있으며, 위아래가 서로 믿고 평안하니[相安] 구차스러운 뜻이 행해질 수가 없었다.

3년 봄 3월에 조하여 말했다.

"대개 듣건대 공이 있는데도 상을 내리지 않거나 죄가 있는데도 주살하지 않는다면 비록 당우(唐虞-요임금과 순임금)라 하더라도 오히려 천하를 교화시킬 수 없을 것이다. 지금 교동(膠東)의 재상인 성(成)은 노고를 다하면서도[勞來][○ 사고(師古)가 말했다. "왕성(王成)이다. 노래(勞來)란 위로하는 데 힘써 백성들을 멀리서부터 오게 하는 것이다. (『시경(詩經)』의) 「소아(小雅)」 '홍안(鴻鴈)' 편 머리글에 '(주나라 선왕은 능히) 수고로운 자들을 위로하고, 오는 자를 오게 해[勞來] 떠나갔던 자를 돌아오게 하고, 어지러운 자를 안정시키고, 어지러운 자를 편안하게 하고, 흩어진 자를 모여 살게 했다[還定安集]'고 했다."] 게으르지 않아 유민 중에서 정착하게 된 자[自占][○ 사고(師古)가 말했다. "점(占)이란 스스로 자신의 호구를 숨겼다가 호적을 드러내는 것을 말한다."]가 8만여 명인데 다스림에 있어 특별한 성과를 올렸다. 이에 녹질 중(中) 2,000석을 갖춰 관내후(關內侯)의 작위를 내린다."

또 말했다.

"환과고독(鰥寡孤獨)과 나이가 많은 사람 및 가난으로 고통을 겪고 있는 백성들에 대해 짐은 가슴 아파하는 바이다. 예전에 조하여 공전(公田)

을 빌려주고 종자와 식량을 대주도록 했다. 이번에는 환과고독과 나이가 많은 사람들에게 더해 비단을 내려주도록 하라. 2,000석 관리들은 아래 관리들을 엄하게 가르쳐 이들의 사정을 삼가 살피도록 해 자신의 임무를 소홀히 하는 일이 없도록 하라. 내군국에 영을 내려 현량(賢良)하고 방정(方正)해 백성들을 제 몸처럼 여길[親民] 수 있는 자들을 천거하도록 하라."
친민

여름 4월 무신일(戊申日)에 황태자를 세우고 천하를 크게 사면했다. 어사대부에게 관내후의 작(爵)을 내려주고, 중(中) 2,000석 관리에게는 우서장(右庶長)의 작을 내려주며〔○ 장안(張晏)이 말했다. "공손홍(公孫弘) 이후로 승상은 늘 열후에 봉해졌는데 20등 작(爵)이다. 그래서 어사대부에게 관내후의 작을 내렸는데 19등 작이다. 우서장은 11등 작이다." 사고(師古)가 말했다. "장의 설은 틀렸다. 이때는 황태자를 세우는 나라의 큰 경사가 있었기 때문에 특별히 어사대부와 중 2,000석 관리에게 작을 내려주었을 뿐 일상적인 제도는 아니다."〕, 천하에서 아버지의 뒤를 이은 자에게 작 1급을 내려주었다. 광릉왕에게 황금 1,000근, 제후와 왕 15명에게는 황금 100근씩, 열후 중에서 나라에 있는 자 87명에게는 황금 20근씩을 내려주었다.

겨울 10월에 조하여 말했다.

"지난번[乃者] 9월 임신일(壬申日)에 지진이 일어났으니 짐은 심히 두려워하고 있다. 능히 짐의 과실을 지적해줄[箴=戒] 수 있는 사람과 뛰어나고 훌륭하며 반듯하고 바른[賢良方正] 사람들 가운데 극간(極諫)할 수 있는 인사들로 짐이 미처 챙기지 못한 것들을 바로잡아줄[匡=正] 수 있는 사람
광 정

들은 유사(有司)를 꺼리지 말고 나서서 말해달라.[20] 짐은 이미 황제다움을 갖추지 못해[不德] 먼 나라들이 우리에게 의탁할 수 있게 못했으니, 이로 인해 변경에서 국경을 지키는 병사들[屯守]은 아직도 쉬지를 못하고 있다. 이제 다시 병사들을 정돈해 둔병을 늘릴 경우 이는 백성들을 오랫동안 힘들게 하는 것이니 천하를 편안케 하는 이치가 아니다. 거기장군(-장안세(張安世))과 우장군(右將軍-곽우(霍禹))의 둔병을 혁파하라."

또 조하여 말했다.

"지난번에 행차하지 못했던 양조원(養鳥苑)[21]을 열어 가난한 사람들에게 빌려주도록 하라. 군국에 있는 궁관(宮館)은 앞으로는 손보지 말라. 유민들 중에서 귀향하는 자들에게는 공전을 빌려주고, 종자와 식량을 대주도록 하며, 또 산부(算賦)와 요역(徭役)을 매기지 말라."

11월에 조하여 말했다.

"짐은 이미 그 생각하는 바가 곳곳에 다 닿지 않아[不逮=不及] 백성들을 이끄는 바가 밝지 못하다. 그래서 밤새 잠 못 이루고, 새벽이면 눈을 떠 온갖 염려를 하며, 만백성[元元=黎首]들을 잊지 않고 있다. 다만 옛 제왕들의 빼어난 다움에 누를 끼치게 될까봐 부끄러울 뿐이다. 그리하여 뛰어나고 훌륭하며 반듯하고 바른 인재[賢良方正]들을 나란히 들어 써서[竝擧] 백성들을 제 몸처럼 다스리도록 한 지 여러 해가 지났지만 지금까지도 [歷載臻玆] 아직 교화(敎化)가 제대로 이뤄지지 못하고 있다. 전(傳)에 이르

---

20 실권이 있는 유사와 관계된 일이라도 꺼리지 말고 다 말해달라는 뜻이다.

21 연못 안에 대나무 장비를 설치해 새들을 기르는 곳이다.

기를 효도와 공순[孝弟]은 아마도 어짊을 행하는 근본[爲仁之本]일 것이라 했다.[22] 이에 군국(郡國)에 명해 효제(孝弟)[23]가 있는 자와 의로움을 행한다는 평판이 있는 자를 향리마다 각 한 명씩 천거해 올리도록 하라."

12월에 처음로 정위평(廷尉平) 네 명을 두었는데 질(秩)은 600석이었다. 문산군(文山郡)을 혁파해 촉군(蜀郡)에 합병시켰다.

4년 봄 2월 외할아버지를 봉해 박평군(博平君)으로 삼고 옛 찬후(酇侯) 소하(蕭何)의 증손[24] 건세(建世)를 후(侯)로 삼았다. 조하여 말했다.

"효도로 백성을 인도하면 천하는 순조로워진다[順]. 그런데 지금 백성들은 혹여 상복[衰=縗=綾絰]을 입어야 하는 흉한 재앙을 만났는데도 관리들이 요역(繇役=徭役)을 시키는 바람에 제대로 장례를 치르지 못해 효자들의 마음을 상하게 하고 있으니 짐은 이를 깊이 마음 아파한다. 지금부터는 조부모와 부모의 상을 당한 사람들에게는 절대 요역을 시키지 말고 시신을 잘 거둬 장례를 잘 치르게 함으로써[送終] 자식된 도리를 다 하게 하라."

여름 5월에 조하여 말했다.

"부모와 자식의 제 몸과 같이 여김[親], 부부의 도리는 하늘과도 같은 본성[天性]이다. 그래서 비록 재앙이 있더라도 오히려 죽음을 무릅쓰고[蒙

---

22 『논어(論語)』「학이(學而)」편에 나오는 말이다.

23 이때는 효도와 공순, 그리고 힘써 농사를 짓는 자[力田]까지 다 포함해서 하는 말이다.

24 일본의 『한서(漢書)』 번역자 오다케 다케오(小竹武夫)는 역주에서 "현손(玄孫)의 오기인 듯하다"고 말했다.

=冒] 그것을 지켜야 한다. 진실로 마음에서 사랑하고 뭉치는 바[愛結]는 어질고 두터움[仁厚]이 지극한 것인데 어찌 그것을 어길 수 있겠는가? 지금부터는 아들이 부모의 죄를 숨겨주고, 지어미가 지아비의 죄를 숨겨주고, 손자가 조부모의 죄를 숨겨준 것은 다 죄로 다스리지 말라. 그리고 부모가 자식을 숨겨주고, 지아비가 지어미를 숨겨주고, 조부모가 손자를 숨겨준 것은 사형에 해당하는 죄의 경우 다 위로 정위(廷尉)에게 청을 올려 보고하도록 하라."

광천혜왕(廣川惠王) 손자 문(文)을 세워 광천왕으로 삼았다.

가을 7월에 대사마 곽우(霍禹)가 반란을 모의했다. 조하여 말했다.

"예전에 동직실(東織室) 영사(令史)〔○ 응소(應劭)가 말했다. "옛날에는 동서 직실이 있어 교제사와 사당 제사에 필요한 옷을 짓고 수를 놓았다. 영사는 이를 주관하는 관리다."〕장사(張赦)가 위군(魏郡)의 토호 이경(李竟)을 통해 관양후(冠陽侯) 곽운(郭雲)이 대역모의를 한다고 보고했으나 짐은 대장군 곽광의 연고 때문에 보고를 묵살하고 사건을 묻어버린 채 그들이 스스로 새롭게 바뀌기[自新]를 기대했다. 그런데 지금 대사마 박륙후 곽우와 그 어미인 선성후부인(宣成侯夫人) 현(顯), 사촌형제 관양후 곽운, 낙평후 곽산(霍山), 여러 자매와 그 남편들인 도요장군 범명우, 장신소부(長信少府) 등광한(鄧廣漢), 중랑장 임승(任勝), 기도위 조평(趙平), 장안의 남자 풍은(馮殷) 등이 모의해 대역을 행하려 했다. 현(顯)은 전에 또 여시의(女侍醫) 순우연(淳于衍)을 시켜 약을 올리게 해 공애후(共哀侯-허광한의 딸)를 시해했고[殺=弑], 태자를 독살하려고 모의해 종묘를 위험에 빠뜨리려 했다. 역란(逆亂)은 뜻을 이루지 못해 모두 그 죄를 털어놓았다. 곽씨들로 인해 잘못에 끌려들어갔다가 발각되지 않은 채 관리에 있는 자들은 모두 사면해 죄를 묻지 말도록 하라."

8월 기유일(己酉日)에 황후 곽씨(霍氏)를 폐했다.

9월에 조하여 말했다.

"짐은 백성들이 생업을 잃어[失職=失常業] 살림이 넉넉하지 못한 것[不贍=不足]을 걱정해 사자(使者)를 보내 군국(郡國)을 순행케 해 백성들이 힘들어하고 고통받는 바를 묻도록 했다. 관리들이 간혹 사사로이 잡다한 문제들을 일으키면서도 그 허물을 돌아보지 않으니 짐은 심히 마음 아프게 여긴다[閔=憫]. 올해는 군국이 자못 수재를 당해 이미 진대(賑貸)를 실시했다. 소금은 백성들에게 꼭 필요한 음식인데 값이 크게 올라 많은 백성들[衆庶]이 거듭 고통을 당하고 있다. 이에[其=於是] 천하의 소금값을 내리도록 하라[減=減]."

또 말했다.

"옛 황제의 첫 번째 법령[令甲]〔○ 여순(如淳)이 말했다. "명령에는 선후가 있어 영갑(令甲), 영을(令乙), 영병(令丙) 식으로 불렀다." 사고(師古)가 말했다. "이는 마치 지금의 제1편, 제2편 하는 식과 같다."〕에 이르기를 사형에 처한 자는 되살릴 수 없고, 형벌을 받는 자는 생장(生長)할 수가 없다[死者不可生 刑者不可息]고 했다. 이는 이전 황제(-소제)께서 중하게 여기셨던 것인데 관리들은 그것을 미처 따라 하지[稱=副] 못했다. 그리하여 지금 죄수들[繫者]이 매질을 당하거나 옥중에서 굶거나 추위에 병들어 죽어나가니 어찌 (관리들이) 마음 쓰는 바가 사람의 도리를 거스를 수 있단 말인가! 짐은 이를 심히 가슴 아프게 생각한다. 이에 군국에 명을 내려 해마다 죄수들 중에 매질로 죽거나 병들어 죽는 사람은 그 사람의 죄목과 더불어 관련된 현(縣), 벼슬, 동네 이름을 적어 올리게 하고 승상과 어사는 고과를 매겨[課] 그 전최(殿最=포폄(褒貶))[25]를 보고하도록 하라."
과

12월에 청하왕(淸河王) 연(年)이 죄가 있어 폐해 방릉(房陵)으로 옮겼다.

원강(元康) 원년(元年)(기원전 65년) 봄에 두(杜-현)의 동쪽 평원에 초릉(初陵)을 조성하고서 두현의 이름을 두릉(杜陵)으로 고쳤다. 승상, 장군, 열후, 2,000석 관리, 재산이 100만 전 이상인 자를 두릉으로 이주시켰다.

3월에 조하여 말했다.

"얼마 전에[乃者] 봉황이 태산현과 진류현(陳留縣)에 모여들었고 감로
내자
(甘露)가 미앙궁에 내렸다. 짐은 아직 선제(先帝)의 아름다운 공렬(功烈)을 밝혀[章=明] 백성들을 화합시켜 안녕케 하고, 하늘을 이어받고 땅에
장 명
고분고분해 사시(四時)를 차례에 맞게 제대로 조절하지를 못했다. 그런데 아름다운 상서로움[嘉瑞]을 입어 이 큰 하늘의 복을 받게 돼 아침 일
가서
찍부터 저녁 늦게까지 전전긍긍하며[兢兢], 교만한 안색을 띠지 않고 안으
긍긍
로 성찰해 조금도 게으름이 없이 장구한 계책만을 생각하는데도 적중함이 없도다[罔極=無中].『서경(書經)』에 이르지 않았던가? '봉황이 와서 춤
망극 무중
을 추니 백관들이 진실로 화합하는구나〔○ 사고(師古)가 말했다. "「우서(虞書)」 '익직(益稷)' 편에 나오는 구절이다."〕!' 이에 천하의 죄수들을 사면하고 업무에 부지런한 중(中) 2,000석 관리 이하 600석까지의 관리에게는 중

---

25 관리의 성과를 평가해 제일 좋은 것을 최(最)라 했고, 제일 낮은 것을 전(殿)이라 했다.

경(中更)에서 오대부[26]에 이르는 작(爵)을 내려주고, 좌사(佐史) 이상에게는 2급, 백성에게는 2급을 더해주고, 여자들에게는 100호당 소고기와 술을 내려주도록 하라. 환과고독과 삼로(三老), 효제(孝弟)와 농사일에 힘쓴 역전(力田)에게는 비단을 더 내려주라. 베풀어 빌려줬던 곡식들[振貸]은 회수하지 말도록 하라."

여름 5월에 황고(皇考-황제의 아버지)의 사당을 세웠다. 봉명원(奉明園) 〔○ 사고(師古)가 말했다. "봉명원은 곧 황고인 사황손(史皇孫)이 묻힌 곳인데, 본래 이름은 광명(廣明)이었다가 뒤에 추존해 고친 것이다."〕의 읍호를 늘려 봉명현으로 했다. 고황제의 공신인 강후 주발(周勃) 등 136개 집안의 자손을 복권시켜[復] 영을 내려 공신인 선조들의 제사를 받들도록 하고 대대로 끊어지지 않도록 했다.[27] 뒤를 잇는 사람이 없을 경우 그다음 서열의 사람이 잇도록 했다.

가을 8월에 조하여 말했다.

"짐이 육예(六藝)[28]에 밝지 못하고 큰 도리에 어두우니[鬱=不通], 이로 인해 음양(陰陽)과 풍우(風雨)가 때를 잃었다[未時]. 그래서 널리 관리와 백성들[吏民] 중에서 그 몸을 바로 닦고, 경학에 능통하며, 옛 뛰어난 임금들의 도리에 밝아 그 뜻을 끝까지 파고든[究=盡] 사람을 (승상과 어사대부

---

26 중경은 제13작(爵)이고 오대부는 제9작이다.

27 작위가 끊어졌던 집안의 작(爵)을 회복시켜주었다는 뜻이다.

28 일반적으로는 예(禮)·악(樂)·사(射)·어(御)·서(書)·수(數) 등 6종류의 기예를 가리키는데 예는 예용(禮容), 악은 음악, 사는 궁술(弓術), 어는 마술(馬術), 서는 서도(書道), 수는 수학(數學)이다. 그런데 여기서는 일반적 의미의 학식을 뜻한다.

는) 각각 두 명씩 천거하고,[29] 중(中) 2,000석 관리들은 각각 한 명씩 천거토록 하라."[30]

겨울에 건장궁에 위위(衛尉)를 두었다.

2년 봄 정월에 조하여 말했다.

"『서경(書經)』에 이르기를 '문왕께서 만드신 형벌을 행하되 이들을 용서해서는 안 된다〔○ 사고(師古)가 말했다. "「주서(周書)」 '강고(康誥)' 편에 나오는 말이다."〕'라고 했지만 지금 관리들은 몸을 닦고 법을 받듦에 있어 아직 제대로 짐의 뜻에 부응하지[稱=副] 못하니 짐은 심히 민망하게 생각한다. 이에 천하를 사면해 사대부들과 함께 온 힘을 다해 모든 것을 다시 시작하도록 하라[更始]."

2월 을축일(乙丑日)에 황후 왕씨(王氏)〔○ 사고(師古)가 말했다. "왕봉광(王奉光, ?~기원전 47년)[31]의 딸이다."〕를 세웠다. 승상 이하 낭종관(郎從官)에 이르기까지 돈과 비단을 각각 차등 있게 내려주었다.

3월에 봉황이 모여들고 감로가 내린 일로 해 천하의 관리들에게 작(爵) 2급, 백성들에게 1급을 내려주었고, 여자들에게는 100호당 소고기와 술을

---

29 이 조서는 원래 승상과 어사대부에게 내린 것이다. 그래서 조서 중에 그들에게는 각각 두 명씩을 천거하라는 대목이 나온 것이다

30 이에 대해 진덕수(眞德秀)는 『문장정종(文章正宗)』에서 다음과 같이 평가했다. "가만히 살펴보니 선제의 이 조서는 사안의 본질을 가장 잘 알고 있는 내용이다. 그러나 당시에 능히 그런 사람들을 천거해 상의 뜻에 부응했다[副]는 것을 들어보지 못했으니 애석할 뿐이다."

31 전한 장릉(長陵) 사람으로 조상이 고조(高祖) 때 관내후(關內侯)였다. 어린 나이 때 닭싸움을 좋아해서 선제(宣帝)와 민간에서 서로 알고 지냈다. 딸이 선제의 후(后)가 됐다. 원강(元康) 2년 (기원전 64년) 공성후(邛城侯)에 봉해졌다.

내려주었으며, 환과고독과 나이가 많은 사람들에게는 비단을 내려주었다.

여름 5월에 조하여 말했다.

"감옥이란 백성들의 생명과 관계되는 것이니, 사나운 짓을 금하고 사악한 짓을 막아 많은 백성들을 길러주기 때문이다. 능히 산 사람은 원망하지 않도록 하고, 죽은 사람은 한을 품지 않도록 할 수 있다면, 그런 관리를 문리(文吏-법조문을 잘 다루는 관리)라 할 수 있다. 지금은 그렇지가 않다. 법률을 쓰면서[用法]_{용법} 혹 교묘한 마음[巧心]_{교심}을 품어, 법률을 잘게 쪼개[析=分]_{석분} 두 끝을 만든 다음 무겁거나 가볍게 해 공평성을 잃으니[不平]_{불평}, 사연을 늘리고 잘못을 꾸며서[增辭飾非]_{증사식비} 죄를 만들어내고 있다. 상주하는 바가 실상과 같지 않으니 위(-황제 자신)에서도 그 말미암은 바를 알 길이 없다. 이처럼 짐이 밝지가 못하고 관리들은 짐의 뜻에 부응하지 않으니[不稱=不副]_{불칭불부} 사방의 저 백성들은 장차 어디를 믿고 따를[仰]_앙 것인가?

2,000석 관리들은 각각 관속들을 잘 살펴 이런 자들을 써서는 안 될 것이다. 관리는 법률을 공평하게 행사하는 데 힘써야 한다. 그런데 관리가 혹 멋대로 요역을 일으켜 (관가의) 주방과 전사(傳舍-관청)에 거짓으로 꾸며 지나가는 사자와 손님[使客]_{사객}이라고 핑계대어, 직책과 법을 뛰어넘어 명예를 취하는 경우가 있다. 이는 비유하자면 얇은 얼음을 밟고 서서 밝은 해를 기다리는 것과 같으니 어찌 위태롭지[殆=危]_{태위} 않겠는가? 지금 천하는 자못 전염병의 피해를 입어 짐은 아주 가슴 아파하고 있으니 당장 명을 내려 군국 가운데 피해를 심하게 입은 곳은 올해의 조부(租賦)를 내지 않도록 하라."

또 조하여 말했다.

"듣건대 옛날에는 천자의 이름은 그 글자가 어려워 피휘하기가 쉬웠다고 한다. (그런데) 지금 백성들은 글을 올리면서 짐의 휘(諱-이름)에 저촉돼 죄를 범하게 되는 자가 많다고 하니 짐은 이를 심히 가련하게 여긴다. 이에 휘를 (병이(病已)에서) 순(詢)으로 고치도록 하라. 휘에 저촉된 죄가 영(令)〔○ 사고(師古)가 말했다. "영이란 지금의 이 조서(詔書)를 말한다."〕이 내려지기 전인 경우에는 그들을 용서하라."

겨울에 경조윤 조광한(趙廣漢)이 죄가 있어 요참형에 처했다.

3년 봄에 신작(神雀-신령스러운 새)이 여러 차례 태산에 모여든 일을 계기로 제후와 왕, 승상, 장군, 열후, 2,000석 관리에게 금을 내려주고, 낭종관에게는 비단을 내려주었는데 각각 차등 있게 했다. 천하의 관리들에게 작(爵) 2급, 백성들에게 작 1급을 내려주었고, 여자들에게는 100호당 소고기와 술을 내려주었으며, 환과고독과 나이가 많은 사람들에게는 비단을 내려주었다.

3월에 조하여 말했다.

"대개 듣건대 상(象-순임금의 동생)은 죄가 있었는데도 순(舜)임금은 그를 봉(封)해주었으니〔○ 응소(應劭)가 말했다. "상은 순을 죽이려 했었는데 순은 천자가 되자 오히려 그를 유비(有鼻)의 나라에 봉해주었다."〕 골육의 제 몸과 같이 여김[親]은 훤하면서도 면면히 이어졌다[粲而不殊]〔○ 사고(師古)가 말했다. "찬(粲)은 밝다[明]이고 수(殊)는 끊어짐[絶]이니 어짊을 밝게 알리면서도 은혜를 끊지 않았다는 말이다."〕. 세상을 떠난 저 창읍왕(昌邑王) 하(賀)³²를 봉해 해혼후(海昏侯)로 삼도록 하라."

또 말했다.

"짐이 보잘것없던[微眇]미묘 때 어사대부 병길, 중랑장 사증(史曾)과 사현(史玄), 장락위위(長樂衛尉-장락궁 위위) 허순(許舜), 시중 광록대부 허연수(許延壽)는 모두 짐에게 구은(舊恩)이 있다. 또 옛 액정령 장하(張賀)는 짐의 몸을 돕고 이끌어 문학과 경술(經術)을 닦게 했으니 은혜가 탁이(卓異)하고 그 공로는 크다. 『시경(詩經)』에 이르지 않았던가? '은덕을 입으면 보답하지 않는 바가 없나니[無德不報]무덕 불보〔○ 사고(師古)가 말했다. "「대아(大雅)」 '억(抑)' 편에 나오는 구절이다. 다른 사람의 은덕을 받았을 때는 반드시 보답함이 있다는 말이다."〕.' 하의 양자이자 동생의 아들인 시중 중랑장 팽조(彭祖)를 양도후(陽都侯)로 삼고〔○ 여순(如淳)이 말했다. "하(賀)는 장안세의 형인데 아들 하나가 있었으나 일찍 죽자 안세의 아들 팽조를 양자로 삼았다."〕 하에게는 시호를 추사(追賜)해 양도애후(陽都哀侯)로 삼는다. 길, 증, 현, 순, 연수는 모두 열후로 삼는다. 예전에 알던 이들 중에서 밑으로 군저의 옥에 있던 복작된 죄수들이〔○ 사고(師古)가 말했다. "호조와 조징경의 무리를 말한다."〕 일찍이 짐을 길러준 공이 있으니 모두에게 관록(官祿)과 전택, 그리고 재물을 내려주어 그 은혜가 깊고 낮음에 따라 보답하도록 하라."

여름 6월에 조하여 말했다.

---

32 창읍왕은 한(漢)나라 유하(劉賀)의 봉호(封號)다. 무제(武帝)의 손자로 소제(昭帝)의 뒤를 이어 즉위했으나 향연과 음란을 일삼다가 곽광(霍光)에 의해 즉위한 지 27일 만에 폐위됐다.

"지난해 여름 신작(神爵)³³이 옹(雍)에 모여들었고〔○ 진작(晉灼)이 말했다. "『한주(漢注)』에 따르면 신작은 크기가 메추라기만 한데, 부리는 노랗고, 머리는 하얗고, 등은 까맣고, 배에는 반점 무늬가 있다."〕올봄에는 오색조 1만 마리가 여러 차례 속현(屬縣)〔○ 사고(師古)가 말했다. "삼보(三輔)의 여러 현들을 가리킨다."〕을 지나 날아갔는데, 높이 치솟으며 춤을 추었고 모여 있으면서 아래로 내려오려 하지 않았다. 이에 삼보에 영을 내려 봄과 여름에는 둥지를 채집해 알을 찾거나 날고 있는 새를 돌이나 화살로 맞추는[彈射]_{탄사} 일을 하지 못하도록 하고 구체적으로 지시를 내리도록 하라."

황자 흠(欽)을 세워 회양왕(淮陽王)으로 삼았다.

4년 봄 정월에 조하여 말했다.

"짐이 생각건대 노인이 되면 머리카락과 이도 빠지고 혈기가 쇠하듯이 거칠고 사나운 마음도 없어진다. 지금 간혹 법률에 걸려 감옥에서 천명을 제대로 마치지 못하는 노인들이 있으니, 짐은 이를 심히 가련하게 여긴다. 지금부터 앞으로 계속 나이가 80세 이상인 사람은 무고죄나 살인죄 혹은 상해죄가 아닌 다른 범죄에 대해서는 모두 죄를 묻지 말도록 하라[勿坐=_{물좌} 不論]_{불론}."

대중대부 강(彊-이강) 등 20명을 보내 천하를 순행(循行)하면서 환과(鰥寡)를 위문하고, 풍속을 살피며, 관리의 다스림의 득실을 규찰하고, 뛰어난 재주나 탁월한 행실[茂材異倫]_{무재 이륜}이 있는 선비들을 천거하게 했다.

---

33 원문에 앞서는 신작(神雀)이라 했고 여기서부터는 신작(神爵)이라 돼 있다.

2월에 하동군의 곽징사(霍徵史) 등이 반란을 모의했다가 주살됐다.

3월에 조하여 말했다.

"얼마 전 신작과 오색조 1만 마리가 여러 차례 장락궁, 미앙궁, 북궁, 고침(高寢),³⁴ 감천의 태치에 있는 전중(殿中), 그리고 상림원에 모여들었다. 짐은 다움이 다 닿지 않아[不逮] 두터운 다움이 모자라기 때문에 여러 차례 아름다운 상서로움이 찾아오는 것은 짐이 떠맡을 바[任]가 아니다. 이에 천하의 관리들에게 작(爵) 2급, 백성들에게 작 1급을 내려주고, 여자들에게는 100호당 소고기와 술을 내려주라. 더해 삼로와 효제와 역전에게는 사람마다 비단 2필씩을 내려주고 환과고독에게 비단 1필씩을 내려주도록 하라."

가을 8월에 옛 우풍부 윤옹귀(尹翁歸)의 아들에게 황금 100근을 내려줘 아버지의 제사를 받들도록 했다. 또 공신의 직계[適=嫡] 후손에게는 사람마다 황금 20근씩을 내려주었다. 병인일(丙寅日)에 대사마 위장군 안세(安世-장안세)가 훙했다. 해를 이어[比年=頻年] 풍년이 들어 곡물가가 1석에 5전이었다.

신작(神爵) 원년(元年)(기원전 61년) 봄 정월에 감천으로 행차에 태치에서 교제사를 지냈다. 3월에 하동군으로 행차해 후토신에게 제사를 지냈다. 조하여 말했다.

"짐은 종묘를 이어받아 전전긍긍하며 만 가지 일의 실마리[統=緖]를 생

---

34 고조의 사당에 있는 앞의 건물을 묘(廟), 뒤에 있는 건물을 침(寢)이라 한다.

각하고 있지만[惟=思] 아직 그 이치를 밝히지[燭=照] 못하고 있다. 그런데 원강 4년 경사스러운 곡식[嘉穀]인 검은 곡식[玄稷=黑粟]이 군국에 내렸고, 신작이 거듭[仍=頻] 모여들어 금빛 영지[金芝] 아홉 뿌리가 함덕전(函德殿)의 동지(銅池) 가운데서 났으며, 구진군(九眞郡)에서는 기이한 짐승을 바쳤고, 남군(南郡)에서는 백호와 위봉(威鳳)새를 잡아 보배로 삼았다. 짐은 밝지가 못해 이런 진귀한 물건들에 감동하고서, 이 몸에 대한 징계로 삼아 혼신의 힘을 다해 재계했고, 백성을 위해 기도하고 있다. 동쪽의 대하(大河)를 건넜더니 하늘의 기운이 맑고 고요해 신령스러운 물고기들이 강에서 춤을 췄다. 만세궁(萬歲宮)[35]에 행차하자 신작이 비상에 모여들었다. 짐은 임금답지 못함으로 해서 늘 이 자리를 맡을 수 없을 것 같아 두려워하고 있다. 그래서 원강 5년을 신작 원년으로 삼은 것이다. 천하의 부지런하게 직무에 임하는 관리들에게 작(爵) 2급, 백성들에게 작 1급을 내려주고, 여자들에게는 100호당 소고기와 술을 내려주며, 환과고독과 나이가 많은 사람들에게 비단을 내려주라. 진대해주었던 것들을 거둬들이지 말도록 하라. 행차가 지나온 곳에는 전조(田租)를 내지 말도록 하라."

서강(西羌)이 반란을 일으켜 삼보와 중도관에 있던 죄수들의 형벌을 없애[弛=廢] 나아가게 하고, 또 모집에 응한 차비(伙飛)[36]의 무사, 우림(羽林) 고아,[37] 오랑캐와 월나라의 기병, 삼하(三河)·영천(潁川)·패군(沛郡)·회

---

35 분음(汾陰)에 있다.
36 원래는 춘추시대에 몸이 가볍고 날랜 무사를 뜻한다.
37 전사자의 아들로 군사훈련을 받은 사람을 말한다.

양(淮陽)·여남(汝南)의 재관(材官), 금성(金城)·농서(隴西)·천수(天水)·안정(安定)·북지(北地)·상군(上郡)의 기사, 강족의 기병 등을 보내 금성에 이르렀다[詣=至].

여름 4월에 후장군 조충국(趙充國), 강노(彊弩)장군 허연수(許延壽)를 보내 서강을 쳤다.

6월에 동방에 혜성이 나타났다. 나아가[卽=就] 주천(酒泉-군)태수 신무현(辛武賢)을 제배해〔○ 사고(師古)가 말했다. "나아갔다는 것은 (상이 직접) 배천으로 가서 제배했고 그를 장안에 불러들이지 않았다는 말이다."〕파강(破羌)장군으로 삼고 두 장군과 함께 진격하게 했다. 조하여 말했다. "군사들은 비바람에 다 노출되고 군수물자를 운송하는 일은 고역스럽다. 이에 영을 내려 제후와 왕, 열후, 야만족의 왕과 후, 군장들 중에서 신작 2년에 조현했던 자는 모두 정월에는 조현하지 말도록 하라."

가을에 옛 대사농 주읍(朱邑)의 아들에게 황금 100근을 하사해 제사를 받들도록 했다. 후장군 충국이 둔전의 계책을 말했는데, 상세한 이야기는 「조충국전(趙充國傳)」에 실려 있다.

2년 봄 2월에 조하여 말했다.

"얼마 전 정월 을축일(乙丑日)에 경사에 봉황이 모여들고 감로가 내렸으며 그 뒤를 이어 새의 무리 1만여 마리가 여러 차례 하늘을 날았다. 짐은 임금답지 못하건만 여러 차례 하늘의 복을 얻어 삼가 일에 임해[祇事=敬事] 게으름을 멀리하고 있다. 이에 천하를 사면하노라."

여름 5월에 강(羌)의 오랑캐가 항복해 그 (반란의) 주창자이자 수괴

[大豪]인 양옥(楊玉)과 추비(酋非)의 목을 벴다.[38] 금성군에 속국을 두어 항복한 강족 사람들을 살게 했다.

가을에 흉노의 일축왕(日逐王) 선현탄(先賢撣)[39]이 무리 1만여 명을 이끌고 와서 항복했다. 도호(都護)서역 기도위 정일(鄭吉)[40]을 시켜 일축을 맞이하게 하고, 차사(車師-지금의 투루판 지역)를 깨뜨려 모두 열후에 봉했다.

9월에 사예교위 개관요(蓋寬饒)[41]가 죄가 있어 유사에 내리니 자살했다. 흉노 선우가 명왕(名王)[42]을 보내 공물을 바치고 (이듬해의) 정월을 하례하면서 비로소 화친(和親)하게 됐다.

3년 봄에 낙유원(樂游苑)〔○ 사고(師古)가 말했다. "『삼보황도(三輔黃圖)』

---

38 원문 酋非首(추비수)의 풀이를 두고 여러 견해가 있는데 사고(師古)의 견해를 따랐다.

39 선현전으로 읽어도 된다. 선현선으로 읽기도 한다. 사고(師古)는 정씨(鄭氏)가 말한 "撣의 소리는 전속(纏束)의 전(纏)이다"는 것이 옳다고 했다. 그러나 현재 우리가 쓰는 음에 따라 탄으로 읽었다.

40 그후에 서역 남북 2도를 통솔하는 안원후(安遠侯)가 됐다. 안원이란 먼 곳을 안정시켰다는 뜻이다.

41 성격이 강직하고 청렴했다. 선제(宣帝) 때 명경(明經)과 효렴(孝廉)으로 천거돼 태중대부(太中大夫)와 사예교위(司隸校尉) 등을 지냈다. 형법을 함부로 사용하지 말 것과 환관을 관직에 임명하지 말 것, 유술(儒術)에 힘쓸 것을 주장했다. 공경(公卿)과 귀척(貴戚)들의 죄상을 몰래 조사해 검거하자 모두 두려워해 감히 법을 어기지 못했다고 한다. 그러나 사람들이 재난에 빠지는 것을 너무 좋아했고, 강직하기가 지나쳐 꾸짖기를 좋아해 선제의 뜻조차 거스르게 됐다. 황제에게 선양(禪讓)을 부추긴다는 모함을 듣고 투옥되자 자살했다. 처음 맹희(孟喜)에게 맹씨역학(孟氏易學)을 배운 뒤 한생(韓生)에게 다시 한씨역학(韓氏易學)을 배웠다. 합관요(盍寬饒)라고 읽기도 한다.

42 흉노의 제왕(諸王) 중에서 소왕(小王)보다 신분이 높은 귀족을 가리킨다.

에 따르면 두릉(杜陵)의 서북쪽에 있었다. 또 『관중기(關中記)』에 따르면 선제가 곡지(曲池) 북쪽에 사당을 세우고 낙유(樂游)라 이름했다고 한다. 아마도 원래는 정원[苑]이었다가 뒤에 여기에 사당[廟]을 세운 듯하다."}을 조성했다.

3월 병오일(丙午日)에 승상 상(相)〔○ 사고(師古)가 말했다. "위상(魏相)[43]이다."〕이 훙했다.

가을 8월에 조하여 말했다.

"관리가 청렴과 공정함[廉平]이 없으면 다스리는 도리는 약해진다. 지금 하급 관리[小吏]들이 다 부지런히 일을 하고 있지만 봉록이 엷어 백성들을 침탈하지[侵漁] 않으려 해도 어렵다. 그러니 100석 이하 관리에게는 10말[斛]당 5되를 더 주도록 하라."

4년 봄 2월에 조하여 말했다.

"근래에[乃者] 경사에 봉황이 모여들고 감로가 내려 아름다운 상서로움이 나란히 나타났다. (그래서) 태일신, 오제, 후토의 사당을 손질해 백성들

---

43 젊어서 『주역(周易)』을 배우고 군졸사(郡卒史)가 됐다. 소제(昭帝) 때 현량(賢良)으로 천거돼 대책(對策)이 좋은 평가를 받아 무릉령(茂陵令)이 됐는데 잘 다스렸다. 나중에 하남태수(河南太守)로 옮기자 지방의 호족들이 두려워했다. 선제(宣帝)가 즉위하자 대사농에 임명되고 어사대부로 옮겼다. 대장군 곽광(霍光)이 죽자 그의 아들 곽우(霍禹)가 대장군이 되고 형의 아들 곽산(霍山)이 영상서사(領尙書事)가 돼 권력이 집중되면서 횡포를 부렸다. 이에 그가 곽씨의 권한을 약화시킬 것을 건의하니 황제가 좋게 여겼다. 지절(地節) 3년(기원전 67년) 위현(韋賢)을 대신해 승상이 되고 고평후(高平侯)에 봉해졌다. 일찍이 선제가 경솔하게 출병해 흉노(匈奴)를 공격했다고 충고했다. 또 한나라가 흥성한 이래 국가에 유익한 행사와 명신들이 말한 바를 조리 있게 아뢰어 선조(先朝)를 본받을 것을 건의했다. 대개 이런 건의는 받아들여졌다. 음양(陰陽)을 모든 일의 근본이라 생각했으며, 정치도 음양에 따라 해야 한다고 주장했다.

이 지복(祉福)을 입게 해달라고 기도하고 있다. 수없이 많은 난봉(鸞鳳)이 비상(飛翔)해 도성을 비롯한 그 주변 일대를 내려다보았다. 재계하고서 제사를 올리던 날 해가 저물 무렵 신령스러운 빛[神光]이 훤하게 비추었다. (또) 향기 나는 술[鬯=鬱鬯=香酒]을 올리던 저녁 무렵에는 그 빛들이 서로 뒤엉켰다. 어떤 때는 하늘에서 내려왔고, 어떤 때는 땅에서 올라갔으며, 사방으로 돌아다니다가 제단으로 모여들었다. 아마 상제께서 즐거이 흠향하시고 해내(海內)에 복을 내려주셨으리라. 이에 천하를 사면하고, 백성들에게 1급을 내려주며, 여자들에게는 100호당 소고기와 술을 내려주고 환과 고독과 나이가 많은 사람들에게는 비단을 내려주라."

여름 4월에 영천(潁川)태수 황패(黃霸)가 다스림과 행실[治行]이 출중해[尤異] 중(中) 2,000석〔○ 사고(師古)가 말했다. "한나라 제도에서 작질 2,000석이란 1년에 1,440석을 받았으니 실제로는 2,000석이 되지 않았다. 또 중(中) 2,000석이란 1년에 2,160석을 받았으니 말 그대로 2,000석이 된다. 그래서 중(中) 2,000석이라 한 것이다. 이때 중(中)이란 찼다[滿]는 뜻이다."〕의 녹질(祿秩)로 해 관내후의 작(爵)을 내려주고 황금 100근을 내려주었다. 또 영천군의 관리와 백성들 중에서 행실에 의로움이 있는 자[行義者]에게도 사람마다 작 2급을 내려주었고, 농사에 힘쓴 자[力田]에게는 1급을 내려주었으며, 곧은 여인과 효녀[貞婦順女]에게는 비단을 내려주었다. 내군국에 영을 내려 현량(賢良)해 백성들을 제 몸처럼 여길[親民] 수 있는 자 각 1명을 천거하도록 했다.

5월에 흉노의 선우가 동생인 호류약왕(呼留若王) 승지(勝之)를 보내 조현했다[來朝].

겨울 10월에 봉황 11마리[羽]가 두릉에 모여들었다.

11월에 하남태수 엄연년(嚴延年)⁴⁴이 죄가 있어 기시했다.

12월에 봉황이 상림원에 모여들었다.

오봉(五鳳)〔○ 응소(應劭)가 말했다. "예전에 봉황 5마리가 날아왔기에 그 때문에 원년을 고쳤다[改元].〕 원년(元年)(기원전 57년) 봄 정월에 감천에 행차해 태치에서 교제사를 지냈다. 황태자가 관례를 행했다[冠]. 황태후가 승상, 장군, 열후, 중(中) 2,000석 관리들에게 사람마다 비단 100필씩을, 대부들에게는 사람마다 80필씩을 내려주었다. 또 열후의 사자(嗣子)에게는 작(爵) 오대부를, 남자로서 아버지의 뒤를 이은 자에게는 작 1급을 내려주었다.

여름에 두릉 조성에 동원됐던 죄수들을 사면했다.

겨울 12월 을유일(乙酉日) 초하루에 일식이 있었다. 좌풍익 한연수(韓延壽)가 죄가 있어 기시했다.⁴⁵

---

44 엄팽조(嚴彭祖)의 형이다. 젊어서 법률을 공부했고 명제(明帝) 때 군리(郡吏)가 됐다. 선제(宣帝) 때 시어사(侍御史)로 승진했다. 곽광(霍光)이 창읍왕(昌邑王)을 폐하고 선제를 옹립했는데 이때 곽광이 황제의 폐립을 마음대로 한다면서 탄핵했다. 주청은 시행되지 않았지만 조정의 대신들이 놀라며 경탄했다. 신작(神爵) 연간에 탁군태수(涿郡太守)가 돼 막강한 토호세력 서고씨(西高氏)와 동고씨(東高氏)를 주륙했다. 하남태수(河南太守)로 옮겨서도 억강부약(抑強扶弱, 강한 사람은 누르고 약한 사람은 부축함)하는 치적은 볼 만했지만 성질이 너무 잔인해서 죄인들을 참혹하게 다뤄 한겨울이면 처형한 죄수들의 피가 몇 리를 흘러내렸다고 한다. 결국 원망을 사고 처형을 당해 시장에 버려졌다.

45 이때 어사대부 소망지(蕭望之)는 한연수가 그 직전에 동군태수로 있을 때 공금을 횡령한 사실을 적발했다. 소망지는 이를 문초하려 했으나 도리어 한연수는 소망지가 좌풍익으로 있던 시

2년 봄 3월에 옹(雍)에 행차해 오치에서 제사를 지냈다.

여름 4월 기축일(己丑日)에 대사마 거기장군 증(增)〔○ 사고(師古)가 말했다. "한증(韓增)이다."〕이 훙했다.

가을 8월에 조하여 말했다.

"무릇 혼인의 예는 인류의 큰 일[大者=大事]이니, 이때 술과 음식을 함께하는 것은 예와 악을 행하기 위함이다. (그런데) 지금 군과 국의 2,000석 관리들은 혹 자기들 마음대로 해[擅] 이를 가혹하게 금지하니, 백성들이 시집가고 장가가면서[嫁娶] 술과 음식을 갖춰 서로 축하할 수가 없게 됐다. 이로 인해 시골 마을[鄕黨]의 예가 폐기되고 백성들은 즐거움을 잃어버렸으니, 이는 백성들을 (올바르게) 이끄는 방법이 아니다. 『시경(詩經)』에 이르지 않았던가? '백성들이 백성다움을 잃게 되는 것은 소홀한 음식 대접이 빚어낸 허물이도다[民之失德 乾餱以愆]!'[46] 가혹한 정사[苛政]를 결코 행하지 않도록 하라."

겨울 11월에 흉노의 호칙루(呼遬累)선우가 무리를 이끌고 왔기에 봉해 열후로 삼았다.

12월에 평통후(平通侯) 운(惲)[47]이 예전에 광록훈으로 있을 때의 죄에

절에 공금을 횡령한 것을 문초했다. 그래서 한연수는 소망지를 탄핵했으나 선제(宣帝)는 이를 의심해 둘 다 문초하게 했다. 그 결과 소망지의 횡령은 사실무근임이 밝혀졌고 한연수는 동군 태수 시절에 거마와 의복을 신분에 맞지 않게 사용한 것이 밝혀졌다. 소망지는 한연수를 탄핵했고, 결국 한연수는 주살됐다.

46 「소아(小雅)」 '벌목(伐木)' 편에 나오는 구절이다.
47 양운(楊惲)이다. 사마천(司馬遷)의 외손으로 『사기(史記)』를 익혀 세상에 널리 전파했다. 선제

연루됐기에 면직시켜 서인으로 삼았다. (그후에도) 잘못을 뉘우치지 않고 원망을 품어 대역부도했기에 요참형에 처했다.

3년 봄 정월 계묘일(癸卯日)에 승상 길(吉)〔○ 사고(師古)가 말했다. "병길(丙吉)이다."〕이 훙했다.

3월에 하동(군)에 행차해 후토신에게 제사를 지냈다. 조하여 말했다. "예전에 흉노가 여러 차례 변경을 침략해 백성들이 그 피해를 다 입었다. 짐은 지존의 자리를 이어받았으나 아직 흉노를 안정시키지[綏定=綏靖] 못했다. 허려권거(虛閭權渠)선우가 화친할 것을 청해왔으나 병으로 죽었다. 우현왕 도기당(屠耆堂)이 그 자리에 들어섰다. 골육인 대신이 허려권거선우의 아들을 세워 호한야(呼韓邪)선우로 삼고서 도기당을 쳐서 죽였다. 이에 여러 왕들이 앞다퉈 자립하자 나뉘어져 다섯 선우가 생겨나 다시 서로 공격하니 죽은 자가 1만을 헤아렸고, 가축은 크게 피해를 입어[耗=損] 십중팔구는 없어졌으며, 인민들은 굶주림에 시달려 서로 불태워가며 먹을 것을 구하니, 이로 인해 큰 괴란(乖亂)이 일어났다. 선우의 후손인 알씨

(宣帝) 때 좌조(左曹)에 임명돼 곽씨(霍氏)들의 음모를 고발해 평통후(平通侯)에 봉해졌고 중랑장(中郎長)이 됐다. 신작(神爵) 원년(기원전 61년) 제리광록훈(諸吏光祿勳)에 올랐다. 관직에 있는 동안 청렴해 재물을 경시하고 의로움을 좋아했다. 그러나 각박하고 남의 나쁜 비밀 등을 들춰내기를 좋아해 사람들의 원한을 많이 샀다. 태복(太僕) 대장락(戴長樂)과 사이가 나빴는데 대장락이 고발당하자 양운이 시킨 것으로 잘못 알아 평소 언어가 불경하다고 상소를 올림으로써 면직당해 서인(庶人)이 됐다. 직위를 잃고 집에서 일하며 집안을 일으켜 그 재산으로 생애를 즐겼다. 친구 손회종(孫會宗)이 편지를 주고받으면서 충고했지만 대답하지 않았다. 편지에 원망하는 내용이 많았는데, 선제가 이것을 읽고 미워한 데다가 참소와 중상모략을 당해 대역무도죄로 요참형을 당했다.

(關氏)의 형제 및 호칙루(呼遫累)선우, 명왕(名王)인 우이질자(右伊秩訾), 차거(且渠), 당호(當戶)〔○ 사고(師古)가 말했다. "이질자, 차거, 당호는 모두 흉노의 관직 이름이다."〕 이하는 무리 5만여 명을 이끌고 와서 항복해 귀의(歸義)했다. 선우는 스스로를 신하라 부르며 동생을 보내 진귀한 보물들을 받들고서 정월의 조하(朝賀)를 했고, 북쪽 변방은 안정되니 전쟁[兵革]은 더 이상 없게 됐다. 짐은 몸을 삼가고[飭=勅] 재계해 상제에게 교제사를 올리고 후토신에게 제사를 올리니, 신령스러운 빛이 나란히 나타나 혹은 계곡에서 빛이 일어났고, 재궁(齋宮-재계하는 곳)을 밝게 비춘 것이 10여 각(刻)[48]이었다. 감로가 내렸고 신작이 모여들었다. 이미 유사에 조하여 이 일을 상제와 종묘에 아뢰도록 했다. 3월 신축일(辛丑日)에 난봉이 또 장락궁의 동궐 안 나무 위에 모여들더니 날아서 내려와 땅에 머물렀는데, 그 문양[文章]은 다섯 가지 색이었으며, 10여 각 동안 머물렀는데 관리와 백성들이 나란히 지켜보았다. 짐이 불민(不敏)해 이 자리를 맡을 수 없는 것 같아 두려워하고 있지만 아름다운 상서로움[嘉瑞]을 여러 차례[婁=屢] 입어 이 큰 하늘의 복[祉福]을 받게 됐다. 『서경(書經)』에 이르지 않았던가? '아름답건 아름답지 않건 삼감으로 일을 함에 있어[祗事=敬事] 게을리하지 말라〔○ 사고(師古)가 말했다. "「주서(周書)」 '여형(呂刑)' 편에 나오는 말로 비록 포상이 아름다워 보이더라도 스스로 자신의 다움이 아름답다 여기지 말고, 마땅히 삼감으로 일을 해 나태해져서는 안 된다는 뜻이다."〕.' 공경 대부들은 이에 힘써야[勗=勉] 할 것이다. 천하의 인두세[口錢]을 줄여주

---

48 각이란 물시계[漏]의 시각으로 밤낮을 100각으로 나눈 것이다.

도록 하라. 사형죄 이하를 사면하라. 백성들에게 작(爵) 1급씩을 내려주고 여자들에게는 100호당 소고기와 술을 내려주라. 닷새 동안 큰 술잔치를 열도록 하라. 환과고독과 나이가 많은 자들에게는 추가로 비단을 내려주도록 하라."

서하(西河)와 북지(北地) 두 군에 속국(屬國)을 두어 흉노의 항복한 자들을 그곳에 살게 해주었다.

4년 봄 정월에 광릉왕 서(胥)가 죄가 있어 자살했다. 흉노의 선우가 스스로를 신하라 부르며 동생 곡려왕(谷蠡王)을 보내 입시하게 했다. 이로써 변방 요새에 적[寇]이 없어졌기 때문에 수자리 병사 10분의 2를 줄였다.

대사농 중승(中丞) 경수창(耿壽昌)이 의견을 내[奏] 상평창(常平倉)[49]을 두어 그것으로 북쪽 변방의 식량을 공급하니 운송비[轉漕]가 줄었다. (경수창에게) 관내후의 작(爵)을 내려주었다.

여름 4월 신축일(辛丑日) 그믐날에 일식이 있었다. 조하여 말했다.

"황천(皇天)이 이변을 보여 짐을 경계하게 했는데, 이는 짐의 다움이 다 닿지 않아[不逮] 관리들이 제대로 짐의 뜻에 부응하지[稱=副] 못한 때문이다. 예전에 사자를 보내 백성들이 고통받고 힘들어 하는 바를 묻도록 한

---

[49] 상평이란 상시평준(常時平準)의 약어이다. 즉, 풍년이 들어 곡가가 떨어지면 국가는 곡물을 사들여서 곡가를 올리고, 흉년이 들어 곡가가 폭등하면 국가는 상평창의 곡물을 풀어서 곡가를 떨어뜨린다. 또는 수확기에 사들여서 단경기(端境期)에 방출하는 방법 등으로 곡가의 부당한 변동을 방지하려는 목적이다. 이 정책의 배후에는 곡가의 변동에 따라 생활을 위협받는 일반 농민을 보호하고, 반대로 그에게서 부당한 이윤을 취하는 상인의 활동을 억제하려고 하는 의도, 즉 중농억상사상(重農抑商思想)이 깔려 있다. 관련 내용은 「식화지(食貨志)」에 보인다.

적이 있지만, 이번에 다시 승상과 어사의 하급 관리[掾] 24명으로 하여금 천하를 순행케 해 억울하게 옥살이하는 사람들[冤獄]을 풀어주고, 가혹한 금령을 각박하게 시행하며, 고치려 하지 않는 자들을 찾아내 잘 처리하도록 하라."

감로(甘露) 원년(元年)(기원전 53년) 봄 정월에 감천에 행차해 태치에서 교제사를 지냈다. 흉노의 호한야선우가 아들 우현왕 수루거당(銖婁渠堂)을 보내 입시하게 했다.

2월 정사일(丁巳日)에 대사마 거기장군 연수(延壽)〔○ 문영(文穎)이 말했다. "허연수(許延壽)다."〕가 훙했다.

여름 4월에 황룡이 신풍(新豐)에 나타났다. 병신일(丙申日)에 태상황 사당에 불이 났다. 갑진일(甲辰日)에 효문제 사당에 불이 났다. 상은 닷새 동안 소복(素服)을 입었다.

겨울에 흉노의 선우가 동생 좌현왕을 보내 조하(朝賀)했다.

2년 봄 정월에 황자 효(囂)를 세워 정도왕(定陶王)으로 삼았다.

조하여 말했다.

"근래에 봉황이 모여들었고, 감로가 내렸으며, 황룡이 나타났고 예천(醴泉)[50]이 콸콸 흘렀으며, 고목이 무성해지고 신령스러운 빛이 나란히 나타났으니, 모두 바른 복[楨祥=正福]을 받은 것이다. 이에 천하를 사면하라.

---

50 단맛이 나는 샘으로 감천(甘泉)이다.

민산(民算)에서 30전을 줄여주도록 하라.[51] 제후와 왕, 승상, 장군, 열후, 중(中) 2,000석 관리들에게 황금과 돈을 내려주되 각각 차등 있게 하라. 백성들에게 각각 작(爵) 1급을 내려주고, 여자들에게는 100호당 소고기와 술을 내려주며, 환과고독과 나이가 많은 사람들에게 비단을 내려주도록 하라."

여름 4월에 호군도위 록(祿)[52]으로 하여금 군사를 이끌고 가서 주애(珠崖-군)를 치게 했다.

가을 9월에 황자 우(宇)를 세워 동평왕(東平王)으로 삼았다.

겨울 12월에 부양궁(萯陽宮)〔○ 응소(應劭)가 말했다. "호현(鄠縣)에 있다. 진(秦)나라 문왕(文王)이 세웠다."〕과 속옥관(屬玉觀)에 행차했다. 흉노의 호한야선우가 오원(五原-군)의 요새 문을 두드리고[款=叩] 자기 나라의 보물들을 받들고서 (감로) 3년 정월에 조하하기를 원했다. 유사에 조하여 의견을 내도록 하니 모두 말했다.

"빼어난 임금[聖王]의 제도에 따르면, 다움을 베풀고 예를 행할 때에는 경사(京師)를 먼저 하고, 그후에 여러 제후들[諸夏]에게 하며, 또 여러 제후들을 먼저 하고, 그후에 오랑캐들[夷狄]에게 한다고 했습니다. 『시경(詩經)』에 이르기를 '예를 따르니 지나침이 없어 마침내 백성들을 돌보고 이미 호응했도다. 상토(相土)[53]가 열렬하시니 나라 밖[海外]이 가지런하게 됐도다

---

51 소득세인 민전(緡錢)에 대해 1산(算-120전)당 30전을 감면해준 것이다.

52 장록(張祿)이다.

53 설(契)의 손자이고, 은나라 두 번째 임금 소명(昭明)의 아들이며, 창약(昌若)의 아버지다. 상민족(商民族)의 제3대 수령(首領)이다.

[○ 사고(師古)가 말했다. "이는 「상송(商頌)」 '장발(長發)' 편에 나오는 구절이다."]'라고 했습니다. 폐하께서는 다움이 뛰어나시어 하늘과 땅을 가득 채우고 사방에 이르기까지 그 빛이 이르고 있습니다. 흉노의 선우는 우리의 풍속을 따르고 싶어 하고, 우리의 의로움을 사모해 나라를 들어[擧國]거국 한 마음이 돼 진귀한 보물들을 받들고서 조하하려 하니, 이는 예로부터 없었던 일입니다. 선우는 정삭(正朔)이 우리와 같지 않으니, 왕자(王者-천자)의 손님이므로 예법과 절차[禮儀]예의는 마땅히 제후왕과 같이하고, (폐하께는) '신은 죽음을 무릅쓰고[昧死]매사 두 번 절하옵니다'라고 말하게 하며, 서열은 제후왕의 아래로 해야 합니다."

조하여 말했다.

"대개 듣건대 오제(五帝)와 삼왕(三王) 때에도 예가 베풀어지지 않는 곳에서는 정치와 형벌도 미치지 않았다고 한다. 흉노의 선우(-임금)가 북쪽의 번신(藩臣)이라 (스스로) 칭하면서 정월에 조하한다 해도 짐이 다움이 모자라[不逮]불체 (천자)다움으로 그것을 크게 덮을[覆]복 수가 없다.[54] 그러니 손님의 예로 그를 대우해주고 지위는 제후왕보다 위로 하라."

3년 봄 정월에 감천에 행차해 태치에서 교제사를 지냈다. 흉노의 호한야선우 계후산(稽侯狦)이 내조해 폐물(幣物)을 갖고서 알현하면서 번신(藩臣)이라 칭했지만 이름을 덧붙이지는 않았다. 그에게 새수(璽綬), 관대, 의상, 안거(安車), 사마(駟馬), 황금, 금수(錦繡-비단 수), 비단과 솜옷을 하사했다. 유사로 하여금 선우를 인도해[道=導]도 도 장안의 저택으로 데리고 가서

---

54 선우의 뜻을 꺾을 수가 없다는 말이다.

장평(長平)⁵⁵에 머물게 했다.

상은 감천에서 돌아와 지양궁(池陽宮)⁵⁶에 묵었다. 상은 장평판(長平阪)〔○ 여순(如淳)이 말했다. "판(阪)은 이름으로 지양의 남쪽에 있다. 거리는 장안에서 50리다." 사고(師古)가 말했다. "경수(涇水)의 남쪽 평원이며 지금의 이른바 수성판(眭城阪)이다."〕에 올라 선우에게 조하여 여기서 알현하지 못하게 했다. 그 좌우 당호(當戶)들이 모두 늘어서서 지켜보았는데, 오랑캐의 군장, 왕후 등 상을 맞이하는 자 수만 명이 길을 끼고서 줄지어 있었다. 상이 위교(渭橋)에 올라가자 모두 만세를 불렀다. 선우가 저택으로 돌아갔다. 건장궁에서 주연을 베풀어 선우에게 향응을 내려주었고 진귀한 보물들을 보여주었다.

2월에 선우는 임무를 마치고 돌아갔다. 장락위위 고창후(高昌侯) 충(忠)〔○ 진작(晉灼)이 말했다. "「공신표(功臣表)」에 따르면 동충(董忠)이다."〕, 거기도위 창(昌)〔○ 진작(晉灼)이 말했다. "한창(韓昌)이다."〕, 기도위 호(虎)〔○ 문영(文穎)이 말했다. "성을 알 수가 없다."〕가 1만 6,000기(騎)를 이끌고 선우를 전송했다. 선우가 사막의 남쪽에 머물러 있어 광록성(光祿城)〔○ 맹강(孟康)이 말했다. "전 광록 서자위(徐自爲)가 축성한 것이다."〕을 지켰다. 조하여 북쪽 변방을 구원할 곡물과 식량을 보냈다. 질지(郅支)선우는 멀리 달아났기 때문에 흉노가 드디어 안정됐다.

조하여 말했다.

---

55 섬서성(陝西省) 경양(涇陽)의 서남쪽 10리에 있다.
56 섬서성 경양의 서북쪽 8리에 있는 궁이다.

"근래에 봉황이 신채(新蔡)[57]에 모여들었고, 새 떼들이 사방에 행렬을 지어 모두 봉황을 향해 섰는데 그 수가 1만을 헤아렸다. 이에 여남태수에게 비단 100필을 내려주고, 신채의 장리(長吏)[58]와 삼로, 효제, 역전 및 환과고독에게도 각각 차등 있게 내려주라. 백성들에게는 작(爵) 2급을 내려주고 금년의 조(租)를 내지 말도록 하라."

3월 기축일(己丑日)에 승상 패(霸)[59]가 훙했다. 여러 유자(儒者)들에게 조하여 오경(五經)의 같고 다름[同異]을 강론하게 했고, 태자태부 소망지(蕭望之) 등이 그 의견을 논평해 아뢰자 상은 몸소 제(制)하여[60] 직접 그곳에

---

57 여남군(汝南郡)의 현 이름이다.

58 승(丞)이나 위(尉) 등 고위 관리를 말한다. 두식(斗食), 좌사(佐史) 등 100석 이하의 소리(少吏)와 구별해 장리라 한다.

59 황패(黃霸)다. 젊어서 율령(律令)을 배웠고 무제(武帝) 말에 재물을 내고 시랑알자(侍郞謁者)가 됐다. 선제(宣帝) 때 정위정(廷尉正)이 돼 의옥(疑獄)을 공정하게 해결했다는 평을 받았다. 본시(本始) 2년(기원전 72년) 승상장사(丞相長史) 때 하후승(夏侯勝)이 조서(詔書)를 상의하지 않은 것을 탄핵하지 않았다가 함께 투옥됐고, 옥에서 하후승에게 『상서(尙書)』를 배웠다. 출옥한 뒤 하후승의 천거로 양주자사(揚州刺史)에 발탁되고, 영천태수(潁川太守)로 옮겼다. 당시 관리들이 엄혹(嚴酷)한 것을 유능하다고 여겼는데, 그는 항상 관대하면서도 명료하게 일을 처리하고, 교화에 힘쓰면서 처벌은 나중으로 미루었다. 신작(神爵) 4년(기원전 58년) 고을을 잘 다스려 관내후(關內侯)에 봉작됐다. 오봉(五鳳) 3년(기원전 55년) 승상이 되고, 건성후(建成侯)에 봉해졌다. 공수(龔遂)와 함께 순리(循吏)로 손꼽혀 공황(龔黃)이라 일컬어졌다. 한나라의 목민관(牧民官) 가운데 으뜸으로 추앙받았다. 그러나 승상으로는 이렇다 할 치적이 없다는 평가를 함께 받았다.

60 제서(制書)를 내린다고도 하는데 조(詔)나 칙(勅)의 일종으로 삼공과 상서가 부서(副書)해 주와 현에 반포할 때 사용한다.

임해 결정을 내렸다. 마침내 양구(梁丘)⁶¹의 『역(易)』, 대소하후(大小夏侯)⁶²의 『상서(尙書)』, 곡량(穀梁)⁶³의 『춘추(春秋)』를 (전문적으로) 다룰 박사관(博士官)을 세웠다.

겨울에 오손(烏孫)공주가 돌아왔다.⁶⁴

4년 여름에 광천왕(廣川王) 해양(海陽)이 죄가 있어 폐해 방릉(房陵)으로 옮겼다.

겨울 10월 정묘일(丁卯日)에 미앙궁 선실각(宣室閣)에 불이 났다.

황룡(黃龍)〔○ 응소(應劭)가 말했다. "얼마 전 황룡이 신풍에 보였기 때문에 연호를 바꿨다." 사고(師古)가 말했다. "『한주(漢注)』에 따르면 이 해 2월에 황룡이 광한군(廣漢郡)에 나타났기 때문에 연호를 바꾼 것이다. 그렇다면 응의 설은 틀렸다. 신풍에 보였던 것은 이보다 5년 전이다."〕 원년(元

---

61 성은 양구(梁丘)고 이름은 하(賀)다. 태중대부(太中大夫)와 급사중(給事中) 등을 지냈다. 금문역학인 양구씨학(梁丘氏學)의 개창자로, 처음에는 양가(楊何)의 제자 경방(京房)에게 『주역(周易)』을 배웠으며, 나중에는 전하(田何)의 재전제자(再傳弟子) 전왕손(田王孫)에게 배웠다. 선제(宣帝)가 경방의 제자를 구할 때 낭(郞)이 됐다. 점서(占筮)가 잘 맞아 총애를 받았다. 사람됨이 소심해 매사에 신중하게 일을 처리했다. 소부(少府)까지 올랐다. 석거각회의(石渠閣會議)에서 그의 학문이 학관(學官-박사)에 세워지게 됨으로써 시수(施讎), 맹희(孟喜)의 역학과 함께 세상에 전해지게 됐다. 학문은 손장(孫張)과 등팽조(鄧彭祖), 형함(衡咸) 등에게 전해졌다.

62 하후승(夏侯勝)을 대하후라 하고, 그의 종자인 하후건(夏侯建)을 소하후라 한다.

63 전국시대 때 노(魯)나라 사람으로 이름은 적(赤) 또는 숙(俶)이다. 자하(子夏)에게 『춘추(春秋)』를 배우고 전(傳)을 지었는데 이것을 『곡량전(穀梁傳)』이라 한다

64 초왕(楚王)의 딸인데 이혼을 하고서 돌아온 것이다.

年)(기원전 49년) 봄 정월에 감천에 행차해 태치에서 교제사를 지냈다. 흉노의 호한야선우가 내조해 예로 대하고 선물을 내려준 것이 처음과 같았다.

2월에 선우는 자기 나라로 돌아갔다. 조하여 말했다.

"대개 듣건대 상고(上古)시대의 정치에서는 임금과 신하가 한 마음이 돼 (마음이) 굽은 자는 내버려두고[措=置] 곧은 자는 들어 쓰니 각자가 자신이 있어야 할 자리를 얻었다. 이 때문에 위아래는 서로 화합했고 온 나라가 평안하니 그 다움이 다 미칠 수가 없을 정도였다. 짐은 이미 눈이 밝지 못해[不明] 수차례 조서를 반포해 공경 대부들이 힘써 너그럽게 정사를 행하고, 백성들이 힘들어 하고 고통받는 바를 잘 알아서[順],⁶⁵ 장차 삼왕의 융성한 정치와 선제(先帝-바로 앞 황제)의 다움을 밝히고자 했다.

(그런데) 지금 관리들은 혹 간사한 자들을 엄하게 단속하지 않는 것을 너그럽다 여기고, 죄가 있는 자를 자기 마음대로 해석하는 것을 가혹하지 않다 여기고, 혹 심하게 나쁜 자를 뛰어나다[賢]고 여기니, 이것들은 다 그 적중한 도리[中=中道]를 잃었다. 조서를 받들어 실행하는 작태가 이와 같으니 어찌 (백성들이 법망에) 걸려들지 않을 수 있겠는가? 바야흐로 지금은 천하에 큰 일이 적고, 요역도 줄어들고, 군대도 발동하지 않고 있는데도 백성들은 대부분 가난하고 도적떼는 그치질 않으니 그 허물이 어디에 있겠는가? 위에다 아무리 계부(計簿-지방정부의 회계장부)를 보고한들 실제로 그에 부응하는 바가 없이 관리들은 그저 얼렁뚱땅 속이고 거짓말하는 데[欺謾=欺瞞]만 힘써서 맡은 바 일을 회피하고 있다. 삼공(三公)은 이

---

65 백성들이 힘들어 하고 고통받는 바가 무엇인지를 잘 알아야 그것을 순리대로 풀어줄 수 있다.

런 데 뜻을 두고 있지 않으니 짐은 장차 어디에 맡길 것인가? 이제 조서를 내려 하급 관리를 줄이고 자급(自給) 관리는 모두 금지한다〔○ 장씨(張氏-장안(張晏)이다)가 말했다. "이에 앞서 무제는 혹 월급받는 관리들에게 봉록을 받지 말도록 하고서 대신 백성들에게서 봉록을 대신하거나 자급하도록 했다. 이 때문에 간사한 관리들은 이를 빙자해 이권에 개입하니 이렇게 해서 얻는 것이 본래의 봉록보다도 많았다. 그래서 그것을 끊어버린 것이다."〕. 어사는 각급 기관의 계부(計簿)를 잘 살펴 실상과 동떨어진 것들을 찾아내어 짚어내고 진짜와 가짜가 서로 뒤섞이는 일이 없도록 하라."⁶⁶

3월에 왕량(王良)과 각도(閣道) 사이에 혜성이 있어 자궁(紫宮)으로 들어갔다〔○ 소림(蘇林)이 말했다. "왕량, 각도, 자궁 등은 다 별의 이름이다."〕.

여름 4월에 조하여 말했다.

"청렴한 관리[廉吏]를 천거함에 있어서는 진실로 그 실상에 맞아야 할 것이다. 600석 관리는 대부(大夫)의 지위에 있으니 만일 죄가 있거든 우선

---

66 이에 대해 진덕수(眞德秀)는 『문장정종(文章正宗)』에서 다음과 같이 평가했다. "가만히 살펴보니 선제(宣帝)는 이때까지 기존의 제도[舊說]를 엄격하게 지켜왔는데, 황룡(黃龍) 연간 초에 다스리는 법[治體]에 눈을 떠 비로소 (관리들에게) 너그럽게 정사를 행하는 데 힘쓰라고 했지만 이는 말장난일 뿐이다. 정작 선제는 곧바로 '관리들은 혹 간사한 자들을 엄하게 단속하지 않는 것을 관대하게 여기고 죄가 있는 자를 자기 마음대로 해석하는 것'은 잘못임을 지적하면서 계부(計簿)를 얼렁뚱땅 속이고 거짓말해[欺謾=欺瞞] 실상과 맞지 않는 바를 찾아내라고 했으니, 이는 곧 엄격함을 더할 뿐이지 참으로 너그럽게 정사를 행하는 데 힘쓰도록 하는 것은 아니다."

조정의 재가를 청하고 그 질록(秩祿)은 고위와 통하니 그 뛰어난 재주를 충분히 알 수 있을 것이므로 지금부터는 천거하지 말도록 하라〔○ 위소(韋昭)가 말했다. "(천거하지 말도록 하라는 말은) 600석 관리 중에서는 더 이상 청렴한 관리라 해 천거하지 말라는 뜻이다."〕.

겨울 12월 갑술일(甲戌日)에 제(帝)가 미앙궁에서 붕(崩)했다〔○ 신찬(臣瓚)이 말했다. "제는 18세에 자리에 나아가 25년 동안 자리에 있었고 이때 수(壽)는 43세이다."〕. 계사일(癸巳日)에 황태후를 높여 태황태후라 불렀다〔○ 사고(師古)가 말했다. "여기서 이미 태황태후를 높였다고 쓰고 있는데 원기(元紀-「원제기」) 첫머리에 또 거듭해서 그것을 쓰고 있다. 그러나 태황태후와 황태후를 높인 것은 마땅히 같은 때 한 것이라면 원기가 옳고, 여기에서는 중복해서 잘못 기록한 것이다."〕.

찬(贊)하여 말했다.

"효선(孝宣)의 다스림은 신상필벌(信賞必罰)했고〔○ 사고(師古)가 말했다. "공이 있으면 반드시 상을 내렸고, 죄가 있으면 반드시 벌했다는 뜻이다."〕 명분과 실상을 종합해 사안의 본질을 짚어냈으며[綜核名實], 정사와 문학과 법리를 다루는 인사들은 모두 그 능력이 정치(精緻)해 기교(技巧)와 공장(工匠)과 기계(器械)에 있어서 원제(元帝)와 성제(成帝) 연간으로부터는 이에 이르는 자가 드물었다[鮮=少]〔○ 사고(師古)가 말했다. "계(械)란 기구[器]들의 총칭이다."〕. 또한 관리들이 그 직무에 적합한지[稱]를 제대로 알았기에 백성들은 생업에 전념할 수 있었다. 마침 흉노가 어그러지고 어지러운[乖亂] 때를 만나 망하게 할 자는 몰아내고 보존시켜줄 자는 굳건하게 해주어 북쪽 오랑캐[北夷]에게 위엄을 펼쳐 보이니[信=申] 선우(單于)는 그 의로움을 사모해 머리를 조아리고서 스스로를 번(藩)이라 칭했다. 그 공은 (위로는) 조종(祖宗)을 빛나게 했고, 그 업적은 후사(後嗣)에 드리웠으므로 중흥했다[中興] 이를 만하니, 그 다움은 은나라 고종[殷宗]이나 주나라 선왕[周宣]⁶⁷과 나란히 할 수 있다[侔=等] 할 것이다."

---

67 두 사람은 중국 고대사에서 중흥 군주로 평가를 받았다.

권
◆
9

원제기
元帝紀

효원황제(孝元皇帝)〔○ 순열(荀悅)이 말했다. "이름 석(奭)을 피휘해 그 글자 대신 성(盛)을 썼다." 응소(應劭)가 말했다. "시법(謚法)에 이르기를 '의로움을 행해 백성들을 기쁘게 해주면[行義悅民] 원(元)이라 한다'고 했다."〕는 선제(宣帝)의 태자다. 어머니는 공애(共哀) 허(許)황후인데〔○ 장안(張晏)이 말했다. "예법에 부인은 남편의 시호를 따른다. 그가 살해됐음을 불쌍히 여겨 2개의 시호를 겸했다."〕 선제가 (아직) 미천할 때 민간에서 낳았다. 태어난 지 2년 되던 해에 선제가 즉위했다. 8세 때 세워져 태자가 됐다〔○ 사고(師古)가 말했다. "선제가 즉위한 이듬해에 연호를 고쳐 본시(本始)라 했다. 본시는 모두 4년이고 이어 연호를 고쳐 지절(地節)이라 했다. 지절 3년에 황태자에 세워졌다. 만약에 처음 즉위했을 때 2세라면 세워져 태자가 됐을 때는 9세이다. 또 선제는 원평(元平) 원년 7월에 즉위했고「외척전(外戚傳)」에는 허후가 원제를 낳고서 수개월이 지나 선제가 세워져 제(帝)가 됐다고 한다. 이것이 맞다면 선제가 즉위했을 때 태자는 아직 2세가 채

안 됐다. 여러 글들을 참고해볼 때 이 기록은 착오다."〕. (몸은) 장대했지만 (성품은) 부드럽고 어질어[柔仁] 유학을 좋아했다. (태자는) 선제가 주로 쓰는 사람들 중에는 법률에 능통한 자들이 많아 법가와 명가[刑名]의 학술로써 아랫사람들을 옭아매고 대신들인 양운(楊惲), 개관요(蓋寬饒) 등이 다른 사람을 기만하는 말을 했다가 죄에 걸려 주살되는 것을 보고서 일찍이 연회에서 모실 때 조용히 말했다.

"폐하께서는 형벌에 의지하심이 너무 깊습니다. 마땅히 유학자들을 중용해야 할 것입니다."

선제는 안색이 바뀌며[作色] 이렇게 말했다.

"한나라 황실[漢家]은 독자적인 제도를 갖고 있다. 본래 패도와 왕도를 섞어놓은 것이니 어찌 순전히 (유학이 강조하는) 다움과 가르침[德教]에 맡겨 주나라의 정치[周政]〔○ 사고(師古)가 말했다. "희씨(姬氏)가 다스리던 주나라를 말한다."〕를 쓴단 말인가? 또 통속적인 유학자들은 그 당대의 적절한 사안들[時宜]에 이르지도 못하면서 옛것은 옳고 지금은 그르다고 해 사람들로 하여금 이름과 실상[名實]을 현혹시킨다. (현실 정치를 위해 마땅히) 지켜야 할 것을 모르는데 어떻게 그들에게 맡긴단 말인가?"

이어 황제는 탄식하며 말했다. "우리 집안을 어지럽힐 사람은 태자구나!"

이로 인해 태자를 멀리하고 회양왕(淮陽王)을 아끼며[愛] 말하기를 "회양왕은 밝게 살피고[明察] 법률을 좋아하니 마땅히 내 아들이다"라고 하면서 그의 어머니 장첩여(張婕妤)를 더욱 총애했다[幸]. 상의 속뜻은 회양왕을 써서 태자를 대신하게 하고 싶었지만 어릴 때 허씨에게 의탁해 함께 미천한 데서 몸을 일으켰기 때문에 끝내 등을 돌릴 수 없었다.

황룡 원년 12월에 선제가 붕(崩)했다. 계사일(癸巳日)에 태자가 황제의 자리에 나아가 고제 사당에 알현했다. 황태후를 높여 태황태후라 불렀고〔○ 소림(蘇林)이 말했다. "상관후(上官后)다."〕, 황후를 황태후라 불렀다〔○ 문영(文穎)이 말했다. "공성왕(邛成王) 황후로 원제를 기른 사람이다."〕.

초원(初元) 원년(元年)(기원전 48년) 봄 정월 신축일(辛丑日)에 효선황제를 두릉(杜陵)에 안장했다〔○ 신찬(臣瓚)이 말했다. "붕해 안장할 때까지 모두 28일이었다. 두릉은 장안 남쪽 50리에 있다."〕. 제후왕, 공주, 열후에게 황금을, 2,000석 관리 이하에는 돈과 비단을 각각 차등 있게 내려주었다. 천하를 크게 사면했다.

3월에 황태후의 오빠인 시중 중랑장 왕순(王舜)을 안평후(安平侯)로 삼았다. 병오일(丙午日)에 황후 왕씨(王氏)를 세웠다. 삼보와 태상, 그리고 군국의 공전(公田) 및 정원 중에서 줄일 수 있는 것들을 갖고서 가난한 사람들의 생업을 진작시켰고, 재산이 1,000전에 미치지 못하는 자들에게는 종자와 식량을 빌려주었다. 외할아버지 평은대후(平恩戴侯)[1]의 동복[同産=동산 = 同腹]동복 아우의 아들 중상시(中常侍) 허가(許嘉)를 평은후로 삼고 대후의 뒤를 받들어 잇게 했다.

여름 4월에 조(詔)하여 말했다.

---

1 평은후 허광한(許廣漢)을 가리키는데, 죽은 후에 시호로 대(戴)를 받아 평은대후라 불렀다.

"짐이 선제(先帝)[2]의 빼어난 전통을 이어 종묘를 얻어 받들어[獲奉] 전전긍긍(戰戰兢兢)하고 있다. 요사이 여러 차례 지진이 일어났는데 아직도 그치지 않고 있어 하늘과 땅이 경계시킴을 두려워하고 있지만 그 연유가 무엇인지를 알지 못하겠다. 바야흐로 밭을 갈아야 할 때이니 짐은 뭇 백성들이 제 생업을 잃을까 우려해 광록대부 왕포(王襃) 등 12인을 친히 만나 보고 보내 천하를 순행하면서 기로(耆老)나 환과고독(鰥寡孤獨-홀아비와 과부와 고아와 의지할 데 없는 노인) 및 궁핍하고 생업을 잃은 백성들의 안부를 묻고, 뛰어난 준재들을 등용하고, 재주와 다움[才德]이 있지만 미천한 지위에 있는 자를 불러서 드러내어, 이로 인해 풍속의 교화를 살피도록 했다. 군수와 2,000석 관리들이 능히 제 몸을 바르게 해서 힘쓰고 교화를 분명히 밝히며 만백성을 제 몸처럼 여길 수 있다면 천지사방[六合] 안이 화친해 거의 근심이 없다고 할 수 있는 것에 가까워질 것이다. 『서경(書經)』에 이르지 않았던가? '신하들이 훌륭하면 모든 일들이 편안하다[股肱良哉 庶事康哉][○ 사고(師古)가 말했다. "「우서(虞書)」 '익직(益稷)' 편에 나오는 말이다. 임금이 능히 뛰어난 이에게 일을 맡기고 고굉지신들이 모두 바르게 될 수 있다면 모든 일들은 다 안녕할 수 있다는 뜻이다."].' 천하에 널리 알려 짐의 뜻을 분명하게 알도록 하라."

또 말했다.

"관동에는 올해 곡식이 제대로 자라지 못해[不登] 백성들 다수가 궁핍에 시달리고 있다. 그러니 군국에 영을 내려 재해가 심한 자에게는 조세와

---

2 이는 바로 앞의 임금 선제(宣帝)를 가리킨다.

부세[租賦]를 내지 말도록 하라. 강해(江海)와 피호(陂湖)와 원지(園池) 중에서 소부(少府)에 속한 땅은 가난한 사람들에게 빌려주고 조세와 부세를 면제해주도록 하라. 종실에 적(籍)이 있는 자들에게는 말 1필에서 2사(二駟-8필)까지 내려주고 삼로와 효자에게는 비단 5필, 공순한 자와 농사에 힘쓴 자에게는 3필, 환과고독에게는 2필, 관리와 백성 50호당 소고기와 술을 내려주라."

6월에 백성들 사이에 역질이 돌아 대관에게 명해 어선(御膳)을 줄이고, 악부의 관원을 감원하며, 농장에서 기르는 말[苑馬]을 감축해 궁핍에 시달리는 자들을 돕게 했다.

가을 8월에 상군(上郡)의 속국이 오랑캐에 항복해 1만여 명이 도망쳐 흉노에 들어갔다.

9월에 관동의 군과 국 11곳에 큰 수해와 기근이 들어 혹 사람들이 서로 잡아먹게 되자 주변 군(郡)들의 돈과 곡식을 융통해 서로 구원했다. 조하여 말했다.

"요사이[間者] 음양이 조화를 잃어 백성들이 굶주림과 추위[饑寒]에 시달리니, 이는 백성들을 지켜 다스리는 바[保治]가 아니다. 다움이 얕고 엷다[淺薄] 보니 선제(先帝)께서 머무셨던 거처에 들어갈 수가 없구나. 그러니 여러 궁관(宮館)에 영을 내려 행차하는 일[御幸]이 드문 곳은 보수하지 말고, 태복(太僕-관직 이름)은 곡식으로 먹이는 말을 줄이고, 수형(水衡-관직 이름)은 육식 짐승을 없애도록 하라."[3]

---

3 이에 대해 진덕수(眞德秀)는 『문장정종(文章正宗)』에서 다음과 같이 평가했다. "가만히 살펴보

2년 봄 정월에 감천에 행차해 태치에서 교제사를 지냈다. 운양(雲陽)의 백성들에게 작(爵) 1급을 내려주고 또 여자들에게는 100호당 소고기와 술을 내려주었다. 동생 경(竟)을 세워 청하왕(淸河王)으로 삼았다.

3월에 광릉여왕(廣陵厲王)의 태자 패(霸)를 세워 왕으로 삼았다. 조하여 황문(黃門)의 승여(乘輿), 개와 말, 수형의 금원(禁苑)과 의춘하원(宜春下苑)〔○ 맹강(孟康)이 말했다. "궁의 이름이며 두현(杜縣)의 동쪽에 있다." 사고(師古)가 말했다. "의춘하원은 곧 지금의 경성 동남쪽에 있다."〕, 소부의 차비(佽飛)의 외지(外池), 엄어(嚴籞)의 지전(池田)〔○ 진작(晉灼)이 말했다. "엄어(嚴籞)란 활 쏘는 곳이다. 엄(嚴)이란 활 쏘는 사람이 숨는 곳이다. 지전은 동산 안에 있는 밭이다."〕 등을 폐지해 가난한 자들에게 빌려주었다. 조하여 말했다.

"대개 듣건대 빼어나거나 뛰어난 임금[聖賢]이 자리에 있으면 음양이 조화를 이루고 비바람이 때를 어기지 않으며 해와 달이 빛나고 별들은 제자리를 지키며 고요해 만백성들은 평안해 끝까지 천수를 누릴 수 있다고 한다. 지금 짐은 공손한 마음으로 하늘과 땅을 이어받아 공후(公侯)들의 윗자리에 몸을 맡기고 있지만, 눈 밝음[明]이 제대로 되지 않고 다움[德]을 제대로 펴지 못해 재이(災異-자연재해나 기상이변)가 한꺼번에 들이닥치는 일이 해를 이어 계속되니 마음이 편치 못하다. 마침내 2월 무오일(戊午

니 원제(元帝)의 조서는 백성들을 위하는 바가 심히 크다고 하겠다. 그러나 홍공(弘恭)과 석현(石顯)[恭顯]이 정권을 좌지우지해[用事] 조정에 좋은 정사라고는 없었는데 어찌 백성들로 하여금 상의 은택을 입을 수 있게 할 수 있었겠는가?"

日)에는 농서군(隴西郡)에서 지진이 일어나 태상황(太上皇) 사당의 전각과 벽과 나무 장식이 허물어져 떨어졌고, 완도현(䅡道縣)에서는 성곽과 궁실 및 백성들의 가옥들이 무너지는 바람에 깔려 죽은 사람들이 아주 많았다.

산이 무너지고 땅이 갈라지며 물의 원천은 치솟아 올랐다. 하늘이 재이와 지진을 내려주는 것은 짐의 무리들을 경계하려는 것이다. 그러니 (짐의) 다스림에 큰 이지러짐이 있어 그 꾸짖음이 여기에까지 이른 것이다. 아침저녁으로 전전긍긍해하지만 큰 변화[大變=大易]에 미처 통달하지 못하고 깊이 생각하면 앞이 꽉 막혀 답답할 뿐[鬱悼] (그런 일이 일어나는) 이유나 원인[序]을 모르겠다. 근년에는 여러 해 동안 흉년이 들어 백성들은 궁핍해 굶주림을 이겨내지 못하고 형벌에 빠지게 되니 짐은 이를 몹시 마음 아파하고 있다. 군국들 중에서 지진 피해를 심하게 당한 곳은 조부(租賦)를 내지 말고 천하에 사면령을 내리도록 하라. 유사(有司-해당 부서)는 없애거나 줄여서 백성들을 편안케 할 수 있는 것들을 조목별로 주청하되 꺼리는 바가 있어서는 안 될 것이다. 승상 어사 중(中) 2,000석 관리들은 뛰어난 재주와 특출난 능력을 갖춘 선비, 곧은 말과 지극한 간언을 할 수 있는 선비 등을 추천하라. 짐이 장차 직접 챙겨볼[親覽] 것이다."

여름 4월 정사일(丁巳日)에 황태자를 세웠다. 어사대부에게 작(爵) 관내후를, 중(中) 2,000석 관리에게 우서장(右庶長)〔○ 사고(師古)가 말했다. "제11작이다."〕을, 천하에서 아버지의 뒤를 이은 자에게는 작(爵) 1급을, 열후에게는 돈 각 20만 전을, 오대부〔○ 사고(師古)가 말했다. "제9작이다."〕에게는 10만 전을 내려주었다.

6월에 관동에 기근이 들어 제(齊) 땅 사람들이 서로 잡아먹었다.

가을 7월에 조하여 말했다.

"해마다 재해가 이어져 백성들에게는 굶주린 빛[菜色]〔○ 사고(師古)가 말했다. "오곡을 제대로 수확하지 못해 사람들이 오직 채소만 먹다 보니 얼굴빛이 나빠진 것이다."〕이 나니 (짐의) 마음은 참담하다. 이미 관리들에게 조하여 곡물 창고[倉廩]를 비우고 관의 창고[府庫]를 열게 했고 추위에 떠는 자들에게는 옷을 하사하도록 하라. 이번 가을에는 벼와 보리가 자못 큰 피해를 당했다. 1년 안에 두 번이나 지진이 일어났다. 북해의 물이 넘쳐 인민들을 휩쓸고 가 죽게 만들었다. 음양이 조화를 이루지 못한 것이니 그 허물은 어디에 있겠는가? 공경들은 장차 무엇으로써 이 우환에 대처할 것인가? 그러니 뜻을 다해 짐의 허물을 진술해 꺼리는 바[所諱]가 없도록 하라."

겨울에 조하여 말했다.

"나라가 장차 흥하려면 사(師-스승)를 높이고 부(傅-후견인)를 중히 여겨야 한다. 옛 전 장군(前將軍) 소망지는 8년간 짐을 가르치면서 경술(經術-유학)로 짐을 인도했으니 그 공이 참으로 크다[茂=美]. 이에 관내후(關內侯)의 작위를 내리고 식읍은 800호에 급사중(給事中)으로 처우하며 초하루와 보름날에만 조회에 참석하도록 하라."

12월에 중서령 홍공(弘恭)과 석현(石顯) 등이 망지를 참소해 자살하게 만들었다.[4]

---

4 이에 대해 진덕수(眞德秀)는 『문장정종(文章正宗)』에서 다음과 같이 평가했다. "천자가 소망지를 재상으로 삼고자 하자 마침 소망지의 아들인 소급(蕭伋)이 소망지가 전에 겪었던 일을 소송하는 편지를 올렸다. 이에 홍공과 석현 등은 소망지가 아들을 시켜 글을 올렸다는 사실만

3년 봄에 영을 내려 제후〔○ 사고(師古)가 말했다. "이때의 제후란 제후왕을 가리키는 것이다."〕의 재상[相]의 지위를 군수의 아래에 있게 했다. 주애군 산남현(山南縣)이 반란을 일으켜 여러 신하들과 널리 모의했다. 대조(待詔) 가연지(賈捐之)가 마땅히 주애를 내팽개쳐 백성들의 기근(饑饉)〔○ 사고(師古)가 말했다. "곡식이 제대로 익지 않는 것을 기(饑)라 하고 채소가 제대로 익지 않는 것을 근(饉)이라 한다."〕을 구원해야 한다고 했다. 이에 주애군을 폐지했다.

여름 4월 을미일(乙未日) 그믐날에 무릉(茂陵)의 백학관(白鶴館)에 화재가 있었다. 조하여 말했다.

"근래에 화재가 효무원(孝武園)의 관(館)에 내려 짐은 전율해 두려움에 떨고 있다. 변이가 일어나는 까닭을 밝히지 못했으니 허물은 짐의 몸에 있다. 여러 기관들 또한 짐의 허물에 대해 기꺼이 극언(極言)하지 못해 일이 이런 지경에 이르렀으니 장차 무엇으로 깨치겠는가? 백성들은 거듭해서 흉액을 만나 서로 도울 방법을 찾지 못하고 있건만 가혹한 관리들은 더욱 백성들을 힘겹게 하고 사소한 법률 구절에 구애돼 있으니 그 생명을 제대로 마칠 수가 없어 짐은 심히 가엾게 여기고 있다. 이에[其=於是] 천하를 사면하도록 하라."

여름에 가뭄이 들었다. 장사양왕(長沙煬王)의 동생 종(宗)을 세워 왕으

보고하고 그 편지는 상에게 올리지도 않았다. 이어 소망지를 불러들이니 소망지는 자살했다. 원제는 굳세고 밝은 다움[剛明之德]이 없는 사람이었다. 그래서 끝내 스승의 은덕을 온전하게 지켜주질 못했으니 후세의 임금들은 마땅히 이 점을 경계로 삼아야 할 것이다."

로 삼았다. 옛 해혼후(海昏侯) 하(賀)의 아들 대종(代宗)을 봉해 후(侯)로 삼았다.

6월에 조하여 말했다.

"대개 백성을 편안케 하는 도리[安民之道]는 본래 음과 양[陰陽](의 이치)을 따른다[繇=由]. 요사이 음과 양이 어그러지고 비바람이 때에 맞지 않았다[不時]. 짐의 황제답지 못함[不德] 때문이라고 여러 공(公)들이 감히 짐의 허물을 말해주었어야 하는데 지금까지도 그렇지가 못하다. 구차스레[媮=偸] 영합하고 굴종해 아무도 기꺼이 극언을 하지 않으니 짐은 매우 민망스럽다. 백성들은 굶주림과 추위에 시달리고, 서로 멀리 떨어져 살아야 하는 부모와 처자는 자기 일도 아닌 공사를 하느라 힘든 수고를 다하며, 자기가 살지도 않는 궁을 지켜야 하는 것을 오래 생각해보니, 이는 음과 양의 도리를 돕는 이치가 아닌 듯해 두렵다. 이에 감천궁(甘泉宮)과 건장궁(建章宮)의 위병 등을 혁파하니 그들을 (돌아가) 농사일에 종사토록 하고, 백관들은 비용을 줄여 그 항목들을 조목별로 주청하되 꺼리거나 숨기는 바가 없어야 한다. 유사는 이에 힘써 사시(四時)에 금하는 바를 절대 어기지 말라. 승상과 어사는 천하에서 음양의 도리와 재이(災異)에 훤히 밝은 자를 각각 세 사람씩 천거하라."

이에 그 일을 말하는 자가 많아져 혹은 나아가 발탁되고 불려가서 알현하니 그들은 다 나름대로 상의 뜻을 얻었다고 여겼다.

4년 봄 정월에 감천에 행차해 태치에서 교제사를 지냈다.

3월에 하동에 행차해 후토신에게 제사를 지냈다. 분음(汾陰)의 죄수들을 사면했다. 백성들에게 작(爵) 1급을 하사하고, 여자들에게는 100호당 소고기와 술을 내려주었으며, 환과(鰥寡)와 나이 많은 사람들에게는 비단을 내려주었다. 행차가 지나온 고을에는 조세와 부세를 내지 말도록 했다.

5년 봄 정월에 주자남군(周子南君)을 주승휴후(周承休侯)로 삼고〔○ 문영(文穎)이 말했다. "성은 희(姬)이고 이름은 연년(延年)이다. 그의 할아버지는 희가(姬嘉)로 주나라 (왕실의) 후손인데 무제가 원정(元鼎) 4년에 주자남군에 봉하고서 주나라 제사를 받들도록 했다." 사고(師古)가 말했다. "승휴국은 영천(潁川)에 있다."〕 서열은 제후왕 다음으로 했다.

3월에 옹(雍)에 행차해 오치(五畤)에서 제사를 지냈다.

여름 4월에 참(參-별자리)에 유성이 있었다. 조하여 말했다.

"짐의 다움이 모자라[不逮=不及] 차례와 지위[序位]를 제대로 밝히지 못해〔○ 사고(師古)가 말했다. "관인(官人)의 지위가 그 차례를 잃었다는 말이다."〕 많은 관료들이 오랫동안 자리를 비우고[曠=空] 있는데도 그에 맞는 사람을 구하지 못하고 있다. (그로 인한) 백성들의 실망이 위로 황천에 영향을 미쳐[感] 음양이 바뀌고 허물은 만백성들에게 흘러가니 짐은 이를 심히 두려워하고 있다. 근래에 관동 지역은 연이어 재해를 만나 (백성들이) 굶주림과 추위에다가 전염병까지 겹쳐 요절함으로써 천수를 누리지 못했다[不終命]. 『시경(詩經)』에 이르지 않았던가? '무릇 다른 사람에게 우환이 있으면 기어가서라도[匍匐] 구원했노라〔○ 사고(師古)가 말했다. "「패풍(邶風)」 '곡풍(谷風)' 편에 나오는 구절이다. 다른 사람에게 상사나 재앙이 있을 경우 마땅히 온 힘을 다해 구원해야 한다는 말이다."〕!' 이에 태관(太官)에 영을 내려 날마다 도살하는 것[殺=宰殺]을 금하고, 상차림을 각각 반으로 줄이며, 승여와 양마(養馬)의 경우에는 정사(正事)〔○ 사고(師

古)가 말했다. "정사란 교제사와 수수(蒐狩-정규 사냥)를 가리키고 놀이를 위한 사냥[遊田]은 해당하지 않는다."]에 결여되지 않는 정도로만 하라. 또 각저, 상림원의 궁관의 어행(御幸) 담당, 제(齊)에 있는 세 곳의 복관(服官),[5] 북가(北假)의 전관(田官),[6] 염철관, 상평창을 폐지한다. 박사관의 제자는 정원을 두지 말고 해우는 자에게 문호를 넓혀라.[7] 종실의 자제로 속적(屬籍)을 가지고 있는 경우 말 1필에서 8필[二駟]까지 내려주고, 고을의 삼로와 효행이 뛰어난 자[孝者]에게는 비단을 각각 5필씩 내려주며, 공순한 자[弟者]와 농사에 힘쓴 자에게는 3필씩, 환과고독에게는 2필을 내려주며, 관리와 백성들에게는 10호당 소고기와 술을 내려주도록 하라."

70여 가지의 형벌 항목을 줄였다. 광록대부 이하 낭중에 이르기까지 부모 형제[同産]에 대해 서로 보증을 해주는[保] 영(令)을 없앴다[○ 응소(應劭)가 말했다. "옛날에는 서로 보증해 한 사람이 죄를 지으면 보증한 사람도 그 죄에 걸렸다." 사고(師古)가 말했다. "특히 낭중 이상에 대해 이 영을 없앴다는 것은 그들을 우대한 것이다."]. 또 궁중 및 사마문(司馬門)[8] 안에 급사(給事)하고 있는 종관(從官)[9]에 대해서는 조부모, 부모, 형제를 위해

---

5 천자의 옷을 만드는 일을 담당한다.

6 북가는 지명이고, 전관은 백성들에게 관의 땅을 빌려주고 세금을 거두는 일을 담당하는 관리다.

7 무제 때는 50명, 소제 때는 100명, 선제 말년에는 200명이었다.

8 궁궐의 외문이다.

9 천자를 가까이에서 모시는 관리들을 총칭한 것이다.

통적(通籍)할 수 있게 해주었다.[10]

겨울 12월 정미일(丁未日)에 어사대부 공우(貢禹)가 졸(卒)했다. 위(衛)사마 곡길(谷吉)이 흉노에 사자로 갔는데 돌아오지 않았다.

영광(永光) 원년(元年)(기원전 43년) 봄 정월에 감천에 행차해 태치에서 교제사를 지냈다. 운양(雲陽)의 죄수들을 사면했다. 백성들에게 작(爵) 1급을 내려주고, 또 여자들에게는 100호당 소고기와 술을, 나이가 많은 사람들에게는 비단을 내려주었다. 행차가 지나온 고을에는 조세와 부세를 내지 말도록 했다.

2월에 승상, 어사에게 조하여 질박한 자[質朴], 돈후한 자[敦厚], 겸손한 자[遜讓], 뛰어난 행실이 있는 자[有行]를 천거케 하고 광록에게는 해마다 이 사과(四科)에 입각해 낭(郎)과 종관을 평가하도록 했다.

3월에 조하여 말했다.

"오제삼왕(五帝三王)은 뛰어난 자에게 일을 맡기고 현능한 자에게 일을 시킴으로써[任賢使能] 치세를 이루어냈는데 지금은 제대로 다스려지지 않으니 이것이 어찌 그 백성이 달라서이겠는가? 그 허물은 짐이 (사람을 알아보는 데) 밝지 못해[不明] 뛰어난 자를 알아보지 못하는 데 있다. 이 때문에 아첨꾼[壬人=人]이 (중요한) 자리에 있고 훌륭한 선비[吉士=善士]는 막히고 가려져 있다[雍蔽=壅蔽]. 주(周)나라와 진(秦)나라(의 말기)의 폐단이 거듭돼 백성들의 풍속이 점점 각박해지고, 예의가 사라져서 형법에 걸

---

10 궁궐을 자유로이 출입할 수 있는 일종의 통행증을 주었다는 뜻이다.

려드니 어찌 슬프지 않은가! 이로 말미암아 살펴보건대 백성들[元元]에게 무슨 허물이 있으리오? 천하에 사면령을 내려 스스로 힘써 잘 가다듬고 자신을 새롭게 해[勵精自新] 각자 농사일에 힘쓰게 하라. 밭이 없는 자에게는 모두 다 임시로 땅을 주고, 종자와 음식을 주되 빈민에게 하는 것처럼 하라. 600석 이상 관리에는 오대부(五大夫)의 벼슬을, 제 직무에 부지런한 관리에겐 2급씩, 아비의 뒤를 잇는 자에게는 1급씩, 여자는 100호당 소고기와 술을, 환과고독(鰥寡孤獨)과 나이가 많은 사람에게는 비단을 내려주라."

이 달에 폭설이 왔고 서리가 내려 보리와 곡식이 상했기에 가을에 파했다[秋罷].[11]

2년 봄 2월에 조하여 말했다.

"대개 듣건대 요임금과 순임금[唐虞]은 상형(象刑)[12]을 썼을 뿐인데도 백성들은 범법 행위를 하지 않았고 은나라와 주나라에서는 법이 행해지자 간사한 자나 도리를 어기던 자들[姦軌]〔○ 사고(師古)가 말했다. "난(亂)이 밖에서 일어나는 것을 간(姦)이라 하고, 안에서 일어나는 것을 궤(軌)라 한다."〕이 복종했다. (그런데) 지금은 짐이 고조(高祖)의 대업을 얻고 이어[獲承] 공후의 윗자리에 의탁했으나, 아침저녁으로 두려워 떨며 오랫동안

---

11 원문에는 무엇을 폐지했는지에 대한 언급이 없다. 이에 대해 여순(如淳)은 "어떤 일이나 어떤 관직을 폐지했다"고 했고, 진작(晉灼)은 연이은 서리로 인해 큰 기근이 든 것 자체라고 했는데, 사고(師古)는 진작이 옳다고 했다. 그래서 사고는 추파(秋罷)를 "가을에 수확을 하지 못했다"로 풀이했다.

12 「무제기(武帝紀)」 역주(譯註)에서 설명한 바 있다.

백성들의 급한 일을 생각해 일찍이 잊어본 적이 없었지만, 음양이 조화를 이루지 못하고 삼광(三光-해·달·별)은 어두울 뿐이다. 많은 백성들이 크게 궁핍해 길에 유망(流亡)하며 흩어져 있고, 도적떼들이 아울러 일어나고 있다. 유사(有司)들 또한 잔적(殘賊)들을 기른 꼴이 돼 목민(牧民)의 방법을 잃었다. 이는 모두 짐이 밝지 못하고 정사에 어그러짐이 있어서이다. 허물이 여기에까지 이르렀으니 짐은 스스로 매우 부끄럽다. 백성들의 부모 된 자로서 이같이 은혜가 엷으니 백성들에게 무어라 이르겠는가〔○ 사고(師古)가 말했다. "무엇으로 백성들을 쓰다듬어주고 다스리겠는가라는 뜻이다."〕! 천하에 대사면령을 내리고 백성들에게 벼슬 1급씩, 여자들에게는 100호당 소고기와 술을, 환과고독(鰥寡孤獨)과 나이가 많은 사람[高年], 삼로(三老)와 효제(孝弟), 그리고 농사일에 힘쓴 자[力田]에게 비단을 내려주라."

또 제후왕, 공주, 열후에게 황금을 내려주고 중(中) 2,000석 관리 이하 중도관의 장리에 이르기까지 각각 차등 있게 내려주고, 600석 이상 관리에게는 작(爵) 오대부를, 부지런히 일한 관리에게는 2급을 각각 내려주었다.[13]

3월 임술일(壬戌日) 초하루에 일식이 있었다. 조하여 말했다.

"짐이 전전긍긍하면서[戰戰栗栗=戰戰兢兢] 아침저녁으로 짐의 과실을 생각해보니 감히 일을 내버려둔[荒=廢] 채 편안히 지내지 않았다. 음양이 조화되지 못함을 생각하나 아직도 그 허물을 밝히지 못하고 있다. 여러 번 공경들에게 경계시켰더니 해와 보름달에 (일식·월식이 일어나지 않는)

---

13 이 문장의 경우 조서에 포함시켜도 무방하다. 다만 원본에는 별도로 처리하고 있어 그것을 따랐을 뿐이다.

효험이 있었다. 지금에서는 유사가 정사를 잡아 행하는데, 아직 그 적중함[中]을 얻지 못하고 은혜를 베푸는 것은 치우치고 옅으며 금령(禁令)은 번거롭고 가혹해 백성들의 마음[民心]과 합치되지 못하고 있다. 난폭하고 사나운 풍속은 더욱 자라는데 화목(和睦)의 도리는 날로 쇠하니, 백성들은 근심하고 고통스러워 제 몸 둘 곳조차 없다. 이것은 사악한 기운이 해마다 증가해 태양을 침범하고, 바른 기운이 가리워져 가라앉는 바람에 태양은 오래동안 그 빛을 빼앗겼다. 이에 임술일(壬戌日)에 일식이 있었다. 하늘이 대변이(大變異)를 보여주어[見=顯示] 짐 자신을 경계시키니 짐은 매우 애석하도다. 내(內) 군국에 영을 내려 특출난 재주를 가진 사람, 이등(異等-기이한 인재), 현량(賢良), 직언(直言)하는 선비 각 한 명씩 천거케 하라."

여름 6월에 조하여 말했다.

"최근 몇 년 들어 해를 연이어 (곡식을) 거두지 못해 사방이 다 궁핍하다. 보통 백성들은 농사일[耕耘]에 힘쓰지만, 설상가상으로 이룬 공이 없어 기근에 곤란을 당해 서로 구제하지도 못한다. 짐은 백성의 부모 된 자이면서도 (천자)다움이 능히 그들을 덮어주지 못하는데 형벌은 버젓이 있으니, 이는 스스로를 심하게 다치게 하는 꼴[自傷]이다. 천하에 사면령을 내려라."

가을 7월에 서강(西羌)이 반란을 일으켜 우장군 풍봉세(馮奉世)를 보내 그들을 쳤다.

8월에 태상 임천추(任千秋)를 분위(奮威)장군으로 삼아 오교(五校)의 장병을 별도로 이끌고서 (우장군과) 나란히 진격하게 했다.

3년 봄에 서강이 평정돼 군대를 해산했다.

3월에 황자 강(康)을 세워 제양왕(濟陽王)으로 삼았다.

여름 3월 계미일(癸未日)에 대사마 거기장군 접(接)〔○ 사고(師古)가 말했다. "왕접(王接)이다."〕¹⁴이 훙(薨)했다.

겨울 11월에 조하여 말했다.

"최근 기축일(己丑日)에 지진이 있었고, 중동(仲冬-11월)에 비가 내려 짙은 안개가 꼈으며[大霧], 도적이 연달아 일어나고 있다. 관리들은 어찌하여 시금(時禁)〔○ 사고(師古)가 말했다. "월령(月令)에 따라 마땅히 금지해야 하는 것을 말한다."〕을 쓰지 않는가? 각자 자신들의 뜻을 남김 없이[悉=盡] 말하도록 하라."

겨울에 염철관을 다시 두고 박사관 제자의 정원을 (예전처럼) 다시 두었다. 재용이 부족했기 때문에 백성들이 부역에 면제되는 경우가 많았고 나라 안팎[中外]의 부역에 제대로 사람을 댈 수가 없었다.

4년 봄 2월에 조하여 말했다.

"짐이 지존의 중대한 자리를 이었으나 백성들을 다스리는 데 능히 밝지 못해 여러 차례 재앙을 만났다. 더욱이 변경은 불안해 병사들은 외방에 있기에 부세를 거두어 운송하게 하느라 백성들은 불안해 소동을 일으키고 곤궁한데도 힘입을 바가 없어 법을 범해 죄에 빠지고 있다. 무릇 위로는 도리를 잃었고, 심한 형벌로 아랫사람들을 붙잡으니, 짐이 매우 애통해 하는 바이다. 천하에 사면령을 내리고 가난한 사람들에게 대여해줬던 것은 거둬들이지 말라."

3월에 옹(雍)에 행차해 오치(五畤)에서 제사를 지냈다.

---

14 왕접은 선제의 모친 왕부인의 조카이다.

여름 6월 갑술일(甲戌日)에 일식이 있었다. 조하여 말했다.

"대개 듣건대 밝은 임금[明王]이 윗자리에 있고 충성스럽고 뛰어난 이[忠賢]가 관직에 펴져 있으면 뭇 백성들이 화락(和樂)하고 나라 밖에서도 그 은택을 입게 된다고 했다. (그런데) 지금 짐이 임금다운 도리[大道=王道]에 어두워[晻=暗] 아침저녁으로 걱정하고 애써보지만, 그 이치에 통달하지 못해 현혹되지 않을 만큼 눈 밝게 보지 못하고[靡瞻不眩], 미혹되지 않을 만큼 귀 밝게 듣지 못하고 있다[靡聽不惑]. 이 때문에 정령(政令)이 (시행되지 못하고) 되돌아오는[還=反] 바람에 백성들의 마음을 얻지 못했고, 간사한 말들이 헛되이 올라오는 바람에 추진한 일들이 제대로 성취된 바가 없다[亡(無)成功]. 이는 온 천하에 널리 소문이 나 있는 바[所著聞]다.

공경대부들이 좋아하고 싫어하는 바가 한결같지 않아 힘없는 백성들[細民]을 침탈하니 저 백성들[元元]은 삶을 어찌 이어가야 할 것인가? 이러니 6월에 어두워지며 일식이 있었다. 『시경(詩經)』에 이르지 않았던가? '지금 우리 백성들 참으로 깊이 슬퍼하고 있네[今此下民 亦孔之哀]!'[15] 지금 이후로 공경대부들은 하늘의 경계를 힘써 생각하고 자신을 삼가며 수양하길 오래도록 해[愼身修永]〔○ 사고(師古)가 말했다. "(『서경(書經)』의) 「우서(虞書)」 '고요모(皐陶謨)' 편에 나오는 '그 몸을 삼가고 그 생각을 닦기를 오래 하라[愼厥身修思永]'에서 나온 것이다."〕 짐이 미치지 못하는 바[不逮

---

15 이 구절은 「소아(小雅)」 '시월지교(十月之交-시월 초하루)' 편에 나오는데, 이 시가 바로 일식으로 인해 백성들이 피해를 봐야 하는 것을 노래한 것이다.

=不及]를 보필하라. 또 생각하는 바를 남김 없이 곧게 말하되 꺼리거나 피하는 바가 없도록 하라."
불급

9월 무자일(戊子日)에 위사후원(衛思后園)〔○ 복건(服虔)이 말했다. "위사후란 여(戾)태자의 어머니다."〕과 여원(戾園)을 없앴다.

겨울 10월 을축일(乙丑日)에 조종의 사당들 중에서 군과 국에 있는 것들을 없앴다. 여러 능들을 삼보(三輔)에 나눠 소속시켰다〔○ 사고(師古)가 말했다. "그 전에는 여러 능들은 모두 태상(太常)에 소속돼 있었는데 이때 각각 그 땅의 경계에 따라 삼보에 소속시킨 것이다."〕. 이리하여 위성(渭城) 수릉정부(壽陵亭部)의 평평한 곳 위에 초릉(初陵)을 조성했다〔○ 복건(服虔)이 말했다. "원제가 처음으로 능을 두었고 이름은 아직 없었기 때문에 초릉이라 불렀다."〕. 조하여 말했다.

"한 곳에 안착해 다른 데로 옮기기를 힘겨워하는 것은 백성[黎民]들의
여민
본성이요, 골육이 서로 의지하려는 것은 사람의 정으로서 누구나 바라는 바다. 요사이[頃者] 유사가 신자(臣子=신하) 된 의리에 따라 군국(郡國)의
경자
백성들을 옮겨 원릉(園陵)을 받들도록 주청하기에 백성들에게 명령을 내렸다. 그로 인해 조상의 분묘를 멀리 버리고, 생업을 파해 재산을 잃고, 친척들은 이별해 사람들은 그리워하는 마음을 품어 집안마다 스스로 불안해하는 마음이 있게 했다. 동쪽 변방에서는 (마을이) 텅 비어 농사일을 제때 하지 못하는 피해를 입고 관중(關中)에는 어디에도 힘입을 바 없는 백성[無聊之民=無賴之民]들로 가득하니 이는 장구한 계책[久長之策]이 아니
무료 지민   무뢰 지민   구장 지책
다. 『시경(詩經)』에 이르지 않았던가? '백성들이 진실로 노역을 그쳐야 마침내 조금이나마 편안할 수 있고, 이 중국에 은혜가 베풀어져야 사방에까

권9 원제기(元帝紀) 397

지 미치네[民亦勞止 汔可小休 惠此中國 以綏四方].'¹⁶ 지금 초릉(初陵)을 삼고자 했던 곳에 현읍(縣邑)을 두지 말고 천하 백성들이 모두 (자기) 땅에 안착해 각자의 생업을 즐겨서 동요하는 마음이 없도록 하라. 그리고 천하가 이를 훤히 알 수 있게끔 널리 알리도록 하라."

또 선후(先后)의 부모의 무덤을 받들기 위해 두었던 읍을 없앴다〔○ 응소(應劭)가 말했다. "선후가 부모를 위해 읍을 설치해 무덤을 지키도록 했는데 이미 오래되고 멀어진 데다가 또 전제(典制)에 맞지 않는 것이기에 없앤 것이다."〕.

5년 봄 정월에 감천에 행차해 태치에서 교제사를 올렸다.

3월에 상이 하동에 행차해 후토에 제사를 올렸다.

가을에 영천(穎川)에 물이 넘쳐 백성들이 떠내려가 죽었다[流殺]. 피해를 당한 자들에게는 그들의 본적이 있는 현에서 휴가[告=休告]를 주었다. 병사들은 귀향하도록 했다.

겨울에 상이 장양궁(長楊宮)의 사궁관(射熊館)에 행차해 거기(車騎)들을 포진시켜놓고서 크게 사냥했다[大獵].

12월 을유일(乙酉日)에 태상황(고조의 아버지)과 효혜황제의 침묘원(寢廟園)을 철거했다[毀].

건소(建昭) 원년(元年)(기원전 38년) 봄 3월에 옹(雍)으로 행차해 오치(五時)에서 제사를 지냈다.

---

16 「대아(大雅)」 '민로(民勞)' 편에 나오는 구절이다.

가을 8월에 흰 나방[白蛾]이 떼지어 날아 태양을 가렸는데 장안의 동도문(東都門)[17]에서 지도(枳道)에까지 이르렀다.

겨울에 하간왕(河間王) 원(元)이 죄가 있어 폐해 방릉으로 옮겼다. 효문태후와 효소태후의 침원(寢園)을 없앴다.

2년 봄 정월에 감천에 행차해 태치에서 교제사를 올렸다.

3월에 상이 하동에 행차해 후토에 제사를 올렸다. 삼하(三河)[18]의 큰 군의 태수의 작질을 높였다. 가구 수가 20만인 군을 대군(大郡)으로 했다.

여름 4월에 천하를 사면했다.

6월에 황자 여(興)를 세워 신도왕(信都王)으로 삼았다.

윤달 정유일(丁酉日)에 태황태후 상관씨(上官氏)가 붕(崩)했다.

겨울 11월에 제(齊)와 초(楚)에 지진이 있었고 큰 눈이 내려 나무가 꺾이고 가옥이 부서졌다.

회양왕의 외삼촌 장박(張博)과 위군(魏郡)태수 경방(京房)[19]이 간특한 뜻을 갖고서 제후왕[20]의 속뜻을 엿보고 성중(省中-궁궐 내)의 말을 흘린 죄에 걸려 박(博)은 요참형을 당했고 방(房)은 기시됐다.

3년 여름에 영을 내려 삼보의 도위와 대군의 도위의 작질을 모두 2,000석으로 하도록 했다.

---

17 선평문(宣平門) 외곽에 있는 문이다.
18 하남, 하동, 하내의 세 군을 가리킨다.
19 경방은 장박의 사위다.
20 회양왕 흠(欽)을 가리킨다. 흠은 선제와 장(張)첩여 사이에서 난 황자다.

6월 갑진일(甲辰日)에 승상 현성(玄成)〔○ 사고(師古)가 말했다. "위현성(韋玄成)이다."〕[21]이 훙했다.

가을에 사호서역기도위(使護西域騎都尉) 감연수(甘延壽), 부교위 진탕(陳湯)〔○ 사고(師古)가 말했다. "연수와 탕은 본래 서역의 사신으로 갔기 때문에 먼저 사신의 직함을 말하고 뒤에 관직과 이름을 차례대로 말했다."〕이 무기(戊己)교위의 둔전 관리와 병사 및 서역의 오랑캐 병사들에게 위로부터의 명이라고 거짓으로 말해[撟] 질지선우를 공격했다.
교

겨울에 그(-질지선우)의 목을 벴고, 역전을 통해 그것을 경사에 보내니 만이(蠻夷)의 저택〔○ 사고(師古)가 말했다. "오늘날의 홍려(鴻臚) 객관이다."〕 문에 그것을 걸어두었다.

4년 봄 정월에 질지선우를 주살해 교제사 사당[郊廟]에 아뢰었다. 천하
교묘
를 사면했다. 여러 신하들이 상의 장수를 기원해 술자리를 열고서 질지선우를 토벌한 그림책을 후궁과 귀인들에게 보여주었다.

여름 4월에 조하여 말했다.

"짐은 선제(先帝)의 아름다운 업적[休烈=美業]을 이어받아 밤낮으로 전
휴열 미업
전긍긍하면서[栗栗] 맡은 바를 제대로 할 수 없을까봐 두려워하고 있다.
율률

---

21 위현(韋賢)의 막내아들이다. 젊어서부터 학문을 좋아했고 항상 겸손했다. 명경(明經)으로 간대부(諫大夫)에 발탁되고 대하도위(大河都尉)로 옮겼다. 나중에 지위를 형에게 양보했는데 선제(宣帝)가 그 절조를 가상하게 여겨 하남태수(河南太守)로 삼았다. 선제의 명으로 제유(諸儒)들과 석거각(石渠閣)에서 오경(五經)의 동이(同異)를 의논했다. 경학에 밝아 원제(元帝)가 즉위하자 소부(少府)가 되고 태자태부(太子太傅)를 거쳐 어사대부(御史大夫)까지 올랐다. 영광(永光) 연간 중에 아버지의 뒤를 이어 승상이 됐다.

근래에 음양이 조화를 이루지 못하고 오행이 질서를 잃어 백성들이 기근에 시달리고 있다. 백성들[蒸庶]이 생업을 잃게 되는 것을 생각해 간대부 박사 상(賞) 등 21명을 보내 천하를 순행케 해 노인들과 환과고독, 그리고 곤궁한 이와 생업을 잃은 사람들을 위로하고 실상을 묻도록 하고[存問], 뛰어난 재주와 특이한 재주를 가진 선비를 추천토록 했다. 재상과 장군, 그리고 구경(九卿)들은 이에 뜻을 다해 조금도 게을리하지 말고 짐으로 하여금 교화가 이루어지는 것을 볼 수 있도록 해달라."

6월 갑신일(甲申日)에 중산왕(中山王) 경(竟)이 훙했다. 남전(藍田)에 지진이 있어 모래와 돌이 패수(霸水)를 막았고, 안릉(安陵)[22]의 주변 언덕이 무너져 내려 경수(涇水)를 막았으며, 물이 역류했다.

5년 봄 3월에 조하여 말했다.

"대개 듣건대 밝은 임금[明王]이 나라를 다스릴 때는 좋고 나쁨[好惡]을 분명히 하고, 버릴 것과 취할 것을 명확히 정해 삼감과 사양함[敬讓]을 높이니 백성들의 행실이 좋아졌다. 그래서 법이 있어도 백성들은 범하지 않았다. (그런데) 지금 짐이 종묘를 얻어 지키면서[獲保] 전전긍긍하며 [兢兢業業=戰戰兢兢] 감히 해이해지거나 나태해지지 않으려 애쓰고 있지만, 황제다움은 엷어 밝아지지 못하고 교화는 미미할 뿐이다. 『논어(論語)』에 이르지 않았던가? '백성들의 과실은 (그 책임이) 나 한 사람에게 있다.'[23] 천하에 사면령을 내리고, 여자들에게는 100호당 소고기와 술을 내려

---

22 혜제의 능이다.

23 이 말은 『논어(論語)』 「요왈(堯曰)」 편에 나오지만 『서경(書經)』에도 나온다.

주고, 백성들에겐 벼슬 1급씩, 삼로(三老)와 효제(孝弟), 그리고 농사일에 힘쓰는 자[力田]에겐 비단을 내려주라."

또 말했다.

"바야흐로 봄이 돼 농사일과 누에치기[農桑]가 흥해 백성들은 온 힘을 모아 스스로 최선을 다하는 때라 이 달에는 백성들을 위로하고 권면하며, 이때를 뒤로 미루게 하는 일이 없게 하라. 지금 못돼먹은[不良] 관리들이 작은 죄라도 반복해 조사하고 불러다가 증거를 살피며 급하지 않은 일을 일으키니, 백성들에게 해를 끼쳐 일의 적기[一時之作]를 잃어 한 해의 공을 끝내지 못하게 하고 있다.[24] 공경들은 이를 밝게 살피고 거듭 타일러 경계시켜야 할 것이다[申飭]."

여름 6월 경신일(庚申日)에 여원(戾園)을 복원했다. 임신일(壬申日) 그믐날에 일식이 있었다.

가을 7월 경자일(庚子日)에 태상황의 침묘원, 원묘(原廟),[25] 소령후(昭靈后),[26] 무애왕(武哀王),[27] 소애후(昭哀后),[28] 위사후의 원을 복원했다.

경녕(竟寧)〔○ 응소(應劭)가 말했다. "호한야선우가 요새를 지켜줄 것을

---

24 농민들에게 농번기를 놓치게 만들어 한 해의 농사를 망쳐버리는 것을 말한다.

25 혜제가 위북(渭北)에 조성한 고제의 사당이다.

26 고제의 어머니다.

27 고제의 형이다.

28 고제의 여동생이다.

원해 변경이 안녕을 확보할 수 있었기 때문에 그것으로 연호를 삼은 것이다."] 원년(元年)(기원전 33년) 봄 정월에 흉노의 호한야선우가 와서 조현했다[來朝]. 조하여 말했다.

"흉노의 질지선우는 예와 의로움을 배반해 이미 그 죄를 자복했고, 호한야선우는 (한나라의) 은덕을 잊지 않아 우리의 예와 의로움을 사모하고 있어, 다시 조하(朝賀)의 예를 닦고서 요새를 확보해 그것을 끝없이 전하고 변경에 오래도록 전쟁이 없기를 바라고 있다. 이에 연호를 바꿔 경녕으로 하고 선우에게는 대조(待詔) 액정왕장(掖庭王檣)을 내려줘 알씨(閼氏)로 삼는다."

황태자가 관례를 행했다[冠]. 열후의 사자(嗣子-뒤를 잇는 아들)에게 작(爵) 오대부를, 천하에 아버지의 뒤를 잇는 자에게는 작 1급을 내려주었다.

2월에 어사대부 연수(延壽)[○ 사고(師古)가 말했다. "번연수(繁延壽)다."]가 졸(卒)했다.

3월 계미일(癸未日)에 효혜황제의 침묘원, 효문태후와 효소태후의 침원을 복원했다.

여름에 기도위 감연수를 봉해 열후로 삼았다. 부교위 진탕에게 관내후의 작과 황금 100근을 하사했다.

5월 임진일(壬辰日)에 제(帝)가 미앙궁에서 붕했다[○ 신찬(臣瓚)이 말했다. "제는 27세에 자리에 나아가 16년 동안 자리에 있었고 이때 수(壽)는 43세이다."]. 태상황, 효제, 효경황제의 사당을 철거했다[毁]. 효문, 효소태후와 소령후, 무애왕, 소애후의 침원을 없앴다.

가을 7월 병술일(丙戌日)에 위릉(渭陵)에 안장했다[○ 신찬(臣瓚)이 말했다. "붕해 안장할 때까지 모두 55일이었다. 위릉은 장안 북쪽 56리에 있다."].

찬(贊)하여 말했다.

"신(臣)의 외할아버지 형제는 원제(元帝)의 시중(侍中)이었는데[○ 응소(應劭)가 말했다. "「원제기」와 「성제기」는 모두 반고(班固)의 아버지 표(彪)가 지었으니, 이때 신(臣)이란 표 자신을 말하는 것이다. 그의 외조부는 금창(金敞)이다." 여순(如淳)이 말했다. "반고의 외조부는 번숙피(樊叔皮)다." 사고(師古)가 말했다. "응소의 설이 옳다."] 신에게 말씀하시기를 '원제는 재예(才藝)가 많고 사서(史書)[○ 응소(應劭)가 말했다. "주(周)나라 선왕(宣王) 때의 태사(太史)인 사주(史籒)가 지은 대전(大篆)을 가리킨다."]를 좋아하셨다'고 했다. 크고 작은 거문고[琴瑟]를 켜고, 퉁소[洞簫]를 불고, 스스로 곡을 짓고 노래를 불렀으며, 지극히 정교했다[幼眇=要眇]고 한다. 어릴 때는 유학을 좋아했고 즉위해서는 유생들을 불러다 써서 그들에게 정사를 맡겼으니 공우(貢禹), 설광덕(薛廣德), 위현성(韋玄成), 광형(匡衡)[貢薛韋匡]이 번갈아가며[迭=秩] 재상이 됐다.

상(上)은 문자의 뜻에 얽매여[牽制] 우유부단(優游不斷=優柔不斷)했기에 효선(孝宣)의 대업은 쇠퇴하고 말았다. 그러나 너그럽고 큰 마음으로[寬弘] 아랫사람들에게 극진하게 했고, 모든 행동이 공손함과 검소함에서 나와 호령(號令)은 늘 원만하고 반듯해[溫雅] 옛 풍모[風烈]가 있었다."

권
◆
10

성제기
成帝紀

효성황제(孝成皇帝)〔○ 순열(荀悅)이 말했다. "이름[諱]은 오(驁)이고 자(字)는 태손(太孫)이며 오(驁) 대신 준(俊)을 썼다." 응소(應劭)가 말했다. "시법(諡法)에 이르기를 '백성들을 편안케 하고 정치를 바로 세우면[安民立政] 성(成)이라 한다'라고 했다."〕는 원제의 태자다. 어머니는 왕(王)황후인데 원제가 태자궁에 있을 때 갑관(甲觀)[1]의 화당(畫堂-그림 있는 방)에서 태어났으며 적사(嫡嗣) 황손이었다. 선제(宣帝)가 아끼어 자를 태손(太孫)이라 하고 늘 좌우에 두었다. 3세 때 선제가 붕하고 원제(元帝)가 즉위하자 제(帝)는 태자가 됐다. 자라서는 경서(經書)를 좋아했고 (성품은) 너그러워 마음 씀씀이가 넓고 매사 조심스러웠다[寬博謹慎]. 애초에 계궁(桂宮)〔○ 사고(師古)가 말했다. "『삼보황도(三輔黃圖)』에 따르면 계궁은 장안성 안에 있었고 북궁과 가까웠는데 태자궁은 아니다."〕에 거처할 때 상이 일

---

1 태자궁 내 갑지에 있는 관이다.

찍이 급하게 부른 적이 있는데, 태자는 용루문(龍樓門)〔○ 장안(張晏)이 말했다. "문루 위에 동으로 만든 용이 있었는데 마치 백학(白鶴)이나 비렴(飛廉-바람을 일으키는 상상의 새)과 닮아 이름을 그렇게 지었다."〕을 나섰지만 감히 치도(馳道)〔○ 응소(應劭)가 말했다. "천자가 다니는 길로 지금(-당나라 때)의 중도(中道)다."〕를 가로질러[絶=橫] 갈 수가 없어 (일부러) 서쪽의 직성문(直城門)〔○ 진작(晉灼)이 말했다. "『삼보황도(三輔黃圖)』에 따르면 서쪽으로 나가는 남쪽 끝머리에 있는 제2문이다."〕까지 가서야 마침내 가로질러서 한 바퀴를 돌아 작실문(作室門)에 들어갈 수 있었다. 상이 태자가 늦게 오자 그 이유를 물으니 상황을 설명했다. 상은 크게 기뻐하며 이에 영을 내려 태자로 하여금 치도를 가로질러 다닐 수 있도록 하라고 했다. (하지만) 그후에 술을 좋아하고 사사로운 술 잔치[燕樂]에 빠지자 상은 태자를 유능하다[能]고 여기지 않았다. 그리고 정도공왕(定陶恭王)이 재예(才藝)가 있어 그의 어머니 부소의(傅昭儀)도 총애를 받게 됐고 상은 그 때문에 늘 공왕을 후사로 삼아야겠다고 생각했다. (그러나) 시중 사단(史丹, ?~기원전 14년)[2]이 태자의 집안(태자와 어머니 쪽 집안)을 보호해 태자를 돕는 데 힘을 쏟았고, 상 또한 선제(先帝)[3]가 태자를 심히 사랑했다는 것

---

2 사고(史高)의 아들이다. 원제(元帝) 때 부음(父蔭)으로 부마도위시중(駙馬都尉侍中)이 돼 태자(太子)의 집을 지켰다. 원제가 병에 걸려 태자를 바꾸려고 하자 눈물을 흘리며 충간해 이를 저지했다. 성제(成帝)가 즉위하자 장락위위(長樂衛尉)가 되고 우장군(右將軍)으로 옮겼으며 관내후(關內侯)에 봉해졌다. 성격이 사치스러워 동노(童奴)가 수백에 이르렀고 희첩(姬妾)만도 수십 명이었다.

3 선제(宣帝)를 가리킨다.

을 알았기에 결국 폐할 수가 없었다.

경녕(竟寧) 원년 5월에 원제가 붕(崩)했다. 6월 기미일(己未日)에 태자가 황제의 자리에 나아가 고제 사당에 알현했다. 황태후를 높여 태황태후라 불렀고 황후를 황태후라 불렀다. 외삼촌이자 시중 위위(衛尉) 양평후(陽平侯) 왕봉(王鳳, ?~기원전 22년)[4]을 대사마 대장군으로 삼고 상서(尙書)의 일을 총괄하게 했다. 을미일(乙未日)에 유사가 말했다.

"가마와 수레, 소와 말, 짐승 등은 모두 예법에 맞지 않으니 마땅히 부장(副葬)해서는 안 될 것입니다."

주(奏)를 재가했다.

7월에 천하를 크게 사면했다.

건시(建始) 원년(元年)(기원전 32년) 봄 정월에 황증조 도고(悼考)의 사당〔○ 문영(文穎)이 말했다. "선제(宣帝)의 아버지 사황손(史皇孫)의 사당이다."〕에 화재가 났다. 옛 하간왕의 동생인 상군(上郡)의 고령(庫令)[5] 량(良)

---

4 원제(元帝)의 황후 왕정군(王政君)의 오빠다. 처음에 위위시중(衛尉侍中)이 되고 양평후(陽平侯)를 이었다. 성제(成帝)가 즉위하자 대사마(大司馬) 대장군(大將軍)이 돼 상서사(尙書事)를 맡았다. 그의 동생 다섯 사람도 후(侯)에 봉해졌다. 왕씨의 자제들이 두루 요직에 앉아 황제가 제 역할을 할 수 없었다. 경조윤(京兆尹) 왕장(王章)이 평소 강직해 과감하게 간언(諫言)을 올렸는데 왕봉을 탄핵했다. 왕봉이 글을 올려 걸해골(乞骸骨-사직 요청) 하니 태후가 이 소식을 듣고 음식을 받지 않았다. 얼마 뒤 다시 재기해 일을 보면서 상서(尙書)를 시켜 왕장을 탄핵하니 왕장은 옥중에서 죽었다. 이때부터 공경(公卿)들이 질시(疾視)했다. 정권을 보좌한 11년 동안 왕씨들이 조정을 장악한 것은 그로부터 시작됐고, 나중에 조카 왕망(王莽)이 한나라를 대신해 신(新)왕조를 건립했다.

5 관의 병기를 소장하고 관리하는 책임자다.

을 세워 왕으로 삼았다. 영실(營室-별자리)에 혜성이 나타났다. 상림원의 조옥(詔獄)〔○ 사고(師古)가 말했다. "『한구의(漢舊儀)』에 따르면 상림원의 조옥은 원(苑-동산)의 짐승들과 궁관(宮館)의 일을 다루며 수형(水衡)에 속한다."〕을 폐지했다.

2월에 우장군 장사(長史) 요윤(姚尹) 등이 흉노에 사자로 갔다가 돌아오던 중에 요새와 거리가 100여 리 떨어진 곳에서 폭풍으로 인해 화재가 발생해 윤 등 7명이 불에 타 죽었다. 제후왕, 승상, 장군, 열후, 왕태후, 공주(公主), 왕주(王主)〔○ 사고(師古)가 말했다. "왕주란 옹주(翁主)다. 왕이 스스로 혼례를 주관하기 때문에 왕주라 한 것이다."〕, 2,000석 관리들에게 황금을 내려주었고, 종실의 친족들 중에서 여러 관직에 있는 1,000석 이하 200석까지와 종실의 아들 중에서 속적(屬籍)이 있는 자, 삼로, 효제, 역전, 환과고독에게는 돈과 비단을 내려주었는데, 각각 차등 있게 했으며 (하급) 관리와 백성들에게는 50호당 소고기와 술을 내려주었다. 조(詔)하여 말했다.

"근래에 화재가 조상들의 사당에 내려왔고 동방에는 혜성이 나타났으니 비로소 제위의 바른 자리에 올랐는데 하늘에서는 재이가 나타난 것이라[始正而虧] 허물을 탓함이 얼마나 큰 것인가? 『서경(書經)』에 이르기를 '먼저 왕을 바로잡고서 그 일을 바로잡겠습니다〔○ 사고(師古)가 말했다. "『상서(尙書)』 '고종융일(高宗肜日)' 편에 실려 있으며 무정(武丁-고종)의 신하인 조기(祖己)가 한 말이다. 옛날의 뛰어난 임금들은 재앙이 있게 되면 곧바로 자신의 행실과 정사를 바로잡았다는 뜻이다."〕'라고 했으니 여러 공들은 더욱 힘써[孜孜] 백료들을 앞에서 이끌고 짐의 모자람[不逮]을 돕도록 하라. 관대함을 높이고 화목함을 길러주어 모든 일에 있어서 자기를 용서하듯 남을 용서해[恕己] 가혹하고 각박하게 하지 않도록 하라. 이에 천하를 크게 사면해 모두 스스로를 새롭게 할 수 있게 하라."

외삼촌인 제리(諸吏)[6] 광록대부 관내후 왕숭(王崇)을 봉해 안성후(安成侯)로 삼았다. 외삼촌 왕담(王譚), 상(商), 립(立), 근(根), 봉시(逢時)에게 관내후의 작을 내려주었다.

여름 4월에 누런 안개가 사방에 가득하니 공경 대부에게 널리 물어 거리낌 없이 말을 하라고 했다.

6월에 쇠파리가 셀 수 없이 많았는데[無滿數][○ 사고(師古)가 말했다. "그 수가 너무 많아 만 단위로 세어도 다 셀 수 없을 때 무만수(無滿數)라고 한다."] 미앙궁의 전(殿)에서 조회하는 자리에 몰려들었다.

가을에 상림원 궁관(宮館) 중에서 천자가 거의 행차하지 않는 25곳을 폐지했다.

8월에 두 개의 달[兩月]이 서로 아래 위로 겹쳐진 채[相承] 새벽에 동방에 나타났다[○ 응소(應劭)가 말했다. "경방(京房)의 『역전(易傳)』을 살펴보니 '임금이 아녀자처럼 약하면 음이 올라타게 돼 두 개의 달이 보이게 된다'라고 했다."].

9월 무자일(戊子日)에 유성의 빛이 땅을 밝혔는데[燭=照] 길이가 4, 5장(丈)이고 꼬불꼬불 뱀의 모양을 했는데 자궁(紫宮)[7]을 관통했다.

---

6 관직명으로 겸관(兼官)이며 정원은 없다. 직무는 어사중승과 같으며 무제가 처음 설치했다. 열후나 장군, 경대부에게 이 직위를 주었다.

7 별의 이름인데 천제가 거처하는 곳으로 자미궁(紫微宮)이라고도 한다.

12월에 장안에 남교(南郊)와 북교(北郊)를 세우고 감천과 분음의 제사를 폐지했다. 이날 큰 바람이 불어 감천의 치(畤-제사터)에 있는 열 아름드리[韋=圍]의 큰 나무들이 뽑혀나갔다. 군국에서 피해를 입은 자들 중에 수확량의 10분의 4 이상인 자에게는 전조(田租)를 거두지 말도록 했다.

2년 봄 정월에 옹(雍)의 오치(五畤)를 폐지했다. 신사일(辛巳日)에 상이 처음으로 장안의 남교에서 교제사를 지냈다. 조하여 말했다.

"얼마 전에[乃者] 태치와 후토를 남교와 북교로 옮기고 짐은 직접 몸을 가다듬고서[飭=整] 상제에게 교제사를 올렸다. 황천이 보답해 신령스러운 빛을 나란히 보여주셨다. 삼보(三輔)의 장(長)에게는 제사를 위한 유막(帷幕) 설치 등 요역의 노고를 줄여주고 교제사를 받든 장안과 장릉(長陵)의 두 현〔○ 응소(應劭)가 말했다. "천교(天郊)는 장안성 남쪽에 있고, 지교(地郊)는 장안성 북쪽 장릉의 경계에 있다. 두 현은 교제사를 받드느라 수고했기에 둘 다 모든 죄수들을 사면해준 것이다."〕과 중도관〔○ 사고(師古)가 말했다. "중도관이란 경사의 여러 관부(官府)들을 가리킨다."〕의 가벼운 죄수[耐罪]들은 사면하라. 천하의 부전(賦錢-120전)을 40전씩 감액해주도록 하라."

윤달에 위성(渭城-현)의 연릉정부(延陵亭部)를 초릉(初陵)으로 삼았다.

2월에 삼보와 내군(內君)〔○ 사고(師古)가 말했다. "내군은 변방에 속하지 않는 군을 말한다."〕에 조하여 현량과 방정 각 1인을 천거하도록 했다.

3월에 북궁(北宮)의 우물물이 흘러넘쳤다. 신축일(辛丑日)에 상이 처음으로 북교(北郊)에서 후토신에게 제사를 지냈다. 병오일(丙午日)에 황후 허씨

(許氏)〔○ 사고(師古)가 말했다. "허가(許嘉)[8]의 딸이다."〕를 세웠다. 육구(六廄)와 기교(技巧)의 관직을 폐지했다.

여름에 큰 가뭄이 들었다. 동평왕(東平王) 우(宇)가 죄가 있어 번(樊)과 항보(亢父) 두 현을 삭감했다.

가을에 태자의 박망원(博望苑)〔○ 문영(文穎)이 말했다. "무제가 위(衛)태자를 위해 이 원을 지었는데 빈객을 맞는 용도였다."〕을 폐지해 종실의 조청자(朝請者)[9]에게 내려주었다. 승여와 마구간의 말을 줄였다.

3년 봄 3월에 천하의 죄수들을 사면했다. 효제와 역전에게 작(爵) 2급을 하사했다. 체납한 조부(租賦)들 중에서 관이 진대(振貸)해준 것들은 거둬들이지 말도록 했다.

가을에 관내(關內)에 큰 홍수가 들었다. 사상(泗上)의 소녀 진지궁(陳持弓)은 큰물이 오고 있다는 말을 듣고서 달아나 횡성문(橫城門)으로 들어가 상방(尙方)의 액문(掖門)을 통해 액문으로 난입(闌入)해〔○ 응소(應劭)가 말했다. "사상은 지명으로 위수(渭水) 변에 있다. 통행증 없이 마음대로 들어가는 것을 난(闌)이라 한다. 액문이란 정문 옆에 있는 작은 문이다."〕미앙궁의 동산에 있는 구순(鉤盾)까지 들어갔다. 관리와 백성들은 (유언비어에) 놀라 성 위로 올라갔다.

9월에 조하여 말했다.

"근래에 군과 국이 수재를 당해 인민들이 떠내려가 죽고 그 수는 천(千)

---

8 효선(孝宣) 허황후의 아버지 허광한의 조카다.

9 봄에 조회에 참가하는 것을 조(朝), 가을에 조회에 참가하는 것을 청(請)이라 했다.

으로 헤아릴 정도에 이르렀다. 경사에는 큰물이 온다는, 아무런 근거도 없는[無故] 유언비어[訛=僞言]가 떠돌아 관리와 백성들이 놀라고 두려움에 떨어, 성 위로 달아나 올라가는[乘=登] 일이 있었다. 가혹하고 난폭해 잔인하기 그지없는 관리들의 횡포가 거의 그치지를 않아 백성들 중에 억울하게 생업을 잃은 자들이 많다. 간대부 임(林) 등을 보내 천하를 순행케 하라."

겨울 12월 무신일(戊申日) 초하루에 일식이 있었다. 밤에 미앙궁 전중(殿中)에 지진이 있었다. 조하여 말했다.

"대개 듣건대 하늘이 많은 백성들을 낳아주었지만 직접 도와서 다스릴 수는 없기 때문에 백성들을 위해 임금을 세워 백성들을 통치하게[統理] 했다. 그런데 임금의 도리가 바로 서게 되면 초목과 곤충들도 모두 제자리를 찾을 수 있지만, 임금이 임금답지 못하면[不德] 하늘의 꾸지람[謫=災異]이 하늘과 땅에 나타나고 재이가 빈번하게 일어나 제대로 다스리지 못함[不治]을 알려준다고 했다. 짐이 임금으로서의 길을 걷기 시작한 지 일천하고[日寡=日淺] 거동과 조치[擧措]가 사리에 적중하지[中=當] 못해 마침내 무신일에 해가 먹히고 땅이 흔들렸으니, 짐은 심히 두려워하고 있다. 공경들은 이에 각자 짐의 허물과 잘못[過失]이 무엇인지를 생각해 명백하게 진술하도록 하라. '너희들은 앞에서는 따르고[面從] 물러나서는 뒷말[後言]을 하지 말라'[○ 사고(師古)가 말했다. "『서경(書經)』「우서(虞書)」'익직(益稷)' 편에 순임금의 말이다."]고 했다. 승상과 어사는 장군, 열후, 중(中) 2,000석 관리 및 내군국(의 관리)과 함께 현량 방정해 능히 직언과 극간을 할 수 있는 선비들을 천거해 공거(公車)에 이르게 하면 짐이 장차 만나볼

[覽=引見] 것이다."

월수(越嶲-군)에서 산이 무너져내렸다.

4년 봄에 중서환관(中書宦官)을 폐지하고〔○ 신찬(臣瓚)이 말했다. "한나라 초기에 중인(中人-환관) 중에 중알자령(中謁者令)이 있었다. 효무제 때 중알자령을 높여 중서알자령으로 삼고 복야(僕射)를 두었다. 선제 때 중서관(中書官) 홍공(弘恭)을 임명해 영(令)으로 삼았고 석현(石顯)은 복야로 삼았다. 원제가 즉위하고 여러 해가 지나 공이 죽고 현이 대신해 중서령이 돼 권력을 장악하고 일을 제 마음대로 했다[專權用事]. 성제 때에 이르러 마침내 그 관직을 폐지한 것이다."〕 처음으로 상서원(尙書員) 5명을 두었다〔○ 사고(師古)가 말했다. "『한구의(漢舊儀)』에 따르면 상서 4인이 사조(四曹)를 이룬다. 상시(常侍)상서는 승상과 어사의 일을 주관하고, 2,000석 상서는 자사(刺史) 2,000석 관리를 주관하며, 호조(戶曹)상서는 서인과 상서(上書)의 일을 주관하고, 주객(主客)상서는 외국의 일을 주관한다. 성제는 여기에 삼공(三公)상서(혹은 삼공조)를 두어 단옥(斷獄-옥사 결단)의 일을 주관하게 했다."〕.

여름 4월에 눈이 내렸다.

5월에 중알자승(中謁者丞) 진림(陳臨)이 사예교위 원풍(轅豊)을 전중(殿中)에서 죽였다〔○ 응소(應劭)가 말했다. "풍이 장안령(長安令)이 돼 잘 다스림으로 인해 유능하다는 이름을 얻자 발탁해 사예교위에 제배했다. 림은 평소 풍에게 원한이 있어 그가 존귀하게 드러나자 자기를 해칠 것을 두려워해 사람을 시켜 죽였다."〕.

가을에 복숭아나무와 오얏나무가 열매를 맺었다. 큰 홍수가 일어나 황하가 동군(東郡) 금제(金隄)[○ 사고(師古)가 말했다. "황하에 있는 제방의 이름이다. 지금은 활주(滑州)의 경계에 있다."]에서 터졌다[決=潰]. 어사대부 윤충(尹忠)은 제방이 터진 것은 자신이 직무를 제대로 다하지 못한 것이라 여겨 자살했다.

하평(河平) 원년(元年)(기원전 28년) 봄 3월에 조하여 말했다.

"황하가 동군에서 터져 2개 주[○ 사고(師古)가 말했다. "연주(兗州)와 예주(豫州)를 가리킨다."]에 물이 흘러넘쳤으나 교위 왕연세(王延世)가 제방을 쌓아 물을 막고서 속히 평정시켰으니 이에 연호를 고쳐 하평(河平)으로 하겠다. 천하의 관리와 백성들에게 작(爵)을 하사하되 차등 있게 하라."

여름 4월 기해일(己亥日) 그믐날에 일식이 있었는데 개기일식이었다. 조하여 말했다.

"짐은 종묘를 보존하는 일을 이어받아 전전긍긍했으나 아직 제대로 받들지 못하고 있다[○ 사고(師古)가 말했다. "제대로 선제의 대업에 부응하지 못하고 있다는 말이다."]. 전(傳)에 이르기를 '남자가 가르침을 제대로 닦지 못하고 양의 기운이 제자리를 찾지 못하면 일식이 일어나게 된다'[10]라고 했다. 하늘이 저처럼 재이를 드러냈으니 허물은 짐의 몸에 있다. 공경대부들은 이에 온 마음을 다해 힘써 짐의 모자람[不逮=不及]을 돕도록 하라. 백료들은 각각 맡은 바를 잘 닦아 어진 사람들에게 일을 도탑게 맡기고[惇任=厚任] 못된 무리들[殘賊]을 멀리 내치도록 하라. 짐의 허물과 과

---

10 『예기(禮記)』 「혼의(昏義)」에 나오는 구절이다.

실을 진술하되 꺼리는 바가 없도록 하라.'

천하를 크게 사면했다.

6월에 전속국(典屬國-속국 담당)을 폐지해 대홍려에 병합시켰다.

가을 9월에 태상황의 침묘원을 원래대로 복원했다.

2년 봄 정월에 패군(沛郡)의 철관(鐵官)이 담금질하던 철이 날아갔다. 상세한 이야기는 「오행지(五行志)」에 실려 있다.

여름 6월에 외삼촌 담(譚), 상(商), 립(立), 근(根), 봉시(逢時)를 봉해 모두 열후로 삼았다.

3년 봄 2월 병술일(丙戌日)에 건위(犍爲-군)에 지진이 일어나 산이 무너져내려 강수(江水)가 막혀[雍=壅] 물이 역류했다.

가을 8월 을묘일(乙卯日) 그믐날에 일식이 있었다. 광록대부 유향(劉向)이 궁중의 비밀 장서들을 교정했다. 알자 진농(陳農)을 사자로 삼아 천하에 있는 유서(遺書-전해지는 책)들을 구하게 했다.

4년 봄 정월에 흉노의 선우가 내조했다. 천하의 죄수들을 사면하고 효제와 역전에게 작(爵) 2급씩을 내려주었으며, 체납한 조부들 중에서 관이 진대(振貸)해준 것들은 거둬들이지 말도록 했다.

2월에 선우가 자기 나라로 돌아갔다.

3월 계축일(癸丑日) 초하루에 일식이 있었다.

광록대부 박사 가(嘉) 등 11명을 보내 황하에 접해 있는 군(郡)들을 순행해 홍수로 인해 피해를 당하거나 곤핍하게 돼 스스로 살아갈 수 없는 자들에게 피해 정도에 따라[財=裁]11 진대해주도록 했다. 또 물에 휩쓸려 압사하는 바람에 자력으로 장사를 지낼 수 없는 사람들에 대해서는 군국에서 작은 관[槥櫝]을 지급해 매장할 수 있도록 해주었다. 이미 매장을 한 경우에는 사람마다 2,000전을 주었다. 홍수를 피해 다른 군으로 옮긴 사람들에게는 그가 머물고 있는 곳에 관이 먹을 것을 주도록 했고, 그들을 조심해서 조리에 맞도록 대우함으로써 평소의 도리[職=常理]를 잃지 않도록 했다. 도탑고 행실이 있어 능히 곧은 말[直言]을 할 수 있는 선비들을 천거하도록 했다. 임신일(壬申日)에 장릉의 경수(涇水)에 접해 있는 절벽이 무너져 경수가 막혔다.

여름 6월 경술일(庚戌日)에 초왕 효(囂)가 훙(薨)했다. 산양(山陽-군)에서 돌에 불이 나 연호를 고쳐 양삭(陽朔)이라 했다.

양삭(陽朔)〔○ 응소(應劭)가 말했다. "이때 음이 성하고 양이 쇠했기 때문에 연호를 고쳐 양삭이라 했으니, 이는 양이 되살아나기[蘇息]를 바라서였다." 사고(師古)가 말했다. "응의 설은 틀렸다. 삭(朔)은 시작[始]이다. 돌에 불이 났다는 것을 양의 기운이 시작됐다는 뜻이다."〕 원년(元年) 봄 2월 정미일(丁未日) 그믐날에 일식이 있었다.

3월에 천하의 죄수들을 사면했다.

겨울에 경조윤 왕장(王章)이 죄가 있어 옥에 내려 죽였다.12

---

11 이때의 재(財)와 재(裁)는 둘 다 마름질하다는 뜻이다.

12 당시 대장군 왕봉(王鳳)이 외척으로서 권력을 휘두르고 있었는데 왕장은 비록 왕봉의 천거를

2년 봄에 추위가 심했다. 조해 말했다.

"옛날에 요(堯)임금이 희씨(義氏)와 화씨(和氏)를 관직에 세워〔○ 응소(應劭)가 말했다. "희씨와 화씨는 대대로 하늘과 땅을 담당하는 관직을 맡았다."〕 사시(四時)의 일을 명해 그 차례를 잃지 않도록 했다. 그래서 『서경(書經)』에 이르기를 '여러 백성들이 아! 이에 바뀌어[蕃=變] 화합했다'라고 했으니 음과 양이 근본임을 밝히도록 하라. (그런데) 지금 공경대부들은 혹 음양을 믿지 않아 그것을 가벼이 여겨 소홀히 하니[薄而小之] 주청하는 것이 월령[時政]에 위배되는 바가 많다. 옛날부터 잘 알지 못하던 것을 서로 전해주어 천하에 널리 (잘못) 행해졌는데도 음양의 조화를 기대했으니 어찌 잘못된 것이 아니겠는가? 이에 사시의 월령에 순조롭도록 힘쓰라."

3월에 천하를 크게 사면했다.

여름 5월에 800석과 500석 관리의 작질을 없앴다〔○ 이기(李奇)가 말했다. "800석은 600석으로, 500석은 400석으로 했다."〕.

가을에 관동에 큰 홍수가 나 (조서를 내려) 유민들이 함곡(函谷), 천정

받았지만 그를 못마땅하게 여겼다. 아내는 왕장에게 지난날의 어려웠던 시절을 이야기하며 왕봉을 거스르지 말라고 했으나 왕장은 듣지 않고 성제에게 왕봉을 파면해야 한다고 진언했다. 성제는 왕장의 의견을 받아들여 왕봉의 후임을 누구로 할 것인지 물었고, 왕장이 풍봉세(馮奉世)의 아들 풍야왕(馮野王)을 추천하니 그대로 시행하려 했다. 그러나 왕봉의 친척인 시중(侍中) 왕음(王音)이 이를 엿듣고는 왕봉에게 알렸고, 왕봉은 곧 사직서를 제출했다. 황태후 왕씨(王氏)마저 소식을 듣고는 울면서 밥도 먹지 않으니 성제는 차마 왕봉을 파면하지 못하고 잠시 대기시켰다. 이 기회를 틈타 왕봉은 왕장을 탄핵했고 왕장은 곧 하옥됐다. 정위 범연수는 왕장의 죄가 대역죄에 해당한다고 판결했고, 결국 왕장은 옥중에서 죽었다.

(天井), 호구(壺口), 오원(五阮)의 관문에 들어오려는 자를 가혹하게 대하지 말게 했다. 간대부와 박사를 나눠서 (현장을) 돌며 시찰하도록 했다.

8월 갑신일(甲申日)에 정도왕 강(康)이 훙했다.

9월에 사명을 받들고 갔던 자[奉使者]가 (상의 뜻에) 부응하지 못했다[不稱=不副]. 조하여 말했다.

"옛날에 태학(太學)을 세운 뜻은 장차 그것을 통해 선왕의 대업을 전해 교화가 천하에 퍼지게 하려는 데 있었다. 유림이라는 관직은 사해(四海)의 연원이기 때문에 마땅히 모두 고금의 일에 밝아 옛것을 두터이 익혀 새로운 것을 알아내고[溫故知新] 나라의 큰 틀[國體]에 통달했기에 박사(博士)라 부른 것이다. 그렇지 못하면 배움이란 것은 조술(祖述)할 수가 없어 아래로부터 경시당하게 되니 도리와 다움[道德]을 높이는 까닭이 될 수가 없다. '공인(工人)이 자신의 일을 잘하려면 반드시 먼저 그 도구들을 예리하게 한다'[13]라고 했다. 승상과 어사는 이에 중(中) 2,000석 관리, 2,000석 관리와 함께 박사의 자리에 채워 넣을 수 있는 자를 천거하되 탁월해서[卓然] 볼 만한 자로 하라."

이 해에 어사대부 장충(張忠)이 졸(卒)했다〔○ 사고(師古)가 말했다. "원래 사료에 그 달이 기록돼 있지 않았기 때문에 그 해의 말에 적었다. 그 아래 왕준(王駿)도 마찬가지다."〕.

3년 봄 3월 임술일(壬戌日)에 동군(東郡)에 운석이 8개 떨어졌다.

여름 6월에 영천(潁川-군)의 철관(鐵官) 잡부 신도성(申屠聖) 등 188명이

---

13 『논어(論語)』 「위령공(衛靈公)」 편에 나오는 구절이다.

현의 장리(長吏)를 죽이고 무기고 병기를 도둑질해 스스로 장군이라 칭하면서 9개 군(郡)14을 휩쓸었다. 승상장사(丞相長史)와 어사중승(御史中丞)을 시켜 따라가서 잡게[逐捕=追捕] 해 군대를 일으켜 군법에 따라 일을 하게 하니, 역도들은 모두 자신들의 죄를 받아들였다[伏辜=伏罪].

가을 8월 정사일(丁巳日)에 대사마 대장군 왕봉(王鳳)이 훙했다.

4년 봄 정월에 조하여 말했다.

"무릇 홍범(洪範) 팔정(八政)은 먹는 것[食]을 첫머리로 삼았으니[○ 사고(師古)가 말했다. "홍범은 『상서(尙書)』(-『서경(書經)』)의 편 이름이며 기자(箕子)가 주나라 무왕에게 말한 것이다. 홍(洪)은 크다[大]는 것이고 범(範)은 모범[法]이다. 팔정에서 첫 번째가 먹는 것으로 왕의 정사에서 가장 앞세워야 하는 것이기 때문에 첫머리로 한 것이다."] 이는 진실로 집안이 풍족하면 형벌은 내버려둬도[○ 사고(師古)가 말했다. "이는 창고가 가득 차게 되면 집집마다 다 풍족해 사람들이 법을 어기지 않아 형벌을 쓸 일이 없게 된다는 말이다."] 되는 근본이다. 선제(先帝)께서는 농사를 장려하시어[劭農=勸農] 조세를 가볍게 해주고, 농사에 힘쓰는 이들을 우대하시어 (역전(力田)을) 효제(孝弟)와 같은 과(科)로 대하셨다.15 (그런데) 근래에 들어 백성들이 나태해져서 본업(-농업)을 지향하는 자는 적고 말업(-상공업)을 좇는 자는 많으니, 장차 어떻게 그것을 바로잡을[矯=正] 것인가? 바

---

14 일본의 『한서(漢書)』 번역자 오다케 다케오(小竹武夫)는 역주에서 "9개 현(縣)의 착오인 듯하다"고 적고 있다. 규모로 볼 때 오다케의 지적이 옳은 듯하다.

15 천거할 때나 상을 내려줄 때 늘 효제와 역전을 함께 우대했다는 뜻이다.

야흐로 경작을 해야[東作]〔○ 응소(應劭)가 말했다. "동작(東作)이란 논밭을 간다[耕]는 뜻이다." 사고(師古)가 말했다. "봄의 위치는 동쪽이며 경(耕)이란 처음으로 간다[始作]는 뜻이므로 동작(東作)이라 한 것이다. (『서경(書經)』)「우서(虞書)」 '요전(堯典)' 편에 '봄을 시작하는 일을 차례에 따라 고르게 한다[平秩東作]'는 말이 나온다."〕할 때를 맞았으니, 이에 2,000석 관리들에게 명해 농상(農桑)을 장려하도록 하고, 논밭 사잇길[阡陌]을 직접 들고 나며 가서 백성들을 위로하고 오도록 하라. 『서경(書經)』에 이르지 않았던가? '밭에서 농사일에 힘써야 마침내 가을(의 수확)이 있도다.'[16] 이에 힘쓰도록 하라."

2월에 천하를 사면했다.

가을 9월 임신일(壬申日)에 동평왕(東平王) 우(宇)가 훙했다.

윤달 임술일(壬戌日)에 어사대부 우영(于永)〔○ 사고(師古)가 말했다. "우정국(于定國)의 아들이다."〕이 졸했다.

홍가(鴻嘉) 원년(元年)(기원전 20년) 봄 2월에 조하여 말했다.

"짐이 하늘과 땅을 이어 종묘를 얻어 지키면서[獲保] 눈 밝음[明]은 가려지고, 다움[德]은 백성들을 제대로 편안하게 하지 못하며, 형벌은 마땅함[中=當]을 얻지 못해 많은 백성들이 원망하고 생업을 잃어, 대궐로 달려와 고통을 호소하는 자들이 끊이지 않고 있다. 이 때문에 음과 양은 조화를 잃어 엉망이 되고, 추위와 더위는 차례를 잃어 해와 달은 제대로 빛나

---

16 「상서(商書)」 '반경(盤庚)' 편에 나오는 구절이다.

지 못하고 백성들은 죄를 입고 있으니, 짐은 심히 가슴 아프게 여긴다. 『서경(書經)』에 이르지 않았던가? '나의 중요한 일들이 노성한 자에게 있는 것이 아니니 허물이 이 몸에 있다.'[17] 바야흐로 봄은 만물이 자라나는 때이니 짐이 몸소 칙령을 내려 간대부 리(理) 등을 보내 삼보, 삼하, 홍농(弘農)에서 억울한 옥사가 있거든 올려 보내도록 하라. 공경과 대부, 부자사(剖刺史)는 군수와 제후의 재상에게 명확하게 전달해 짐의 뜻에 부응하도록 하라. 이에 천하의 백성들에게 작(爵) 1급씩을 내려주고, 여자들에게는 100호당 소고기와 술을 내려주며, 환과고독과 나이가 많은 사람들에게는 비단을 추가로 내려주라. 관에서 빌려가고서 체납하고 있는 사람들에게는 미납분을 거두지 말라."

임오일(壬午日)에 초릉에 행차해 작업에 동원된 죄수들을 사면했다. 이로써 신풍(新豊)의 희향(戲鄕)을 창릉현(昌陵縣)으로 삼아 초릉을 받들게 하고, 100호당 소고기와 술을 내려주었다. 상이 처음으로 미행(微行)[18]해 궐 밖으로 나갔다.

겨울에 황룡이 진정(眞定-현)〔○ 사고(師古)가 말했다. "원래 조(趙)나라의 동원현(東垣縣)이었는데 고조 11년에 이름을 진정으로 바꿨다."〕에 나타났다.

2년 봄에 운양(雲陽)에 행차했다.

3월에 박사가 음주의 예를 행했는데 꿩들이 날아와 뜰에 모여들어 계

---

17 「주서(周書)」'문후지명(文侯之命)' 편에 나오는 구절이다.

18 미천한 복장과 짓을 하고 다닌다고 해서 이렇게 말한다.

단을 하나씩 당에 올라 소리를 내며 울었고, 뒤에는 여러 관부(官府)로 날아가 모였다가 또 승명전(承明殿)〔○ 사고(師古)가 말했다. "미앙궁 안에 있다."〕에 모여들었다. 조하여 말했다.

"옛날에 뛰어난 이[賢]를 뽑을 때는 (뜻하는 바를) 진술하게 해[傅=敷=陳] 그것을 갖고서 받아들였으며, 일을 갖고서 시험했기 때문에 관에는 폐기된 일이 없었고, 아래로는 버려진 백성이 없어 교화가 널리 행해졌고, 바람과 비가 때와 조화를 이루었으며, 백곡이 잘 익고 백성들은 생업을 즐겨 모두가 강녕했다. 짐이 대업을 이어받은 지가 10여 년인데 여러 차례에 걸쳐 홍수와 가뭄과 전염병의 재해를 만나 백성들은 여러 차례 배고픔과 추위에 떨면서도 예와 의로움이 흥하기를 바라고 있으니 이 어찌 어려운 일이 아니겠는가? 짐은 이미 백성들을 잘 이끌어 인도하지를 못해 제왕으로서의 도리는 날로 쇠하고 있어[陵夷], 아무리 뛰어난 이를 부르고 선비를 뽑는다 해도 그 길이 막히어 통하지를 않으니, 장차 사람을 뽑는다 한들 그가 적임자이겠는가? 이에 도타운 행의(行義)가 있거나 능히 직언을 할 수 있는 자들을 천거해 그들의 절절한 말과 아름다운 계책[嘉謀]을 들어서 짐의 모자란 점을 바로잡도록[匡] 하라."

여름에 군과 국의 호걸과 재산이 500만 전 이상인 사람 5,000호를 창릉(昌陵)으로 이주시켰다. 승상, 어사, 장군, 열후, 공주, 중(中) 2,000석 관리들에게 묘지와 저택을 내려주었다.

6월에 중산헌왕(中山憲王)의 손자 운객(雲客)을 광덕왕(廣德王)으로 삼

았다.[19]

3년 여름 4월에 천하를 사면했다. 관리와 백성들이 작(爵)을 살 수 있게 해주었고 그 가격은 (1급당) 1,000전이었다. 크게 가물었다.

가을 8월 을묘일(乙卯日)에 효경제 사당의 궐문에 화재가 났다.

겨울 11월 갑인일(甲寅日)에 황후 허씨를 폐위시켰다.

광한(廣漢-군)의 남자 정궁(鄭躬) 등 60여 명이 관가를 공격해 죄수들을 빼앗고[纂][○ 사고(師古)가 말했다. "거꾸로 빼앗는 것[逆取]을 찬(纂)이라 한다."] 무기고의 병기들을 탈취하고서 스스로 산군(山君)이라 칭했다.

4년 봄 정월에 조하여 말했다.

"수차례 유사에 칙(勅)하여 관대함에 힘쓰고 가혹하고 사나운 행정을 금하라고 했건만 지금까지[訖今=至今] 고쳐지지 않고 있다. 한 사람에게 죄가 있으면 그 집안[宗=族]까지 연좌시키니 농민들은 생업을 잃어 원망과 원한을 품은 자들이 많고, 화기(和氣)가 손상을 입어 홍수와 가뭄이 피해를 일으키며, 관(關)의 동쪽에는 유랑 걸식하는 자들이 많아 청(靑), 유(幽), 기(冀) 여러 주에서는 참혹함이 더욱 심해 짐은 심히 마음 아파하고 있다. (높은) 자리에 있는 자들 중에 참혹한 꼴을 당한 사람이 있다는 것을 듣지 못했으니 누가 마땅히 짐을 도와 함께 그것을 근심하랴! 이미 사자를 보내 군국을 순행토록 했다. 피해가 평년의 (수확을 기준으로) 10분의 4 이상일 때에는 백성의 재산이 3만 전에 이르지 않을 경우 조부를 내

---

19 운객은 실은 동생의 손자다. 유복(劉福)이 죽자 그의 아들 유수(劉修)가 뒤를 이었고 오봉 3년(기원전 55년)에 유수가 죽었는데 후사가 없어 운객을 왕으로 세운 것이다.

지 말도록 하라. 관에서 빌려가고서 체납하고 있는 사람들에게는 미납분을 거두지 말라. 떠돌고 있는 백성이 관(關)에 들어오려 할 경우 즉각 명적(名籍)에 기록하고서 들여보내라. 그들이 찾아가는[之=往] 군국에서는 그들을 조심해서 조리에 맞도록 대우함으로써 모든 백성들이 다 잘 살아갈 수 있도록 힘써 짐의 뜻에 부응하도록 하라."

가을에 발해, 청하(淸河)를 지나는 황하가 넘쳐 재난을 당한 사람들에게 진대했다.

겨울에 광한의 정궁 등이 무리를 이뤄 점점 세력을 넓혀[寖廣=漸擴] 4개 현을 범하며 지나갔고 그 무리는 1만 명에 이르렀다. 하동도위 조호(趙護)를 광한태수로 삼고 광한군의 병사 및 촉군(蜀郡)의 병사들을 합쳐 모두 3만 명을 발동해 그들을 쳤다. 혹 적들 사이에서 서로 붙잡거나 목을 베어 투항하는 자는 죄를 면해주었다. 열흘에서 한 달 사이에 평정했기에 호(護)를 승진시켜 집금오(執金五)로 삼고 황금 100근을 내려주었다.

영시(永始) 원년(元年)(기원전 16년) 봄 정월 계축일(癸丑日)에 태관의 능실(凌室)[○ 사고(師古)가 말했다. "얼음을 저장하는 실이다."]에 불이 났다. 무오일(戊午日)에 여후원(戾后園) 궐문에 불이 났다.

여름 4월에 첩여 조씨(趙氏)의 아버지 림(臨)을 봉해 성양후(成陽侯)로 삼았다.

5월에 외삼촌 만(曼)의 아들 시중 기도위 광록대부 왕망(王莽)을 봉해 신도후(新都侯)로 삼았다.

6월 병인일(丙寅日)에 황후 조씨를 세웠다[○ 사고(師古)가 말했다. "조비

연(趙飛燕)으로 위에서 말한 첩여 조씨다."). [20] 천하를 크게 사면했다.

가을 7월에 조하여 말했다.

"짐이 다움을 잡아줌[執德]이 견고하지 못해 계책이 아래로 다 내려가
　　　집덕
지 못하는 바람에 장작대장(將作大匠-토목 건축 담당) 만년(萬年)〔○ 사고
(師古)가 말했다. "해만년(解萬年)이다."〕의 '창릉은 3년이면 완성할 수 있다'
는 말을 잘못 듣는 허물을 저질렀다. 작업을 한 지 5년이 돼도 중릉(中陵)
과 사마전문(司馬殿門) 안은 아직 시작도 하지 못했다〔○ 여순(如淳)이 말
했다. "능 안에 사마전문이 있는 것은 황제가 살아 있을 때의 제도와 같
게 하려는 것이다." 신찬(臣瓚)이 말했다. "천자의 무덤에는 사마전문이 없
다. 여기서 사마전문이라는 것은 능 주변의 침전과 사마문을 가리키는 것
이다. 이때에는 둘 다 공사를 시작도 하지 않은 것이다." 사고(師古)가 말했
다. "중릉이란 능 안의 정침(正寢)을 말한 것이다. 사마전문 안과 관련해서
는 찬의 설이 옳다."〕. 천하의 물자들이 헛되이 소모되고 백성들은 지쳐서
피로하며[罷勞=疲勞] 객토(客土)〔○ 복건(服虔)이 말했다. "다른 곳의 흙을
　　피로　　피로
가져와서 지면을 높이는 것을 객토라고 한다."〕는 성글고 질이 안 좋아 끝
내 완성할 수가 없을 것이다. 짐이 그 어려움을 생각할[惟=思] 때 너무도
　　　　　　　　　　　　　　　　　　　　　　　　　　　유　사

---

20 이상의 세 문장은 한나라 멸망과 직결된다는 점에서 특히 의미가 깊다. 왕망의 부각과 더불어
조씨의 등장은 한나라의 국운을 결정적으로 쇠하게 만들었기 때문이다. 이 부분의 배경에 대
해 사마광의 『자치통감(資治通鑑)』은 이렇게 말하고 있다. "상은 조첩여를 세워 황후로 삼고 싶
었으나 황태후는 그녀의 출신이 아주 미천한 것을 싫어해 곤란하게 여겼다. 태후의 언니 아들
인 순우장(淳于長)이 시중이어서 자주 동궁(東宮-태후궁)으로 왕래하면서 말을 통하게 했는데
1년여 만에 마침내 황태후의 뜻을 얻어냈고 이를 허락했다."

슬퍼[怛然] 마음이 상한다. 무릇 '허물이 있는데도 고치지 않는 것, 이것이
                                            달연
바로 허물이다'[21]라고 했으니 이에 창릉 작업을 폐기해 예전의 능[22]으로
되돌려라. 옛 능묘의 경우에도 관리와 백성들을 이주시키지 말아 천하로
하여금 동요하는 마음을 갖지 않도록 하라."

성양(城陽) 효왕(孝王)의 아들 리(俚)를 세워 왕으로 삼았다.

8월 정축일(丁丑日)에 태황태후 왕씨(王氏)가 붕(崩)했다〔○ 사고(師古)가
말했다. "선제(宣帝)의 왕(王)황후다."〕.

2년 봄 정월 기축일(己丑日)에 대사마 거기장군 왕음(王音)[23]이 훙했다.

2월 계미일(癸未日) 밤에 별이 비처럼 내렸다[隕=落]. 을유일(乙酉日) 그
                                        운 낙
믐날에 일식이 있었다. 조하여 말했다.

"최근에 용(龍)이 동래(東萊-군)에 나타나더니 일식이 있었다. 하늘이
변고와 재이[變異]를 드러내 짐의 허물[郵=尤=過]을 밝게 보여주었으니
        변이   우 우 과
짐은 심히 두렵다. 공경(公卿)은 백료들에게 잘 타일러 하늘의 경고를 깊이
생각해 줄이고 없앨 것은 빨리 시행해, 백성들을 편안하게 해줄 수 있는
것이 무엇인지를 조리 있게 건의하도록[條奏] 하라. 가난한 백성들에게 진
                              조주

---

21 『논어(論語)』「위령공(衛靈公)」편에 나오는 공자의 말이다.

22 위성(渭城)의 연릉(延陵)을 말한다.

23 원제(元帝) 왕황후(王皇后) 정군(政君)의 사촌동생이다. 대장군 왕봉(王鳳)에게 아부해 어사대
부(御史大夫)에 올랐다. 성제(成帝) 양삭(陽朔) 3년(기원전 22년) 왕봉이 죽으면서 그의 추천으
로 대사마(大司馬)와 거기장군(車騎將軍)에 오르고 상서(尙書)의 일을 대행했다. 홍가(鴻嘉) 원
년(기원전 20년) 안양후(安陽侯)에 봉해졌다. 사마광의『자치통감(資治通鑑)』은 그의 죽음에 대
해 이렇게 평했다. "왕씨 가운데 오직 왕음만이 잘 닦고 가지런하며 자주 간언을 해 올바르게
해서 충성스럽고 곧으며 절조가 있었다."

대해주었던 것은 거둬들이지 말라."

또 말했다.

"관동은 해를 이어[比歲=連年] 흉년이 들어 관리와 백성들 중에서 의로움을 발휘해 가난한 백성들을 거두어 먹이고 곡물을 내놓아 현관(縣官)을 도와서 구휼했던 자들에게는 이미 그 비용을 내려주었다. 이제 그 액수가 100만 전 이상인 자에게는 작(爵) 우경(右更)[24]을 더해주고, (일반 백성으로서) 관리가 되고 싶어 하는 자에게는 300석 관리를 주고[補], 이미 관리일 경우에는 2등을 높여주도록 하라. 30만 전 이상인 자에게는 작 오대부[25]를 하사하고, 관리인 경우에는 2등을 높여주고, 백성들은 낭(郎)의 자리를 주라. 10만 전 이상인 자에게는 그 집에 3년간의 조세와 부세를 면제해주고, 1만 전 이상인 자에게는 1년간 면제해주라."

겨울 11월에 옹(雍)에 행차해 오치에서 제사를 지냈다.

12월에 조하여 말했다.

"예전에 장작대장 만년은 창릉이 지대가 낮아 만세토록 유지될 수 있는 곳이 아니라는 것을 알면서도 능을 조성해 성곽과 읍을 세울 것을 주청해 망령되이 기만해, 흙을 쌓아 높이고 부세와 요역을 대거 동원해 난폭하기[卒暴=急暴] 그지없는 공사를 일으켰다. (그러다 보니) 인부들 중에 죄를 짓는 자나 공사 중에 죽게 되는 자들이 줄을 이었고, 백성들의 피로는 극에 달했으며, 천하는 궁핍해졌다[匱竭=空盡]. 상시 굉(閎)〔○ 사고(師古)가

---

24 제14작이다.
25 제9작이다.

말했다. "왕굉(王閎)이다."]은 예전에 대사농중승으로 있을 때 여러 차례 아뢰기를 창릉은 이루어질 수가 없다고 했었다. 시중 위위 장(長)[○ 사고(師古)가 말했다. "순우장(淳于長)이다."]은 여러 차례에 걸쳐 서둘러 공사를 중지시켜 민가들을 원래의 땅으로 옮겨야 한다고 말했다[白]. 짐은 장을 통해 굉의 주문(奏文)을 아래에 내리니 공경들 중에서 의견을 내는 자들은 모두 장의 계획이 합당하다고 했다. 장이 앞장서서 최상의 계획[至策]을 제시하고 굉은 (사농중승으로서) 큰 비용의 절감을 주도해[典主] 백성들은 안정을 되찾았다. 굉에게는 이전에 관내후의 작(爵)과 황금 100근을 내려준 바 있다. 이에 장에게도 관내후의 작과 식읍 1,000호를, 굉에게는 500호를 내려주라. 만년은 간사하고 불충해 그 해독이 많은 백성들에게 흘러들어가 나라 안이 원망해 지금까지도 그치지 않고 있으니, 비록 사면령의 혜택을 입기는 했지만 마땅히 경사에 거주해서는 안 될 것이다. 이에 만년을 돈황군으로 옮겨 살게 하라."

같은 해 어사대부 왕준(王駿)[○ 사고(師古)가 말했다. "왕길(王吉)의 아들이다."][26]이 졸했다.

3년 봄 정월 기묘일(己卯日) 그믐날에 일식이 있었다. 조하여 말했다.

---

26 아버지의 명으로 양구하(梁丘賀)에게 『주역(周易)』 등을 배웠다. 처음에 효렴(孝廉)으로 낭(郎)이 됐다가 간대부(諫大夫)와 조내사(趙內史)를 지냈다. 아버지가 창읍왕(昌邑王)의 일에 연좌돼 형벌을 당하자 병을 핑계로 사직하고 귀향했다. 나중에 다시 유주자사(幽州刺史)가 됐다가 사예교위(司隸校尉)와 소부(少府)를 역임했다. 성제(成帝)가 크게 기용하고자 해서 경조윤(京兆尹)으로 나갔는데 유능하다는 평을 들었다. 홍가(鴻嘉) 원년(기원전 20년) 어사대부에 올랐다가 재직 중에 죽었다.

"하늘의 재앙이 거듭되니 짐은 심히 두렵다. 백성들이 생업을 잃을까 걱정해 태중대부 가(嘉) 등을 현지에 직접 보내 천하를 순행케 해 노인들과 고통에 시달리는 백성들을 위로하게 하라. 이에 부(部)의 자사(刺史)와 함께 돈후하고 질박한 자[惇樸], 겸손한 자[遜讓], 뛰어난 행실이 있는 자[有行]를 각 한 명씩 천거토록 하라."

겨울 10월 경진일(庚辰日)에 황태후가 유사에 조하여 감천의 태치, 분음의 후토, 옹의 오치, 진창(陳倉)의 진보사(陳寶祠)[27]를 복원토록 했다. 상세한 이야기는 「교사지(郊祀志)」에 실려 있다.

11월에 위씨(尉氏-현)의 남자 번병(樊並) 등 13명이 반란을 모의하고서 진류(陳留)태수를 죽이고, 관리와 백성들을 약탈하며 스스로를 장군이라 불렀다. 도졸(徒卒) 이담(李譚) 등 5명이 공동으로 병(並) 등을 쳐 죽여 모두 봉해 열후로 삼았다.

12월에 산양(山陽-군)의 철관의 무리인 소령(蘇令) 등 228명이 장리(長吏)를 공격해 죽이고, 무기고의 병기를 탈취해 스스로를 장군이라 부르며 19개의 군국을 누볐으며, 동군(東郡)태수와 여남(汝南-군)의 도위를 죽였다. 승상장사와 어사중승을 보내 부절을 갖고서 그들의 체포를 감독하게 했다. 여남태수 엄흔(嚴訢)이 소령 등을 붙잡아 목을 벴다. 공을 세운 흔을 승진시켜 대사농으로 삼고 황금 100근을 하사했다.

4년 봄 정월에 감천에 행차해 태치에서 교제사를 올렸는데 신령스러운 빛이 내려와 자전(紫殿)에 모였다. 천하를 크게 사면했다. 운양의 관리와

---

27 진(秦)나라 문공(文公)이 세웠다.

백성들에게 작(爵)을 내렸고, 여자들에게는 100호당 소고기와 술을 내려주었으며, 환과고독과 나이가 많은 사람들에게는 비단을 내려주었다.

3월에 하동에 행차해 후토신에게 제사를 지내고, 관리와 백성들에게는 운양과 같이 하사했으며, 행차가 지나온 곳에 대해서는 전조(田租)를 내지 말도록 했다.

여름 4월 계미일(癸未日)에 장락궁의 임화전(臨華殿)과 미앙궁의 동쪽 사마문에 동시에 화재가 있었다.

6월 갑오일(甲午日)에 패릉원(覇陵園-문제의 능원)의 문궐(門闕)에 화재가 났다. 두릉(杜陵)에서 일찍이 직무를 보지 않았던 자들을 나오게 해 집으로 돌려보냈다. 조하여 말했다.

"근래에 경사에 지진이 있었고 화재가 여러 차례 내려 짐은 심히 두려워하고 있다. 유사는 이런 마음을 잘 받들어 그 허물에 대해 명쾌하게 대답하도록 하라. 짐이 장차 친히 살펴볼 것이다."

또 말했다.

"빼어난 임금들은 예제(禮制)를 밝힘으로써 높고 낮음[尊卑]의 차례를 잡았고, 수레와 복제[車服]를 달리함으로써 다움이 있는 자[有德]를 높였으니, 비록 재산이 있다 하더라도 그 높음[尊]이 없으면 제도를 뛰어넘을 수 없었기 때문에 백성들은 행실을 닦아 의로움을 높이고 이익을 낮췄던 것이다. 바야흐로 지금의 풍속에서는 사치와 참람이 그치질 않아 만족함이 없다. 공경, 열후, 친속, 근신들은 사방이 본받아야 하는 모범인데 아직 몸을 닦고 예를 높여 한결같은 마음으로 나라를 걱정하는 자가 있다는 것을 듣지 못했다. 어떤 자들은 사치와 향락에 빠져 저택을 넓히고, 동산이나 연못을 다스리는 데 힘을 쓰며, 수많은 노비들을 축적하고, 최고급 비단[綺羅]을 입고, 종과 북을 설치하며, 여악(女樂)을 갖춰 수레와 복제, 혼인, 매장 등이 제도를 뛰어넘고 있다. 이로 인해 하급 관리와 백성들은 흠모하며 이를 본받아 점점 하나의 풍속으로 자리 잡았으니, 백성들이 절약과 검소를 행하기를 바라고 집집마다 먹고사는 것이 풍족하기를 기대한다는 것이 어찌 어렵지 않겠는가? 『시경(詩經)』에 이르지 않았던가? '빛나도다, 태사 윤씨여! 백성들이 모두 너희를 우러러본다〔○ 사고(師古)가 말했다. "「소아(小雅)」 '절남산(節南山)' 편에 나오는 구절이다."〕.' 이에 유사에 신칙해 그것을 점차 금하도록 하라. 청록(青綠)은 백성들의 일상복이니 앞으로 금하지 말도록 하라〔○ 사고(師古)가 말했다. "그렇다면 홍자(紅紫)를 금한 것이다."〕. 열후와 근신들은 각자 스스로 고치는지를 살펴보도록 하라. 사예교위는 고치지 않는 자를 감시하도록 하라."

가을 7월 신미일(辛未日) 그믐날에 일식이 있었다.

원연(元延) 원년(元年)(기원전 12년) 봄 정월 기해일(己亥日) 초하루에 일식이 있었다.

3월에 옹(雍)에 행차해 오치에서 제사를 지냈다.

여름 4월 정유일(丁酉日)에 구름도 없는데 천둥이 쳤고 소리와 빛이 요란하게 사방에서 내내 왔는데 해질 무렵에야 그쳤다. 천하를 사면했다.

가을 7월에 동정(東井)에 혜성이 나타났다. 조하여 말했다.

"근래에 일식이 있었고 별이 떨어져 꾸짖음이 하늘에서 보였고 큰 이변이 연이어 일어났다. 관직에 있는 사람들은 침묵하고서 아무런 충성스러운 말도 하지 않는다. 지금 혜성이 동정에 보였으니 짐은 심히 두려워하고 있다. 공경, 대부, 박사, 의랑 등 이에 각각 자신의 마음을 다 털어놓아, 변고의 의미를 생각하고서 밝게 원리원칙대로 임해 피하거나 꺼리는 바가 없도록 하고, 또 내(內) 군국과 함께 방정하고 능히 직언하고 극간할 수 있는 자를 각각 한 명씩 천거토록 하며, 북쪽 변방의 22개 군은 용맹한 자로서 병법을 잘 아는 자를 각각 한 명씩 천거토록 하라."

소상국(-소하)의 후손 희(喜)를 봉해 찬후(酇侯)로 삼았다.

겨울 12월 신해일(辛亥日)에 대사마 대장군 왕상(王商)[28]이 훙했다.

같은 해 소의(昭儀) 조씨(趙氏)[○ 사고(師古)가 말했다. "조비연의 여동생이다."]가 후궁이 낳은 황자를 죽였다.

2년 봄 정월에 감천에 행차해 태치에서 교제사를 올렸다.

3월에 하동에 행차해 후토신에게 제사를 지냈다.

여름 4월에 광릉효왕의 아들 수(守)를 왕으로 삼았다.

겨울에 장양궁(長楊宮)에 행차해 교(校)를 거느리고서 오랑캐 빈객에게 수렵을 경쟁시켰다. 부양궁(棻陽宮)에서 묵었고 따르는 종관들에게 하사품을 내려주었다.

3년 봄 정월 병인일(丙寅日)에 촉군의 민산(岷山)이 무너져 강수(江水)가 사흘 동안 막혀 그 때문에 강수의 물이 메말랐다.

---

28 원제(元帝) 황후의 서제(庶弟)로 성도후(成都侯)에 봉해졌다. 성제(成帝) 때 성을 뚫어 물을 저택의 큰 언덕으로 끌어들여 배를 띄우며 놀았다. 황제가 화를 내자 그가 도끼를 지고 죄를 청하니 사면을 받았다. 영시(永始) 2년(기원전 15년) 대사마 위장군(大司馬衛將軍)이 돼 4년 동안 정치를 보살폈다. 병으로 위급해지자 대장군으로 옮겼고 얼마 뒤 죽었다.

2월에 시중 위위 순우장을 봉해 정릉후(定陵侯)로 삼았다.

3월에 옹(雍)에 행차해 오치에서 제사를 지냈다.

4년 봄 정월에 감천에 행차해 태치에서 교제사를 올렸다.

2월에 사예교위의 관직을 폐지했다.

3월에 하동에 행차해 후토신에게 제사를 지냈다.

감로가 경사에 내렸기 때문에 장안의 백성들에게 소고기와 술을 내려주었다.

수화(綏和) 원년(元年)(기원전 8년) 봄 정월에 천하를 크게 사면했다.

2월 계축일(癸丑日)에 조하여 말했다.

"짐이 태조의 큰 과업[鴻業=洪業=大業]을 이어 종묘를 받든 지 25년이 됐으나 (황제)다움[德]으로 나라 안을 제대로 편안하게 다스리지[綏治=安治] 못하니 백성들 중에 원망과 한스러움을 품은 자들이 많다. 하늘의 도우심을 입지 못해 지금까지도 뒤를 이을 후사가 없으니 천하에 기댈 데가 없다. 옛날과 요즘의 일들이 경계하는 바를 잘 살펴보건대 재앙과 어지러움[禍亂]이 처음 싹터오르고 있는 것도 다 여기서 비롯되는 것이다. 정도왕(定陶王) 흔(欣-유흔(劉欣))은 짐에게 아들뻘이 되고 자애롭고 어질며 효성스럽고 고분고분하니[慈仁孝順], 하늘의 차례[天序=皇統]를 이어 제사를 계승할 만하다. 이에 흔을 황태자로 삼는다. 중산왕(中山王)의 외숙부인 간대부 풍참(馮參)을 봉해 의향후(宜鄕侯)로 삼되 중산국에 3만 호를 더 붙여 그 마음을 위로하노라〔○ 사고(師古)가 말했다. "이는 중산왕이 황통을 계승하지 못하게 돼 원한을 품을까봐 우려해서 취한 조치다."〕. 제후왕과 열후들에게는 황금을 내려주고, 천하에 아버지의 뒤를 이은 자에게는 벼슬을 내리고, 삼로와 효제 그리고 역전에게는 비단을 내리되 각각 차등 있게 하라."

또 말했다.

"대개 듣건대 임금다운 임금[王者]은 반드시 이왕(二王-하와 은, 혹은 은과 주)의 후손[後]이 있어 삼통(三統)을 통하게 한다〔○ 사고(師古)가 말했다. "하늘·땅·사람을 일러 삼통이라고 한다. 이왕의 후손은 나란히 이미 삼(三)이 된다."〕. 옛날에 성탕(成湯-은의 건국자)이 명을 받아 삼대(三代)의 대열에 섰지만 그에 대한 제사는 끊어졌다. 그 후손을 찾아보니 공길(孔吉)보다 정통인 사람이 없었다. 이에 길(吉)을 봉해 은소가후(殷紹嘉侯)로 삼는다."

3월에 (공길에게) 작(爵)을 주어 공(公)으로 삼고 또 주승휴후(周承休侯)도 공으로 삼았고 그들의 영지는 사방 100리였다. 옹(雍)에 행차해 오치에서 제사를 지냈다.

여름 4월에 대사마 표기장군(왕근(王根))을 대사마로 삼고 장군의 관직은 없앴다. 어사대부를 대사공(大司空)으로 삼고 봉해 열후로 삼았다. 대사마와 대사공의 봉록을 더해 승상과 같도록 했다〔○ 여순(如淳)이 말했다. "율에 따르면 승상, 대사마 대장군의 봉록은 월 6만 전이었고 어사대부의 봉록은 월 4만 전이었다."〕.

가을 8월 경술일(庚戌日)에 중산왕 흥(興)이 훙했다.

겨울 11월에 초(楚) 효왕의 손자 경(景)을 세워 정도왕으로 삼았다.

정릉후 순우장이 대역부도(大逆不道)해 옥에 내려 죽였다. 정위 공광

(孔光)이 신절을 받들고 가서 귀인 허씨〔○ 사고(師古)가 말했다. "전에 폐위된 황후 허씨다."〕에게 독약을 내리니 약을 먹고 죽었다.

12월에 부(部)의 자사 관직을 없애고 그 대신 다시 주목(州牧)을 두었고 작질은 2,000석이었다.

2년 봄 정월에 감천에 행차해 태치에서 교제사를 올렸다.

2월 임자일(壬子日)에 승상 적방진(翟方進)[29]이 훙했다.

3월에 하동에 행차해 후토신에게 제사를 지냈다. 병술일(丙戌日)에 제(帝)가 미앙궁에서 붕(崩)했다〔○ 신찬(臣瓚)이 말했다. "제는 20세에 자리에 나아가 26년 동안 자리에 있었고 이때 수(壽)는 45세이다." 사고(師古)가 말했다. "즉위한 이듬해에 연호를 바꿀 뿐이므로 수는 46세이다."〕. 황태후가 유사에 조하여 장안의 남북교에서 초혼했다[復]. 4월 기묘일(己卯日)에 연릉(延陵)에 안장했다〔○ 신찬(臣瓚)이 말했다. "붕해 안장할 때까지 모두 54일이었다. 연릉은 부풍(扶風)에 있는데 장안에서 거리가 62리다."〕.

찬(贊)하여 말했다.

---

29 집안은 대대로 미천해 태수부소리(太守府小吏)를 지냈다. 사직하고 경술(經術)을 배워 사책갑과(射策甲科)에 합격해 낭(郎)이 됐다. 성제(成帝) 하평(河平) 연간에 경학박사(經學博士)가 되고 삭방자사(朔方刺史)로 옮겼다. 재직하면서 일을 번거롭게 하거나 가혹하지 않고도 위명(威名)을 떨쳤다. 승상사직(丞相司直)으로 옮겼다. 영시(永始) 2년(기원전 15년) 어사대부(御史大夫)가 됐다. 설선(薛宣)이 재상직을 떠나자 승상(丞相)에 발탁되고 고릉후(高陵侯)에 봉해졌다. 10년 동안 승상에 있으면서 유교의 이념으로 관리의 업무를 처리해 통명(通明)하다는 평을 들었다. 수화(綏和) 2년(기원전 7년) 성제에 대한 불만으로 천상(天象)의 변이가 생겼다는 책망을 듣고 자살했다.

"신(臣)의 고모〔○ 진작(晉灼)이 말했다. "반표의 고모다."〕께서는 후궁으로 채워져 첩여(婕妤-한나라의 궁녀)[30]가 돼 아버지와 자식, 형제들이 유악(帷幄-황제의 침실)에서 시중을 들었는데, 자주 신에게 말씀하시기를 성제는 몸가짐과 거동[容儀]을 잘 닦아 수레에 오르면 바르게 서서[升車正立] 뒤를 돌아보지 않았고[不內顧], 말씀을 빨리 하지 않았으며[不疾言], 손가락으로 여기저기를 가리키지 않았다[不親指]〔○ 사고(師古)가 말했다. "뒤를 돌아보지 않았다[不內顧]라는 것은 엄숙하고 단정해 뒤를 두리번거리지 않았다는 것이다. 말씀을 빨리 하지 않았다[不疾言]라는 것은 가벼이 말을 내뱉지 않았다는 것이다. 손가락으로 여기저기를 가리키지 않았다[不親指]라는 것은 아랫사람들을 의혹에 빠뜨리지 않았다는 것이다. 이 세 구절은 원래 『논어(論語)』의 「향당(鄕黨)」편에 나오는 것으로 공자의 모습을 서술한 것이다. 따라서 그것을 끌어와서 성제를 찬미한 것이다. 『논어』의 원문은 다음과 같다. '수레에 있을 때는[車中] 뒤를 돌아보지 않았고 말씀을 빨리 하지 않았으며 손가락으로 여기저기를 가리키지 않았다.'"〕고 한다. 조회에 임해서는 입을 굳게 다물고서[淵嘿] 존엄하기가 마치 신(神)과 같아 이른바 엄숙하면서도 너그러운[穆穆] 천자의 모습이었다〔○ 사고(師古)가 말했다. "『예기(禮記)』에 이르기를 '천자는 목목(穆穆)하고 제후는 황황(皇皇)하고 대부는 제제(濟濟)하며 선비는 창창(蹌蹌)하다'고 했다. 그래서 이 찬은 그것을 인용한 것이다."〕. 고금의 책들을 널리 보고 곧은 말은 용납해 받아들였다. 공경들은 그 직무에 어울렸으며 얼마든지 자신들

---

30 반첩여(班婕妤)를 가리킨다.

의 의견을 진술할 수 있었다〔○ 사고(師古)가 말했다. "직무에 어울렸다는 것은 능히 맡은 바를 감당할 수 있었다는 뜻이고, 의견을 진술할 수 있었다는 것은 말을 함에 있어 남김 없이 다 할 수 있었다는 뜻이다."〕. 승평(承平)의 시대를 맞이해 위아래가 화목했다.

그러나 주색에 빠져들어[湛=耽] 조씨(趙氏)는 집안을 어지럽혔고 외가는 조정을 농단해 '아아[於邑]!'라고 할 수밖에 없었다〔○ 사고(師古)가 말했다. "오읍(於邑)이란 짧게 탄식하는 모습이다."〕.

건시(建始-성제의 연호) 이래로 왕씨(王氏)들이 비로소 나라의 운명을 쥐고 애제와 평제[哀平]도 단명하니 망(莽-왕망)이 드디어 제위를 찬탈했는데, 대개 그의 위엄과 복록이 쌓이게 된 것은 점점[漸] 그렇게 된 것이다."

권 11

애제기
哀帝紀

효애황제(孝哀皇帝)〔○ 순열(荀悅)이 말했다. "이름 흔(欣)을 대신해 희(喜) 자를 썼다." 응소(應劭)가 말했다. "공손하고 어질었으나 일찍 세상을 떠났으며[恭仁短折] (시호를) 애(哀)라고 했다."〕는 원제(元帝)의 서손이며 정도공왕(定陶恭王)의 아들이다. 어머니는 정희(丁姬)다. 나이 3세 때 뒤를 이어 세워져[嗣立] 왕이 됐고 커서는 문사(文辭)와 법률(法律)을 좋아했다. 원연(元延) 4년에 들어와 조회했는데[入朝] 이때 (봉국의) 부(傅), 상(相), 중위(中尉)가 모두 따라왔다. 이때 성제의 어린 동생인 중산효왕(中山孝王)도 와서 조회했는데[來朝] 오직 부(傅)만 따라왔다. 상은 이를 이상하게 생각해 정도왕에게 물으니 이렇게 대답했다.

"법령에 따르면 제후왕이 조회할 때에는 자기 나라의 2,000석 관리를 데리고 올 수 있다고 했습니다. 부, 상, 중위는 모두 나라의 2,000석 관리이기에 모두 데리고 왔습니다."

상이 『시경(詩經)』을 외워보라고 하자 잘 해냈고 그 뜻까지도 풀어냈다.

다른 날 중산왕에게 "부만 홀로 데리고 온 것은 다른 법령이 있어서인가?"라고 묻자 제대로 답을 하지 못했다. 『상서(尙書)』를 외워보라고 하자 이 또한 하지 못하고 중간에 까먹었다[廢]. 그리고 어전에서 식사를 내려주었는데, 배부르게 끝까지 먹더니 일어날 때는 족의(足衣)의 끈이 풀어졌다. 성제는 이로 말미암아 그는 장차 제위를 맡을 수 없을 것으로 보았고, 정도왕을 뛰어나다고 여기고서 여러 차례에 걸쳐 그의 재능을 칭찬했다. 이때 왕의 할머니 부(傅)태후는 왕을 따라 내조해 상의 총애를 받고 있던 조(趙)소의와 제의 외삼촌 표기장군 곡양후 왕근에게 몰래 뇌물을 주었다. 소의와 근은 상에게 아들이 없음을 염두에 두고서 그들 또한 만약을 대비해 자신들 스스로 장구한 계책을 갖고 싶어 했기에 모두 정도왕을 칭찬하면서 제에게 후사로 삼을 것을 권했다. 성제 또한 스스로 그의 재주를 좋다고 여겼기에 원복(元服)을 내려주고[1] 그를 돌려보냈는데, 이때 왕의 나이 17세였다.

이듬해 집금오 임굉(任宏)으로 하여금 대홍려의 직무를 겸하도록 하고서 지절을 받들어 정도왕을 불러오게 해 황태자로 삼았다. (왕은) 사양해 말했다.

"신은 요행히 아버지의 뒤를 이어 번을 지켜 제후왕이 됐지만 재질이 부족해 태자의 궁에 나아갈 수가 없습니다. 폐하께서는 빼어난 다움이 너그럽고 어지시어 삼가 조종을 받들어 신령스러움을 받들고 모시고 있기 때문에 마땅히 하늘의 복록과 도우심을 입어 자손이 수도 없이 많은 보답

---

1 관례를 치르도록 한 것이다.

을 받으실 것입니다. 신이 바라는 바는 그저 국저(國邸-장안에 있는 제후 왕들의 저택)에 머물 수 있게 해주시어 폐하의 기거(起居)하시는 바를 아침저녁으로 문안드리고 폐하의 뒤를 이을 후사[聖嗣]를 기다리다가 (후사가 있게 되면) 봉국으로 돌아가 번(藩)이나 지키게 해주시옵소서."

글이 올라오자 천자는 보고를 받았다. 그로부터 한 달여 후에 초 효왕의 손자 경(景)을 세워 정도왕으로 삼아 공왕(恭王)의 제사를 받들게 했는데 이는 장차 왕을 태자로 삼으려고 뒷일을 정리한 것이다. 상세한 이야기는 「외척전(外戚傳)」에 실려 있다.

수화(綏和) 2년 3월 성제가 붕(崩)했다. 4월 병오일(丙午日)에 태자가 황제의 자리에 나아가 고제 사당에 알현했다. 황태후[2]를 높여 태황태후라 불렀고 황후[3]를 황태후라 불렀다. 천하를 크게 사면했다. 종실의 왕자들 중에서 유속자(有屬者)〔○ 사고(師古)가 말했다. "유속이란 친족 관계가 다하지[親盡] 않은 사람을 말한다."〕에게 말을 각각 4필씩 내려주었고, 관리와 백성들에게는 작(爵)을 내려주었으며, 100호당 소고기와 술을 내려주고, 삼로, 효제, 역전 그리고 환과고독에게 비단을 내려주었다. 태황태후가 조서를 내려 정도공왕을 높여 공황(恭皇)으로 삼았다.

5월 병술일(丙戌日)에 황후 부씨(傅氏)〔○ 사고(師古)가 말했다. "부안(傅晏)의 딸이다."〕를 세웠다. 조(詔)하여 말했다.

---

2 원제의 황후 왕씨다.

3 조(趙)황후다.

"『춘추(春秋)』에 이르기를 '어머니는 자식으로 인해 귀하게 된다'[4]라고 했으니, 정도태후를 높여 공황태후라 하고 정희를 공황후라 하며 각각 좌우 첨사(詹事)를 두고서, 식읍은 각각 장신궁(長信宮)〔○ 응소(應劭)가 말했다. "성제의 어머니 왕태후가 장신궁에 거처했다."〕 및 중궁(中宮-황후의 궁)과 같게 하라."

부(傅)태후의 아버지를 추존해 숭조후(崇祖侯)로 삼고 정태후의 아버지를 추존해 포덕후(褒德侯)로 삼았다. 외삼촌 정명(丁明)을 봉해 양안후(陽安侯)로 삼고 외삼촌의 아들 만(滿)을 평주후(平周侯)로 삼았다. 만의 아버지 충(忠)을 추시(追諡)해 평주회후(平周懷侯)라 하고 황후의 아버지 안(晏)을 공향후(孔鄕侯)로 하며 황태후의 동생 시중 광록대부 조흠(趙欽)을 신성후(新成侯)로 삼았다.

6월에 조하여 말했다.

"정나라 소리[鄭聲]〔○ 사고(師古)가 말했다. "공자는 『논어(論語)』에서 정나라 소리를 추방하라고 했다."〕는 음란해 악을 어지럽힌다 해 빼어난 임금들은 그것을 물리쳤으니 이에 악부(樂府)를 폐지하도록 하라."

곡양후(曲陽侯) 근(根-왕근)은 예전에 대사마로 있으면서 사직의 계책을 세웠기에〔○ 사고(師古)가 말했다. "애제를 세워 태자로 삼을 것을 건의했다."〕 2,000호를 더 봉해주었다. 태복 안양후(安陽侯) 순(舜-왕순)은 제를 보도해 오랜 은혜[舊恩]가 있기에 500호를 더 봉해주었다. 그리고 승상

---

4 『춘추공양전(春秋公羊傳)』 은공(隱公) 원년에 나오는 말이다.

공광(孔光, 기원전 65~기원후 5년),[5] 대사공 범향후(范鄕侯) 하무(何武, ?~3년)[6]에게도 각각 1,000호를 더 봉해주었다.

조하여 말했다.

"하간왕(河間王) 량(良)이 태후를 위해 3년상을 행해 종실의 모범[儀表]이 됐기에 1만 호를 더 봉해주라."
_{의표}

또 말했다.

"절도를 지켜 삼가며 사치와 음란을 막는 것은 정치의 최우선 순위가 돼 백왕(百王)이라도 바꿀 수 없는 도리다. 제후와 열후, 공주, 2,000석 관리 및 호족과 부자들은 수많은 노비를 축적하고, 집과 논밭에는 한계가 없으며, 백성들과 이익을 다퉈 백성들은 생업을 잃게 돼 곤란이 겹쳐도 만족할 줄을 모른다. 이에 사안별로 열거해 그 한계를 정하는 문제[限列]를 토의하
_{한열}

5　공자의 14세손으로 공패(孔覇)의 작은아들이다. 대대로 박사(博士)를 배출한 유학의 명가에서 태어나 경학에 능통했고 의랑(議郎)이 됐다. 원제(元帝)가 즉위하자 박사에 천거돼 우수한 성적으로 상서(尚書)가 됐다. 수화(綏和) 2년(기원전 7년) 유학이 융성하는 때를 만나 중용돼 승상(丞相)에 올랐다. 나중에 모함을 받아 면직됐다. 애제(哀帝) 원수(元壽) 원년(기원전 2년) 다시 승상이 됐다. 사단(師丹), 하무(何武) 등과 함께 한전제(限田制)와 노비 제한 방안을 정했지만 황실과 대신들의 반대로 실행하지 못했다. 네 황제 아래에서 벼슬하고 태부(太傅)와 태사(太師)에 이르러 박사후(博士侯)에 봉해졌다. 평제(平帝) 때 왕망(王莽)도 예를 갖추어 존대했고, 오랫동안 높은 지위에 있으면서도 뛰어난 제자들이 많았지만 한 사람도 천거하지 않았다.

6　『주역(周易)』을 공부했고 과거에 장원급제해 낭(郎)이 됐다. 호현령(鄠縣令)으로 옮겼다. 오랜 뒤에 양주자사(揚州刺史)가 됐는데 사람됨이 어질고 후덕해 남을 칭찬하기를 좋아했다. 성제(成帝) 말에 어사대부(御史大夫)가 됐다가 다시 대사공(大司空)을 지냈고 범향후(氾鄕侯)에 봉해졌다. 애제 때 승상 공광(孔光)과 함께 한전(限田)과 한노비(限奴婢) 방안을 추진해 한도를 넘긴 사람을 정리하려 했지만 귀족들의 반대에 부딪쳐 시행하지 못했다. 평제 때 왕망(王莽)이 정권을 잡자 자신을 지지하지 않는 사람을 해치려고 했는데 이때 무고를 받아 자살했다.

도록 하라."

유사가 조목별로 아뢰었다.

"여러 왕과 열후가 자신들의 영국(領國) 안에 가지고 있는 명전(名田),[7] 장안에 머물면서 자기 영국에 나아가지 않는 열후 혹은 공주가 다른 현이나 도에 가지고 있는 명전, 관내후나 관리 및 백성들이 가지고 있는 명전은 모두 30경(頃)을 넘을 수 없도록 한다. 제후왕은 노비 200명, 열후와 공주는 100명, 관내후와 이민(吏民)은 30명까지로 한다. 나이 60세 이상과 10세 이하는 그 수에 포함시키지 않는다. 상인은 모두 명전을 가질 수 없고 관리가 될 수 없으며[○ 여순(如淳)이 말했다. "시장의 자손들은 관리가 될 수 없다. 이는 「식화지(食貨志)」에 보인다."], 이를 어기는 자는 율에 따라 논한다. 소유한 명전과 축적한 노비의 수가 등급[品]을 넘어설 경우 모두 현관(縣官)에 몰수한다. 제(齊)의 삼복관과 여러 직관(織官)에서 만드는 최고급 수놓은 비단[綺繡]은 만들기가 어려워 여공[女紅=女工]의 일에 해를 끼치므로 제작을 중지하고 완성품도 일체 올려보내지 말도록 한다. 임자령(任子令)[○ 응소(應劭)가 말했다. "『한의주(漢儀注)』에 따르면 임자령이란 2,000석 관리 이상이 업무를 3년 동안 채워서 보게 되면 형제나 자식 한 명을 임명해 낭(郎)이 될 수 있게 한 것을 말한다. 다움[德]을 보고서 뽑는 것이 아니어서 폐지한 것이다."]과 비방저기법(誹謗詆欺法-비방 무고)을 폐지하라. 액정의 궁인 중에서 30세 이하는 내보내 시집갈 수 있게 한다[出嫁]. 관노비 중에서 50세 이상인 자는 면천해 서인으로 삼았다. 군

---

7 사전(私田)의 일종이다.

국에 명해 진기한 짐승[名獸]을 올리지 못하게 한다. 300석 이하 관리의 녹봉을 올려준다. 관리들 중에서 도에 지나치게 가혹한 자들을 규찰하여 때에 맞춰 물러나게 한다. 유사는 사면령 이전의 사건을 거론할 수 없다. 박사제자의 부모가 사망할 경우 3년간 집에서 상을 치를 수 있도록 한다[寧=居喪]."

가을에 곡양후 왕근, 성도후(成都侯) 왕황(王況)이 다 죄가 있어 근은 봉국으로 나아가게 하고, 황은 면해 서인으로 삼고 고향 군[8]으로 돌아가게 했다.

조하여 말했다.

"짐은 종묘의 중함을 이어 전전긍긍하며 천심(天心)을 잃을까 두려워하고 있다. 요사이 해와 달이 빛을 잃고 오성(五星)은 그 운행을 잃었으며 군국에서는 자주[比比=頻繁] 지진이 일어났다. 얼마 전 하남(河南)과 영천(潁川)군에서 홍수가 나 물이 흘러 백성들이 떠내려가 죽고 가옥들이 무너졌다. 짐이 임금답지 못한데 백성들이 도리어 그 허물을 입었으니 짐은 심히 두렵다. 이미 광록대부를 보내 순행케 했으며 명적을 들어 죽은 자에게는 관을 살 돈을 하사해 사람마다 3,000전을 내려주도록 했다. 이에 수해로 손해를 입은 현읍 및 다른 군국 중 재해가 10분의 4 이상을 피해 본 곳이나 백성들의 재산이 10만 전이 되지 못하는 자에게 영을 내려 모두 금년의 조부를 내지 말게 하라."

---

8 위군(魏郡)이다.

건평(建平) 원년(元年)(기원전 6년) 봄 정월에 천하를 사면했다. 시중 기도위 신성후 조흠(趙欽), 성양후 조흔(趙訴)〔○ 사고(師古)가 말했다. "두 사람 모두 조(趙)소의의 오빠[兄]다."〕두 사람 모두 죄가 있어 면해 서인으로 삼고 요서(遼西)로 옮겼다.

태황태후가 조하여 외척 왕씨(王氏)의 사전 중에 묘지[冢塋]가 아닌 땅은 모두 가난한 백성들에게 주도록 했다.

2월에 (승상과 대사공에게) 조하여 말했다.

"대개 듣건대 빼어난 임금이 다스릴 때 뛰어난 이를 얻는 것을 첫머리로 삼았다고 한다. 이에 대사마, 열후, 장군, 중(中) 2,000석 관리, 주목(州牧), 군의 태수와 재상과 함께 효제 및 순후해 능히 직언할 수 있고, 정사에 통달하고서도 지금은 구석진 곳에 머물러 있지만 백성들을 자기 몸처럼 여길 수 있는 자 각 한 명씩 천거하라."

3월에 제후왕, 공주, 열후, 승상, 장군, 중(中) 2,000석 관리, 중도관 낭리들에게 금과 돈과 비단을 하사했는데 각각 차등 있게 했다.

겨울에 중산(中山)의 효왕(孝王)의 태후 원(媛)〔○ 사고(師古)가 말했다. "풍봉세(馮奉世)의 딸이다."〕과 동생 의향후(宜鄕侯) 풍참(馮參)이 죄가 있어 모두 자살했다.

2년 봄 3월에 대사공을 폐지하고 어사대부를 복원했다.

여름 4월에 조하여 말했다.

"한가(漢家-한 황실)의 제도는 혈친을 제 몸과 같이 여기는 것을 미루어 헤아려 존귀한 이를 존귀하게 여기는 것을 높인다[推親親以顯尊尊]〔○ 사고(師古)가 말했다. "천자의 지친들은 마땅히 존호를 높여야 한다는 말이다."〕. 정도공황(定陶恭皇)의 호칭을 다시 정도라고 하는 것은 알맞지 않다. 공황태후를 높여 제태태후(帝太太后)라 하고 영신궁(永信宮)이라 칭하며, 공황후를 (높여) 제태후라 하고 중안궁(中安宮)이라 칭하라. 경사(京師)에 공황의 사당을 세우라. 천하의 죄수들을 사면하라."

주목(州牧)을 폐지하고 자사(刺史)를 복원했다.

6월 경신일(庚申日)에 제태후 정씨(丁氏)가 붕(崩)했다.

상이 말했다.

"짐이 듣건대 부부는 한 몸이라 했다. 『시경(詩經)』에 이르길 '살면서 다른 집에 살아도 죽어서는 같은 묘에 묻힌다〔○ 사고(師古)가 말했다. "이 시는 「왕풍(王風)」 '대거(大車)' 편에 나오는 구절이다."〕'라고 했다. 옛날 계무자(季武子)가 능침(陵寢)을 만들었는데 두씨(杜氏)의 빈소(殯所)가 서쪽 계단 아래에 있기에 합장하기를 청하니 이를 허락했다〔○ 사고(師古)가 말했다. "계무자는 노(魯)나라 대부 계손숙(季孫宿)이다. 이 일은 『예기(禮記)』 「단궁(檀弓)」 편에 보인다."〕. 부장(附葬)의 예는 주나라에서부터 생겨났다〔○ 사고(師古)가 말했다. "『예기(禮記)』에서 공자가 말하기를 '합장은 옛날의 제도가 아니라 주공 이래로 생겨나 바뀌지 않았다'고 했다."〕. '찬란하도다, 문(文)이여! 나는 주나라를 따르리라〔○ 사고(師古)가 말했다. "『논어(論語)』 「팔일(八佾)」 편에 나오는 공자의 말이다."〕.' 효자는 죽은 자를 섬길 때에도 살아 있을 때 섬기는 것처럼 한다. 제태후를 위해 마땅히 공황의 원묘에 능을 세워야 할 것이다."

드디어 정도(定陶)에 안장했다. 진류와 제음(濟陰)군에 가까운 군국의 5만 명을 징발해 복토(復土)에 무덤을 파고 매장했다. 대조(待詔) 하하량(夏

賀良) 등이 적정자(赤精子)의 참문(讖文-예언서)을 지어 한가(漢家)의 역운(曆運)은 중도에 쇠퇴하게 돼 있으므로 마땅히 다시 천명을 받아야 하니 의당 개원(改元)해 그 호칭을 바꿔야 한다고 말했다. 조하여 말했다.

"한나라가 흥기한 지 200년인데 여러 차례에 걸쳐 연호를 바꿨다[改元]. 황천(皇天)이 재주가 없는 이 사람에게 보우(保佑)를 내리시어 한나라가 다시 천명의 부절을 잡아 얻게 됐으니 짐이 임금답지 못하다 해도 (온 힘을 다한다면) 어찌 감히 (하늘의 뜻에) 통하지 않으리오! 무릇 새롭게 하늘의 큰 명[元命=大命]을 받아 반드시 천하와 함께 내 스스로 새로워질[自新] 것이니 이에 천하를 크게 사면하라. 건평 2년을 태초원장(太初元將) 원년으로 삼으라. 칭호는 진성유태평황제(陳聖劉太平皇帝)〔○ 위소(韋昭)가 말했다. "빼어난 유씨의 다음을 풀어낸 태평한 황제라는 뜻이다."〕로 하라. 누각(漏刻)은 120각을 법도로 하라〔○ 사고(師古)가 말했다. "예전의 물시계는 100각이 표준이었는데 이때 20각을 늘린 것이다. 물시계는 원래 제나라 사람 감충가(甘忠可)가 100각으로 정했는데 이때 하량 등이 거듭해서 말하자 드디어 그것을 시행했다. 이 일은 「이심전(李尋傳)」에 보인다."〕."

7월에 위성(渭城)의 서북쪽 벌판 위쪽의 영릉정부(永陵亭部)를 초릉(初陵)으로 삼았다. 군국의 백성들을 옮기지 말게 하니 백성들은 안심하고 살 수 있었다.

8월에 조하여 말했다.

"대조 하하량 등이 건의해[建言] 연호와 존호를 바꾸고 물시계의 각[漏刻]을 더 늘리면 나라가 영원토록 안녕할 수 있다고 했다. 짐이 하량의 일을 잘못 듣고서 해내가 복을 얻기를 바랐으나 끝내 아름다운 응보는 없었다. 그의 말은 모두 경서에 어긋나고 옛일에 위배돼 시의(時宜)에 맞지 않았다. 6월 갑자일(甲子日)의 제서(制書) 중에서 사면령을 제외하고는 모두 없애라. 하량 등은 도리를 어기고 백성들을 현혹시켰으니 유사에 내려보내라."

모두 죄를 자복(自服)했다. 승상 박(博), 어사대부 현(玄), 공향후 안(晏)이 죄가 있었다〔○ 사고(師古)가 말했다. "박은 주박(朱博), 현은 조현(趙玄), 안은 부안(傅晏)이다."〕. 박은 자살했고, 현은 사죄(死罪) 2등을 감해 논했으며, 안은 봉읍의 호 4분의 1을 삭감당했다. 상세한 이야기는 「주박전(朱博傳)」에 실려 있다.

3년 봄 정월에 광덕이왕(廣德夷王)의 동생 광한(廣漢)을 세워 광평왕(廣平王)으로 삼았다. 계묘일(癸卯日)에 제태태후가 거처하는 계궁(桂宮)의 정전(正殿)에 불이 났다.

3월 기유일(己酉日)에 승상 당(當)〔○ 사고(師古)가 말했다. "평당(平當)이다."〕이 훙(薨)했다. 혜성이 하고(河鼓-별자리)에 나타났다.

여름 6월에 노경왕(魯頃王)의 아들 오향후(郚鄕侯) 민(閔)을 세워 왕으로 삼았다.

겨울 11월 임자일(壬子日)에 감천의 태치와 분음(汾陰)의 후토사(后土祠)를 복원하고 남북의 교(郊)를 폐지했다. 동평왕(東平王) 운(雲), 유운의 후비 알(謁), 안성공후(安成恭侯)〔○ 문영(文穎)이 말했다. "공후는 왕숭(王崇)이며 왕태후의 동생이다."〕의 부인 방(放)에게 모두 죄가 있었다. 유운은 자살하고 알과 방은 기시(棄市)됐다.

4년 봄 (정월) 큰 가뭄이 들었다. 관동의 백성들이 서왕모(西王母)[9]가 온다는 유언비어를 널리 퍼뜨려 전하니 그것이 군국을 지나 서쪽으로 관에 들어와 경사에까지 이르렀다. 백성들이 또한 모여 서왕모에게 제사 지내고 어떤 이는 불을 들고 옥상에 올라가〔○ 이기(李奇)가 말했다. "이는 모두 음이 양이 되는 형상이다."〕북을 치고 큰 소리를 지르니 서로 놀라 두려워했다.

2월에 제태후의 사촌동생 시중 부상(傅商)을 여창후(汝昌侯)로 삼고 태후의 동모제의 아들 시중 정업(鄭業)을 양신후(陽信侯)로 삼았다.

3월에 시중 부마도위 동현(董賢), 광록대부 식부궁(息夫躬), 남양(南陽)태수 손총(孫寵)은 모두 동평왕(東平王)의 일을 고발해 열후에 봉했다. 상세한 이야기는 「동현전(董賢傳)」에 실려 있다.

여름 5월에 중(中) 2,000석 관리부터 600석에 이르는 자와 천하의 남자들에게 작(爵)을 하사했다.

6월에 제태후를 높여 황태태후로 삼았다.

가을 8월에 공황원(恭皇園) 북문에 화재가 났다.

겨울에 장군과 중(中) 2,000석 관리들에게 조하여 병법에 밝고 큰 계책[大慮=大策]을 가진 자를 천거하도록 했다.

원수(元壽) 원년(元年)(기원전 2년) 봄 정월 신축일(辛丑日) 초하루에 일식이 있었다.

---

9 중국 대륙 서쪽에 자리 잡고 있는 곤륜산에 살고 있는 최고위직 여신이다.

조하여 말했다.

"짐이 종묘를 얻어 보존하게 됐지만 눈도 밝지 못하고 민첩하지도 못해 [不明不敏] 밤에 잠들면서 걱정하느라 애서 잠시도[皇=暇] 편안히 쉬지 못하고 있다. 음양이 조화를 이루지 못하고 많은 백성들이 풍족지 못함에도 그 허물을 보지 못하고 있다. 여러 차례 공경들에게 칙령을 내렸으나 거의 기대할 바가 없는 지경이다. 지금까지 유사가 법을 집행하고 있지만 그 적중함[中]을 얻지 못해 어떤 자는 폭학(暴虐)함을 숭상하고 세력을 빌려 명성이나 얻으려 하니 온량하고 관유(寬柔)한 이는 멸망의 구렁텅이에 빠져든다. 이 때문에 잔적(殘賊)들은 두루 자라고 화목함은 날로 쇠미해지며 백성들은 걱정하고 원망하니 이 몸을 둘 곳이 없다. 이에 정월 초하룻날 일식이 일어났으니 그 허물은 멀리 있는 것이 아니라 이 한몸에 있다. 공경대부들은 각자 온 마음을 다해 뭇 관리를 힘써 통솔하고 어진 사람에게 돈독히 맡기며 잔적(殘賊-백성들을 못살게 구는 관리)들을 멀리 쫓아내 백성들을 편안히 하라. 짐의 허물과 잘못을 진언하되 꺼리는 바가 없도록 하라. 장군, 열후, 중(中) 2,000석 관리들과 더불어 현량 방정해 능히 직언할 수 있는 자를 각각 한 명씩 천거하라. 천하를 크게 사면하라."

정사일(丁巳日)에 황태태후 부씨(傅氏)가 붕했다.

3월에 승상 가(嘉)〔○ 사고(師古)가 말했다. "왕가(王嘉)다."〕가 죄가 있어 감옥에 내려 죽였다.

가을 9월에 대사마 표기장군 정명(丁明)이 면직됐다.

효원황제의 사당 전문(殿門)에 있는 동으로 만든 거북이와 뱀 모양의 문고리[鋪=門環]에서 크게 소리가 났다.

2월 봄 정월에 흉노의 선우, 호손의 대곤미(大昆彌)가 내조했다. 2월에 귀국했는데 선우는 기뻐하지 않았다[不說]. 상세한 이야기는 「흉노전(匈奴傳)」에 실려 있다.

여름 4월 임진일(壬辰日) 그믐날에 일식이 있었다.

5월에 삼공(三公)의 업무 분장을 나눠 개정했다. 대사마 위장군 동현을 대사마로 삼고, 승상 공광을 대사도로 삼았으며, 어사대부 팽선(彭宣)을 대사공으로 삼고 장평후(長平侯)에 봉했다. 또 사직(司直)과 사예(司隸)를 개정하고〔○ 사고(師古)가 말했다. "사직과 사예는 한나라에 옛날부터 있던 것으로 관장 직무 내용만 바꾼 것이다."〕 사구(司寇)의 직을 만들었으나 업무는 결정되지 않았다.

6월 무오일(戊午日)에 제(帝)가 미앙궁에서 붕했다〔○ 신찬(臣瓚)이 말했다. "제는 20세에 자리에 나아가 6년 동안 자리에 있었고 이때 수(壽)는 25세이다." 사고(師古)가 말했다. "즉위한 이듬해에 연호를 바꾸었기 때문에 수는 26세이다."〕. 가을 9월 임인일(壬寅日)에 의릉(義陵)에 안장했다〔○ 신찬(臣瓚)이 말했다. "붕해 안장할 때까지 모두 105일이었다. 의릉은 부풍(扶風)에 있는데 장안에서 거리가 46리다."〕.

찬(贊)하여 말했다.

"효애황제는 본래 번왕(藩王)으로 있다가 태자의 궁에 충원되게 이르렀는데 문사(文辭)가 널리 명민해 어릴 때부터 아름다운 명성[令聞=善名]이 있었다. 효성제 때 이르러 세록(世祿=정권)이 왕실을 떠나가고 권력의 칼자루[權柄]가 밖으로 옮겨지는 것을 보고 이 때문에 조정에 임해 누차 대신들을 주살해 임금의 권위를 강하게 하고자 해 무제와 선제를 본받으려 했다. 단아한 성품[雅性아성]이라 성색(聲色)은 좋아하지 않으나 때때로 변사(卞射-활쏘기)와 무희(武戲-씨름의 일종)를 관람했다. 즉위하고 나서 중병이 들어 말년에 점차[寖침=漸점] 심해져 나라를 향유함이 오래지 않았으니 슬프도다!"[10]

---

10 반고는 비교적 좋은 점만을 기록했으나 사마광은 『자치통감(資治通鑑)』에서 이렇게 덧붙이고 있다. "그러나 참소하고 아첨하는 조창(趙昌), 동현, 식부궁 등을 아끼고 믿었으며, 충성스럽고 곧은 사단(師丹), 부희(傅喜), 정숭(鄭崇)을 미워해 한나라의 대업은 이로부터 드디어 쇠퇴했다."

권
◆
12

평제기
平帝紀

효평황제(孝平皇帝)〔○ 순열(荀悅)이 말했다. "이름 간(衎)을 대신해 낙(樂) 자를 썼다."응소(應劭)가 말했다. "큰 벼리를 펴뜨리고 작은 벼리를 다스렸으며[布綱治紀] (시호를) 평(平)이라 했다."〕는 원제(元帝)의 서손(庶孫)으로 중산의 효왕의 아들이다. 어머니는 위희(衛姬)다. 나이 3세 때 뒤를 이어 세워져[嗣立] 왕이 됐다. 원수(元壽) 2년 6월에 애제가 붕(崩)하자 태황태후가 조(詔)하여 말했다.

"대사마 현(賢)〔○ 사고(師古)가 말했다. "동현(董賢)이다."〕은 나이가 어려 많은 이들의 마음[衆心]에 부합하지 않는다. 이에 인수(印綬)를 반납토록 하고 파면하라."

현은 바로 그날 자살했다. 신도후(新都侯) 왕망이 대사마가 돼 상서의 일을 총지휘했다. 가을 7월에 거기장군 왕순(王舜)과 대홍려 좌함(左咸)을 사신으로 보내 부절을 받들고서 중산왕을 맞아오도록 했다. 신묘일(辛卯日)에 황태후 조씨(趙氏)를 깎아내려[貶] 효성황후로 삼아 북궁으로 물러나 지내게 했으며 애제의 황후 부씨(傅氏)를 계궁에 물러나 머물게 했다 (○ 사고(師古)가 말했다. "북궁과 계궁은 둘 다 성 안에 있지만 미앙궁 안에 있는 것은 아니다.").

공향후 부안, 소부 동공(董恭)[1] 등은 모두 관작을 면직당하고 합포(合浦-군)로 옮겨졌다. 9월 신유일(辛酉日)에 중산왕이 황제의 자리에 올라 고제의 사당을 알현하니 천하를 크게 사면했다.

제의 나이 9세여서 태황태후가 조정에 임했고, 대사마 망(莽-왕망)이 정권을 쥐고 있어[秉政] 백관들은 자신들의 일을 모두 망에게 듣고서 처리했다. 조하여 말했다.

"무릇 사면령[赦令]이란 장차 천하와 함께 다시 시작해[更始] 백성들의 행실을 바꿔 깨끗하게 함으로써 그 본성과 명[性命]을 온전케 하려는 것이다. 예전에 유사는 사면령을 내리기 이전의 일들을 들어 주상(奏上)해 죄와 과실을 층층이 쌓아놓고서 죄 없는 사람[無辜]을 주벌하고 함정에 빠뜨렸으니, 이는 믿음을 중하게 하고 형벌을 신중히 하고 마음을 씻어내[洒=滌] 스스로를 새롭게 하는 뜻이라 하기 어렵다. (사람을) 뽑아 올리는 일[選擧]에 이르러서는 이미 여러 직사(職事)를 거쳐 명망이 있는 선비들도 스스로를 보전하기 어렵게 여겨(○ 사고(師古)가 말했다. "스스로를 보전하기 어렵게 여긴다[難保]는 말은 자기 자신에게 일찍이 죄나 허물이 있어

---

[1] 동현의 아버지다.

자신도 보전할 수 없다는 뜻이다."〕 그냥 모른 체하면서 천거된 자의 보증에 응하지 않으니, 이는 작은 허물을 사면하고 뛰어난 인재[賢才]를 들어 쓰려는 뜻〔○ 사고(師古)가 말했다. "『논어(論語)』(「자로(子路)」 편)에서 중궁(仲弓)이 정치에 대해 묻자[問政] '작은 허물을 사면하고 뛰어난 인재[賢才]를 들어 쓰는 것'이라고 말했는데 이 조서는 이 말을 인용한 것이다."〕에 크게 어긋난다. (재물을) 몰래 감추어두거나 나쁜 짓을 했지만 아직 발각되지 않아서 천거된 여러 사람들에 대해서는 증거를 조사하지[按驗] 말라. 선비들이 더욱 혼신의 힘을 다해 진취하게 하려면 작은 병통[小疵] 때문에 큰 재주[大材]를 막아서는 안 될 것이다. 지금 이후로 유사는 사면령 이전 일에 대해 거론하거나 주문(奏文)을 올리지 말라. 만일 조서가 말한 대로 시행하지 않아 황은에 손상을 입힐 경우[虧恩] 부도(不道)의 죄로 논하라. 명령을 명확하게 정해 천하에 포고함으로써 이 같은 뜻을 두루 밝게 알게 하라."

원시(元始) 원년(元年)(1년) 봄 정월에 월상씨(越常氏)가 흰 꿩 1마리, 검은 꿩 2마리를 여러 차례 통역해 바치자 삼공(三公)에게 조하여 종묘에 올리도록 했다〔○ 사고(師古)가 말했다. "월상은 남방의 먼 나라다. 역(譯)이란 말을 전하는 것이다. 도로가 끊어지고 멀며 풍속도 전혀 달라 여러 차례 통역을 한 다음에야 마침내 통할 수 있었다."〕. 여러 신하들이 말을 아뢰기를[奏言] 대사마 망의 공로와 다움[功德]이 주공(周公)에 비견된다고 하니 안한공(安漢公)이란 존호를 내려주고 또 태사(太師) 공광(孔光) 등 모두에게 봉을 더해주었다. 상세한 이야기는 「왕망전(王莽傳)」에 실려 있다.

천하의 백성들에게 작(爵) 1급씩을 내려주었고 관리들 중에서 지위가 200석 이상인 자에 대해서는 재위 기간과 상관 없이 일체 모든 녹질을 꽉 채워주었다. 전 동평왕 운(雲)의 태자 개명(開明)을 세워 왕으로 삼고 전 도향경후(桃鄕頃侯)의 아들 성도(成都)를 중산왕으로 삼았다. 선제(宣帝)의 현손의 아들[耳孫] 신(信) 등 36명을 봉해 모두 열후로 삼았다. 태복(太僕) 왕운(王惲) 등 25명이 이전에 정도(定陶) 부태후(傅太后)의 존호를 의논할 때 경법(經法-常道)을 지켜 위의 뜻에 아부하거나 간사함을 따르지 않았고, 우장군 손건(孫建)은 조아(爪牙) 같은 대신이며, 대홍려(大鴻臚) 함(咸-좌함)은 이전에 바르게 의견을 내고 아부를 하지 않아 후에 부절을 받들고 사신으로 중산왕을 맞이했고, 또 종정(宗正) 유불악(劉不惡), 집금오(執金五) 임잠(任岑), 중랑장 공영(孔永), 상서령(尙書令) 요순(姚恂), 패군(沛郡)태수 석후(石詡)는 모두 이전에 함께 계책을 세우는데 참여해[與] 동쪽으로 나가 즉위자를 맞이해[東迎][○ 사고(師古)가 말했다. "제는 원래 중산에 있었기 때문에 이들이 관을 나가서 맞이했기 때문에 동쪽으로 나가 맞이했다고 한 것이다."] 일을 받들어 주도면밀하게 힘써 부지런히 했으니 관내후의 작을 내려주고 식읍을 차등 있게 내려주었다.

제(帝)가 즉위를 위해 불러올 때 지나온 현과 읍의 2,000석 관리들 이하 좌사(佐史)까지의 관리들에게 작(爵)을 각각 차등 있게 내려주었다. 또 제후, 왕, 공, 열후, 관내후에게 영을 내려 자식이 없고 손자가 있거나 만약 형제[同産]의 자식을 양자로 삼은 경우에는 모두 뒤를 이을 수 있게 했다. 공과 열후의 사자(嗣子)가 되는 자식으로서 내죄(耐罪) 이상의 죄가 있을 경우에는 먼저 청하게 했다. 종실에 속했지만 (친족 관계가) 다하지 않았는데 죄 때문에 끊어진 자는 그 속적(屬籍)을 회복시켜주고, (종실 사람 중에서) 관리가 돼 염결(廉潔)로 천거돼 좌사가 된 자는 400석 자리에 보임케 했다. 천하의 관리 중 비(比) 2,000석 관리 이상으로 나이가 많아 벼슬자리에서 물러난 자는 종신토록 옛 녹봉의 3분의 1을 주도록 했다. 간대부(諫大夫)를 보내 삼보(三輔) 지역을 순행하며 관리와 백성들의 부렴(賦斂) 명부를 제출하게 해 원수(元壽) 2년 창졸지간 때(-애제의 죽음) 부렴을 마음대로 거뒀던 관리들에게 그 초과분을 변상하도록 했다. 의릉(義陵)의 백성들의 무덤은 그것이 의릉의 전중(殿中)을 방해하지 않는 한 파헤치지 말도록 했다. 천하의 관리와 백성들이 십기(什器-가정의 일상 용기들)를 쌓아두고서[儲=積] 갖추지 말도록 했다.

2월에 희화(羲和)의 관직을 두고 작질은 2,000석으로 했고, 외사(外史)와 여사(閭師)²의 관직을 두고 작질은 600석으로 했다. (이들을 통해) 교화를 펼치고 도리에 어긋나는 제사[淫祀]를 막고 정나라 소리를 추방했다. 을미일(乙未日) 의릉(애제의 능)의 능침에 신의(神衣)가 궤[柙=櫃] 안에 있었는데 병신일(丙申日) 아침에 그것이 바깥 상(床) 위에 있으니 능침의 책임자[令]가 그것을 급변이라 해 보고하니 태뢰의 희생을 써서 제사를 지냈다.

여름 5월 정사일(丁巳日) 그믐날에 일식이 있었다. 천하를 크게 사면했다. 공경, 장군, 중(中) 2,000석 관리들은 성품이 도타워 능히 직언할 수 있는 자 각 한 명씩을 천거했다.

---

2 외사는 외국에 내보내는 명령문을 작성하는 일을 담당하고, 여사는 원래는 사교(四郊)의 백성들을 관장하는 직위였는데 이때는 부세를 거두는 일을 담당했다.

6월에 소부(少府) 좌장군 풍(豐)〔○ 사고(師古)가 말했다. "견풍(甄豐)이다."〕을 시켜 제의 어머니인 중산효왕(中山孝王)의 희(姬)[3]에게 새서(璽書)를 내려주고 제배해 중산효왕후로 삼았다. 제의 외삼촌인 위보(衛寶)와 보의 아우인 위현(衛玄)에게 관내후의 작을 내려주었다. 제의 여동생 네 명에게 존호를 내려 모두 군(君)이라 하고 식읍을 각각 2,000석씩 내려주었다.

주공(周公)의 후손 공손상여(公孫相如)를 봉해 포로후(褒魯侯)로, 공자의 후손 공균(孔均)은 포성후(褒成侯)로 삼아 그 제사를 받들게 했다. 공자를 추시(追諡)해 포성선니공(褒成宣尼公)이라 칭했다. 명광궁(明光宮)과 삼보의 치도(馳道)를 폐지했다. 천하의 여자 죄수(女徒)들 중에서 이미 논죄가 끝난 자[已論]는 귀가시키고 고산(顧山)〔○ 여순(如淳)이 말했다. "제1의 법령[甲令]에 따르면 여자가 죄를 범할 경우 남자 죄수처럼 6개월을 노역하는데 산에서 고용살이를 하고[雇山] 집으로 돌려보낸다. 이를 설명하기를 산에서 벌목하는 것에 해당되는데, 돈을 내 그 일을 해줄 사람을 고용하겠다는 것을 들어주는 것을 고산이라 한다."〕의 300전을 내도록 했다. 또 정절이 있는 여인[貞婦]에게는 부역을 면해주되 향(鄕)마다 1인씩으로 했다. 소부에 해승(海丞)과 과승(果丞)〔○ 사고(師古)가 말했다. "해승은 해세(海稅)를 담당했고 과승은 각종 과실들을 관장했다."〕 각 1인씩 두고 대사농에 부승(部丞) 13명을 두어 한 사람이 한 주씩을 맡아 농사와 뽕 치기를 장려하게 했다. 태황태후가 (황실에서) 식읍으로 삼는 탕목읍(湯沐邑) 10현을 줄여 대사농에 속하게 하고, 별도로 일상적인 조세 수입으로 빈민들을

---

3 희는 여관(女官)의 하나로 여기서는 왕의 부인을 가리킨다.

진휼하게 했다.

가을 9월에 천하에 죄수들을 사면했다. 중산(中山)의 고형현(苦陘縣)을 중산효왕후의 탕목읍으로 삼았다.

2년 봄에 황지국(黃支國)〔○ 응소(應劭)가 말했다. "황지는 일남군(日南郡)의 남쪽에 있는데 경사로부터 거리가 3만 리다."〕에서 무소(犀牛)를 바쳤다. 조하여 말했다.

"황제는 두 개의 이름을 갖고 있는데 (그중 하나가) 기물(器物)과 통하니〔○ 맹강(孟康)이 말했다. "평제의 본래 이름은 기자(箕子)인데 이름을 바꿔 간(衎)이라 했다. 기(箕)는 용기라는 뜻이니 기물과 통하는 것이다."〕지금 이름을 고쳐 옛 제도에 부합하게 하라. 태사(太師) 광(光)에게 시켜 태뢰를 받들고서 고제의 사당에 아뢰고 제사를 지내도록 하라[告祠=告祀]."
고사 고사

여름 4월에 대(代)의 효왕(孝王) 현손(玄孫)의 아들 여의(如意)를 세워 광종왕(廣宗王)으로, 강도(江都) 이왕(易王)의 손자 우이후궁(盱台侯宮)을 광천왕(廣川王)으로, 광천(廣川) 혜왕(惠王)의 증손 륜(倫)을 광덕왕(廣德王)으로 삼았다. 옛 대사마 박륙후(博陸侯) 곽광(霍光)의 종부(從父-둘째 아버지) 형제의 현손 양(陽), 선평후(宣平侯) 장오(張敖)의 현손 경기(慶忌), 강후(絳侯) 주발(周勃)의 현손 공(共), 무양후(舞陽侯) 번쾌(樊噲)의 현손의 아들 장(章)을 봉해 모두 열후로 삼고 작(爵)을 되찾아주었다. 옛 곡주후(曲周侯) 역상(酈商) 등의 후손이나 현손인 역명우(酈明友) 등 113인에게 관내후의 작과 식읍을 각각 차등 있게 내려주었다. 군국(郡國)이 크게 가물고 메뚜기 떼가 날아들었는데 청주(靑州)가 가장 심해 백성들이 떠돌거나 도망쳤다[流亡]. 안한공(安漢公-왕망), 사보(四輔), 삼공, 경대부, 관리와 백성들 중에 백성들의 곤경을 위해 전택(田宅)을 바친 자가 230명이 되니 호구수를 계산해 빈민들에게 주었다. 사자를 보내 메뚜기를 잡게 했고 백성들이 메뚜기를 잡아 관리에 보내면 석두(石㪷)로 재어 돈을 받았다. 천하의 백성들 중 재산이 2만 전이 되지 못하거나 재해를 입은 군에서 (백성들의 재산이) 10만 전이 되지 못하면 조세를 내지 말게 했다. 백성들 중에 역질을 앓는 자로 집을 버리고 비운 자에게는 의약을 제공했다. 죽은 자가 한 집에 6구 이상이면 장례비로 5,000전을, 4구 이상이면 3,000전을, 2구 이상이면 2,000전을 하사했다. 안정(安定-군)의 호지원(呼池苑)을 폐지해 안민현(安民縣)으로 삼고 관사와 시장, 마을을 세워 죄수와 빈민들을 모집해 옮기고 그곳에 이르는 길에 있는 현들에서 차례대로 먹을 것을 주었다. 이주할 곳에 도착하면 전택과 생활 집기를 내려주고 쟁기와 소, 종자, 음식을 임시로 빌려주었다[假貸]. 또 장안성 안에 (주택지구로서) 5리를 일으켜 200개 지구를 구획해 가난한 사람들이 살 수 있게 해주었다.

가을에 용맹한 무인으로 절도가 있고 병법에 밝은 자를 군마다 1인씩 천거케 해 공거(公車)에 이르게 했다.

9월 무신일(戊申日) 그믐날에 일식이 있었다. 알자(謁者)와 대사마연(大司馬掾) 44인으로 하여금 부절을 지니고서 변방의 병사들을 순시케 했다. 집금오후(執金五候) 진무(陳茂)를 보내 임시로 정고(鉦鼓)함으로써〔○ 응소(應劭)가 말했다. "장군이어야만 징과 북을 쓸 수 있는데 지금 진무의 관직은 가볍고 병력은 적지만 일단 황명을 받았기 때문에 그것들을 쓴 것이다. 그것들을 쓴 이유는 위엄을 보이기 위함이다."〕여남(汝南-군), 남양(南

陽-군)의 용감한 장교와 병사 300명을 모집해 강호(江湖)에 있는 도적인 성중(成重) 등 200여 명을 구슬려 설득하자 모두 스스로 나오니 제 집에 돌려보내 (본읍의) 부역에 종사하게 했다. 중(重-성중)은 운양(雲陽)으로 옮기고 공전(公田)과 저택을 내려주었다.

겨울에 중(中) 2,000석 관리들에게 명해 옥사를 공평하게 다스린 자를 해마다 한 명씩 천거하게 했다.

3년 봄에 유사에 조하여 황제를 위해 안한공의 딸을 간택하는 납채(納采)(의 예)를 거행하도록 했다. 상세한 이야기는 「왕망전(王莽傳)」에 실려 있다. 또 광록대부 유흠(劉歆) 등에게 조하여 혼례에 따른 각종 법을 제정하도록 했다〔○ 사고(師古)가 말했다. "새로이 제정하도록 한 것이다."〕. 사보, 공경, 대부, 박사, 낭, 관리의 가속(家屬)들은 모두 이 예법에 따라 혼례를 행하고 친영(親迎)할 때에는 작은 수레에 선 채로 타고서[軺] 말은 나란히 오게 했다.

여름에 안한공은 수레와 복장의 제도, 관리와 백성들의 일상생활, 송종(送終-장례), 혼취(婚娶-혼례), 노비, 전택, 기계의 등급을 둘 것을 주청했다. 관직(官稷)[4] 및 학관(學官)을 세웠다. 군국(郡國)에서는 이를 학(學)이라 하고 현(縣), 도(道), 읍(邑), 후국(侯國)에서는 교(校)라 했다. 교와 학에는 경사(經師) 한 명을 두었다. 향(鄉)에서는 상(庠)이라 하고, 취(聚)에서는 서(序)라 했다. 서와 상에는 효경사(孝經師) 한 명을 두었다. 양릉(陽陵)의 임횡(任橫) 등이 스스로 장군이라 칭하며 무기고의 병기를 도적질해 관청

---

4 오곡의 신에게 제사 지내는 일을 담당하는 기구다.

을 공격해 죄수들을 풀어줬다. 대사도(大司徒)의 속관[掾-하급 관리]이 (그들을) 쫓아가 붙잡으니 모두 죄를 자복했다. 안한공의 세자(世子)[5] 우(宇)가 제의 외가인 위씨(衛氏)와 함께 음모를 꾸몄다. 우는 감옥에 내려져 죽었고 위씨들은 주살됐다.

4년 봄 정월에 고조(高祖)에게 교(郊)제사를 지내 하늘에 배향하고 효문제에게 종(宗)제사를 지내 상제(上帝)에 배향했다. 은소가공(殷紹嘉公)을 고쳐 송공(宋公)이라 하고 주승휴공(周承休公)을 정공(鄭公)이라 했다. 조하여 말했다.

"무릇 부부 사이가 바르면 부자가 서로를 제 몸처럼 여겨[親] 인륜이 정해진다. 이전에는 유사에 조칙을 내려 정부(貞婦)를 신고하도록 했고, 여죄수들을 집으로 돌려보내게 했던 것은 진실로 간사함을 막고 피해 곧은 믿음[貞信]을 온전히 하려는 것이었다. 노약자에게 형벌을 가하지 않는 것은 빼어난 임금들이 제정한 바이다. 가혹하고 난폭한 관리들이 범법자의 친속(親屬)들을 잡아 가둬 부녀자나 노약자들은 원한이 맺히고 교화는 제대로 되지 않아 백성들이 이를 고통스러워하고 있다. 백료들에게 분명히 경계해주어 부녀자가 자신이 범법한 것이 아니고, 남자 나이 80세 이상, 7세 이하는 그 집안이 부도(不道)의 죄에 연좌돼 조서를 내려 특별히 체포한 것이 아니라면 일체 잡아들이는 일이 없도록 하라. 취조에 필요한 경우에는 곧장 그곳에 가서 심문하도록 하라. 이를 법령으로 정하도록 하라."

2월 정미일(丁未日)에 황후 왕씨를 세우고 천하를 크게 사면했다. 태복

---

5 사자(嗣子)라는 뜻이다.

(太僕) 왕운(王惲) 등 8인에게 부(副)를 두어 보내 임시로 부절을 지니고 천하를 순행하며 풍속을 살피게 했다. 구경(九卿) 이하 600석 관리까지와 종실 중 속적을 가진 자에게 작(爵)을 내려주고 오대부(五大夫-제9작) 이상의 작에 대해서는 각각 차등 있게 내려주었다. 천하의 백성들에게 작 1급씩, 환과고독이나 나이가 많은 사람들에게는 비단을 내려주었다.

여름에 황후가 고제의 사당에 알현했다. 안한공의 존호를 더해 재형(宰衡)[○ 응소(應劭)가 말했다. "주공(周公)은 태재(太宰)였고 이윤(伊尹)은 아형(阿衡)이었기 때문에 이윤과 주공의 존귀함을 취해 망(莽)에게 더해준 것이다."]이라 했다. 공태부인(公太夫人)의 존호를 공현군(功顯君)이라 했다. 공의 아들 안(安), 림(臨)을 봉해 모두 열후로 삼았다. 안한공이 주청해 명당(明堂)과 벽옹(辟廱)을 세웠다. 효선묘(孝宣廟)를 높여 중종(中宗), 효원묘(孝元廟)를 고종(高宗)이라 하고 천자가 세세토록 제사를 바치게 했다. 서해군(西海郡)을 두어 천하의 범법자들을 옮겨 살게 했다. 양왕(梁王) 립(立)이 죄가 있어 자살했다. 경사(京師)를 나눠 전회광(前輝光)과 후승열(後丞烈) 2개 군을 두었다. 공경, 대부, 81원사(元士)의 관명(官名)과 그 서열 및 12주(州)의 이름을 고쳤다. 군국에 속한 바를 나누고 경계 짓고 없애고 설치하고 고치고 바꾸는 등 천하에 일이 많아져 관리들이 능히 이에 대처할 수 없었다.

겨울에 큰 바람이 불어 장안성 동문 지붕의 기와들이 다 날아갔다.

5년 봄 정월에 명당에서 협제(祫祭)[6]를 지냈다. 제후왕 28명, 열후 120명,

---

6 『두씨통전(杜氏通典)』에 이르기를 "예전에 천자(天子)와 제후(諸侯)는 3년상(三年喪)을 마치고

종실 자제 900여 명이 불려와 제사를 도왔다. 예를 마치자 모두 봉호(封戶)를 더해주었고, 작(爵)과 금, 비단을 내려주었으며, 맡고 있는 관직의 작질을 더해주었는데 각각 차등 있게 했다. 조하여 말했다.

"대개 듣건대 제왕은 다움으로 백성들을 어루만지고 그다음에는 혈친을 제 몸과 같이 여겨[親親] 그것이 두루 미치게 한다고 했다. 옛날 요임금은 구족(九族)과 화목했고 순임금은 차례를 잡아주어 구족을 돈독하게 했다. 짐이 어린 나이에 황제가 되고 또 국정을 총괄하게 됐지만 생각해보니 종실의 자식이 모두 태조 고황제의 자손이거나 고황제의 형제인 오(吳) 경왕(頃王)과 초(楚) 원왕(元王)의 후손으로, 한의 원년부터 지금까지 10만여 명인데 그중에는 비록 왕후의 친속에 있다 해도 서로 능히 살펴줄 수 없어 혹 형죄(刑罪)에 빠져드니 죄에 이르지 않게 가르치고 일깨워줘야 한다. 전(傳-『논어(論語)』)에 이르지 않았던가? '군자가 친족들에게 두텁게 하면 백성들 사이에서 어짊이 일어난다.'[7] 종실이 된 자 중 태상황 이래로 족친이 된 자는 대대로 씨족을 이끌게 되니 군국에 종사(宗師)를 두어 그들을 살피어 교화시켜 가르침을 베풀게 하라. 2,000석 관리들 중에서 다움과 의로움[德義]이 있는 자를 종사로 삼고, 교령(敎令)을 따르지 않다가 억

모두 선조(先祖)의 신(神)에 합(合)하고 향사(享祀)했는데, 우(虞)나라와 하(夏)나라에서는 선왕(先王)이 죽으면 새로운 왕이 2년상을 마치고 협제(祫祭)하고, 은(殷)나라에서는 선왕이 죽으면 새로운 왕이 2년상을 마치고 협제했으며, 주제(周制)에는 천자와 제후는 3년상을 마치고 담제(禫祭) 후에 곧 태조(太祖)에게 협제하고, 그 이듬해 봄에 군묘(群廟)에 체제(禘祭)한다"라고 했다. 『한시외전(韓詩外傳)』에는 "체제는 훼철한 신주를 가져다가 모두 태조(太祖)에 함해 제사하는 것이다"라고 했다.

7 「태백(泰伯)」 편에 나오는 구절이다.

울하게 생업을 잃은 자가 있으면 종사가 전언을 글로 써서 종백(宗伯)에게 말하고, 이를 청해 위에 보고하라. 늘 해마다 정월이 되면 종사들에게 비단을 각각 10필씩 내려주라."

희화(羲和)[8] 유흠(劉歆) 등 4인을 시켜 명당과 벽옹을 관장하게 해 한나라가 문왕(文王)의 영대(靈臺)나 주공이 지은 낙읍(洛邑)과 부합하게 했다. 태복 왕운 등 8인에게 풍속을 살피게 해 다움의 교화가 마땅히 밝혀져 만국이 가지런히 같아지게 했다. 모두 봉해 열후로 삼았다. 천하에 산일(散逸)된 경전이나 옛 기록, 천문, 역산, 종률(鍾律), 소학, 『사편(史篇)』, 방술(方術), 『본초(本草)』 혹은 『오경』, 『논어』, 『효경』, 『이아(爾雅)』를 가르칠 만한 자를 불렀는데, 그가 있는 곳에 수레 한 대를 보내 최고의 예우를 해서 경사로 보내게 했다. 이렇게 해서 장안에 온 자가 수천 명이었다.

윤달에 양효왕(梁孝王)의 현손의 이손(耳孫) 음(音)을 세워 왕으로 삼았다.

겨울 12월 병오일(丙午日)에 제(帝)가 미앙궁에서 붕(崩)했다[○ 신찬(臣瓚)이 말했다. "제는 9세에 자리에 나아가 5년 동안 자리에 있었고 이때 수(壽)는 14세이다." 사고(師古)가 말했다. "『한주(漢注)』에 따르면 제의 춘추가 더해가며 장성하자 어머니 위(衛)태후는 옛 원한 때문에 불안해했다. 망은 스스로 제와 소원해진다는 것을 알고서 찬시(篡弑)의 모의가 이로 말미암아 생겨난 것이다. 이에 납일(臘日)을 이용해 초주(椒酒-후추가 들어간 술)를 바치며 그 안에 약(-짐독)을 넣었다."]. 천하를 크게 사면했다. 유

---

8 평제 때 새로 만든 관직이다.

사에서 의견을 내기를 "예법에 신하는 임금을 요절하게[殤] 해서는 안 된다고 했습니다. 황제의 나이가 14세이시니 의당 예로써 염해 원복(元服)을 더해야 합니다"[9]라고 했다. 강릉(康陵)에 안장했다〔○ 신찬(臣瓚)이 말했다. "장안에서 북쪽으로 60리에 있다."〕. 조하여 말했다.

"황제께서는 어질고 은혜로워 평소에도 늘 뭔가를 돌이켜보고 가슴 아파하지 않는 것이 없어 매번 병이 한번 나면 기운이 빨리 위로 거슬러올라가 말도 제대로 못하고 그래서 유조(遺詔)조차 남기지 못했다. 잉첩들을 (궁 밖으로) 내보내 모두 귀가시켜 시집갈 수 있도록 하고 효문제 때의 고사대로 하라."

찬(贊)하여 말했다.

"효평황제의 시대에는 정치가 망(莽)으로부터 나와 좋은 일을 표창하고 공로를 드러내어 스스로 높이는 것이 성대했다. 망의 글들을 보면 바야흐로 외방(外方)의 온갖 오랑캐들이 복종치 않으려고 생각하는 일이 없었고, 아름다운 징조로 좋게 보응하니 칭송하는 소리가 함께 일어났다고 했다. 위에서 변이(變異)가 나타나고 아래에서 백성들이 원망하는 것에 이르러서는 망도 능히 글로 꾸며댈[文飾] 수는 없었다."

---

9 사후에라도 관례를 행해야 한다는 뜻이다.

KI신서 9064

완역 한서 ❶ 본기本紀

1판 1쇄 인쇄 2020년 4월 3일
1판 1쇄 발행 2020년 4월 17일

지은이 반고
옮긴이 이한우
펴낸이 김영곤
펴낸곳 (주)북이십일 21세기북스

출판사업본부장 정지은 **서가명강팀장** 장보라
서가명강팀 강지은 안형욱
서가명강사업팀 엄재욱 이정인 나은경 이다솔
교정 및 진행 양은하 **디자인 표지** 김승일 **본문** 김정자
영업본부이사 안형태 **영업본부장** 한충희 **출판영업팀** 김수현 오서영 최명열
마케팅팀 배상현 김윤희 이현진
제작팀 이영민 권경민

출판등록 2000년 5월 6일 제406-2003-061호
주소 (10881) 경기도 파주시 회동길 201(문발동)
대표전화 031-955-2100 **팩스** 031-955-2151 **이메일** book21@book21.co.kr

(주)북이십일 경계를 허무는 콘텐츠 리더
21세기북스 채널에서 도서 정보와 다양한 영상자료, 이벤트를 만나세요!
페이스북 facebook.com/jiinpill21 **포스트** post.naver.com/21c_editors
인스타그램 instagram.com/jiinpill21 **홈페이지** www.book21.com
유튜브 youtube.com/book21pub

서울대 가지 않아도 들을 수 있는 명강의! 〈서가명강〉
유튜브, 네이버 오디오클립, 팟빵, 팟캐스트, AI 스피커에서 '서가명강'을 검색해보세요!

ⓒ 이한우, 2020

ISBN 978-89-509-8746-6 04900
　　　978-89-509-8756-5 (세트)

• 책값은 뒤표지에 있습니다.
• 이 책 내용의 일부 또는 전부를 재사용하려면 반드시 (주)북이십일의 동의를 얻어야 합니다.
• 잘못 만들어진 책은 구입하신 서점에서 교환해드립니다.